心理学 第五版

主　审　杨治良

主　编　韩永昌

编　者　（按姓氏笔画）

马嘉美　田玉荣　李建军

杨永宁　韩永昌

特邀编者　郭秀艳

华东师范大学出版社

·上海·

图书在版编目(CIP)数据

心理学/韩永昌主编. —5 版. —上海:华东师范大学出
版社
新世纪高等师范院校教材
ISBN 978 - 7 - 5617 - 1055 - 5

Ⅰ.心⋯　Ⅱ.韩⋯　Ⅲ.心理学-高等学校:-师范学
校-教材　Ⅳ.B84

中国版本图书馆 CIP 数据核字(2000)第 66162 号

心理学(第五版)

主　　编　韩永昌
策划组稿　高等教育分社
特约编辑　彭呈军
责任编辑　赵建军
审读编辑　王叶梅
责任校对　赖芳斌
装帧设计　卢晓红

出版发行　华东师范大学出版社
社　　址　上海市中山北路 3663 号　邮编 200062
网　　址　www.ecnupress.com.cn
电　　话　021 - 60821666　行政传真 021 - 62572105
客服电话　021 - 62865537　门市(邮购)电话 021 - 62869887
地　　址　上海市中山北路 3663 号华东师范大学校内先锋路口
网　　店　http://hdsdcbs.tmall.com

印 刷 者　常熟高专印刷有限公司
开　　本　787 毫米×1092 毫米　1/16
印　　张　21
字　　数　468 千字
版　　次　2009 年 6 月第五版
印　　次　2023 年 8 月第十九次
印　　数　226901—230000
书　　号　ISBN 978 - 7 - 5617 - 1055 - 5/G·464
定　　价　40.00 元

出 版 人　王 焰

(如发现本版图书有印订质量问题,请寄回本社客服中心调换或电话 021 - 62865537 联系)

目录

目
录

第一章　绪　论

本章主要内容

1. 心理学的研究对象　　　　2. 科学的心理观
3. 学习心理学的意义　　　　4. 心理学的主要分支
5. 心理学研究的基本原则和方法

第一节　心理学的研究对象

心理学,是研究心理现象及其规律的科学。人的心理结构十分复杂,能动作用极其巨大,是人类生存与社会发展的十分重要的因素。为了研究方便,一般把心理现象分为心理过程、人格、心理状态。

一、心理过程

心理过程即心理活动的过程,包括认知过程、情感过程、意志过程。

(一) 认知过程

我们在校园漫步时,可以听到悦耳的歌声,看到美丽的花朵,嗅到扑鼻的芳香;我们在上课时,会思考老师提出的问题,记住学过的知识,回忆经历过的各种各样的事情,等等。上述"听到"、"看到"、"嗅到"、"思考"、"记住"、"回忆"等就是认知活动的过程,贯串于我们的学习、工作、发明、创造之中。

(二) 情感过程

人们在认知世界的基础上,会同时产生喜、怒、哀、乐、爱、恶、惧、悲等情感活动。我们看到齐白石的一幅虾趣图,会产生愉悦的美感;听到奸商坑骗消费者的消息,会产生非常愤怒的情绪。这种喜、怒、哀、乐的过程就是情感过程。

(三) 意志过程

根据学习目的和工作的要求,学生积极学习,努力工作,控制自己去克服重重困难,坚决地完成任务的过程,就是意志过程。意志过程是人们主观能动性集中表现的过程。

认知过程、情感过程、意志过程之间有着不可分割的密切联系。人在认识事物时必然产生一定的感情。例如,一个人对祖国的科学发展观及其指导下的各种政策认识得越深刻,对祖国的感情就越深厚。"知之深,则爱之切。"有了积极的感情,就能产生坚强的意志行动,努力去完成各项任务。可见,在认知基础上可以产生情感、意志。反过来,情感和意志对认知也可以起到推动作用。所以说,三者是辩证统一的。

二、人格

人格包括动机系统、心理特征系统和自我监控系统。这三个系统是有机结合在一起的,是在长期的心理活动和实践活动中形成的。每一个人的人格,既有稳定性(习惯性)也有整体性,还有差异性。这个差异性就是个性。

(一)动机系统

动机系统包括动机、需要、兴趣、理想、价值观和信念等心理倾向,是激活行为、维持活动的内部动力,是个体积极性的源泉。

(二)心理特征系统

心理特征系统包括气质、性格、能力,是行为习惯性的心理系统。气质指的是人的性情和脾气,如有的人性情温和,有的人脾气暴躁。性格指的是待人接物的态度和行为习惯,如有的人待人热情,有的人办事认真。能力指的是能够顺利完成活动任务的心理特征。

(三)自我监控系统

自我监控系统就是自我意识系统,包括自我认知、自我体验、自我调控等。

人格与心理过程密不可分。首先,人格是在长期的认知、情感、意志的心理过程中形成的。其次,历史中形成的人格结构,又以动机(动力)作用、惯性作用、自我控制作用,支配当前正在进行的认知、情感、意志的心理过程,并直接影响当前工作和学习行为的效果及质量。人格与心理过程是心理现象的两个方面,无法截然分开。

三、心理状态

心理状态是在特殊情境中形成的暂时性的心理持续状态。例如,注意中的专心致志、聚精会神和迷恋状态,思维中的苦思冥想、浮想联翩、灵感、顿悟状态,情感中的轻松愉快、兴高采烈、应激状态,意志中的百折不挠、知难而进、进退两难状态,心理障碍中的幻觉、妄想、躁狂、抑郁状态,等等,都是心理状态。

心理状态是介于动态的心理过程和稳态的人格之间的一座桥梁。它既不像认知活动那样不断变化,也不像人格那样稳定,而三者之间又有密切联系。某一心理状态往往是在一定条件下某一个人格特征的激活状态。如果某一心理状态长期持续下去,也会逐渐发展成人格特征。例如,一个人长期处于乐观的心理状态,久而久之就会形成乐观的人格特征。

某一心理状态可以作为当前心理活动的特定背景来影响当前的心理活动的质量。积极的心理状态,可以提高当前学习、工作和创造活动的质量;消极的心理状态可以降低当前学习、工作和创造活动的质量。

第二节　科学的心理观——心理的本质

人的学习、工作、发明、创造等活动都是在心理的支配、控制之下进行的。人的心理的主观能动性是极其巨大的。自古以来，有许多哲学家、教育家、医学家都在探索心理的奥秘，对于心理现象的本质是什么，心理和物质（人脑和客观现实）之间存在什么关系等课题，提出了许多不同的看法和观念。

唯心主义心理观认为，人的心理是不依赖于物质而独立存在的、虚无缥缈的、永恒不灭的灵魂。有人把神秘的灵魂凌驾于现实世界之上，将心理看成是第一性的，认为物质世界是第二性的，是由心理或灵魂派生出来的。这就把心理与物质的关系颠倒过来了。有的神秘主义者竟然宣扬"灵魂不死"、"灵魂转世"、"灵魂可以升天成神成仙"等封建迷信思想，并以唯心主义心理观愚弄和欺骗人民。

参考资料 1—1

一起特大凶杀案的反思

1980 年 2 月，在贵州省某县发生了一起特大凶杀案。一个凶手杀死十三口人。值得深思的是：被害者是心甘情愿被杀的。凶手谢某是一个骗子，自吹是"奎星"下凡，经常往来于天上人间，向神仙报告人间善恶，能引渡有善缘者升天成仙。某县城关公社秘书张某甲和某地质勘探公司工人张某乙，存有灵魂不死的观念，迷信天上有神仙老祖，梦想升天成仙。二张拜谢某为师，被谢某骗去大量钱财。谢某心虚怕日后被告发，决定杀人灭口，斩草除根。2 月 15 日，谢某欺骗二张说："天上老祖已经同意你们升天，要好好准备。"二张非常高兴。2 月 21 日深夜，谢某在张某甲主动配合下，在附近山洞里先把张某甲的八个子女杀死，使之"升天"。2 月 22 日深夜，谢与二张"商量"用"水遁法"升天。谢让二张自己搬来石头放到河边。由谢某把张某甲夫妇、张某乙夫妇和两个孩子分别捆在石头上。二张心甘情愿地让谢某推到大河里淹死。张某乙由于绳子与石头脱开，在水中挣扎。谢某见其未死，恐留后患，立即用石头砸张某乙，妄图打死张某乙。张某乙此时才发现谢某没安好心，只得游到对岸，向政府报案。两个多月后，谢某在四川被逮捕法办。二张之所以上当受骗，心甘情愿被杀，其自身原因是头脑中存有"灵魂不死"、"除去凡体升天成仙"的迷信思想。

（《人民日报》1980 年 8 月）

朴素唯物主义心理观认为，人的心理是人体的一种机能。战国时期荀况在《天论》中说："形具而神生。"有了人体才能产生心理活动，物质的人体是第一性的。南北朝时期的范缜在《神灭论》中说："形存则神存，形谢则神灭。"人有了形体才能有精神（即心理），人死了就没有精神了。荀子与范缜有力地驳斥了精神不灭、灵魂不死的唯心主义论。这种心理观在当时是有进步意义的。但由于古代科学水平不高，他们的思想只能是一种朴素的唯物主义心理观。

机械唯物主义心理观认为，人的心理是客观事物（刺激物）作用于人的感官和神经系统而引起的反应。这种心理观虽有科学实验为依据,但由于忽视了人的心理的社会本质和主观能动性,仍不能正确解释人的心理的本质是什么。

科学的心理观认为,人的心理意识是人脑对客观现实的能动反映。人的心理既不能脱离人脑这个自然基础,也不能脱离社会现实这个社会基础,否则人的心理既不能产生也不能发展。人的心理意识一经产生和发展,就能充分发挥其认识世界、创造世界、认识自己、教育自己的巨大主观能动作用,推动人类发展和社会进步。这就是人的心理的本质,就是科学的心理观。

一、人的心理意识是高级物质的高级反映形式

世界是物质的,反映性是一切物质都具有的普遍属性。随着物质的不断发展,反映的形式也随之由低级向高级不断发展。人的心理意识是高级物质的高级反映形式。

(一)无机物,只有物理和化学的低级反映形式

岩石风化或被水冲刷成砂砾是物理的反映形式,铁受潮生锈是化学的反映形式。砂砾和铁锈是两种物质相互作用留下的痕迹,这个痕迹就是最简单的反映。

(二)生命现象出现后,有了感应性的反映形式

感应性,指的是生物体以整个身体的变动,对外界具有维持生命作用的物质刺激,所作的直接反应。如葵花向阳就是感应性的表现。原始单细胞动物,如变形虫,遇到可食性物质,就会作出朝向、摄食、消化的反应,对有害物质则作出逃避反应,也是感应性的表现。

(三)动物进化到一定阶段产生了心理的反映形式

随着动物的不断进化,动物体逐渐产生了神经细胞和神经系统。随着外界条件的不断变化,动物在本能行为的基础上逐渐产生了条件反射的能力(后天学习能力)。具有条件反射能力的动物,就意味着已经摆脱了遗传、本能的局限,开始有了后天学习能力,有了动物的心理。动物心理的发展,随着其物质载体——中枢神经系统由低级向高级的演化,经历了以下三个阶段。

1. 感觉阶段

这是无脊椎动物的心理阶段。例如,蜜蜂的头部已经有神经节,可以对外界事物的个别属性进行反映,并以感觉来控制行为,应付外界环境。

2. 知觉阶段

这是脊椎动物的心理阶段。爬行动物和鸟类的中枢神经系统已经发展成了脑,有了一定的综合能力,能够知觉事物的整体。例如,鸽子已经有前脑,有了较强的空间知觉和运动知觉能力,能够运用知觉来调节运动方向,控制多变的飞行行为。哺乳动物大脑半球的面积越来越大,大脑的分析综合能力即心理活动能力有了进一步的发展。

3. 思维萌芽阶段

动物演化到了高级哺乳动物,出现了思维的萌芽——动作思维。黑猩猩已经有了发达的大脑皮层,能够进行高级的分析综合,反映事物之间的因果关系。例如,黑猩猩能用嚼碎的树叶当作"海绵"去吸取树洞中的积水来解渴;能用"手"去掉树枝的小枝杈和叶子,制成木棍(工

具)插入白蚁洞中粘出白蚁吃。海豚的"智慧"越来越引起人们的注意,海豚经过训练可以"跳高"、"直立"、"导航"和"在海里救人"。

（四）人的意识

人的心理意识的发展,与人的社会环境和社会实践活动密切相关。人在劳动实践中产生了高级的结构复杂的大脑新皮层,产生了言语器官,在心理功能上就产生了抽象思维能力和语言能力,产生了人的意识。这就使人成了万物之灵,成了地球的主人。人的心理和意识,是既有联系又有区别的两个概念。从哲学上讲,人的心理、意识都是人脑对客观现实的反映。从心理学上讲,意识则是人的心理的高级层次,能够调节、控制和驾驭各种心理活动,维持人格诸多要素的统一。由此可见,人的心理、意识是由人脑这个高级物质产生的最高级的反映形式,是动物的脑和动物心理长期发展进化的结果。

二、人的心理意识来源于客观现实,具有社会性

人的心理意识所反映的内容,无论是简单的还是复杂的,都来源于客观现实。客观现实中有花、草、树、木,人脑中才能有花、草、树、木的映像。客观现实中有汽车、飞机,人脑中才能有汽车、飞机的映像。客观现实中存在物理现象,人脑中才能有物理知识。作家创作的神话寓言故事中的典型人物,如孙悟空等,从表面上看似乎在客观现实中是不存在的,但创作的素材却都是来源于客观现实。如果现实中不存在人和猿猴,就塑造不出孙悟空的形象。

客观现实有自然现实和社会现实之分。人的心理意识固然要受到自然环境的影响,但主要是受社会环境影响。社会现实的影响因素十分复杂,包括家庭、学校、政治、经济、文化、历史、民族、风俗习惯等。如家庭中的亲属关系;学校中的师生关系、同学关系;社会发展潮流、社会政治经济制度、社会生产力发展水平,等等。人的心理意识就是在这些社会现实中的许许多多因素的错综复杂的影响之下,在不断社会化的过程中发展的。其中,学校对学生进行的有目的、有计划、有方向的教育,在学生的心理、意识发展中起着主导作用。

参考资料 1-2

印度狼孩卡玛拉

卡玛拉,女,1912 年生于印度,当年被狼叼走,与狼一起生活了八年。1920 年她在加尔各答东北山地被人发现,从狼窝里救回送到附近一个孤儿院,由辛格牧师夫妇抚养。刚进孤儿院的头一年,卡玛拉只有狼的习性而没有人的心理。她不会说话,不会思考,没有感情,用四肢行走,昼伏夜行,睡觉也是一副狼相。卡玛拉常半夜起来在室内外游荡,寻找食物。想要逃跑时,像狼一样嚎叫,吃饭喝水都是在地上舐食。她愿意与猫、狗、羊等动物一起玩,不让别人给她穿衣服,不愿与小孩接近。尽管她每天与人生活在一起,但心理发展极慢,智力低下。

第二年,卡玛拉能用双膝行走,能靠椅子站立,能用双手拿东西吃,对抚养她的辛格夫人能叫"妈"。经过三年多的训练她才逐步适应人的生活,能够自己站起,让人给她穿衣服,摇头表示"不"。辛格夫人外出回来,她能表示高兴。入院四年她才能摇摇晃晃地直立行

走,吃饭时能说"饭"这个词,这时的智力水平相当于1岁半的孩子。入院六年时,她能说出30个单词,与别人交往时有了一定的感情,智力达到2岁半的水平。第七年,卡玛拉已基本上改变了狼的习性,能与一般孩子生活在一起,能说出45个单词,能用三言两语表达简单的意思,能够唱简单的歌。她开始注意穿着,不穿好衣服不出屋,有了羞耻心。她能自觉地到鸡窝去拣鸡蛋,受到表扬就非常高兴。

第九年,卡玛拉(17岁)因尿毒症死去时,智力只有3岁半的水平。

尽管狼孩卡玛拉生而具有人脑,但由于出生不久就在狼群的自然环境中生活,没有接受社会文化的影响以及家庭和学校的早期教育,以至刚被人抚养时只有兽性,没有人性,没有人的心理。由此可见,人的心理发展,主要是受社会现实的影响,具有明显的社会性。

三、人的心理是对客观现实的主观映象

人的心理,就其反映内容来说是客观的,就其反映形式,如感知、思维、情感、意志和人格来说,却是主观的。人的心理是人脑对客观现实的主观映象。

(一)人的心理意识具有观念性

人的心理虽然离不开物质基础(人脑和客观现实),但心理本身不是物质现象,而是精神现象,具有观念性。例如,楼房是物质现象,而人脑中的楼房映象却不是物质现象而是精神现象。物质的楼房可以住人,人脑中的楼房映象是不能住人的。

(二)人的心理意识具有主观性

首先,人的心理意识只是主体对客体的近似的映象,近似的反映,而不是与客观现实的原型一模一样,分毫不差。其次,不同主体的知识经验、人格特征、意识倾向具有明显的个别差异。对同一事物,不同的人,在反映的选择性、积极性、反映方式、反映的准确性上,都会有个别差异。例如,同一堂课,听同一老师讲课的不同学生,在学习态度、学习方法、理解深浅上,都会存在个别差异。对同一事物的认识,有人能辩证、全面地思考,而有人可能有片面性、表面性。再次,同一个人,在不同时期,对同一事物,也可能有先后不同的看法。幼儿时期人们往往会认为"打架"是勇敢的表现,成人之后,对这种行为就会有截然不同的看法。

四、人的心理意识,是对客观现实的能动的反映

人的心理、意识对客观现实的反映,并不是消极被动的,而是积极主动的,具有明显的能动性。人的心理意识的能动性主要表现在以下几个方面。

(一)人的行为具有目的性(预见性)

目的,是在行动之前对行动结果的预见。目的性就是预见性,是人的心理意识能动性的重要表现之一。人在行动之前会通过思维活动预先确定行动的目的,计划行动的步骤、方法,估计可能产生什么样的结果。而动物的行为是没有目的性的,结果是不能预见的,只能消极地适应自然环境。

（二）人能创造性地认识世界，创造性地改造客观世界

人的心理意识，通过思维活动，可以透过事物的表面现象去认识事物内部的本质和规律，通过语言积累大量的科学文化知识。认识世界的目的在于改造客观世界。人类只有认识世界的规律性，才能避免盲目性，从而顺利、有效地改造世界。人在改造世界过程之前，行动目的的确定、行动计划的制订、在执行计划过程中各种困难的克服，都是以对客观规律的认识为前提的。人类在不断地创造性地认识世界和改造世界的过程中，为社会的文明进步作出了贡献。

（三）人能认识自己，控制自己，完善自己，超越自己

人的心理意识的能动性不仅表现在创造性地认识世界和改造世界，而且表现在通过自我意识去认识自己，控制自己，教育自己，完善自己，超越自己。人的自我意识，在认识上表现为自我知觉、自我概念、自我评价；在情感上表现为自尊、自信、自爱、自豪；在意志上表现为通过自我意识去监控自己；在人格上表现为自我意识能够维持人格与当前活动的统一、人格诸因素的统一。学生的学习就是在自我意识的监控和自我教育中不断进步、不断发展的。

五、实践是检验人的心理意识是否正确的唯一标准

实践是联系主体和客体的桥梁，是认识的动力和源泉，也是检验真理的标准。人的心理意识在认识中是否能正确地反映客观现实，必须在社会实践中加以检验。人的错觉可以通过实践得到纠正，人的错误思想可以通过实践得到改正，人的正确认识正是在社会实践中得到发展的。

第三节　学习心理学的意义

心理学是高等师范院校学生的必修课，学好心理学对于未来的人民教师具有重要的理论意义和实践意义。

一、学习心理学的理论意义

（一）有助于学好教育科学理论

我国高等师范院校的教学计划中都列出心理学、教育学、学科教学法(学科教育学)和教育实习四门公共必修课。这四门课犹如四级台阶。第一级是心理学，第二级是教育学，第三级是学科教学法，第四级是教育实习。心理学作为先行课，要为其他三门课打好理论基础。如果不学好心理学的基础理论知识，就无法科学地理解教育学和学科教学法的基本概念和基础理论，更无法搞好教育实习。当代教育改革的理论，大部分是心理学家、教育学家根据学生心理发展规律提出来的。不学好心理学的基础理论，就无法理解教育改革理论，更无法参加教改实践。

（二）有助于建立科学世界观

世界观是指导人们思想和行为的总"开关"。教师的任务是教书育人。教师必须根据国家的全面发展的教育方针，培养学生的正确思想，传授科学文化知识。为此，每一位教师必须具

有科学的世界观和正确的思想方法。否则,教师就不能圆满地完成教书育人的任务。

学好心理学,有助于教师建立科学的世界观——辩证唯物主义世界观。科学世界观的重要内容之一是"物质是第一性的,意识是第二性的"。人的心理意识,是人脑对客观现实的能动反映。因此,学好心理学有助于正确理解科学世界观的基本命题,正确处理意识和物质的关系,使自己的思想和行为始终有一个正确的方向。

二、学习心理学的实践意义

(一) 有助于搞好教学工作

学好心理学,可以运用注意规律来组织教学;运用观察规律搞好直观教学;运用记忆规律帮助学生识记知识,搞好复习,做好巩固工作;运用思维规律可使学生迅速理解概念、发现问题、解决问题,学会创造性地学习。这样,就可以大大提高教学效率,产生较好的教学效果。

(二) 有助于做好思想工作

只有遵循学生品德形成的规律,努力提高学生的道德认识,发展道德情感和道德意志,培养正确的道德行为和道德习惯,才能提高思想工作的效率。

(三) 有助于自我意识的发展

自我意识是人格诸层次中的较高层次。学习心理学,有助于学生了解自我意识形成与发展的规律,提高自我意识的能力。教师要有计划、有意识地发展学生的自我评价、自我调控、自我教育的能力,提高学生学习的自主性、自觉性和独立性。

(四) 有助于掌握学习规律、学习方法、学习策略

学习过程是心理活动的过程。学习心理学有助于师范生了解知识、技能的学习规律,也有助于掌握感知和观察的方法、记忆的方法、思维操作的方法和创造性学习的方法。这些方法是学习的最基本方法。学生在运用这些学习方法的基础上,可以进一步掌握学习的各种策略。掌握了各种学习策略,就等于学会了学习,从而大大提高学习效率,成为学习的主人。

(五) 有助于提高心理素质,保持心理健康

提高学生的心理素质,是素质教育最重要的内容之一。素质教育十分重视提高学生的道德素质、智力素质、身体素质、美的素质、劳动素质。德、智、体、美、劳等素质的基础是心理素质。心理素质的外延十分广泛,但其主要内容之一是心理健康。学生心理健康的标志是:学生智力得到正常发挥;情绪保持平衡稳定;意志坚强行为坚定;人格正常发展,人际关系较好,自我意识能力较强,等等。学习心理学有助于师范生了解学生心理发展的规律和特点,掌握心理素质教育的方法。

第四节 心理学的主要分支

随着心理科学的迅速发展,在人们实践活动的推动下,心理学的应用范围越来越广,心理学的分支越来越多,形成了一个庞大的体系。其中,与教育实践有关的有以下几个重要分支。

一、基础心理学

基础心理学包括认知心理学、实验心理学、感知心理学、生理心理学、记忆心理学、思维心理学、情感心理学、人格心理学等学科。

二、发展心理学

发展心理学包括动物心理学、儿童心理学、青年心理学、成人心理学、老人心理学等。

三、教育心理学

教育心理学是有关学生掌握知识技能，形成道德品质的心理学。它包括学习心理学、教学心理学、品德心理学、美育心理学等。

四、健康心理学

健康心理学研究人的心理健康、心理卫生、心理咨询和心理辅导等。

五、社会心理学

社会心理学是研究个体和群体在社会交往中的心理活动规律的科学。

心理学的其他分支还有管理心理学、医学心理学、咨询心理学、临床心理学、法制心理学、犯罪心理学、工业心理学、航空航天心理学、军事心理学、组织人事心理学、文艺心理学、商业心理学、消费者心理学、运动心理学等。心理学现在已有一百多个分支，随着社会发展和心理学研究领域的扩大，将来还会不断增加新的分支。

第五节　心理学研究的基本原则和方法

一、心理学研究的基本原则

(一) 客观性原则

客观性原则是指在心理学研究中必须尊重客观事实，以实事求是的态度对心理进行探索。引起心理的各种刺激是客观的，心理的各种行为表现，如语言、表情和身体的动作、变化等也是客观的。我们在观察和实验设计、收集各种数据材料、分析整理记录和得出结论的过程中，必须坚持客观性原则，不能主观臆测，不能暗示，不能虚构。

(二) 发展性原则

心理现象始终处于发展变化之中，我们必须遵循发展性原则，不仅要看到当前的心理活动特点，还要看到心理发展变化的方向，绝对不能把心理看成是固定不变的。即使是比较稳定的心理特征，也可能因各种因素长期影响而发生变化。

(三) 实践性原则

人的心理是在社会实践中发生、发展的。心理学研究不仅需要在实验室中进行，而且需要在各种实践中进行;既要进行理论研究,也要注重应用研究。

二、心理学研究的方法

(一) 观察法

观察法,是在日常生活的条件下有目的、有计划地通过观察和记录被试的外部表现(行为、动作、言语、表情等),了解其内部心理活动的方法。例如,要了解一个学生是否具有集体主义精神,可以在日常生活中有计划地观察他是否经常关心别人和帮助别人,是否愉快地服从组织领导和自觉地遵守纪律,是否能在必要时以牺牲自己利益来维护集体利益。

成功的观察必须做到:①有明确的目的、计划和要求,写好观察提纲。②做好全面细致的记录,包括录音和录像。③善于分析记录材料,作出符合实际的结论。④必须在不同条件下全面观察。例如,要了解学生的自制能力不仅要观察了解其在家庭和学校里的表现,还要观察其在社会场所的表现。⑤要分析行为的动机。动机是行为的内部原因。相同的行为,不同的人可能有不同的动机。例如,两个学生的学习成绩都是 100 分,但动机可能不同:一个学生是为了学得真的本领;一个学生是为了得到父母和老师的称赞。

(二) 实验法

实验法是有目的地严格控制或创造一定条件来引起某种心理现象的方法,它是心理学最基本、最常用的方法。实验法有两种形式:实验室实验法和自然实验法。

1. 实验室实验法

实验室实验法,是在心理实验室内借助于各种仪器设备进行实验的方法。实验室实验法所得到的结果,不仅准确而且能通过重复实验来加以检验。心理学的研究绝大多数是在实验室里进行的。为了使学生具体理解和应用这个方法,本书在附录中专门介绍了实验心理的基本理论和十七个实验案例。

2. 自然实验法

自然实验法,是在日常生活中进行心理实验的方法。它具有观察法的自然性和实验室实验法的主动性等优点,所以在心理学研究中被广泛应用。由于这种方法把科学研究与生活实践密切结合起来,得到的材料和数据比较符合实际,具有积极的现实意义。

(三) 问卷调查法

问卷调查法是通过被调查者的书面回答来研究团体心理倾向(意见、态度、期望)的方法。研究者事先要根据研究目的确定课题并制成问卷,然后要求被调查者对问卷提出的问题逐一进行回答,最后对回收的问卷进行分析、整理、统计,作出结论。

问卷调查法简单易行,但往往信度较差。设计问卷的题目时,可有意地拟出一些互相矛盾的问题,以答案中对这些问题的回答是否一致来检验答案的真实性。为了消除被调查者的顾虑,问卷可用不记名的方式。

(四) 测验法

测验法也叫心理测验,是根据预先制定的量表来测量人的智力和人格的个别差异的方法,主要有智力测验和人格测验等。在本书有关章节都有阐述。

(五) 其他方法

1. 个案分析法

个案分析法是通过对研究对象长期、系统的了解来研究其心理活动的方法。例如,教师根据某些学生一年或两年甚至更长期的言行表现,来研究学生人格的形成发展。

2. 作品分析法

作品分析法是通过分析被试的作品了解其心理活动的方法。如教师通过分析学生的日记、作文、绘画和其他作品来研究学生的心理活动。

3. 经验总结法

经验总结法是在不受控制的自然条件下,根据教育和教学实践所提供的事实,分析、概括心理现象,使其上升为理论的一种有效的方法。它对教师研究学生心理活动具有十分重要的意义。例如,教师可根据自己的教学工作,概括学生掌握知识的心理规律。

参考资料 1-3

百年来,心理学研究中的七大流派

20 世纪初,心理学从哲学中分离出来成为一门独立的科学,到现在已有一百多年。在心理学大发展中,许许多多的心理学家在心理学研究的对象和方法上出现了不少分歧,也发生不少争论,形成许多心理学派。各个学派都从不同领域、不同角度对心理现象进行了大量研究,各自都对心理科学的发展作出了贡献。回顾百年来影响比较大的心理学研究中的七大流派所走过的道路,从中总结出有益的历史经验,对我们当代心理学工作者是大有裨益的。当代心理学家在科学探索中都十分重视其他学派的科研成果,都在取长补短中前进,大有殊途同归之势。

一、构造主义心理学派

构造主义心理学是心理学成为一门独立的实验科学之后,从哲学中分离出来的第一个心理学派。构造主义心理学 20 世纪初产生于德国,代表人物是冯特和铁钦纳。

冯特认为:心理学研究的对象是意识的结构和内容。他认为意识经验是由许许多多元素构造成的,如声音、颜色、形状、大小、粗细等感觉元素,愉快与不愉快等情感元素……。心理学的任务就是分析这些元素,了解这些元素是如何构造成心理意识的。

冯特于 1879 年在德国莱比锡大学成立了全世界第一个心理实验室,他十分重视实验的客观性、准确性和科学性。同时,他也使用了经过改造的内省法配合实验法进行意识的研究。

铁钦纳是冯特的学生,是构造主义心理学在美国的代表。他继承了冯特的衣钵,认为心理学的研究对象是心理意识的构造,用意识构造来了解人的心理。

冯特应用实验室实验法来研究心理学,为后来实验心理学的发展开辟了广阔的道路。但他强调心理学是一门"纯科学",只研究意识的一般规律,而忽视心理学应用,这一取向是错误的。

二、机能主义心理学派

机能主义心理学是 20 世纪初出现在美国的一个心理学派。先驱者是詹姆斯,主要代表人物是杜威和安吉尔。他们受到达尔文进化论"适者生存"、"自然选择"的思想影响,十分重视人的心理活动在适应环境中的机能和作用,重视心理学的应用和效用。他们反对构造主义心理学主张的心理学是一门"纯科学"的观点,而主张把心理学扩大到儿童心理、动物心理、差异心理、教育心理等应用领域。在研究方法上既可以用观察法、实验法和内省法,也可以用测验法、问卷调查法以及其他有利于获得实验资料的方法,如个案法等。

机能主义心理学对其后应用心理学的发展产生了不小的影响,在研究方法上也拓宽了路子。

三、格式塔心理学派

格式塔心理学是20世纪初期在德国出现的一个心理学派,后来在美国也得到了发展。代表人物是魏特墨、考夫卡和柯勒。

格式塔的意思是"整体"、"完形"、"组型"。他们主张人的心理是一个整体,外界的物体在人的意识中被组织起来,被知觉为整体。如四条等长的边构成一个正方形。产生这一现象的原因不在于边本身,而在于大脑对这四条边的组织:知觉成一个正方形的整体,一个完形。

柯勒在特内里费岛上做了一个黑猩猩从高处取食(香蕉)的实验。把黑猩猩放在一个很大很高的笼子里使之取食,因食物太高够不着,猩猩停顿了一下,突然搬来近处的几个箱子,叠了起来,然后取得了食物。通过这个猩猩学习实验,柯勒认为这是因为猩猩突然顿悟,解决了取食的问题。柯勒认为,顿悟就是破坏了旧完形,形成(发现)了新的完形。通过顿悟解决问题是带有创造性的,柯勒由此提出了顿悟说。

格式塔心理学用整体的方法研究人的心理意识,既有历史意义也有现实意义。但其缺点是:只研究知觉,很少研究高级的心理过程。

四、精神分析学派

精神分析学是19世纪末20世纪初期问世的一个心理学派别。其代表人物是奥地利医生弗洛伊德。弗洛伊德1895年出版《癔病研究》一书,标志着精神分析学派的建立。他又于1900年出版了《梦的解析》,1910年出版了《精神分析引论》。精神分析原是精神病治疗的一种心理疗法,经过几十年的发展逐步形成一个比较完整的理论体系。

精神分析学派的核心理论是潜意识(无意识)决定论,用无意识来解释行动的内在原因。弗洛伊德认为:人的心理意识如同一座冰山。露出海水面的是意识,它只是冰山的一角;海水下面是无意识,是冰山的主体,占绝大部分。人的大部分经验,如本能、欲望、动机、思想、情绪等都在无意识的领域,并且对人的行为起作用。它们由于受到社会道德的约束不能进入意识领域,人因而可能产生焦虑。这就是精神病产生的原因。弗洛伊德使用催眠术、自由联想、梦的解释等方法进行治疗,使患者回忆往事,说出自己内心被压抑的情况,以此来消除精神紧张,缓解心中的抑郁,摆脱心理障碍。

精神分析学派在后期提出了人格理论,把人格结构分为本我(本能的我)、自我(现实的我)、超我(道德化的我),其中自我在本我和超我之间起调节作用。

精神分析理论在20世纪有广泛而深远的影响,以至在文化、艺术领域都渗透了这个理论。但是它把正常人病态化却是不对的,它的泛性论也是错误的。

五、行为主义心理学派

行为主义心理学诞生于20世纪初的美国,是一个具有很大影响的心理学派。它的代表人物是华生、斯金纳等。

华生是行为主义心理学的创始人,他是在了解巴甫洛夫条件反射学说的基础上建立起行为主义心理学的。他反对用内省的方法去推测心理意识,主张用客观的方法去研究可以观察到的和测量到的行为。他重视环境刺激对人的行为的作用。他认为,人的一切行为的产生与改变,都来源于环境刺激与个体反应之间的联结关系;人的行为模式是由环境决定的,是后天习得的结果。他提出了有名的"S(刺激)—R(反应)"的公式。只要掌握了S与R之间的关系,就能根据S预知R,或根据R推断出S,以达到预测和控制行为的目的。

斯金纳在巴甫洛夫条件反射学说的基础上,提出了操作性条件反射学说(强化说),研究反应(R)的结果,对行为的强化(奖励)作用。

行为主义的优点是采用客观的、精确的研究方法,促进了心理学的客观研究,摆脱了心理学长期沿用的思辨式的研究方法,有很大的进步意义。行为主义的不足之处是使心理学研究动物化、机械化,成为没有大脑的心理学。

六、人本主义心理学派

人本主义心理学兴起于20世纪60年代的美国。1970年,在荷兰举办国际人本主义心理学大会之后,人本主义心理学迅速影响了全世界。它的代表人物是马斯洛和罗杰斯。

人本主义心理学重视人格方面的研究,重视人的本性,认为人的本性是好的,是积极向上的。人的天性是倾向于发挥潜能,倾向于自我实现的。人本主义心理学认为,心理学的研究对象应该是健康的人、正常的人,既反对精神分析学派贬低人的本性,把人病态化,更反对行为主义把人动物化,也反对把人看成是电子计算机。

马斯洛认为人的需要和动机是行为的内部动力,他把需要和动机逐级分为七个层次。人要努力改善自我,提高自我意识,认识自我的潜能与价值,逐步满足各级需要,达到自我实现。自我实现是需要的最高层次,也是人的行为的最高动机。

罗杰斯进一步论述了教育是使人的行为得到完善的有效途径。

人本主义心理学在医学上强调医患合作,在教育上强调建立以学生为中心的新的师生关系。人本主义心理学把健康的人作为心理研究对象,并把心理学扩大到许多方面。

但是人本主义心理学迄今还没有一个严密的科学体系,理论单薄,不少概念比较模糊。它的观点有不少来自于格式塔心理学派和其他心理学派。该学派缺乏严密的研究方法,常从少数个案中得出一般结论,包含过多的猜测和思辨。

七、认知心理学派

认知心理学是20世纪60年代在美国发展起来的新的心理学派,70年代成为西方心理学的主要思潮。奈塞尔《认知心理学》一书的出版,标志着认知心理学的建立。

认知心理学是在新兴科学信息论、系统论、控制论的影响下发展起来的,也与现代信息技术和计算机技术发展有密切关系。

认知心理学认为:应把人看成是积极的信息加工者。认知过程是人脑对所接受的外界信息进行加工的过程。认知心理学还认为:人的高级心理过程如记忆、思维、概念、推理、问题解决等都与计算机的信息加工过程相类似,可以用计算机的工作原理来模拟人脑的认知活动。该学派的研究除用计算机模拟法之外,还运用了言语报告法、反应时记录法等研究方法。

认知心理学强调,大脑中已有的认知结构在认知过程中起决定作用。认知心理学还重视认知神经机制的研究,开创了认知神经学。

认知心理学模拟电脑的程序模型,揭示人的高级心理过程的规律,使人们对心理意识的认识大大前进了一步,并取得了很多研究成果。认知心理学还与计算机科学相结合产生了人工智能。但是人脑不等于就是计算机,人是一个社会性的复杂的个体,用简单的模拟来推测人及其复杂的认知活动还是需要做进一步探讨的。

思考题

1. 心理学研究的对象是什么?什么是科学的心理观?
2. 给“心理”这一概念下一个定义,并举例说明。
3. 师范生为什么必须学习心理学?
4. 心理学的研究有哪些基本原则和方法?

第二章　心理的生理基础

本章主要内容

1. 神经元
2. 神经系统
3. 大脑的结构和功能
4. 内分泌系统
5. 心理与遗传

　　人的心理活动是观念形态的东西,是极其复杂的精神现象。近代科学研究表明:人的心理活动无论多么复杂都不过是人脑的机能,是人脑对客观现实的能动反映。人的心理活动一刻也不能离开其物质载体——人脑。人的心理就是在入脑里产生的,当人脑的某一区域发生病变时,与此区域有关的心理功能也随之发生异常。例如,某人得了脑中风,在大脑皮层说话中枢发生血栓时,说话的功能就会受到影响,严重时会失去说话能力。

第一节　神经元

　　神经元就是神经细胞,是构成神经系统基本的结构和功能单位。神经系统是由亿万个神经细胞组成的。人脑是人的神经系统的最高部位。人的心理活动就是在以人脑为核心的神经系统中实现的。因此,要了解人的心理的生理基础,必先了解神经元。

一、神经元的基本结构

神经元是由细胞体、树突、轴突构成的(见图 2-1)。

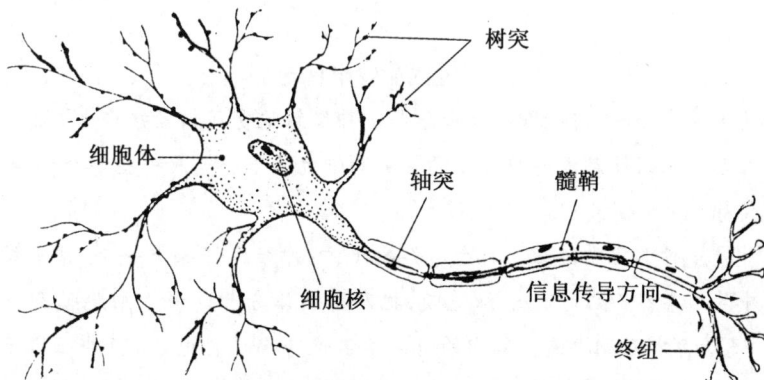

图 2-1　神经元的基本结构

15

（一）细胞体

细胞体包括细胞核、细胞浆和细胞膜。细胞体内含有维持细胞生存的生物化学物质和遗传物质。

（二）树突

树突是由细胞体发出的许多较短的树状分支，也叫树状突起，是接受信息的重要部位。

（三）轴突

轴突是由细胞体发出的一个细长的分支，也叫神经纤维。轴突末端有许多神经末梢，和其他神经元、腺体、肌肉发生联系。在脊髓和脑中的轴突有由分段脂肪包裹起来的髓鞘。髓鞘就像电线的外皮一样有绝缘作用，与周围轴突隔开。髓鞘既可以防止神经冲动向周围横向扩散，也可以加快神经纤维的传导速度。许多平行的神经纤维聚集成束，叫神经。

二、神经元的功能和分类

（一）神经元的基本功能

神经元有接受信息、贮存信息、整合信息和传导信息的功能。树突（包括细胞体）接受刺激（信息）之后，立即产生兴奋，表现为神经冲动。一个神经元往往接受不同性质的刺激，对这些刺激作判断（辨别）就是整合。如果接受的刺激兴奋占优势，神经元就由较弱的活动状态转入较强的活动状态；如果接受的刺激抑制占优势，神经元就由较强的活动状态转入较弱的活动状态。整合之后通过轴突把兴奋或抑制传导下去。

（二）神经元的分类

神经元根据其功能的不同可分为三类：①感觉神经元，也叫传入神经元；②中间神经元，也叫联络神经元，绝大多数在脑和脊髓之中；③运动神经元，也叫传出神经元。

神经元传导的一般过程是由感觉神经元传到中间神经元（脑、脊髓），再传到运动神经元。具体地讲：①感觉器官上的感觉神经元，接受客观刺激（信息）而产生神经冲动，经轴突传入大脑部位的中间神经元；②经过大脑皮层对传入信息进行分析综合，产生心理活动；③明确了信息的意义之后，指令运动神经元传出信息到有关效应器官，作出适应性的行为反应。

参考资料 2-1

神经元的生物电传导

神经细胞主要有两种功能，即冲动和传导。神经细胞受到刺激就产生兴奋。这种兴奋表现为神经冲动。神经冲动沿着神经元的轴突向临近的下一个或一些神经元传递，这就是神经冲动的传导。

神经传导是一种电化学过程。打个通俗的比方：神经元好像是一个"盐水袋"，在另一种"盐水液"中浮游着。"袋子"——细胞膜，把两种液体分开。由于细胞膜有一定的通透性，膜内外的离子可以互相渗透。膜内的负离子占优势形成负电位，膜外正离子占优势形成正电位，于是形成膜内负电荷、膜外正电荷的电位差。这种电位差就是膜的极化现象。这时的电位差称为静息电位。但实际上它不是静息的,而是处于瞬息间即放电的准备状态。当神经元受到足够强的刺激时,细胞膜的电离子通透性发生改变。这时膜内离子变化,称为去极化过程。神经元便由相对静息状态进入活动状态,形成了神经冲动,称作动作电位。动作电位的持续时间很短,大约为1毫秒。但由于神经冲动沿着轴突一节一节地跳跃式传导,膜上电位差的变化是连续进行的,于是就形成了电脉冲,这就是我们所说的神经冲动。正是这种神经冲动负载着有关刺激的信息。

神经元还具有对神经冲动的整合作用,它能使传递来的兴奋被加强或被抑制。这要由神经元之间的传导作用来说明。

(孟昭兰——1993)

三、突触传递

一个神经元之内的传导,是生物电的传导。一个神经元与另一个神经元之间的神经冲动的传递,由于没有细胞浆的联结,是由突触来进行的化学传递。

(一) 突触

突触是神经元之间传递神经冲动的联结机构。突触是由三个部分组成的(见图2-2):①突触前膜。一个神经元的轴突末梢每一分支的末端都有一个球形的突触小体。突触小体内含有大量突触小泡。小泡内贮存各种化学递质。突触小体的细胞膜,叫突触前膜。②突触后膜。与突触前膜相对应的下一个神经元的细胞膜。③突触间隙。突触前膜与后膜之间存在一个空隙,叫突触间隙,其中充满液体。

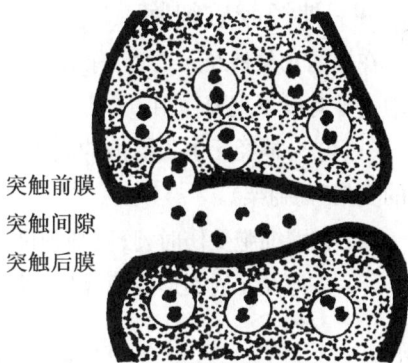

突触前膜
突触间隙
突触后膜

图2-2 突触

(二) 突触联系的方式

神经元之间的突触联系方式是多种多样的,既可以是轴突与树突、轴突与细胞体之间的突触联系;也可以是轴突与轴突、树突与树突、细胞体与细胞体之间的突触联系。这样,一个神经元上就会有成千上万个突触结构。许多神经元之间就形成了密如蛛网的突触联系。整个神经系统,就构成了非常庞大的突触网络系统。这个非常庞大的突触网络系统,就是神经冲动能够广泛传递的物质基础(见图2-3)。

(三) 突触传递

突触传递是在两个以上神经元之间通过突触来进行的化学传递。突触传递过程为:上一个神经元的神经冲动传到轴突末梢时,突触前膜的通透性增强,进而破裂,从突触小泡中释放出大量的化学递质到突触间隙。这些化学递质有的是兴奋性递质,如乙酰胆碱;有的是抑制性递质,如多巴胺等。化学递质由突触间隙扩散到突触后膜,与后膜上的蛋白质受体结合,就使神经冲动从上一个神经元传递到下一个神经元,使之产生兴奋效应或抑制效应。突触的传递是单向的,从前膜经突触间隙传递到后膜受体。这就能够保证信息迅速而有效地传到中枢和

来自另一神经元

神经元B

神经元A

信息传导

传至另一神经元

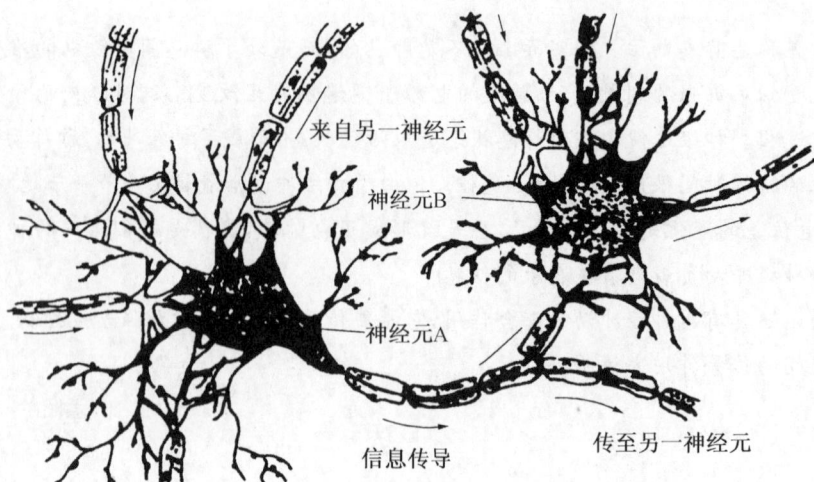

图2-3　突触传递的方向

大脑,产生相应的心理活动。

四、神经胶质细胞

在神经元与神经元之间,有1000亿个左右的胶质细胞。它们分布在神经元周围,对神经元的传导有以下重要作用:

(1) 它为神经元生长提供伸展的路线。就像葡萄架引导葡萄生长一样,为神经元提供发展的支架(葡萄架)。

(2) 在脑细胞受伤时,胶质细胞可提供营养,帮助恢复。

(3) 在神经元周围形成绝缘层(髓鞘),使神经冲动快速传递。

第二节　神经系统

亿万个神经元遍布全身(以至牙髓),构成了庞大的神经系统。人体有运动、血液、循环、呼吸、消化、泌尿、生殖、神经、感官、内分泌和免疫等系统。这些系统在神经系统控制下互相联系、互相配合,成为一个统一的有机整体。神经系统是人体的"司令部"。以人脑为核心的神经系统也是心理的物质基础。人们接受外界信息,加工外界信息,贮存获得的知识,支配人的行为,形成人的意识经验,都是在神经系统之中特别是在人脑之中实现的。神经系统可分为中枢神经系统和外周神经系统。

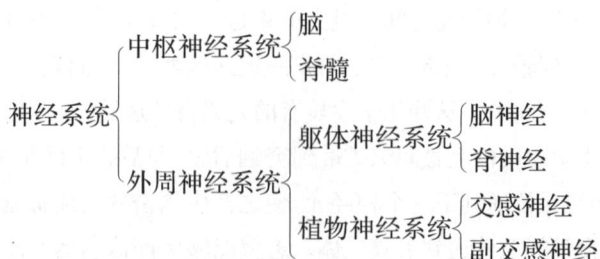

神经系统
- 中枢神经系统
  - 脑
  - 脊髓
- 外周神经系统
  - 躯体神经系统
    - 脑神经
    - 脊神经
  - 植物神经系统
    - 交感神经
    - 副交感神经

一、中枢神经系统

(一) 脊髓

脊髓是中枢神经系统的低级部位,位于脊柱的脊椎管之内,呈圆柱状,上与延脑相连,下到尾椎部位。脊髓有两个功能:①在躯体与脑之间传导神经冲动:脊髓中的上行神经束,传导感觉冲动;下行神经束,传导运动冲动。这就把躯体和四肢与脑密切联系起来了。②调节反射活动。脊髓中的反射中枢是低级中枢。例如,膝跳反射、排尿反射、排便反射、牵张反射、血管张力等简单反射和一些本能行为,都是通过脊髓这个低级中枢实现的。

(二) 脑

脑是中枢神经系统的高级部位,是心理活动最重要的物质载体。脑可分为脑干、间脑、小脑、大脑四个部位(见图2-4)。

1. 脑干

脑干,在大脑和脊髓之间,圆柱形。脑干包括延脑、脑桥、中脑和网状结构。脑干是脑进化中最古老的部分。

(1) 延脑,也称延髓,在脊髓之上。其主要功能为:①调节饮食、消化、呼吸、心跳、防御等反射,是生命中枢;②传导上行下行的神经冲动。

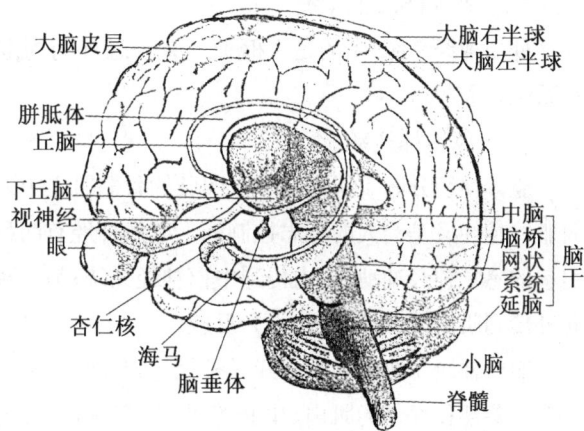

图2-4 脑部透视略图

(2) 脑桥,在延脑之上,中脑之下,是联络小脑和大脑上行下行神经纤维的桥梁。主要功能为:①调节面部肌肉运动(眼肌、咀嚼肌、表情肌等);②调节面部的感觉,如肤觉、味觉、嗅觉、听觉和平衡觉等;③传导上行下行神经冲动。

(3) 中脑,在脑桥上方,是脑的中点。主要功能为:①调节眼球、瞳孔、眼肌、虹膜等的运动;②是探究反射中枢;③传导上行下行神经冲动。

(4) 网状结构,在脑干中央(细长),是由一些分散的神经细胞核团和纵横纤维交织成的神经网络,所以叫网状结构。网状结构有两个对立的调节系统:①激活系统。上行激活系统向大脑皮层发射兴奋,使大脑皮层处于觉醒状态和警戒状态,引起注意,使意识清晰,同时也唤醒和激活了情绪的活动。②抑制系统。可引起大脑皮层活动水平的降低。这两种对立的调节系统,维持了大脑和心理的正常运行。

2. 间脑

间脑包括丘脑与下丘脑等。

(1) 丘脑。丘脑的功能为:①是皮层下的感觉中枢,从眼耳皮肤传来的感觉冲动,经上行神经纤维先传到丘脑,然后再传到大脑,它是各种感觉的中继站;②丘脑与下丘脑相互联系,成为多种无条件反射的中枢。

第二章 心理的生理基础

（2）下丘脑，在丘脑下部，体积较小但功能重要。主要功能为：①是大脑皮层以下的植物神经系统的高级中枢，主要是调节内分泌活动和内脏活动；②调节情绪活动；③调节体温、水盐代谢、食欲与性行为。

3. 小脑

小脑在延脑和脑桥的后方，有两个小脑半球。主要功能是：与大脑密切联系，维持身体的平衡，调节肌肉紧张度，协调、保持身体姿势，调节身体的运动。

4. 大脑

大脑是人的心理活动主要的生理基础，具体在下一节有介绍。

二、外周神经系统

外周神经系统，指的是中枢神经系统之外的周围神经系统，包括躯体神经系统与植物神经系统。

（一）躯体神经系统

躯体神经分布于头部、躯干、四肢的骨骼肌之中。骨骼肌是随意肌，是受躯体神经支配的，而躯体神经又是受人的意志控制的。躯体神经有两种神经元：一种是感觉神经元，将外界刺激引起的感觉神经冲动，向内传到中枢神经系统；另一种是运动神经元，将中枢发出的神经冲动向外传到肌肉或腺体，引起行为反应。

躯体神经系统分脑神经和脊神经。脑神经有 12 对，大多由脑干发出，左右成对，绝大部分分布于头部和面部的肌肉、皮肤等处，只有迷走神经传入内脏，调节内脏活动。脊神经共 31 对，从脊髓两侧发出，分布于躯体、四肢的肌肉和皮肤之内，参与躯体的感觉与运动反应。

（二）植物神经系统

植物神经系统是由控制心肌、平滑肌和腺体的运动神经元所构成的。由于这个系统不受人的意志支配，也叫自主神经系统。

植物神经系统分为交感神经系统与副交感神经系统。交感神经在使个体处于紧张、警觉状态时发生作用；副交感神经则在使个体处于松弛状态时发生作用。二者在功能上虽然存在拮抗作用，但在运作时却是相辅相成、互相协调的。

第三节　大脑的结构和功能

大脑在中枢神经系统的最高部位，是心理活动的主要器官。

一、大脑的结构

大脑是由左右两个半球构成的，重量约 1400 克左右，约占人体重量的 1/50。大脑有与人的心理活动密切相关的三个重要组成部分。

（一）大脑皮层

大脑两半球的表面是灰色的大脑皮质，也叫灰质。大脑皮层有 6 层，厚度不一，平均为

2.5毫米。大脑皮层上有沟有回,如果把它展开,面积约为2200平方厘米,相当于一张报纸的大小,其中1/3在表面,有2/3在皮层沟裂的侧壁和底壁上。

大脑皮质有额叶、顶叶、颞叶和枕叶(见图2-5)等。这四个脑叶上分布着许多心理活动的高级中枢。

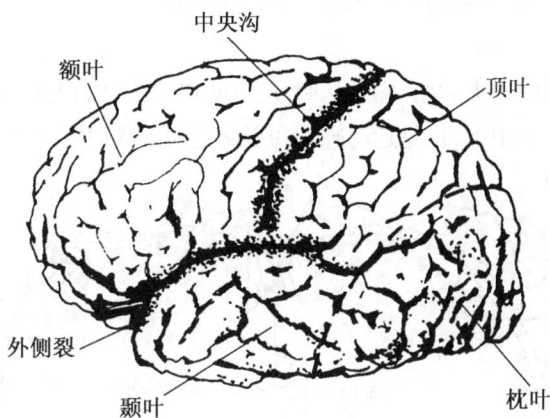

图2-5 大脑左半球

(二) 边缘系统

大脑两半球内侧面与间脑相连接的边缘叶与附近的有关结构,形成边缘系统(其中包括杏仁核和海马等)。边缘系统的功能有:①调节内脏、内分泌活动;②杏仁核与情绪活动有关;③海马与短时记忆有关;④调节寻食、生殖和防御行为。

(三) 基底神经节

基底神经节在大脑底部,有一些神经核群(灰质),是大脑皮层下的运动中枢。

二、大脑皮层的功能

大脑皮层包括感觉中枢、运动中枢、言语中枢和联合区。皮层各中枢,也叫投射区(见图2-6)。

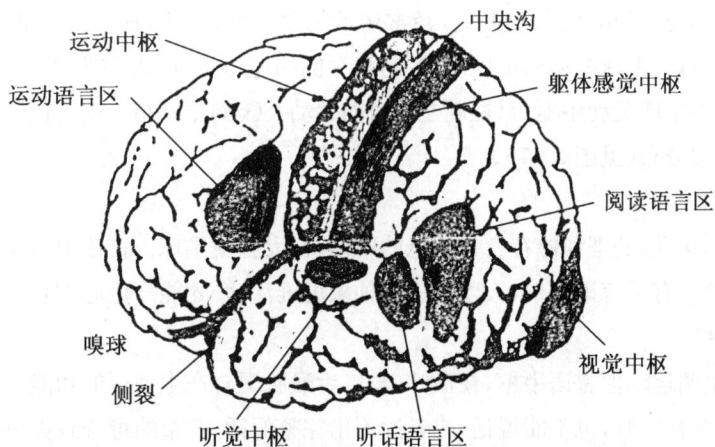

图2-6 大脑左半球的分区功能

（一）感觉中枢

1. 视觉中枢

视觉中枢在枕叶后端，是从眼睛传入信息的大脑中枢。

2. 听觉中枢

听觉中枢在颞叶上部，是从内耳传入信息的大脑中枢。

3. 躯体感觉中枢

躯体感觉中枢在顶叶中央后回，它是从躯体、皮肤传入信息的大脑中枢。它是冷觉、温觉、触觉、压觉、痛觉等的大脑中枢，也是运动感觉和平衡觉的大脑中枢（见图2-7）。

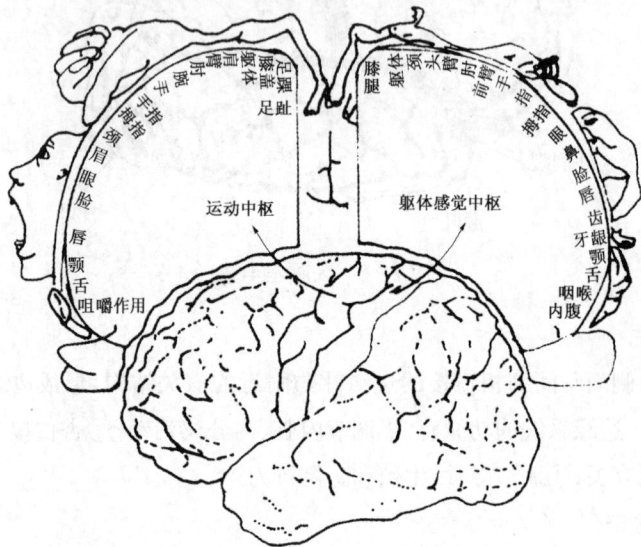

图2-7　运动中枢与躯体感觉中枢

（二）运动中枢

运动中枢，在大脑皮层的中央前回，是躯体随意运动在皮层上的投射区。身体每一部分的活动，都在皮层上有相应的代表区域（见图2-6）。运动中枢的投射特点为：①经常性。代表区域面积的大小，与运动的经常性有关，经常运动的手、指、口、舌，所占的面积比整个下肢都大。②交叉性。每一半球的运动中枢，只控制其对侧的躯体运动，即左半球运动中枢，只控制右半身的运动；右半球运动中枢，只控制左半身的运动。③倒立分布。皮层代表区与某一部分身体运动，呈倒立分布（见图2-7）。

（三）言语中枢

言语中枢是接受、处理和储存言语信息的中枢，在大脑左半球。言语中枢是人类独有的高级心理活动中枢。有了言语中枢，人才能进行抽象思维活动，才能产生心理意识。

1. 说话中枢

说话中枢也叫运动性言语中枢，在额叶，与口舌喉肌配合产生说话的功能。说话中枢受到损伤，尽管发音器官完好，也不能说话，或者说不出完整的话，严重的可导致失语症。

2. 书写中枢

书写中枢在额叶,是管理手肌运动的部位。这一区域受损,人的其他运动机能虽然正常,但不能用手写字和绘画,导致失写症。

3. 听话中枢

听话中枢也叫听觉性言语中枢,在颞叶,主要功能是发展自己的言语听力,理解别人语言。这一区域受损,听觉虽正常,但听不懂别人谈话的意思。

4. 阅读中枢

阅读中枢也叫视觉性言语中枢,在枕叶。这一区域受损伤,视觉虽正常,但看不懂文字的意思,可导致失读症。

(四)联合区

大脑皮层除了上述几个中枢之外,还有 4/5 的面积是几个功能联合区,在各中枢之间起联合作用,是调节比较复杂的高级心理活动的区域。

1. 顶、颞、枕叶联合区(后联合区)

它是组织知觉和记忆的联合区,也是形成人的知识经验的重要区域。

2. 前额联合区(前联合区)

它是规划、调节、控制复杂心理和行为的联合区。这个区域与注意、记忆、思维有关,可以参与制订规划,控制人的行为,影响人格发展。这个区域发生损伤就要导致丧失逻辑思维能力,不能规划控制行为,人格变得异常。

(五)大脑左右两半球功能的不对称性

1. 大脑左右两半球功能的不对称性

大脑左右两半球从结构上看似乎是左右对称的,而从功能上讲又是不对称的(见图 2-8)。正常人的大脑左半球是主管言语和抽象思维的功能系统,叫言语优势半球;大脑右半球是管形象知觉、形象思维和调节感情的功能系统,是非言语占优势的半球。音乐、美术和创造活动主要是在右半球进行的。

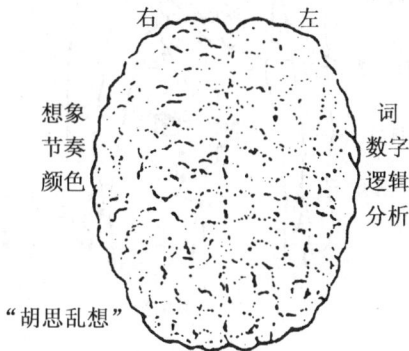

图 2-8 大脑两半球的不同功能示意图

2. 大脑左右两半球的功能要和谐发展

在正常的学习活动和生活实践中,大脑左右两半球的活动既有分工,也有合作。有时侧重于左半球的活动,有时侧重于右半球的活动,有时则是有节律地、频繁地左右互相转换,使人能有一个统一的思维和意识,有完整的精神生活。只有在大脑损伤时,才能发现大脑功能的不对称性。

教师肩负发展学生智力的重任,对学生智力的发展一定要有一个全面的认识,应有计划地使左右两半球获得和谐、均衡的发展。既要注意开发学生言语和抽象思维占优势的左半球,也要注意开发形象知觉、形象思维、创造思维占优势的右半球。教师在讲课时一定要注意形象生动,要有计划地组织学生到大自然中去观察自然现象,到社会中去做调查;要有意识地去发展学生的形象记忆能力、形象思维能力(即想象力)和发散思维能力,引导学生经常使用右脑,努力使学生的智力获得全面发展。

第四节 内分泌系统

人的心理的生理基础,除了神经系统之外还有内分泌系统。例如,人在情绪激动时,不仅有神经系统的活动,还有内分泌系统的活动。

一、内分泌系统

内分泌系统是由若干内分泌腺构成的系统(见图2-9)。它包括脑垂体、甲状腺、甲状旁腺、肾上腺、胰岛和性腺等。内分泌腺是无管腺,它分泌的化学物质叫激素。激素直接渗入血管而对机体的代谢、生长发育和其他器官起调节作用。

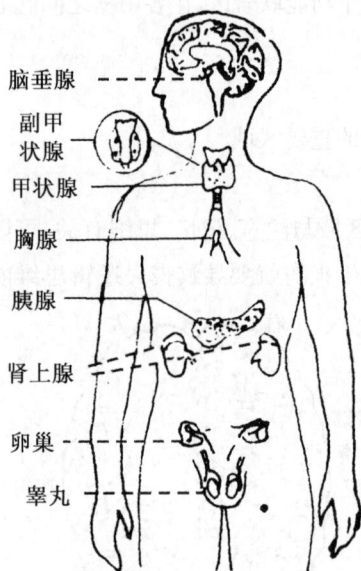

图2-9 内分泌系统

脑垂腺
副甲状腺
甲状腺
胸腺
胰腺
肾上腺
卵巢
睾丸

(一)脑垂体

脑垂体也叫脑垂腺,在下丘脑之下。它本身分泌多种激素,如生长激素、促性腺激素和促肾上腺皮质激素等。由于脑垂体具有控制其他腺体的功能,故称内分泌主腺。

(二)甲状腺

甲状腺位于喉头之下,气管头之上,分泌甲状腺激素。甲状腺激素是碘的化合物,能促进新陈代谢,维持身体和智力的正常发育。

(三)肾上腺

肾上腺位于肾脏顶端,分内外两层,外层是肾上腺皮质,分泌糖皮质激素、雄性激素和雌性激素等;内层是肾上腺髓质,分泌肾上腺素和去甲肾上腺素,能够兴奋交感神经,加快心跳,增高血压,使肠胃肌肉放松、瞳孔放大。肾上腺与情绪的变化有密切关系。

(四)性腺

性腺男性为睾丸,女性为卵巢。睾丸分泌睾丸酮素,功能是促进男性成熟,促进第二性征的发育。卵巢分泌动情激素,可促进女性成熟和月经的周期变化。

内分泌对身心的调节有以下四个特点:①内分泌激素通过血液、淋巴被运到全身各个器官,对全身都起调节作用;②影响的速度要比神经系统慢些;③影响时间较长;④对情绪影响较大。

二、内分泌受神经调节

内分泌系统的活动要受神经系统的调节与控制,这就是神经体液调节。神经系统调节内分泌有两个途径:①通过植物神经系统直接影响内分泌,例如在极度愤怒和应激状态下,植物神经系统直接引起肾上腺皮质激素的分泌,动员整个身体去应付环境发生的重大事件;②中枢神经通过下丘脑调节脑垂体,去影响其他腺体分泌激素。

第五节 心 理 与 遗 传

人体的身体特征,如身高、骨骼结构、皮肤颜色、眼珠的颜色以及面貌等,主要是由父母遗传下来的。人格的心理特征,如智力和气质等也与遗传存在一定的关系。心理遗传学就是研究心理与遗传关系的科学。

一、染色体、基因、基因组

(一) 染色体

染色体是由遗传物质去氧核糖核酸(DNA)构成的。染色体存在于身体的细胞核之中。人体的细胞核中含有 23 对染色体(见图 2－10)。一个受精卵的形成,就意味一个新的生命的开始。一个受精卵从父亲精子里接受 23 个染色体,从母亲卵子中接受 23 个染色体,这 46 条染色体形成 23 对染色体。这 23 对染色体中,前 22 对男与女是相同的,只有第 23 对的遗传物质男与女是不同的,叫性染色体。女性体细胞中第 23 对的两个性染色体,其体积大小是相同的,其性质也是相同的(XX)。男性体细胞中第 23 对的两个性染色体其体积大小是不相同的,大者是 X,小者是 Y,合起来是(XY)。

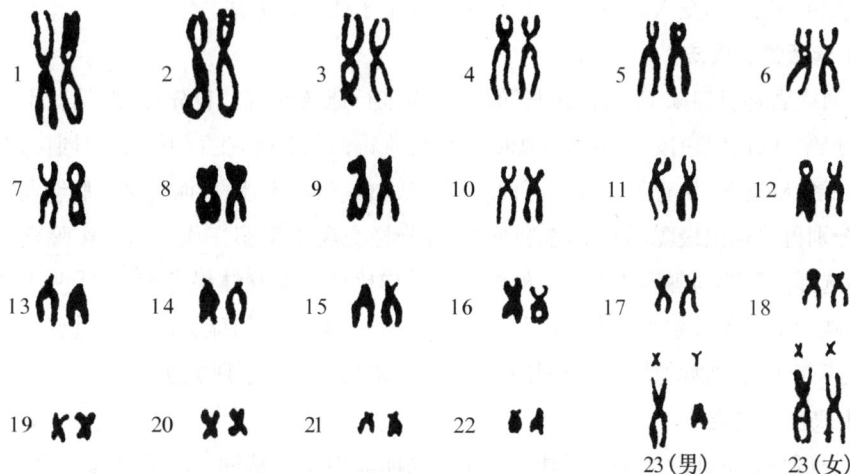

图 2－10 人体细胞内的 23 对染色体

父母双方的每一细胞核中的 46 条染色体,在组成 23 对时,都是随机的。所以在形成新个体时的配对组合也是随机的。新个体的配对可能有 20^{24} 个结合方式。只有同卵双生子的染色体配对相同,遗传的生理特征相同,除此之外再也不会找到遗传生理特征完全相同的人了。因此,人与人之间在遗传上是存在个别差异的。

(二) 基因

基因是个体遗传中最基本的单位。基因存在于构成染色体的去氧核糖核酸(DNA)之中,是具有遗传信息的片断。每对染色体都含有几千个基因。基因的结合也是成对的,每一对基因的配对也是随机的。由于基因数量比染色体数量多出上千倍,只有同卵双生子才能具有相同的基因。

基因最主要的遗传性质或是显性或是隐性的。如果父母遗传的成对基因都是显性的,子女就显现出类似父母的生理特征。如果父母遗传的成对基因中,有一个是显性的,一个是隐性的,则子女虽也表现出显性的生理特征,但仍会把隐性基因遗传给后代。如果父母遗传的成对基因都是隐性的,子女才会表现出与父母不相类似的生理特征。

(三) 人类基因组

人类基因组,指的是 23 对染色体上的全部基因,约三万多个,是一个人的全部遗传信息。人类基因组是制造一个人体最完整的天然指令,主宰着个体生老病死的生命历程。破译人类基因的全部遗传密码,对于人类了解自身的构成、人格和行为的生理基础、健康与疾病的深层原因具有特别重要的意义。

二、心理的遗传研究

个体的生理特征是由遗传决定的,由于生理是心理的物质基础,个体的心理特征也应与遗传有关。例如,智力的高低和气质的差异就与遗传存在一定关系。

心理学家为了研究心理与遗传的关系,一般采用以下两类方法:一是动物心理的研究,用选择性交配的方法;二是人类心理的研究,采用双生子研究的方法。

(一) 选择性交配法

有的研究者通过白鼠"学习走迷宫"的实验来进行遗传研究。首先,选择具有不同学习能力(聪明、愚笨)的两组白鼠。然后,在聪明组里使雌雄白鼠交配,生育下一代。同样,在愚笨组里也使雌雄白鼠交配,生育下一代。再训练第二代白鼠学习走迷宫,而后又在聪明与愚笨的第二代中,分别再筛选出最聪明和最愚笨两组,再分栏交配生育第三代。这个实验直到第十几代。最后选择出聪明与愚笨相差最大的两个亲系作比较。实验结果发现:最后两大亲系的白鼠在学习能力上的差异越来越大。由此可见,遗传确是影响学习能力的一个重要因素。对人的研究就不能采用动物的选择性交配的方法,而是采用了双生子研究法。

(二) 双生子研究法

双生子可分为同卵双生子与异卵双生子。同卵双生子是从同一个受精卵发育而成的,染色体内的基因完全相同,遗传基础完全相同。异卵双生子,是从不同的两个(或三四个)受精卵发育而成的。其遗传的差异同兄弟姐妹之间的遗传差异很相似,但不相同。研究同卵双生子的心理特征,并与不同血缘关系的人进行比较,可以推论遗传对心理特征的不同影响。研究表明,在智力方面同卵双生子即使不在同一社会环境中成长,其智力水平也是相近的,异卵双生子次之,同胞再次之,堂兄弟姐妹相关更小(张春兴,1991)。

三、心理与遗传和环境

心理学在研究个体心理差异的原因时,一方面要从遗传学的理论和方法来进行解释;另一方面也必须从环境等因素来进行解释,人的心理则必须从社会环境等因素进行解释。有的研究表明:人的心理个别差异的原因是多因素的,既要考虑遗传又要考虑社会环境、学校教育、家庭影响和个人努力,心理个别差异是这些因素的综合作用。遗传决定论是错误的,环境决定论也是错误的。现在的科学研究表明,人与环境不断地进行交互作用。

思考题

1. 为什么学习心理学必须了解心理的生理基础?

2. 神经系统包括哪些部分? 为什么说脑是神经系统的核心部分?

3. 简述神经元的结构和功能。

4. 简述突触的传递过程。

5. 脊髓、脑干、间脑的主要功能是什么?

6. 简述大脑皮层的机能定位。

7. 大脑左右两半球,为什么一定要和谐发展?

8. 内分泌系统在情绪活动中起什么作用?

9. 染色体和基因对人的心理发展起什么作用?

第三章　意　识　与　注　意

本章主要内容

1. 意识　　　　　　　　2. 无意识　　　　　　　　3. 注意概述

4. 注意的规律性　　　　5. 注意的规律在教与学中的应用

6. 注意的品质　　　　　7. 注意策略

第一节　意　　识

一、意识的涵义

意识,是在觉醒状态下对外界的人、事、物和自身状态的觉知,也包括对人的动机和行为的觉知(觉察)。这个觉察过程就是意识过程。

我们常把心理与意识相提并论,当作同一个概念加以使用。它们的相同之处是:心理和意识都是人脑对客观现实能动的反映。它们也有不同之处:心理既包括意识的层面,也包括无意识的层面。心理概念的外延要比意识宽泛一些。

二、意识的功能

意识具有以下功能:

(1)意识有认知功能。意识能够根据头脑中的已有经验对现时的信息进行加工,明确其意义,而且日积月累可以形成比较系统的知识经验、思想观念、情感体验等。意识既能认识现在,也能回溯过去、想象未来。

(2)意识具有控制行为的作用。意识可以根据对当前信息的意义的理解,形成行为动机,确定行为目的和计划,选择行为方法推动人去行动,控制人的行为,并对行为结果进行评价。

(3)意识可通过选择性注意限制人的注意范围,减少无关的刺激进入意识,节省意识活动的能量。

(4)人在进化过程中产生了意识,有了思维和语言,才使人有了高级的心理功能,从而从动物心理中独立出来,成为万物之灵。

三、意识的分类

根据意识的对象,可分为客体意识与自我意识。客体意识是人对外部客观世界的人、事、物的认识。自我意识是对自己内心过程的认知和调控,包括自我认知、自我体验和自我调控三个方面(详见第九章)。

根据社会学的标准,可分为社会意识和个体意识。社会意识包括各种社会思想和社会理论,如哲学、政治学、经济学、历史、道德、法学、文学、宗教、艺术等。个体意识是个体在社会影响、社会教化过程中对社会意识进行加工,经过内化而形成的个人的价值观、理想、信念、世界观和个人的兴趣爱好等。

第二节　无　意　识

一、无意识的涵义

无意识是对现时的心理活动不曾觉知又无法控制的潜意识层面,如睡眠中做梦就是无意识现象,个体的血压变化也意识不到。有两个朋友,一边骑车一边聊天,因为他们两人骑车已十分熟练,已经形成了无意识动作,所以才有条件去聊天。日常生活中还有许多类似的无意识现象。在感知活动中,在知觉的前注意阶段,即纯感觉阶段接受的大量信息,也是在无意识状态之下进行的。此外,催眠、无意识的条件反射、自动化加工等都是无意识现象。

弗洛伊德的无意识理论认为:人的心理主要是无意识的,就像一座冰山:露出水面的意识,只是冰山一角;其余水中的绝大部分是无意识的,如本能欲望、思想感情和行为动机等。由于它们和社会道德及其他行为规范产生冲突,被压抑到无意识之下,而不能出现在意识层面。但无意识的种种动机,却能影响人的行为。

二、无意识的信息加工

人们在无意识活动中能够对现时的信息进行加工,这一现象越来越受到心理学家的注意。如内隐记忆,这是个体在过去无意识中记住的外界信息,但这些记忆经验却能对个体当前的行为产生作用。

参考资料3-1

其他意识状态

一、睡眠

睡眠是个体恢复体力和脑力的一种意识状态。每人每天在24小时中,都要有1/3的时间进入睡眠状态。这是个普遍现象。从觉醒到睡眠是人们生活中的生理节律,是生物钟运转的反映。

不少科学家用脑电仪对人在睡眠中的心理和心理变化进行了研究。研究发现:人的睡眠,有两个时相,一个是慢波睡眠的时相;一个是快波睡眠的时相。慢波睡眠中有四个阶

阶段0(清醒)

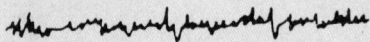

阶段1

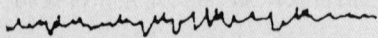

阶段2

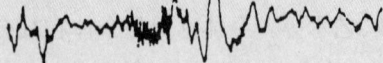

阶段3

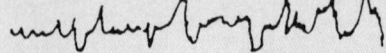

阶段4

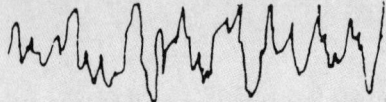

REM阶段

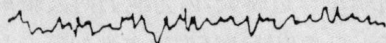

图3-1　脑波图

（采自 Atkinson，1983）

段,快波睡眠一个阶段,共五个阶段,如图3-1所示。

图中有六条脑电波曲线：

第一条线是清醒状态(0睡眠)。

第二条线是慢波睡眠的第一阶段。开始睡眠,脑电波的频率变缓,振幅变小。

第三条线是慢波睡眠的第二阶段。正式睡眠,是浅睡期,脑波不规则。

第四条线和第五条线是慢波睡眠的第三、四阶段,是沉睡期,波形缓慢,不易被叫醒。

第六条线是快波眼动睡眠阶段,是第五阶段即FWS阶段。波形加快,眼球有一定的活动,做梦常在这一阶段。

以上五个阶段是一个睡眠周期。慢波睡眠四个阶段约90分钟,快波睡眠约10分钟,一个周期约100分钟。每晚约有四五个睡眠周期,是有规律可循的。

二、梦

梦是具有视觉形象和听觉形象的、生动的、富于幻想的、戏剧性的无意识活动。有时,梦还有一定的故事情节,让人很感兴趣。但是对于梦的功能和梦的解释却众说纷纭。

梦是在睡眠周期快速眼动睡眠时出现的,所以也叫梦睡眠。精神分析派认为：梦是无意识活动的表现,被压抑的无意识冲动、欲望、情结以改头换面的梦的形式出现于意识之中。

对梦的产生原因有多种解释。多数心理学工作者认为：平时,我们的大脑需要足够数量的刺激来维持神经系统和心理系统的正常活动。在睡眠时,刺激量大大减少了,神经系统常会出现随机、无序的活动。梦就是心理意识对这些无序活动给以一定的意义,并作出连贯性的解释。有人认为,大脑皮层从脑的深处寻找与当前信息相关的记忆,在无意识状态下经过一定的整合,就成为各式各样的梦境。还有人认为在睡眠时,当无序的刺激之间出现不合逻辑的联系时,就会东拼西凑形成一些稀奇古怪的梦。也有人认为,日有所思夜有所梦。白天正在思索、想象的一些事情或想解决的某一问题,有时会在晚上睡眠时在无意识的梦中继续进行下去,有的真的解决了。

弗洛伊德认为梦有两大功能：一是有保护睡眠的功能,二是梦可以提供实现愿望的形式。梦可以消除日常生活中持续紧张的心理状态,保护快波和慢波睡眠的质量,又可使无意识的愿望与动机在梦中得以实现。

三、催眠

催眠,是在催眠师诱导下,用暗示方法,使人进入类似睡眠而非睡眠的、恍惚的意识状态,是一种特殊的意识状态。

催眠的进程为:①催眠师先让被催眠者处于安静、舒适的意识状态。②催眠师使被催眠者集中注意于某一特定的事物之上,如钟表的嘀嗒声。③催眠师用语言暗示的方法,诱导被催眠者慢慢进入完全放松的状态。④催眠师指示被催眠者做一些动作,被催眠者接受催眠师的指示而去动作。⑤此时,被催眠者就进入了类似睡眠又非睡眠的状态。⑥催眠师诱导被催眠者说出潜藏在无意识中的童年的回忆、精神创伤、思想情结、行为动机等。精神病医生常用催眠的方法,来诊断和治疗精神疾病。

催眠期间被催眠者的心理状态为:①减低了心理和行为的主动性。②注意的范围已经窄化,只听从催眠师的指示,而不顾周围其他的事情。③可能出现幻觉,在知觉中可能出现"无中生有"和"有中变无"的幻觉现象。④暗示接收性增高。⑤早已忘却的陈年旧事,又能回忆起来,如童年的伤痛等。⑥在催眠师的诱导下,可以做出平时难以做出的事。

催眠术是精神科医生治病的技术,现在已经推广到刑事侦察和破案的工作中去。但并不是所有的人都能接受催眠、实施催眠,这取决于受催眠者受暗示水平的高低。有人统计,约有10%左右的人由于受暗示性强,而容易接受催眠。也有10%左右的人,由于受暗示性不强,很难接受催眠。其余的人群,要根据个体的具体情况而定。

四、白日梦

白日梦是人在独处时,注意力不再指向现实的外界刺激的反应,偏离了现实的要求,而转向内心活动的意识状态。如有人在白天闭上眼睛想象各种人、事、物,想象发生的种种情节,以及对个人未来的幻想等。这是用内心在看待想象中的世界,主要活动是各式各样的幻想。

所有的人都做过白日梦,这是人在独处时出现的放松的心态下可能出现的比较普遍现象。

第三节 注意概述

注意,是意识对一定事物的选择性集中,是人的主观能动性的一个重要特征。人的学习、工作和创造活动,都是在注意状态下进行的。注意是学习的开端,并伴随学习的始终。没有注意的参与,学生不能对新知识进行有效的感知、观察、记忆和思维活动,不能进行任何信息加工,就谈不上对新知识的接受、理解、应用和巩固。

一、注意的概念

注意是人的意识对一定对象的选择性集中。选择性是指在众多事物中只挑选某些特定对象进行反映,而不管其他事物。集中是指心理活动停留在特定对象上的紧张度和强度。例如,上课时,学生专心致志、聚精会神地听教师讲课,而抑制与听课无关的一切刺激。这就是注意的高度集中。此时,教师讲课成为学生注意的中心,其他一切事物都处于注意的边缘或注意之外,甚至视而不见,听而不闻。注意贯穿于心理活动的始终,但它本身不是一个独立的心理过程,而只是伴随感知、思维过程而存在的一种心理状态。注意离不开感知、思维等心理过程。感知、思维离开注意也无法进行。

二、注意对心理活动的组织作用

(一) 注意的选择功能

注意使心理活动有选择地指向那些对个体有意义的、符合需要的、与当前活动有关的对象,同时抑制和排除那些无关的对象。注意的选择性可以保证个体以最小的精力完成最重要的任务。

(二) 注意的学习功能

注意是学习的开端,学生的学习是从注意开始的。学生只有处于注意状态,才能使自己的心理活动指向学习对象,对学习对象进行有效的观察、记忆和思维活动,经过自己的努力获得多种知识技能。注意涣散是学不好的。

(三) 注意的跟随和保持功能

注意可以使人在一段时间内保持一定的紧张状态,跟随注意的对象,使之在意识之中得到保持和维持,直到顺利地完成行为动作和认识活动,达到目的。学生上课时,必须跟随老师讲课的进程,跟随老师讲课的思路,经过相应的思维操作,才能达到学习目的。

(四) 注意的调控功能

注意能够对正在进行的学习和实践活动进行有目的的调节和控制,并根据需要作出适当的分配和适时的转移,排除无关因素的干扰,必要时参与对错误行为的纠正。只有这样,才能使人获得对客观事物清晰、完整和深刻的认识。

(五) 内部注意是自我体验和自我认知的重要条件

注意有外部注意与内部注意之分。内部注意是对自己身体内部的生理活动和心理活动的注意。有了内部注意才能内省自身的状态,产生情绪体验,有了内部注意才能体察自身的运动状况,了解内心认知活动的状态。

三、注意的生理基础

注意的生理基础是脑的不同层次的活动。注意与大脑额叶、网状结构和边缘系统有密切关系。

(一) 大脑皮层额叶前部与注意有密切关系

心理学家 A·P·鲁利亚和霍姆斯卡娅的研究表明:大脑额叶大部分损伤的患者对语言指示、定向反射几乎不能恢复,皮层觉醒水平不能提高;额叶严重受伤的人,注意不能集中,高度分心。

(二) 脑干网状结构与注意

脑干网状结构的主要功能就在于激活和维持大脑皮层的觉醒状态,使注意等心理现象的发生成为可能,所以注意和网状结构有密切关系。网状结构受到损伤,不仅信息不能传递,而且有机体会陷入长期昏迷的状态。

(三) 边缘系统与注意

边缘系统有选择功能。边缘系统中有一种特殊类型的神经元,它不是一般的感觉神经元,而是专司注意的神经元(新事物控测器)和定势细胞(期待细胞)。

四、注意的外部表现

(一) 感官的趋向活动

当个体注意看外界某种物体或注意听某种声音时,感官就朝向所注意的对象,表现为举目凝视或侧耳倾听。当专心思考某一问题和想象某一情景时,个体两眼常常向前凝视。

(二) 无关运动的停止

当集中注意时,个体全身肌肉处于紧张状态,一切无关运动停止。例如,当学生对教师讲授的内容听得入神时,会只注视老师的言行而一动不动。

(三) 呼吸的变化

当人们注意时,呼吸变得轻微而缓慢,一般是吸气的时间变得急促,呼气的时间则向后拉长。注意高度集中时,个体甚至会出现呼吸暂时停止状态,即所谓"屏息"现象。

了解上述情况有助于我们判断学生是否注意听课。一般地说,姿势端正、面部表情随注意对象变化而变化的学生是在注意听课;情态懒洋洋、东张西望、表情呆滞、毫无变化则是不注意的表现。但注意的外部表现和注意的内心状态有时并不一致。上课时,有的学生貌似注意听课,实际上是心不在焉或是在想入非非;也有的学生是在注意其他的事物;个别学生有时还故意装出注意的样子。因此,教师不能只看学生的外部表现,还要根据其他方面的表现进行仔细观察和认真分析,才能作出是否注意的正确判断。

五、注意理论

关于注意的心理机制,科学家提出了各种不同的理论。下面从信息加工的观点介绍三个注意理论模型。

(一) 过滤说

D·E·布罗德班特于1958年提出了注意选择性的过滤器说。他认为:注意的选择性是由于人脑在同一时间内信息加工的容量很有限。注意就像一个过滤器,在信息加工中对输入信息进行筛选,使一部分信息获得通过而进入意识,另一部分信息被过滤掉,即被拒绝,不能进入意识。一般说来,新异的、强烈的刺激最容易通过过滤器。

(二) 衰减说

A·M·特瑞斯曼于1960年提出了衰减器说。他认为注意是衰减器,输入大脑的信息,主要部分传入意识,次要部分并没有完全被阻断而是有所衰减。被衰减的次要信息一般不再传入意识,但特别重要的部分仍可传入意识。

上述两个学说,都有一定道理。人们倾向于把两个学说统一起来叫做过滤—衰减说。

(三) 注意资源分配说

心理学家卡尼曼于1973年提出了注意资源分配模型。他把注意看成是一种资源(容量、能量),而这些注意资源(容量、能量)是有限的。因此,在运用资源(容量、能量)时必须根据新的需要作出恰当的分配,所需要的资源不得超过所能提供的资源限度。

第四节 注意的规律性

根据注意是否有预定目的和意志努力,可以把注意分为无意注意、有意注意和有意后注意三种。

一、无意注意

(一) 无意注意的概念

无意注意也叫不随意注意,它是一种没有预定目的,也不需要意志努力的注意。例如,大家在教室上课,忽然有人推门进来,于是都不由自主地转过头去看他,这就是无意注意。

(二) 无意注意的规律性

引起无意注意的原因来自两个方面:一是客观刺激物的特点;二是主体本身的状态。

1. 客观刺激物的特点

(1) 强烈的刺激。一道强光,一声巨响,一股奇味,一种鲜艳的颜色,这些强烈的刺激,都会引起人们的注意。在一定的限度内,刺激物的绝对强度越大,注意就越明显。刺激物的相对强度在引起无意注意上也有重要的意义。例如,教室里很安静,教师讲课的声音有时虽不大,同学却能听得很清楚;如果教室内人声喧哗,即使教师讲课的声音很大,同学们也难以听得清楚。

(2) 新异的刺激。所谓新异的刺激,不光是指那些以前未见未闻的事物,还包括那些熟知的刺激物奇特的新的方面。刺激物的新异性很容易引起注意。例如,对一直在农村生活而初入城市的儿童来说,城市里的许多事物是新异的,很容易引起注意。

(3)变化的刺激。刺激物的变化不仅包括时有时无的变化,而且也包括时强时弱的变化。活动变化的刺激容易引起人们的注意。例如,霓虹灯的一亮一暗、灯塔灯光的一闪一灭,很容易引起人们的注意。教师讲课时抑扬顿挫的声音,并配以适当变化的表情,也有助于引起学生的注意。此外,任何突然变化的刺激都会引起我们的无意注意。例如,教师在课堂上讲课,有时碰到少数学生在窃窃私语,这时教师突然地停止讲课,就能引起学生的无意注意。

(4)对比的刺激。刺激之间在强度、形状、大小、颜色或持续时间等方面的差异特别显著,很容易引起人们的无意注意。"鹤立鸡群"、"万绿丛中一点红"、印刷品上的粗体字、作业批改中的红笔字等,由于和周围事物对比特别鲜明,差异特别显著,因此很容易引人注目。

2. 主体本身的状态

(1)需要和兴趣。凡能满足人的需要,符合人的直接兴趣的事物,都容易引起人的注意。球讯容易引起球迷们的注意,音乐广告则易被音乐爱好者所注意,而书画展览对于那些书画爱好者则颇有吸引力。

(2)情绪状态。一个热爱学生的教师,对学生的每一进步都容易察觉;一个热爱孩子的母亲,孩子的一举一动都会引起她的关注。人在心境不佳或过度疲劳的情况下,无心注意周围的一切。

(3)知识经验。新异的刺激物所引起的无意注意,如果人们没有相应的知识经验,对它一点也不了解,则很快就会消失;如果对新异刺激物虽有一定程度的熟悉感,并且需要进一步的理解,就能保持长时间的注意。

(4)期待的事物。期待中的事物,容易引起注意。例如,学生期待已久的一位英雄或模范人物来校做报告,那么他的报告必然引起学生高度的注意。章回小说作家、说书艺人往往在故事情节发展高潮时设下悬念,卖一下关子,说"欲知后事如何,且听下回分解",引起读者和听众的期待,吸引读者和听者再看、再听,寻根问底。教师一堂课结束前,留点期待的线索,对于吸引学生下堂课的注意是有帮助的。

二、有意注意

(一)有意注意的概念

有意注意也叫随意注意。它是有预定目的,必要时还需一定意志努力的注意。例如,一个学生正在思考学习的某一问题,这时旁边有人在谈论某一趣闻轶事,若他被吸引住而停止思考,去听人家讲述,这是无意注意。当他猛然地意识到学习必须专心致志,就断然不听别人的谈话,聚精会神地思考原来的问题。有意注意是受意识调节和支配的。

(二)有意注意的规律性

引起和保持有意注意的条件很多,主要有以下几点。

1. 明确目的任务

有意注意是由目的、任务来决定的,目的越明确、越具体,对完成目的、任务的意义理解越深刻,完成任务的愿望越强烈,就越能引起和保持有意注意。例如,师范院校的学生们如果树立了献身于教育事业的伟大理想,深刻地认识到教育理论对于指导教育工作的重大意义,那么他们在听心理学、教育学课时,就会自觉地保持高度的注意。

2. 组织有关活动

在明确目的任务的前提下,合理地组织能引起注意的有关活动,有利于有意注意的维持。如提出需要思维活动参与的问题,提出加强注意的自我要求,尽可能地把智力活动与实际活动(如实验操作、技能练习)密切结合起来等,这些将有助于维持学生持久的注意。

3. 激发间接兴趣

间接兴趣是引起和保持有意注意的重要条件之一。所谓间接兴趣,是指对活动本身和过程暂无兴趣,但对活动的意义和最后获得的结果有很大兴趣。例如,学习外语这一活动往往使人感到单调、枯燥,但当学习者认识到掌握外语这一工具后,可以借鉴国外的科学技术,为自己今后的职业发展打好基础,就对学习外语产生了间接兴趣。这一间接兴趣,能维持人们稳定而持久的注意。

4. 用意志力排除各种干扰

有意注意是与排除干扰相联系的。干扰可能是外部的刺激物,如分散注意的声音和光线等;也可能是机体自身的某种状态,如人的疾病、疲倦、无关思想和情绪的影响。为此,我们要设法采取一定措施排除这些干扰。除了事先去掉一切可能妨碍工作或学习的因素,创造良好的工作或学习环境外,更重要的是用坚强的意志同一切干扰作斗争,要努力培养和锻炼自己在任何干扰情况下进行工作和学习的自制能力。

三、有意后注意

有意后注意又称随意后注意或继有意注意。它是有预定目的但不需要意志努力的注意。有意后注意是在有意注意之后产生的。例如,一个人在开始做某种工作时,由于对它不熟悉,困难很大,用的精力也较多,往往需要一定的意志努力才能把自己的注意保持在这种工作上,这是有意注意。经过一段时间的努力,他对所从事的工作已能应付自如,就不需要意志努力继续保持注意,从而使有意注意发展为有意后注意。有意后注意兼有无意注意和有意注意的特点,但与无意注意、有意注意又有区别。它不同于无意注意之处在于:有意后注意有预定的目的。它不同于有意注意之处在于:有意后注意的保持不需要意志努力。因此,有意后注意是一种更为高级的注意形态。如果在我们的工作、学习活动中,力求将有意注意发展成为有意后注意,那将使我们以极少的精力取得很大的成效。

第五节 注意的规律在教与学中的应用

注意是学生进行学习的必要前提,也是教师顺利进行教学的重要条件。因此,教师在教学过程中只有根据注意的规律,组织好学生的注意,才能使教学收到良好的效果。

一、无意注意的规律在教学中的应用

无意注意是由刺激物本身的特点和人的主体状态所引起的。刺激物的特点和人的主体状态既可以引起学生学习上注意的分散，也可以借助它顺利地进行教学。为此，教师在教学过程中应当尽量避免那些分散学生注意的因素，紧紧地把握住那些吸引学生注意的因素。

（一）教学内容力求新颖丰富

心理学的研究表明，注意维持在单调贫乏的内容上的时间是短暂的，而新颖、丰富的内容却能保持相当长久的注意。教师讲课的内容必须使学生有新鲜感。缺乏新颖感的内容，学生会感到索然无味，不能引起注意。但是，新的内容必须与学生已有的知识经验联系起来，才能为学生理解，引起学生注意。心理学的研究表明，最能引起注意的是那些既使人感到熟悉，又有些陌生的内容。

（二）教学方法力求多样，富于变化

1. 教师在教学中要采用多样化的教学方法

心理学的研究证实：长时间的单调刺激，使大脑皮层产生抑制，使人易于疲劳，难以使注意稳定。在教学中教师既要讲，也要让学生看、练、谈、写、读、讨论、实干，从而使教学方法多样化。这样才符合无意注意的"变化律"，不仅能引起和保持学生注意，而且能大大提高教学的质量。

2. 教学语言准确、生动，抑扬顿挫

注意的规律表明，那些符合人的需要和兴趣的事物，容易引起人的无意注意。因此，教师讲课的语言要准确、简洁、生动、形象、富有吸引力，使学生产生兴趣，以引起学生的无意注意。要竭力防止抽象、呆板、含糊不清的语言和累赘冗长的语句的出现。教师讲课的声调要抑扬顿挫，快慢适度，并伴以适当变化的面部和身段表情。这是因为变化的刺激容易引起学生的注意，能增强语言表达的效果。教师的语言要富有感情，要以情动人，引起学生感情上的共鸣，从而引起和保持稳定、集中的注意。

3. 运用现代化教学手段

教师在教学中，要多采用录音、录像、电影等现代化的直观教学工具，以生动形象的内容，引起学生的无意注意。心理学的研究表明，上述教学手段所给予学生的刺激符合变化、新异、强烈的特点，能引起学生的无意注意。

4. 教学板书规范化

教师的板书条理清楚、重点突出，容易引起学生的注意，也有助于学生的理解和记忆。在板书时，教师要特别重视对象之间细微差别的比较，要巧妙地运用彩色粉笔加大对象和背景的差别，引起学生的注意。

（三）善于组织学生注意，妥善处理偶发事件

教师要善于控制学生注意。例如，教师不宜在上课开始时发放作业本和测验试卷或宣布考试成绩。因为这样做容易使学生把注意力集中在这些事物上，或引起消极的情绪波动，影响对新课的注意。

教师上课既要维护好正常的教学秩序，也要妥善处理一些分散学生注意的偶发事件。例如，偶然碰到课堂秩序混乱时，如果教师立刻停止讲课，把视线指向有关学生。这种突然发生的变化就能引起学生的无意注意，使学生有所意识，从而使课堂秩序得以恢复。又如，有时偶

然碰到个别学生在上课时故意捣乱或闹纠纷,分散了其他学生的注意。在一般的情况下,教师不宜把课停下来立即处理,更不要对学生发脾气,以免把事情闹僵,而应该设法使他们安静下来,等下课后再作处理。教师当场作"热处理",往往会造成工作上的被动和引起更多学生注意力的分散。

(四)安排好教学环境,防止学生分心

教室周围的环境要安静,最好与操场、马路、音乐教室及其他能分散学生注意的事物离得远一些。教室内的布置要简朴,不要过多地装饰与张贴,以免引起学生注意的分散。要保持教室内空气清新,光线充足。空气不好,光线暗淡,常使学生感到头晕、心烦,视觉疲乏,这些足以影响学生注意的稳定。课桌的高矮,要适合学生身体的高度,防止由于坐姿不适影响学生注意的稳定和身体的健康。教师要妥善安排学生的座次,特别是要妥善安排那些视力、听力上有缺陷及平时课堂纪律差的学生的座次,防止由于安排不当而影响学生注意的稳定。

二、有意注意的规律在教学中的应用

学习是有目的、有计划、紧张、艰苦而持久性的活动。学生要搞好学习,不能只凭兴趣,必须根据教学目的,努力学习那些自己不感兴趣但又必须学习的知识。教师在教学中要遵循有意注意的规律去组织学生的学习。

(一)帮助学生树立明确的学习目的

注意的规律表明,个体注意的目的、任务愈清楚,学习意志就越坚强,就愈能引起有意注意,就愈能在学习中排除各种困难和干扰,有意注意就愈集中。教师在教学中要尽可能使学生明确每一学科、每一章节的重要意义,以激发学生的有意注意。一位教师在给学生讲"相似三角形"时先说了几句导言:学了这一节,不上树可以测得树高,不过河可以测量出河宽。这样的言语使学生的注意为教学目的所吸引。又如,一位教师在给学生讲化学"溶液"一节时指出:溶液的知识是有广泛用途的,如配制农药,配得正确,可使农田大面积丰收;配制错了,将使农作物大面积减产。这使学生感到学习这项知识关系重大,听讲时注意就更集中。

(二)对学生学习的要求要严格而适当

教师在教学中对学生学习的要求,如对课前预习、课堂纪律、课后作业、实际操作的要求,既要严格也要适当;应是学生力所能及的,但又不是轻而易举的。要求太高,使学生失去信心;要求太低,则学生会不重视。这些都不利于学生注意的集中。教师传授知识时应使学生相信:通过一定的努力能够学会和掌握。这样,学生就会坚定信心,排除干扰,克服困难,加强意志努力。

(三)创设问题情境引导学生积极地思考

引导学生积极思考的最有效手段是教师在教学中善于创设问题情境,提出启发性的问题,从而引导学生积极地思考问题。例如,一个教师在讲圆周率时,用纸板剪下无数大小不等的圆,先让学生自己去一一测量,然后再让学生用各圆周长除以各直径长,使学生发现它们的商都是3.14……在此情况下再提出启发性的问题,让学生积极地思考。

教师的提问要面向全体学生,引起全班学生的注意。要先提出问题让大家思考,然后再点名回答,点名后还要向全班同学提出新的任务。比如说:大家注意听××同学的回答,看哪些地

心理学(第五版)

方讲得好，哪些地方需要补充和纠正。这样，个别同学在回答时，全班同学也将持续集中注意。

（四）组织学生实际操作

实际操作离不开有意注意，实际操作越复杂，对有意注意的要求也越高。为此，教师在教学过程中，要有计划地加强这一方面的活动。如加强课堂实验、课堂练习，要求学生记笔记、做摘要、编提纲等。这样将会增强和保持学生的有意注意。

（五）利用间接兴趣

要把学习外语、数学、电脑等课与我国现代化建设、国际交往与知识经济时代的要求联系起来，使学生产生间接兴趣，以引起学生的有意注意。

三、两种注意交替的规律在教学中的应用

在我们的工作和学习中，无意注意和有意注意是经常交替转化的。这两种注意的相互交替，使注意能长时间地保持集中。

教学中，学生完全依靠有意注意来学习，大脑皮层长时间地处于兴奋状态，容易产生疲劳和注意的涣散，学生难以长时间地坚持学习。但学生也不能单凭无意注意来学习，因为任何学科的内容不可能都是有趣和吸引人的，不是轻而易举就能掌握的，必须通过有意注意来协调活动，才能完成学习任务。因此，在教学过程中，教师要善于引导学生两种注意有节奏地交替轮换。就一堂课来说，上课之初，学生的注意还停留在上一堂课或课间活动的有趣对象上，需要通过组织教学来引起学生对上这堂课的有意注意；接着让学生对新课题、新内容发生兴趣，产生无意注意；随后，要根据由近及远、由浅入深、由具体到抽象的原则进行教学，让学生掌握教材的重点难点，使学生由无意注意转入有意注意；在紧张的有意注意之后，又要通过教学方式的改变、直观教学和有趣的谈话来引起无意注意。这样，既能使学生保持长时间稳定的注意，又能减少学生学习时的疲劳，增强学习的效果。

有意后注意是由有意注意发展转化来的。它既服从于当前的活动目的与任务，又能节省意志努力，不但对完成长期、持续的任务特别有利，而且能大大提高活动的效率。因此，我们在教学中要注意发展学生的有意后注意的能力。培养有意后注意的关键在于培养他们对活动本身的直接兴趣和使技能达到自动化程度。

第六节 注意的品质

一、注意的广度

注意的广度是指一个人在同一时间内，能清楚地觉察到的客体的数量。

（一）注意的广度与知觉对象的特点有关

注意的广度与知觉对象的特点有关。如果知觉对象形态相似、排列集中整齐、颜色大小相同，能构成彼此联系的整体，注意的范围就大些，反之注意的范围就小些。

（二）注意广度与知识经验有关

文化水平较高的人，对于文章语句注意的范围要比识字不多的人大得多。越是熟悉的东

西,注意的范围就越大。知识经验丰富的人,善于把知觉的对象组成一个整体来感知。例如,儿童在识字不多的情况下,阅读时往往是一个字一个字,甚至是一笔一画地感知,注意的范围小,花的气力也大;而文化知识较多的高年级学生则是一个词或词组,乃至一个短句地去感知,注意范围扩大,而花的气力却较小。

(三) 注意广度与个人活动的任务有关

活动的任务不同,注意的广度也不同。例如,一个人在感知不同颜色的汉字时,或者要求他说出尽可能多的汉字,或者要求他说出汉字的颜色,或者要求他辨别汉字的正确与错误,由于活动的任务不同,他所注意到的汉字的数量也不同。此外,有明确目的任务的注意和没有明确目的任务的注意,两者注意的广度也会不同,前者大,而后者小。

二、注意的稳定性

(一) 注意稳定性的定义

注意的稳定性是指注意保持在某种事物或某种活动上的时间长短。其标志是在某一段时间内注意的高度集中。这是注意在时间上的特征。学生在一堂课的时间内,要使自己的注意保持在与教学活动有关的对象上;外科医生在进行手术时,要连续几小时高度紧张地工作;教师在讲课的过程中思想要高度集中,这些都是注意稳定性的表现。图 3-2 在知觉两可图形

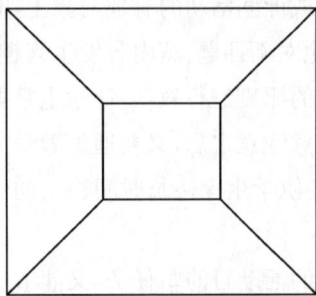

图 3-2 在知觉两可图形时注意的起伏

时,注意的起伏使人的注意不能长时间地保持不变,而经常是在间歇地加强和减弱。这种周期性的变化,是注意的一种基本规律,叫注意的起伏,又叫注意的动摇。如用几分钟时间注视如图 3-2 所示的截去尖端的棱锥体,那么就可以看到时而是小的方形突起(位于大方形之前),时而陷下(大方形突到前面)。在不长的时间里,两个方形的位置跳跃式地变更着。这个实验把注意的起伏模式化了。但只要我们把它想象成一个实物图形,诸如一个台座(这时好像小方形在前),或者一个空房间(这时好像大方形在前),这样注意就容易保持在一个不变的图形上。

一般说来,注意的起伏大约一秒钟转换一次,如果用意志控制注意,也只能维持 5 秒,更长的时间就有困难了。研究表明,在 1—5 秒的注意起伏不会影响对复杂而有趣的活动的完成。因此,教师讲课时每隔 10—15 分钟使学生转换一下不同种类的活动,这样有助于学生注意的稳定。另外,有些活动的进行与注意动摇的时间长短相关性很大。例如,若百米赛跑发出预备信号之后相隔太长时间才发出起跑信号,那么注意的动摇就可能使运动员的成绩受到明显的影响。如果预备信号与起跑信号只相隔 2—3 秒钟,注意动摇的不良后果就会消除。

注意稳定性并不意味着心理活动总是选择性地只集中在某一事物的某一方面,而是在活动总的任务不变的前提下,把心理活动有序地集中于事物的几个方面。例如,学生钻研某一问题时,一会儿思考,一会儿看教科书,一会儿查资料,一会儿又动笔书写,这些都属于在总的任务不变的前提下把心理活动有序地集中于事物的几个方面,因而是属于稳定

的注意。

（二）影响注意稳定性的因素

1. 和对象本身的特点有关

如果注意的对象内容丰富，复杂多变，注意就容易稳定。反之，那些内容贫乏、单调和静止的对象，就难于维持稳定的注意。例如，我们看一个单调静止的简单图像（如一张照片）时，注意的稳定性远不如看内容丰富多变的复杂图像（如一部电影）那样稳定。

2. 和活动的内容及活动的方式有关

在复杂而持续时间长的活动中，必须适当地变换活动的内容和方式，才能维持稳定的注意。例如，给中学生安排整个上午进行一门功课的教学，长时间单调的刺激会引起他们的大脑皮层的抑制，使注意不稳定。如果在这段时间内安排几门功课的教学，把性质不同的文理学科及难易程度不同的内容适当地间隔开，那么注意就易于保持稳定。

3. 和主体状态有关

一个意志坚强、善于控制自己的人，一个对事物抱有积极态度、对活动内容有着浓厚兴趣、对目的任务明确的人，能和各种干扰作斗争，保持稳定的注意。反之，如果一个人意志薄弱，对活动的目的任务不明确，缺乏兴趣，或处于身体有病、过度疲劳或心境不佳等不正常的状态，就难于使注意保持稳定。

三、注意的分配

（一）注意分配的定义

注意的分配是指在同一时间内把注意指向两种或几种不同的对象或活动上。例如，教师一边讲课，一边板书，一边观察学生听课；汽车驾驶员在驾驶汽车时，除了注意汽车上的机件外，还要把注意分配到交通信号、汽车、行人、转弯等方面，除了注视马路上的情况外，还要配合手脚的动作来驾驶汽车。

（二）注意分配的条件

注意的分配虽然是困难的，但是在一定条件下又是可能的。注意分配的条件是：

（1）同时进行的两种或几种活动，其中只能有一种活动是生疏的，其余的活动必须是熟练的。如听报告的同时要记笔记，只有记笔记的活动已经达到熟练的程度时，我们才能顺利地去完成这两种活动。

（2）同时进行的几种活动之间已形成了动作系统。例如，有的人能同时做到眼看歌谱，手弹钢琴，口腔发声。这时各种活动之间已形成了动作系统，即固定的反应系统，从而使注意得到较好的分配。

四、注意的转移

（一）注意转移的定义

注意的转移是指有目的地、及时地把注意从一个对象转移到另一个对象上。例如，学生第一节课上的是外语，第二节课上的是数学，学生必须有目的地、及时地把注意从外语课转移到数学课上,这就是注意的转移。注意的转移可分为两种:一种叫完全的转移,指彻底从一个对象转移到另一个对象上;另一种叫不完全的转移,指仍根据旧的工作程序进行新的工作,往往造成失误。我们既要分析注意转移的速度,也要考虑是否已达到了完全转移的水平。

(二)影响注意转移的因素

1. 与原来注意的紧张程度有关

如果原来的活动注意紧张程度高,新的活动又不符合引起注意的条件,转移注意就困难和缓慢。如看过一篇生动有趣的小说之后,要立刻开始解答难度较大的数学习题,注意的转移就困难些。

2. 与对引起注意的新事物的意义理解程度有关

如果学生对引起注意转移的新事物的意义理解得很深刻,即使他原来从事的活动吸引力很强,也能顺利地和较快地实行转移。

3. 与神经过程的灵活性有关

神经过程灵活的人,注意的转移就来得快些,反之则来得慢些。

4. 与已有的习惯有关

一个在学习或工作中养成长时间不集中注意习惯的人,其注意很难有目的地、及时地从一个对象转移到另一个对象上。

注意的转移不同于注意的分散(分心)。注意的转移是根据任务的需要,有目的地主动把注意转向新的对象,使一种活动合理地为另一种活动所代替,是注意的积极品质;注意的分散则是由于某些刺激的干扰,使自己的注意离开了需要稳定注意的对象,而不自觉地转移到与完成工作无关的活动上,是注意的消极品质。

第七节　注意策略

一、注意策略概述

注意策略指的是对自己的有意注意的认知和调控。例如,学生上课时,可以用记笔记等办法来控制有意注意,这个调控办法就是注意策略的运用。

注意策略主要指的是有意注意。注意策略控制的注意主要指有预定目的、需要意志努力的主动的有意注意。上小学以前的孩子,其注意主要是无意注意。上小学后,随着学生意志能力的发展,小学生的有意注意也随之迅速发展,注意的目的性随着学习的进展逐步提高。有意注意在学习中的重要作用,也越来越受到重视,但无意注意仍在学习中起着重要作用。到了中学之后,学生的意志能力有了长足的发展,有意注意越来越处于优势地位,学生初步学会了注意的策略。例如,学生在阅读过程中,常常用在书上划杠杠、写眉批等办法控制有意注意,防止分心。因此,让学生进一步提高注意策略水平,就成为提高学习效率的重要途径。

注意根据其指向有外部注意与内部注意之分。学生在学习中的注意,大量的是外部注意,主要是指向对外界各种知识的学习。随着学生自我意识能力的发展,内部注意也随之发展起来。内部注意,就是学习中对自己大脑内部进行的心理活动的注意。内部注意伴随自我意识和自我调控的始终，遇有分心，能立刻注意到，并通过注意策略予以纠正。由此可见，学生学会注意策略，是提高学习质量的重要条件。为了学会注意策略，必须让学生掌握一些控制注意的办法。

二、具体的注意策略

（一）用学习目的控制有意注意

学生必须自觉地明确每一学科、每一章、每一节的学习目的，并根据具体的目的要求来分配注意。同时，要对注意状况进行反馈。如果注意偏离目标或注意分散，就要根据目的来自我调节控制。如果有了新的学习任务，还要分析学习目的和要求，及时地转移注意。

（二）用实际活动控制有意注意

例如，上课时记笔记，观察实验时做记录，读书时划杠杠、做眉批、写注释、编提纲、记卡片等，都是通过实际活动来控制有意注意。这些活动可以大大提高学习效率。

（三）用思维操作活动来监控有意注意

思维活动一方面是对外界的信息和知识进行思维操作，从而掌握大量知识。这个思维操作活动，只要正常、持续、主动地进行，就能使注意维持下去。另一方面，思维又是自我意识的重要因素，对头脑内部的注意活动能够有所意识有所觉察，并通过自我反馈和自我评价进行调控。遇到难点，能够唤醒有意注意，有效地提取有关的已有经验，努力设法解决问题。

（四）根据学生感知特点来调节注意

对视力、听力较差、有碍注意的学生，可以通过往前安排座位的办法，来帮助学生提高注意能力。将喜欢说话、做小动作的学生安排在教师容易注意到的视野之内，可督促其集中注意。大量事实证明：教学生学会运用注意策略，可以大大提高学习效率，切实提高学习质量。

> ### 思考题
>
> 1. 什么是意识？什么是无意识？
> 2. 什么是注意？注意和意识是什么关系？注意有哪些功能？
> 3. 无意注意、有意注意、有意后注意的规律是什么？如何在教学上应用？
> 4. 注意的品质有哪些？分析自己注意的优缺点，以及今后提高注意力的措施。
> 5. 什么是注意策略？怎样运用注意策略？

> ### 实践题
>
> 回忆一下，教师在课堂教学中是用什么方法引起学生注意的？

第四章　感觉、知觉、观察

本章主要内容

1. 感觉、知觉、观察概述　　　2. 感觉　　　　　3. 知觉
4. 观察　　　　　　　　　　5. 感知、观察规律在教学上的应用

感觉、知觉、观察活动，就知识学习来说，是运用已有经验经过信息加工来辨认新知识和接受新知识的过程；就科学探索来说，则是发现新问题、搜集新资料的过程。

第一节　感觉、知觉、观察概述

一、感觉、知觉、观察的涵义

（一）感觉

感觉是人脑对直接作用于感官的客观事物某一个别属性的反映。如听到声音、看到颜色、嗅到花香都是感觉。任何一个具体事物都有许多个别属性。当这些个别属性直接作用于人的眼、耳、鼻、舌、身等感觉器官时，就在大脑中引起相应的视、听、嗅、味、触等感觉。

（二）知觉

知觉是人脑对直接作用于感官的客观事物整体的综合的反映。如看到一个苹果，听到一首歌曲，这就是知觉。感觉只是人脑对客观事物某一方面属性的反映，知觉则是人脑对客观事物许多属性及其关系综合性的整体反映。已有经验参与了知觉。

感觉和知觉在日常生活中是密不可分的，统称感知。

（三）观察

观察指有目的、有计划、有思维参加的比较持久的知觉。知觉有时是有意的，有时是无意的，而观察则是有意识、有目的的知觉。观察的目的是要弄清某种事物是什么，有些什么特点，有什么用处。由于有思维活动参加，人们通过观察可以获得比较系统的感性知识。

二、感知、观察的重要作用

（一）是认识世界的基本途径

感知、观察是认识过程的低级阶段。离开感知、观察，人们就无法认识五光十色的大千世界和丰富多彩的社会生活。离开感知、观察所提供的感性信息，人们就不能进行思维、情感和

意志等活动,就无法从事各种社会实践活动。

（二）是科学发现和艺术创作的必要前提

世界上许多科学发现是从感知、观察中得来的。观察法、实验法、社会调查法是科学研究的重要方法。艺术家的艺术创作也是在观察生活、体验生活的基础上进行的。

（三）是学生学习知识技能的必经途径

感知语言文字是学生接受书本知识的开端;感知、观察是接受形象性知识的必要条件。学生正是通过感知、观察来了解自然现象与社会现象的。感知、观察也是学生形成读、写、算、实验、体育、劳动等技能的必要条件。任何动作技能的形成,都需要人们仔细观察示范动作,并用感知来控制自己的动作,校正不正确的动作。感知、观察也是艺术欣赏和进行美育的必要条件。

（四）是维持正常心理活动的必要条件

"感觉剥夺"实验可以充分说明感知、观察对维持正常心理活动的重要性。这项实验是这样进行的:让自愿参加实验的被试,进入专设的与外界完全隔离的房间内,尽量剥夺一切感觉信息。被试眼睛蒙上半透明的塑料眼罩,手臂上戴着特制的硬套,堵住了耳朵,没日没夜地躺在特制的床上,无聊地昏睡,或者胡思乱想。所有被试都感到无法忍受这样的痛苦,其中有的人产生了幻觉。即使给予再高的报酬,他们也不愿继续这种试验。对被试受试 4 天后进行各种测验表明:他们的各种能力都受到了损害。要经过一段时间后,被试才能恢复到正常水平。有的人参加为时 14 天的感觉剥夺实验之后,在 8 天之内不能学习。由此可见,人获得周围世界一定量的刺激是维持正常心理活动的必要条件。

俄国医生鲍持金(1830—1889)描述过一个病例。这个病人除了一只眼和手上的一小部分有感觉外,全身其他部分都失去了感觉。如果这个病人再闭上这只眼,别人也不去触动他那只手,他很快就睡着了。也就是说,如果一个人不通过感知接受外界的任何刺激,他就会失去意识。这样的人根本就无法生存,更谈不上什么认识世界了。所以,人必须通过感知、观察获得外界和自身的信息,才能维持正常生活。

另外,感知也是情绪自我体验的必要条件。

第二节　感　　觉

一、感觉产生的物质条件

任何感觉的产生,都需要具备以下两方面的客观条件。

（一）直接作用于我们人体的、具有一定能量的客观刺激物

凡是能够引起人们感觉器官活动的客观事物都叫刺激物。并不是所有的刺激物都能引起感觉,只有当刺激物具有一定能量且达到一定强度时才能引起感觉。如细微的灰尘落在手上,并不能产生感觉,只有达到一定重量的东西落在手上时,我们才能感觉到它的存在。

（二）接受刺激的相应的感觉器官

感觉器官是一种解剖生理装置,巴甫洛夫把这个生理装置叫分析器。各种感觉的产生都是由相应的分析器来实现的,如视分析器、听分析器等。每一种分析器都包括反射弧的前三个环节:①外周感受器,这是把外界刺激能量转换为神经冲动的转换器;②神经通道,这是把神经冲动通过神经系统传输给大脑皮层;③大脑皮层的感觉中枢,即感觉器官的终端部分,感觉就是在这里产生的。

二、感觉的分类

人们通过各种不同的感觉器官来获得外界和自身的各种信息。根据信息的来源,可把感觉分成外部感觉和内部感觉两大类。

(一)视觉

1. 视觉

视觉是可见光波作用于视分析器所产生的。视觉的适宜刺激是波长为 400—760 毫微米的电磁波,即可见光波。视觉中的色调、明度、饱和度是由光波的性质决定的。

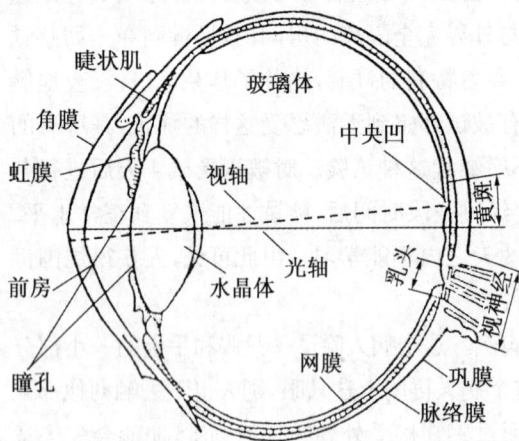

图 4-1 人眼的模式图

眼睛是视觉器官。眼的前部包括角膜、水晶体、瞳孔等,起折光作用和控制光量的作用。眼的后部主要是视网膜。视网膜是感光组织:中心有七百万个锥状细胞,是明视器官,能够分辨各种颜色,反映物体细节;边缘有棒状细胞,不能分辨颜色,但可感受弱光,是暗视器官(见图 4-1)。

视觉产生的中枢机制是:外界可见光作用于视网膜,在视网膜上成像,然后转换成神经冲动,神经冲动经视神经传到大脑皮层枕叶视觉中枢,产生视觉(包括色觉与非色觉)。

视分析器是人类最重要的信息通道。它所接受的信息量约占全部信息的 80% 以上。在人类的感觉系统中,视觉处于主导地位,对人类的生活、学习与社会实践起着特别重要的作用。

2. 颜色视觉

(1)颜色

颜色,是光波作用于人眼所引起的视觉。人可见到的光波,只是人能觉察的电磁波的一个小段。(70 分之一段)广义的颜色包括彩色(红、橙、黄、绿、青、蓝、紫)和非彩色(黑、白)。狭义的颜色只指彩色。

(2)颜色的三个基本特征

① 色调,红、橙、黄、绿、青、蓝、紫就是色调。它们是由光波的波长所决定的。波长不同,色调就不同。用三棱镜分析阳光(向光),可产生红、橙、黄、绿、青、蓝、紫全部色调。

红:640—760 毫微米的光波

橙:600—640 毫微米的光波

黄:550—600 毫微米的光波

绿：500—550 毫微米的光波

青：480—500 毫微米的光波

蓝：420—480 毫微米的光波

紫：380—420 毫微米的光波

② 明度，是指颜色的明暗程度。色调相同的颜色可产生明与暗的不同。如同样的红色，有的暗红，有的亮红。明度取决于光线和物体反射光的强度，强度越大，颜色就越亮。

③ 饱和度，是颜色的纯度（纯正的程度）。一个起主导作用的波长越强，色调越纯。如饱和度高的红色是鲜红色，饱和度低的红色是浅红色。

我们在看彩色电视调控颜色时，都要考虑颜色的色调、明度和饱和度，才能得到理想的画面。

（3）颜色的混合

颜色的混合是指不同色光的混合，不同波长的光线（物理的）在视觉系统中出现的混合。（而不是指几种绘画用的涂料、颜料的混合）色光的混合可能出现补色与中间色。

① 补色，指的是一种颜色与另一种颜色混合之后产生了灰色，这两种色光称为补色。如黄与蓝、红与绿、黑与白，都是互为补色。

② 中间色，是指混合两种非补色，使之产生介于两者之间的中间色，如红与蓝混合可得紫色这个中间色，红与黄混合可得橙色这个中间色。

参考资料 4-1

色 觉 的 理 论

一、三色理论

三色理论认为：色觉是由三种色素所构成。彩色电视机就是根据三色理论而设计的。

视网膜锥状细胞中有三种感受颜色的感受器，分别感受红、绿、蓝三种波长的光波。当这三种感受器受到不同波长的刺激时，就产生不同的色觉。

三种感受器对各种波长都有所反应，但是：红色感受器对长波更敏感；绿色感受器对中波更敏感；蓝色感受器对短波更敏感。现在已经发现锥体细胞中确有三种色素，与三色理论是一致的。

二、对立过程理论

对立过程理论认为：从补色的角度考虑，在人的视网膜中存在三对视素：红绿色素、黄蓝色素和黑白色素，在光的刺激下产生相互对抗的作用。这是由于锥体细胞中的互补作用产生的对立过程。现代研究已发现，在视网膜上三种锥体细胞中有短波感受器、中波感受器和长波感受器，每一种锥体细胞都能同时感受两种光的刺激。每一种锥体细胞感受刺激时，即产生两种颜色的互补作用。

在视网膜水平上三色理论可以解释颜色视觉的现象，在较高的水平上对立过程理论可以作出相应的解释。

(二) 听觉

1. 听觉

听觉是声波作用于听分析器所产生的感觉。人的听觉的适宜刺激是 20—20000 赫兹的声波。人所听到的音高、音强、音色都是由声波的频率、振幅、波形等物理特性决定的。

听觉产生的中枢机制是：外耳起聚集声波的作用；中耳有三块听小骨，起传导作用；内耳耳蜗是听觉器官。耳蜗里的基底膜上长短不一的毛细胞把声波转换为神经冲动，神经冲动经听神经传入大脑皮层颞叶的听觉中枢，产生音高、音强、音色的听觉。听分析器也是人重要的信息通道，它接受 10％ 以上的信息，对人的生活和学习也有很重要的作用（见图 4-2）。

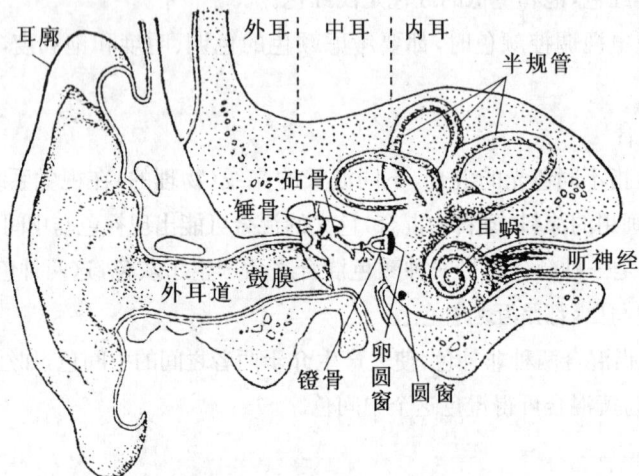

图 4-2　人耳的构造

2. 听觉分析

听觉有以下特性：

（1）音高，由声波频率决定的听觉。人类只能够听到 20—20000 赫兹的声音，声波振动的频率越大，声音就越高，频率小音调就低。女声音调较高，男声音调较低，音乐的频率在 50—5000 赫兹之间，人们说话的频率在 2000 赫兹左右。

（2）响度，由声波的物理强度决定的听觉。声波越强，振幅越大，声音就越响。反之，声波越弱，振幅越小，声音就越轻。响度用声压来表示，单位是分贝（dB）。人对响度的感受范围为 0—145 分贝。

（3）声音的掩蔽。一个声音由于其他声音的干扰，使听觉阈限上升的现象叫声音掩蔽。例如，在一个宁静的房间里，可以听到闹钟的滴答声，而在充满机械马达声的厂房内，这样的声音就被掩蔽了。

参考资料 4-2

听 觉 理 论

听觉理论主要回答：物理性的声波是如何转变为心理性的听觉的。

一、共鸣论（钢琴论）

赫姆霍兹用听觉共鸣的理论来说明听觉现象，故称共鸣论，也叫钢琴论。

听觉器官是在内耳、中耳蜗底部的基底膜（见图4-3）。基底膜一端较窄（毛细胞的纤维较短），一端较宽（毛细胞的纤维较长）。听觉产生的机制为：声波→鼓膜→卵圆窗→压力→基底膜振动→毛细胞振动。但不同部位的神经纤维的长短不等，接受声音频率也不同。基底膜上纤维短的一端，由高频声音引起振动，形成高音感觉。基底膜上纤维长的一端由低声波引起振动，形成低音的感觉。

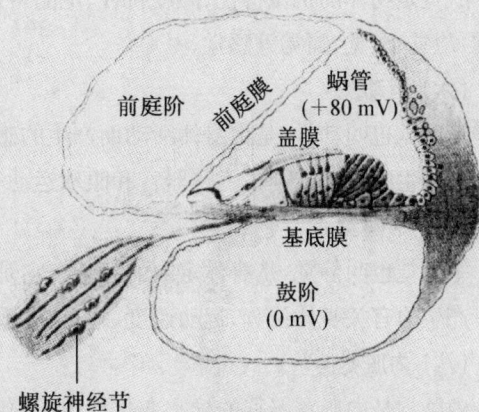

图4-3 耳蜗的横断面示意图

这有点像弹钢琴，钢琴由低到高82个琴键，按哪一个（基底膜某一部位）琴键就出现那一频率的声音，所以也叫钢琴论。

二、频率论（电话论）

耳蜗相当于麦克风，听神经对声音进行传递，原理与打电话相似，也称电话论。它认为：音调的高低由听神经的神经冲动来决定，声波频率越高，音调也越高。人的听觉中，音调高低的识别范围为20—20000赫兹之间。人的敏感区域为1000—4000赫兹之间。

三、行波论

行波论认为：声波入内耳，引起整个基底膜的振动，从耳蜗底部开始，逐渐向蜗顶推进。振动的幅度也逐渐提高，振动运行到基底膜的某一部分，振幅达到最大值，然后停止前进而消失。随着外来声音的不同，基底膜的最大振幅所在的位置不同：声音频率低，最大振幅接近蜗顶；声音频率高，最大振幅接近蜗底（镫骨处），这就实现了对不同频率的分析。

四、神经齐射论（并发论）

神经齐射论认为：声音频率低于400赫兹时，听神经的个别纤维的发射频率和声音频率相对应。声音频率提高到400赫兹以上时，听神经的个别神经纤维无法单独对它作出反应。此时，神经纤维将按齐射原则发生作用：因为个别纤维具有较低的发射频率，当它们联合齐射时，则可反应频率高的声音。用齐射理论可以对5000赫兹以下的声音进行频率分析。超过5000赫兹，部位理论可对频率进行编码。

（三）嗅觉

嗅觉是有气味的挥发性物质微粒作用于嗅分析器时产生的香、臭等感觉。

（四）味觉

味觉是能溶于水和唾液中的有味道的化学物质（如糖、醋、奎宁、盐等）作用于味分析器时产生的酸、甜、苦、咸等感觉。

（五）肤觉

肤觉是物体的机械特性、温度特性、电的特性作用于相应的外周感受器时所产生的触觉、压觉、冷觉、温觉、痛觉等感觉。

（六）运动觉

运动觉也叫动觉，是由身体活动而产生的感觉。它是当人的运动器官肌肉运动时，运动分析器所产生的头部、四肢、言语器官和眼球运动等感觉。

（七）平衡觉

平衡觉也叫静觉，是身体定向的感觉。它是头部、身体的位置和运动速度作用于平衡分析器所产生的有关身体位置、运动速度、超重、失重等感觉。

（八）内脏觉

内脏觉是内脏各器官的异常变化作用于内脏分析器时所产生的饱胀、饥饿、恶心、呕吐、便意、疼痛等感觉。内脏觉与情绪体验有密切关系。

以上八种感觉的刺激物，包括物质运动的一切形式（物理运动、化学运动、生物运动、社会运动等）所产生的一切信息。

三、感觉的心理物理学研究

（一）感受性与感觉阈限

感受性是感觉器官对适宜刺激的感觉能力（或感觉的灵敏程度）。研究人的各种感觉能力具有重要的意义，一是了解感觉能力如何随刺激强度的变化而变化，从而更好地训练、提高感觉能力；二是研究感觉能力的测定，以便根据工作和实践的需要提高（如侦察、检验工作需要有灵敏的感觉）或降低（如手术时要降低痛觉的灵敏程度）某种感觉能力。心理学用感觉阈限来度量感觉能力。阈限就是界限。感受性有绝对感受性和差别感受性之分，这就需要用绝对阈限和差别阈限来衡量。

1. 绝对感受性与绝对感觉阈限

人刚能觉察出最小刺激量的感觉能力叫绝对感受性。绝对感受性的强弱是用绝对阈限的值来衡量的。把一粒非常轻微的灰尘慢慢放在被试的手掌上，他不会有感觉。但是，如果灰尘的数量一次次慢慢地增加，达到一定数量时，就会引起被试的感觉。这个刚能引起感觉的最小刺激量叫绝对感觉阈限。当引起感觉的刺激量不断增加，超过一定的限度时，感官受到破坏，引起痛觉。绝对感觉阈限和绝对感受性之间成反比例关系，即绝对感觉阈限的值越小，说明感受性越高；绝对感觉阈限的值越大，说明感受性越低。有的人视觉的绝对感受性可达到相当高的程度，在空气完全透明的夜间，能看到一公里远地方的千分之一烛光的光源。不同人的听觉感受性差别很大，婴儿可听到 20000 赫兹的声音，老年人只能听到 10000—12000 赫兹的声音。

2. 差别感受性与差别感觉阈限

差别感受性就是人刚能觉察出同类刺激最小差别量的感觉能力。这是从能否觉察出刺激量的变化或差别方面来考察感觉能力的。刺激量的变化（增或减）一定要达到一定的量，个体才能觉察出来。比如原刺激量是 100 克,加上 1 克,个体觉察不到 100 克与 101 克之间有差别;增加到 103 克时,觉察到 100 克与 103 克之间有差别。这种刚刚能觉察出刺激物最小差别量的能力,叫差别感受性。这种刚刚能感觉出的两个同类刺激的最小差别量,叫差别感觉阈限,它是衡量差别感受性的指标。

差别感觉阈限与差别感受性之间也成反比关系,即人的差别感觉阈限越大,差别感受性越低;差别感觉阈限越小,则差别感受性越高。

在中等刺激强度范围内,差别感觉阈限(ΔI)与原刺激量,即最初的标准刺激强度(I)的比值是一个常数 K,即 $\Delta I/I = K$。这个 K 值,因刺激和感觉性质的不同而存在着差异。如视觉(对光的强度)的 K 值为 1/100。这个关系,最初是由德国物理学家兼生物学家韦伯指出来的,后来就叫韦伯定律。

感受性和感觉阈限的研究,对教育工作具有重要意义。教师如果能了解和掌握学生的感受性水平及其发展情况,对于组织课堂教学、因材施教和就业指导都具有积极作用。

3. 训练对提高感受性的作用

人的各种感受性的提高有极大的潜力,通过实践活动和专门训练可以得到发展和完善。例如,中国人在说话的实践中练就了较高的辨别"四声"的能力;一些印染工人能分辨 30—40 种黑色的色度,而一般人只能分辨 3—4 种黑色的色度;钢琴家能够辨别两个相邻琴键之间的 20—30 个中间音,而一般人只能辨别两个中间音;熟练的磨床工人能看到 0.0005 毫米的空隙,而一般人只能看到 0.1 毫米的空隙。某些感觉能力有缺陷的人,可以通过发展另外一些感觉能力而得到补偿。如盲人发展听觉或嗅觉能力,可以达到"以耳代目"或"以鼻代目"的程度。实践活动或专门训练可以改善人们分析器的结构和提高它们的能力。如天生的盲人由于后天的实践磨练,其拇指指尖内的触觉感受器触觉小体的数目比一般人多很多。所以,教师在教学中,要注意锻炼发展学生的各种感觉能力。

参考资料 4-3

费希纳定律

1860 年法国物理学家 G·费希纳研究了刺激与感觉强度的关系。他认为刺激强度的变化和它所引起的感觉变化之间的关系,不是线性的。感觉的变化比刺激强度的变化慢得多。刺激强度按几何级数增加时,感觉强度只按算术级数增加。他推导出了一个数学关系式 $P = \log I$。这就是费希纳定律。$I =$ 刺激,$P =$ 感觉量。这个定律指出了感觉的大小是刺激强度的对数函数,也叫对数定律。

进一步的研究发现,费希纳定律和韦伯定律,只适用于中等水平的刺激。

四、感觉的现象

(一)感觉适应

由于刺激物对感受器的持续作用,从而使感受性提高或降低的现象叫感觉适应。感觉适应在不同感觉中,其表现和速度各不相同。视觉适应有对暗适应和对光适应两种。如在暗室里待久了，突然到强光照射的地方，最初很耀眼，看不清外界的东西，稍后才能逐步看清东西，这种对光的感受性下降的变化现象称为光适应。反之，人从亮处进入暗室，最初漆黑一片，什么也看不到，过一会儿就能看到一些东西，人眼这种感受性逐渐增高的过程叫暗适应。暗适应是由于棒状细胞的视紫红质在白昼被分解，突然进入暗室尚未恢复，故不能立即看清物体。暗室适应半小时后，人的视觉感受性可提高20万倍。触压觉、温觉、嗅觉适应现象也很明显，如棉大衣久穿在身上而不觉其重，入热水浴不久就不觉其烫，入芝兰之室久而不闻其香，都是感觉适应现象。

人们依靠感受性的变化以适应外界环境的不断变化，使人与环境保持平衡，便于生活和工作。

（二）感觉对比

同一感受器接受不同刺激而使感受性发生变化的现象叫感觉对比，感觉对比有同时对比和先后对比两类。

1. 同时对比

几个刺激物同时作用于同一感受器时产生同时对比。如同一灰色方块放在白色背景上显得暗些，放在黑色背景上则显得亮些。

2. 先后对比

刺激物先后作用于同一感受器时会产生先后对比现象。如吃糖后再吃苹果，会觉得苹果很酸；吃了苦药之后，喝杯白开水也会觉得甘甜。

研究对比现象有着重要意义。工业生产中的机器设备、工艺管道的色彩设计，都要考虑感觉的对比现象。如机器的重要操作部分采用浅黄或白色标志，加强对比，便于识别，以提高工效。在直观教学中，我们也要充分利用感觉对比以提高教学效果。

（三）联觉

联觉是指一种感觉引起另一种感觉的心理现象。彩色感觉最容易引起联觉。红、橙、黄等颜色类似太阳、火光的颜色，引起人温暖的感觉，因而被称为暖色；蓝、青、绿等颜色类似蓝天、海水、树林的颜色，往往引起人寒冷、凉快的感觉，因而被称为冷色。音乐家常会发生视听联觉，即在声音作用下大脑中产生某种视觉形象。不同的色调也会引起不同的心理效应，如红色使人兴奋，蓝色使人镇静，绿色使人和缓，玫瑰色使人振奋等。所以在建筑设计、环境布置上要考虑色觉的联觉作用。根据联觉现象，近年来人们还创造出了彩色音乐，把声音形象转化为彩色形象。

（四）后像

对感受器的刺激作用停止以后，感觉并不立即消失，还能保持一个极短的时间。这种暂时保留下来的感觉印象叫后像。我们看电影、电视就是依靠视觉后像的作用。后像是由于神经的后作用发生的，它存在于各种感觉之中。

后像在视觉中表现得特别明显。如夜晚将火把以一定速度作划圈动作，就出现一个火圈；电扇转动时，几个叶片看上去像一个圆盘，这些就是视觉后像作用的结果。

视觉后像有两种。一种是正后像，它保持刺激所具有的同一品质。如注视电灯几秒钟，闭上眼就会感到眼前有一个与电灯相仿的光亮形象出现在暗的背景上,这种现象叫正后像。另一种叫负后像,即随着正后像的出现,再将视线转向白色的背景,就会在白色背景上出现黑色的形象,因与正后像相反,故叫负后像。

视觉后像暂留的时间约0.1秒,但延续时间的长短与刺激的强度和作用的时间有关。刺激的强度大,作用的时间长,则后像的延续时间也长。视觉后像还可以使按一定频率断续的光产生连续的感觉,这叫视觉的闪光融合现象。例如,我国城市民用电灯每秒断续达50次,由于视觉的暂留作用——后像,我们才可以看到连续而不断的灯光。电影胶片一张一张是间断的,由于后像作用,每秒放映24格底片时,我们就能看到连续的活动画面。这种刚能被感觉为连续的最低断续频率叫做闪光融合频率。

第三节 知 觉

一、知觉与感觉的比较

知觉活动要比感觉复杂得多,它有以下几个特点。

(一) 知觉是多种感觉(视觉、听觉、动觉等)协同活动的结果

例如,对一个苹果的知觉,是人脑对红色、圆形、酸甜、香气等许多个别属性的整体反映,需要视觉、嗅觉、味觉和动觉等协同活动才能实现。

(二) 知觉是在已有经验参与下对各种感觉信息进行的加工

在知觉过程中,人脑总是运用已有经验对各种感觉信息进行加工,揭示其意义,给事物以名称,对事物作出解释。每一个人的已有知识经验都存在个别差异,对同一客观事物的知觉在加工上有粗有细,在理解上有深有浅,在知觉速度上有快有慢。已有的知识经验不同,会导致知觉的个别差异,使知觉带上主观色彩。

(三) 知觉是有注意参与的认知活动

人们感觉外界的各种刺激转瞬即逝,很快消失。没有注意参与,感觉就不能转化成知觉的活动。因此,注意就成为感觉向知觉转化的必要条件。

二、知觉分类

(一) 物体知觉

1. 视知觉、听知觉和触摸觉

知觉是由多种分析器协同活动而产生的。如学生听课时的听知觉,是由听觉、视觉、动觉等协同活动的结果,而听觉起主导作用。根据知觉过程中起主导作用的分析器,知觉可分为视知觉、听知觉、嗅知觉、味知觉和触摸觉等类型。

(1) 视知觉。视知觉是以视分析器为主,有运动分析器参加的知觉。它包括形象视觉和语言视觉。人们通过形象视觉,辨认五光十色的现实事物,掌握形象知识,形成各种技能,从事各种劳动和进行艺术欣赏;通过语言视觉,辨认文字,进行阅读。视知觉是一种远距离知觉。

(2) 听知觉。听知觉是以听分析器为主,有运动分析器参加的知觉。它也是一种远距离知觉,有语言听觉、乐音听觉和噪音听觉之分。

(3) 触摸觉。触摸觉是手足和身体皮肤感觉与运动觉协同活动产生的知觉。它是一种近距离知觉,对于认识物体的形状、大小、软硬与形成多种技能具有重要的意义。

2. 空间知觉、时间知觉和运动知觉

根据知觉的对象可把知觉分为空间知觉、时间知觉和运动知觉。任何事物都处于不断运动、发展和变化之中,而任何物体的运动总是在一定的空间、时间中进行的。所以,我们对客观事物必须从它的空间特性、时间特性和运动特性去感知和认识,从而把知觉分为空间知觉、时间知觉和运动知觉。

(1) 空间知觉。空间知觉是人脑对客观事物空间特性的反映。它包括形状知觉、大小知觉、深度知觉及方位知觉等。它是通过人的视觉、触摸觉、动觉等多种分析器的协同活动产生的,也是人在后天学习和实践中不断与事物接触后逐渐形成的。空间知觉对于人们在生活和实践中判断、认识事物的形状、大小、方位、远近等特性有重要作用。

(2) 时间知觉。时间知觉是人脑对客观现象的延续性(时间长短)、顺序性(先后)和周期性的反映,它和空间知觉一样,对人的实践活动具有重要意义。

(3) 运动知觉。运动知觉是人脑对物体空间位置移动的反映。它也是多种分析器协同活动的结果,参与运动知觉的有视觉、动觉、平衡觉。人们凭借运动知觉来估计物体的运动和速度,它对人的生活和实践活动具有相当重要的作用。

(二) 社会知觉

1. 社会知觉

社会知觉是个体在生活实践过程中对别人、对群体以及对自己的知觉,也叫社会认知。社会知觉是人对人的知觉,它不仅是对人的外部特征(外貌、姿态、行为举止等)的知觉,而且要在人与人的交往过程中,通过对人外部特征的知觉判断人的内部动机、兴趣、性格和心理状态等,从而形成对人的认识、印象和评价。

2. 社会知觉的种类

(1) 对别人的知觉。个体在社会交往中,通过与别人的接触,感知别人的外部特征,了解别人的内心世界,从而形成对别人的知觉。对别人外部特征的感知,包括对别人的体态、仪表、风度、言谈、举止、表情等的观察。如果别人体态潇洒、仪表堂堂、言谈举止文明,就会给观察者留下良好的印象,反之则产生不良印象。人的外部表情往往是反映其内心世界的一种标志,所以要重视对人的面部表情、身段表情、言语表情的观察。

对别人内心世界的了解,包括对别人的需要、动机、兴趣、性格、信念、世界观等的理解。这只能在长期的生活实践过程中通过人际交往,逐步深入理解、认识,一般很难在短时间内对别人作出正确的判断和评价,但也决不是不可知的,日久总能"见人心"。

(2) 自我知觉。这是个体在生活实践活动中,自己对自己的行为和心理活动的知觉(认知和评价)。自己对自己可以形成一定的看法,留下一定印象,这叫自我印象或自我观念。自我知觉的主体既是观察者,又是被观察者。自己观察自己,便于掌握自己的信息,了解自己,但往往当局者迷,真正了解自己、正确评价自己也不是件简单的事。要善于"以人为镜"剖析自己;常和别人对比,取人之长,补己之短;认真自我批评,形成正确的自我观念。只有这样才能逐渐形成正确的自我知觉。

(3) 人际知觉。这是个体在生活实践过程中,对人与人之间的相互关系、彼此作用的知觉。人际知觉有鲜明的情绪色彩,表现为亲则近之,疏则远之。人际知觉有两个方面,一方面是对自己和别人相互关系和作用的知觉,另一方面是对与他人的相互关系和作用的知觉。

影响人际知觉形成的因素非常复杂。从客观上来说,人际关系对自己价值的大小、社会作用的好坏直接影响到人际关系的性质;社会舆论也能直接或间接地影响人际关系的维系和发展。从主观上来说,思想方法上的主观片面性等会影响到人与人之间的关系。所以,形成正确的人际知觉也非易事。

3. 社会知觉常出现的四种主要偏差

(1) 第一印象。第一印象是指与陌生人初次相见对对方产生的印象。第一印象鲜明、深刻且牢固,会形成一种固定的看法,影响甚至决定着今后的交往关系,在社会知觉中起重要作用。如对某人的第一印象良好,人们就愿意接近他,容易信任他,对他的言行能给予较多的理解。反之,第一印象恶劣,人们就不愿接近他,对他的言行不予理解,在社会知觉中造成"先入为主"的偏差。影响第一印象形成的主要因素,一方面是对方的外部特征的直接影响,另一方面是有关对方的间接信息的间接影响。第一印象只能作为对人的知觉的起点,而不能作为终点。这是因为第一印象不可能全面反映一个人的根本面貌,难免有主观性。只有历史地、全面地、发展地看待一个人,才能形成正确的对人的知觉。

(2) 晕轮效应。晕轮效应是指对人的某些品质、特征形成的清晰鲜明的印象掩盖了其余品质、特征的知觉。这是以偏概全,"一俊遮百丑"、"一坏百坏"的主观倾向,即当一个人对另一个人的主要品质、特征形成良好或不好印象后,就会影响他对这个人其他方面的看法。好像一个人的头一旦被照亮了,就觉得全身都光亮了一样。

(3) 刻板印象。刻板印象是指对社会上的各类人群所持有的固定的看法,或是对人概括、泛化的看法。刻板印象能潜藏于人的意识之中。比如,人们普遍认为山东人身材魁梧、正直豪爽、能吃苦耐劳;江浙人聪明伶俐、能随机应变。这是一种刻板印象。一旦形成了刻板印象,个体在对人认知中就会不自觉地、简单地把某个人归入某一群体中去,带来认知上的偏差。所以我们要善于从每个人的具体行为表现中去认识人,不能光凭刻板印象去认识、评价具体的个人。

(4) 近因效应。近因效应是指在时间上最近获得的有关熟人的信息给人留下的深刻印象和强烈影响。在与熟人多次交往中,近因效应起很大的作用。熟人行为上表现出来的某种新异性会影响或改变第一印象的影响。我们认识一个人,既要看他过去的行为,更要看他现在的表现。近因效应与第一印象产生的条件是不同的。如果两个相互矛盾的信息先后进入人们的意识之中,如果人们认为前一个信息是真实的,后一个信息是虚假的,这是第一印象;如果人们对较近的或最近的信息印象较深,这就是近因效应。

造成社会知觉发生偏差的这些主观倾向,其发生都有一定的客观原因。只要认真对待,是可以加以克服和利用的。在人际交往中,人们可以合理地利用它们发生的原理进行相互间的了解,改善人际关系。如可以有意识地整饰自己,给人留下良好的第一印象。

三、知觉的基本特性

(一) 知觉的选择性

知觉的选择性指的是人们能迅速地从背景中选择出知觉对象。人的周围环境是丰富多彩的,每时每刻都有大量的信息作用于人。但是由于信息通道的局限性,人们只能选择对自己有重要意义的刺激物突出在前面,成为知觉对象,而把其余刺激物当作背景。知觉的对象能够得到清晰的反映,而背景只能得到比较模糊的反映。例如,学生听教师讲课,教师的语言就成为学生知觉的对象,听得很清楚;而其余事物,如室外的声音、室内同学的私语,就成为背景,听不清楚。

知觉选择过程就是迅速地从背景中选出知觉对象的过程。知觉中的对象与背景是相对的,可以互相转换。哪些事物成为知觉对象,哪些成为背景,都不是固定不变的。在一种情况下是知觉对象的刺激物,在另一种情况下则成为知觉的背景,而原来是背景的刺激物则反而成为知觉的对象。图4-4、图4-5的双关图形,就是用来说明知觉对象与背景相互转换的例子。

图4-4 少女老妇双关图

图4-5 对象与背景

究竟什么样的刺激物容易从背景中分离出来成为知觉选择的对象呢? 这与客观事物(刺激物)本身的特点有关,也和主观因素有关。

1. 客观刺激物本身的特点

(1) 强度大的、对比明显的刺激物,容易成为知觉对象。例如,强的光线、大的声音容易成为知觉的对象。

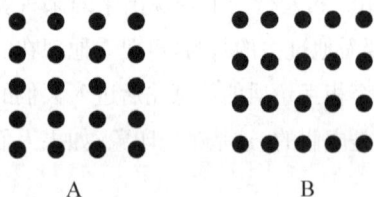

A   B

图4-6 知觉的接近性

(2) 在空间上接近、连续,形状上相似的一组刺激容易成为知觉的对象。知觉对象空间上接近,如图4-6A中的圆点,纵行的比横行的更接近,易看成纵行排列;图4-6B中的圆点,横行的比纵行的更接近,易看成横行排列。知觉对象的连续性,如图4-7中的圆圈和圆点,c、d两个圆圈与其他圆点性质不同,但由于具有连续性,易被知觉为圆点曲线的一部分;而 a、b 两个圆圈与圆点不具有连续性,看起来只是两个孤立的点。知觉对象的形状相似,如图 4-8 中,正方形与正方形、圆圈与圆圈容易组成一组成为知觉的对象。

图 4-7 知觉的连续性   图 4-8 刺激物的组合

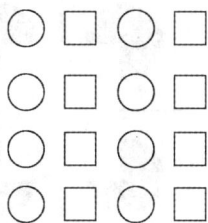

（3）在相对静止的背景上运动着的物体,容易成为知觉对象。交通信号中常用闪光作为警戒信号,因为它易于成为人们知觉的对象;教学中使用活动教具比使用静止教具效果好。

（4）维量变化较多的刺激物,容易被人知觉为对象。如颜色和亮度两种维量变化的信号灯,比只有亮度一种维量变化的信号灯所引起的辨别反应快。

2. 知觉者的主观因素

知觉者的需要、愿望、目的、任务、兴趣、爱好、已有知识经验等都是把对象从背景中分离出来的重要条件。例如,一个学生上街的目的是买书,就将书店当作对象,而将其他商店作为背景。

知觉选择性的规律对于直观教学和社会实践都有十分重要的意义。

（二）知觉的整体性

知觉的整体性是指在刺激不完备时知觉者仍保持完整的认识。客观事物是由许多属性、部分组成的整体。它作为刺激物作用于我们的感官时却往往是不完备的,只有部分或个别属性起作用,但是人对它的知觉却是完整的整体。如我们只会把图 4-9 看成是一个白色的正方形,而不会看成孤立的四个角。

知觉之所以具有整体性,是因为客观事物对人而言是一个复合的刺激物。由于人在知觉时有过去经验的参与,大脑在对来自各感官的信息进行加工时,就会利用已有经验对缺失部分加以整合补充,将事物知觉为一个整体。

组成事物整体的各部分和属性对整体知觉的作用并不都是一样的,其关键性的成分对知觉的整体性起决定作用。如漫画家作画,只要抓住了事物的特点和关键部分,不管画的比例正确与否,线条粗细如何,人们一眼就能看出画的是什么东西,反映什么意思。

（三）知觉的理解性

人们依据已有的知识经验对感知的新事物进行加工处理,并用言语把它的特性揭示出来,称为知觉的理解性。人的知觉,总是根据已有的知识经验,对感知的事物进行加工处理,直觉地理解其意义,并运用词的形式把它揭示出来。例如,图 4-10 的画面上虽只有一些斑点和线条,当凭过去的经验一时分辨不清是什么时,只要有人说是"小孩和狗",就被人理解了。

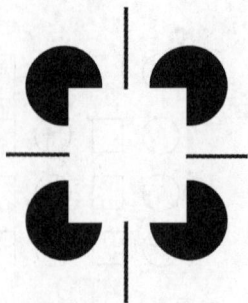

图 4-9　知觉整体性图　　　　　　　　　图 4-10　可以形成知觉对象的斑点

（四）知觉的恒常性

在感知过程中，由于知识经验的参与，知觉并不因知觉的物理条件（如距离、光亮等）的变化而改变，仍然保持相对稳定和不变，这种特性称为知觉的恒常性。知觉的恒常性主要表现在以下几个方面。

1. 亮度恒常性

物体的亮度取决于它的反射率，反射率大的看起来亮，反之则暗。煤和石灰反射率不同，看石灰总比煤块显得亮。若把石灰放在暗处，把煤块放到亮的地方，人们还是认定石灰要比煤块亮。这种不受外界照明条件的影响，仍保持对物体亮度知觉的稳定特性，就是亮度知觉的恒常性。

2. 大小恒常性

从光学原理来说，离我们远的物体在视网膜上形成的像，要比离我们近的同样物体形成的像小。但当我们向离我们远的物体走近时，并不觉得这个物体越来越大。这种物体在视网膜上的成像变化时人的知觉仍不变的特性，就是大小知觉的恒常性。

3. 形状恒常性

一个钟表从正面看是圆的，从斜面看是椭圆的，从正侧面看是长方形的（但必须标出时针），但我们总觉得它是圆的。人们的形状知觉，并不随视网膜上的投影角度改变而有不同的特性，就是形状知觉的恒常性（如图 4-11）。

图 4-11　知觉的恒常性

4. 声音恒常性

飞机飞得很高时的声音很小，可能比蚊子在耳边飞的声音还要小，但我们主观上总觉得

心理学（第五版）

飞机的声音比蚊子的声音大得多,这就是声音的恒常性。

为什么知觉有恒常性的特性呢？这也和知觉的整体性和理解性一样,是由于过去的经验对当前的知觉起了纠正作用。

四、知觉的信息加工过程

人的知觉过程,是在过去已有的知识经验(已储存在大脑的信息)参与之下,对新信息进行辨认的过程,即信息加工的过程。

(一)自下而上的加工与自上而下的加工

知觉的加工过程,既可以是自下而上的,也可以是自上而下的。

1. 自下而上的加工

从外界环境所获得的感觉信息,经过大脑中已有经验的加工产生辨认和识别的过程,这就是自下而上的加工。经过自下而上的加工,外界刺激的物理特征被转化为比较抽象的心理表象。由于它是开始于外界刺激的数据而产生的加工,故也叫数据驱动加工。如一个小孩见到一个黑皮肤的人,然后经过已有经验的加工,知觉到这是非洲人。

2. 自上而下的加工

有时,个体可以运用已有的有关经验帮助知觉识别,这个已有经验包括知识文化背景、愿望和动机等。如对类似的新事物的辨认(包括再认),由于记忆中已有概念的影响,而对新信息进行了理解,这种自上而下的加工也叫概念驱动加工。如一个人想买一本新画册,走到一个书店,布满了书架,在出售各种新书,经过知觉辨认,这个人找到了这本新画册。

(二)模式识别

为了说明人是如何将当前感知的信息与过去储存的信息进行匹配来辨认当前事物,实现对当前事物的知觉的,需要简单地介绍一下模式识别。

模式,是实现世界具有一定结构的客体。它是由许多元素组成的,如物体、图像、语音、字符、人的面孔等,都是模式。

模式识别,是指人将当前输入的刺激(模式)与过去已经储存在大脑的相关信息进行匹配,以辨认出当前刺激"是什么"的过程。在当前刺激感官的信息与当前储存的有关信息(已知经验)相匹配时,这个新信息就被识别了。人们就给这个新信息一个名称,例如,现在给出三条线(—/ \),并把这个新信息与过去已有类似的知识经验相匹配,从而认出是"大"字或"A"字。这就是模式识别。

模式识别的过程经历三个阶段(见图4-12)。①分析阶段。我们对当前刺激的新信息进行分析,把它分解成几个部分(—/ \)。②比较阶段。把已经分解的新信息,与已储存在大脑的一些相关的类似信息进行比较。③决策阶段。从已经提取的已有的类似的一些信息中,判断哪一个信息能够与新信息进行最好的匹配。确认之后就获得了正确的辨认,实现了完全识别。

模式识别是一个信息加工的过程,一定要经过分析、比较、决策三个阶段。如果一个新信息只经过分析与比较两个阶段,而未进入决策阶段,没有进行匹配,就是不完全的模式识别,就不能识别它、辨认它(陈永明,1986)。

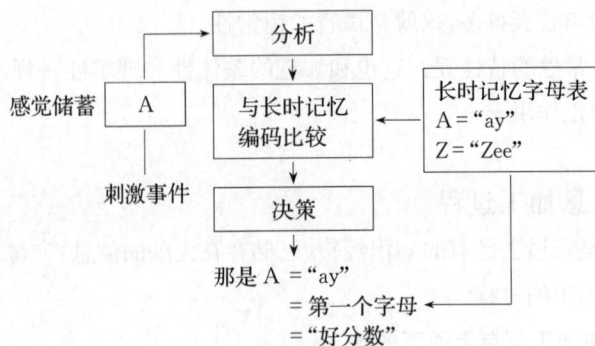

图4-12 模式识别的基本组成部分

(三) 模式识别的意义

经过模式识别三个阶段,人脑对新信息就实现了辨认,获得了知觉,了解了新信息的意义,给它以名称。这个模式识别的过程就是知觉加工的过程。人的模式识别的研究有益于人工智能的开发。科学家正在研制像人那样的模式识别的机器,以减轻人的脑力劳动的负担。

五、错觉与幻觉

(一) 错觉

错觉是在特定条件下对客观事物必然产生的失真的、歪曲的知觉。只要客观条件具备,错觉必然发生,难以避免。错觉有时给生活和社会实践带来麻烦,造成损失,但是,人们也可根据错觉发生的规律,运用错觉为实践服务。错觉有许多种,可以发生在各种感知觉中,如视错觉、听错觉等。其中以视错觉最为常见。

1. 视错觉

图4-13列举了视错觉的几个典型例子,A图中等长的两横线看起来上长下短;B图中两

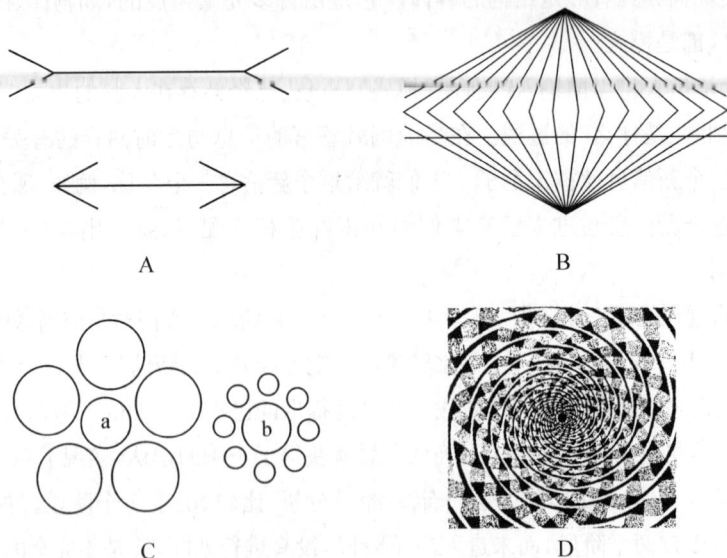

图4-13 视错觉

横线本来是平行的,但看成不平行的;C图中两个半径相等的圆看起来右面的显得大了点;D看起来是一个螺旋,而实际上是一个个圆圈组成的。

2. 其他错觉

(1) 形重错觉。这是由不同感官之间的相互作用而产生的错觉。如"一斤铁比一斤棉花重"的错觉,是以视觉之"形"而影响到肌肉感觉之"重"的缘故。对不同体积而重量相等的物体,人们总认为体积大者为轻,体积小者为重。

(2) 运动错觉。如图4-14,当你注视图4-14中的圆盘慢慢转动20秒后,这圆盘似乎随转动方向不同而在放大或缩小。

(3) 时间错觉。在相同的一段时间内,由于心情、兴趣不同,人们会觉得时间有时过得特别快,有时又过得特别慢。如积极干有兴趣的工作,一小时一会儿就过去了;若在等车、等人,一小时就觉得很长很长了。

(4) 方位错觉。如在不熟悉的地方乘火车旅行,火车出发时向南行驶,那么过了一段时间后,即使火车向北行驶,人们也仍然感觉火车在向南开。

图4-14

错觉的产生有其客观原因。错觉都是在知觉对象受背景条件干扰的情况下发生的,是知觉的情景发生了变化的结果。错觉的产生也有主观的原因,如时间错觉中的"光阴似箭"或"度日如年",当前知觉与过去经验之间的矛盾,思维推理上的错误等。错觉还与各种感官之间的相互作用有关,如形重错觉。总之,错觉产生的原因比较复杂,一百多年来科学家们对之作了大量的研究,仍未能提出完满的理论解释。

在实践活动中,我们完全可以采取适当措施来识别错觉和利用错觉。识别错觉最有效的办法是实践检验。利用错觉最突出的事例是军事上的伪装和隐蔽,使敌人分辨不清我方情况,借以消灭敌人和保存自己。艺术上利用错觉可使观众产生逼真的印象,从而产生应有的艺术效果,如舞台美术、化妆、影视中的特技等。

(二) 幻觉——知觉障碍

幻觉是在没有外界刺激物作用于感觉器官的情况下产生的一种虚幻的知觉。幻觉与错觉不同,错觉的产生是确有外界刺激物作用于感觉器官,只是反映不正确而已;而幻觉的产生并没有外界刺激物作用于感觉器官,只是个体虚幻的知觉罢了。幻觉多种多样,如听幻觉(包括言语幻听)、视幻觉、嗅幻觉等。幻觉可以影响人的行为和思想感情。身心健康的人很少有幻觉,只有在特殊心理状态下,如疲劳、入睡前、刚睡醒时,才偶尔出现幻觉,而且时间短暂。对精神病患者来说,幻觉则是一种常见症状,持续时间很久,这是严重的知觉障碍。

第四节 观 察

一、观察

观察指的是有目的、有计划、有思维参加的比较持久的知觉。观察是高水平的知觉,是感性认识阶段的最高层次。它在学生学习、教师教学、科学发现、技术发明和艺术创作中具有十分重要的作用。学生要学会学习，其中一个重要内容就是要学会观察，发展观察能力。要学会观察，必须了解观察方法，掌握观察策略。

二、观察的方法和策略

观察策略指的是自己对观察方法的选择、运用和调控。(1)观察方法是观察策略的基础。没有观察方法，就谈不上观察方法的选择、运用和调控。观察方法，有直接观察法和间接观察法(靠仪表仪器)之分，又有自然观察法与实验观察法(人为控制条件)之分，此外还有社会调查法、资料记录法和资料整理法等。(2)根据一定的目的和任务，从众多方法中选用恰当的观察方法。(3)能够在实践中实际应用。(4)通过自我意识，对观察过程和观察方法跟踪监视；通过自我调控发现问题，解决问题，只有这样才能取得理想的观察效果。为了提高学生的观察策略水平，必须做到以下几点。

(一) 了解观察的重要意义，调动学生观察的主动性和积极性

观察是科学研究、艺术创作和教学的一种重要方法。它在人类实践活动的各个领域中都有极其重要的意义。正因为如此，巴甫洛夫在他的实验室门前刻着"观察、观察、再观察"几个大字，这是他从科学实践中总结出来的切身体验。巴甫洛夫通过对动物条件反射实验的长期观察，在积累大量科学事实的基础上建立了条件反射学说。达尔文的生物进化论，就是运用观察方法，花费二十多年，收集大量资料而归纳出来的。许多伟大的科学家都十分重视对研究对象的实际观察，从而取得了杰出的成就。观察也是艺术创作的源泉，艺术家从实际的观察中提炼创作题材，进行创作。施耐庵通过观察和调查积累了大量生动的资料，写出了脍炙人口的《水浒传》。

各科教学也常运用观察的方法，使学生获得鲜明、生动、具体的感性认识和丰富的感性经验，通过抽象概括，让感性认识跃进到理性认识。有些国家的小学自然课教学要求学生用80%的时间进行观察，初中和高中的理化、生物课分别要求学生用60%和40%的时间进行观察实验，可见观察对于教与学的重要性。

(二) 了解观察能力高低的几条标准

良好的观察能力必须具备下列条件：①客观性。正确地、如实地反映客观事物，防止主观经验的消极作用。②全面性。观察仔细、全面，不遗漏有关的细节。③准确性。能辨别事物之间的微小差别，防止错觉的产生。④敏捷性。能迅速抓住稍纵即逝的现象，迅速洞察事物的主要特征。⑤创造性。能在别人习以为常的现象中发现新问题。

(三) 每次观察都要有明确的目的和计划

学生观察活动的目的越明确具体、计划步骤越周详，观察效果越好。例如，组织学生社会调查，必须明确是为了写作而去体验生活，还是为学习理论寻找事实根据；到大自然中去观察，是为了欣赏祖国的大好河山，接受爱国主义教育，还是为了学习地理课的某个问题。应当防止盲目的观察。

(四) 观察之前要学习有关观察对象的理论知识

要了解动物的习性，事先要学习动物学知识；要观测宇宙星辰，事先要学习天文知识。有

了理论知识的指导,观察才能深刻。没有理论指导的观察只能是肤浅的观察。

(五) 学生要学会观察的方法

1. 根据观察的目的和任务选择观察的方式

学生可根据不同的观察目的和任务,选择不同的观察方式或观察顺序。根据观察目的,既可按照"整体——部分——整体"的顺序观察,也可按照"部分——整体——部分"的顺序观察;既可选择"由近及远"的方法,也可选择"由远及近"的方法;此外,也可采用有重点的、对比的、重复的方法进行观察。

2. 要学会运用多种感官进行观察

参加观察的感官越多,越能收集到全面和真实的信息,越能获得有用的知识。

3. 充分运用已有经验

充分运用已有经验在观察中的作用,随时提取与观察事物有关的各个方面的信息,与观察对象进行沟通。

4. 多角度、多层次的观察

学生要从多角度、多层次对观察对象进行分析。分析得越仔细,观察也就会越全面、越深入。

(六) 对观察活动全程进行自我监控

1. 让思维监控观察全过程

学生要养成边观察边思考的习惯。在观察前应深思熟虑,带着一些实际问题有计划地写出观察提纲。观察中要抓住主要矛盾,仔细观察,不遗漏细节,一边观察一边思考,防止走马观花。观察之后要提高到理论高度以加深认识,抓住事物的本质和规律。

2. 作好观察记录

让学生边观察边记录,然后运用分析整理资料的方法,得出正确的观察结论。

3. 对观察的内容作合理解释

遇到与目的和计划相矛盾的情况要找出理由,作出解释。必要时可以改变计划和步骤,改换观察的策略和方法,直到问题解决为止。

第五节 感知、观察规律在教学上的应用

正确运用感知和观察规律进行直观教学,对于贯彻教育教学原则,提高教育质量有巨大的作用。

一、直观教学的基本形式及其感知特点

直观教学是指使学生获得感性知识所采用的一种教学方式,主要有实物直观、模像直观、语言直观等形式。这些形式各具特点,各有长短。教师要根据学科性质、教学目标、教学的具体内容以及感知规律灵活运用直观教学形式,才能取得好的教学效果。但是,不管运用何种直观形式,其本身都不是教学的目的,不能"为直观而直观"。直观教学的目的是要通过直观教学

使学生获得丰富的感性知识,以便更好地抽象概括,上升到理性认识,培养和发展学生的观察能力。

二、运用知觉选择性的规律提高直观教学的知觉效率

(一) 差异律

教具中,对象与背景的差别越大,越容易从背景中区别出来,否则教学内容难于被学生感知。

(二) 活动律

通过活动性教具(如电影、电视等)进行教学,使教材成为活动对象,容易为学生所感知和理解。

(三) 强度律

直观教学使用直观教具时,在视觉上和听觉上一定要有足够强度的刺激,才容易被学生看到或听到。

(四) 组合律

视觉刺激中距离上接近或形态相似的部分,听觉刺激中时距接近的各部分,都比较容易成为一组知觉的对象。因此,教师在板书、绘制教学挂图时,要注意拉开距离或用不同形状和颜色表示不同的对象。

三、提高社会知觉的能力,完成教书育人的任务

教师的根本任务是教书育人。教育过程中主要的人际关系是师生关系。我们处理师生关系的基本原则是尊师爱生。在教育实践中,教师要不断提高自己的社会知觉能力,处理好师生关系,提高教育水平。

(一) 正确对待第一印象

教师要注意衣着整洁大方、行为端庄、以身作则,给学生良好的第一印象。但是,教师对待学生的态度则不能单单取决于对他们的第一印象,而应一视同仁,无亲疏之分;要用发展的观点,全面、具体地分析学生,避免因主观主义和片面印象影响师生关系。

(二) 公正地对待学生,防止发生晕轮效应

教师要公正、全面地对待学生,对学习好的不能"一俊遮百丑",对学习差的也不能认为"一坏百坏,一无是处"。要全面了解每一个学生的长处和不足,长其善而救其失,鼓励学生共同进步。

(三) 消除刻板印象

教师不应凭刻板印象轻易地把学生归入某一个先进或落后的群体,特别是不能把顽皮的学生归入难以教育的一类,以免造成师生对立。应该通过对学生长期的观察了解,对学生作出客观的、全面的、具体的评价。

(四) 重视运用近因效应

教师要重视和把握从每一个学生身上获得的最新信息,用发展的观点全面地、历史地分

析他们的新思想、新情况。对于他们好的思想苗头,要及时扶持鼓励,使之发扬光大;对于不好的苗头,要把问题解决在萌芽状态,使学生时时处于发展进步之中。

总之,教师只有提高自己的社会知觉能力,防止社会知觉中可能发生的偏差,才能处理好师生关系,更好地完成教书育人的任务。

思考题

1. 什么是感觉、知觉、观察? 它们的联系与区别是什么?

2. 感知和观察怎样分类?

3. 如何衡量一个人的感受能力? 感受性与感觉阈限是什么关系?

4. 知觉有哪些规律性? 举例说明。

5. 什么是错觉? 什么是幻觉? 二者有什么区别?

6. 什么是社会知觉? 社会知觉容易出现哪些偏差? 怎样避免出现偏差?

7. 观察的策略是什么? 对学习有什么意义?

实践题

1. 浅谈观察对于写作的意义。

2. 怎样利用社会知觉建立良好的师生关系?

3. 在生活中如何利用错觉?

4. 感知和观察有哪些重要作用?

第五章 记　忆

本章主要内容

1. 记忆概述　　　　2. 记忆分类的研究　　　3. 内隐学习的研究

4. 记忆的基本规律　5. 记忆的策略和方法　6. 记忆的品质与记忆能力的培养

第一节　记　忆　概　述

一、记忆的概念

记忆是人脑对过去经历过的事物的反映。所谓经历过的事物是指感知过的事物、思考过的问题、体验过的情感、实践过的事情,等等。人们经历过的事物,无论感知、思考,还是体验和操作,在事情过后其印象并不会完全消失,而都会以特定的方式在头脑中留下痕迹,并在一定条件下以经验的形式重现出来。这种对过去经验的保持和提取就是心理学上讲的记忆。从信息加工的观点看,记忆这一心理现象就是人脑对所输入的信息进行编码、储存和提取的过程。

一般认为,记忆是由识记、保持、再认(或重现)三个环节构成的。识记为记忆的第一环节,它的任务是通过感知、思维、体验和操作等活动获得知识和经验。保持为记忆的第二环节,它的任务是储存和巩固已获得的知识和经验。再认(或重现)为记忆的第三环节,它的任务是提取头脑中储存的知识和经验,用以解决当前的问题。这三个环节是彼此相联、密不可分的。

二、记忆的作用

(一)记忆在个体生存与发展中具有十分重要的作用

记忆是心理在时间上的持续,它将人的前后经验联系起来,使人的心理活动成为一个统一、发展的过程,进而使人的人格得以形成,心理得到发展。

(二)记忆是学习的重要条件

有了记忆,个体才能积累与扩大经验,掌握概念,进行判断和推理,从而适应不断变化的客观环境。对学生来说,要掌握人类几千年来积累下来的科学文化知识,把个体认识提高到当代水平,必须认识记忆的规律,掌握记忆的策略和方法,提高记忆效率。

(三)记忆是知觉、思维和创造的基础

头脑里已有的知识和经验是知觉辨认的基础,是思维操作的原材料,也是发明创造的必要条件。

当前,学生创新精神和创造能力的培养已成为学校教育改革的重点。由偏重知识的记忆到重视创新精神和创造能力的培养,是教育思想观念的重大变革,也是符合世界教育改革与发展潮流的。但在强调创造能力培养的同时,贬低记忆作用的倾向也出现了,这是非常有害的,也是相当危险的。思维、创造与记忆是密不可分的,没有记忆提供的知识和经验作基础,任何发明、创造都是不可能的。所以,越是强调创造能力的培养,越应该突出记忆的重要性,加强对记忆的理论研究和应用开发,为思维、创造打下宽厚的知识基础。

三、记忆表象

(一)记忆表象的概念

感知过的事物不在面前而在头脑中重现出来的形象叫记忆表象。例如,你游览过济南大明湖,当别人一提到大明湖,你马上会忆起大明湖那"四面荷花三面柳,一城山色半城湖"的情景。这情景就是记忆表象。

(二)记忆表象的特征

1. 直观性

记忆表象是感知后留下的形象,所以它具有形象、直观的特征。但它又不同于知觉形象,主要区别有:①知觉的形象鲜明生动,而表象的形象较为暗淡模糊;②知觉的形象稳定持久,而表象的形象不稳定,易动摇;③知觉的形象完整,而表象的形象不够完整,带有片断性。

2. 概括性

记忆表象常常是综合了多次知觉的结果。人们多次知觉同类或同一物体,但在记忆表象中留下的只是这类事物的一般形象和主要特征,而非事物的个别特征。这就是表象的概括性。从这个意义上说,表象接近于思维的概念。但是表象的这种概括性不同于借助词语实现的思维的概括性。表象概括的是事物的形象,其中混杂有事物的本质和非本质属性,而思维的概括性反映的是事物的本质属性。

3. 可操作性

表象在头脑中不是凝固不动的,是可以被智力操作的。表象在头脑中可以被分析、综合,可以放大、缩小,可以移植,也可翻转。正因为表象具有可操作性,形象思维和创造思维才成为可能。

(三)记忆表象的种类

1. 视觉表象、听觉表象、嗅觉表象、味觉表象、触觉表象和动觉表象

按表象的感知特点划分,有视觉表象、听觉表象、嗅觉表象、味觉表象、触觉表象和动觉表象。由于各人的遗传素质、生活经验以及年龄等因素的不同,在表象类型上存在一定的个体差异,有的视觉表象好,有的听觉表象好,有的嗅觉表象好,有的动觉表象好,等等。此外,职业的特点对表象类型的发展也有较大的影响。例如,美术工作者的视觉表象,音乐工作者的听觉表象,食品师傅的味觉表象,运动员、演员的动觉表象,刨工、磨工的触觉表象等,都特别清晰、鲜明。

2. 个别表象和一般表象

按表象的概括性划分,有个别表象和一般表象。个别表象是指在某一特定对象的感知基础上产生的表象,如某一个特定的人或物。一般表象去掉了感知对象的个别特点,集中了一类事物共有的、重要的特征。如我们脑子里的大学生形象反映的是大学生的一般形象。一般表象具有更大的概括性,因为它不是某一特定的事物特征的概括,而是对同一类事物的一般特点和主要特征的概括。

(四)记忆表象的作用

1. 是由感性认识向理性认识过渡的桥梁

表象从其直观性看,它与感知相似;从其概括性看,又与思维相似。但表象既不是感知觉,也不是思维,它是由感知向思维过渡的中间环节,也即由感性认识向理性认识过渡的桥梁。

2. 表象性知识是学生知识结构的重要内容

知识不外两大类:感性知识与理性知识。感性知识的主要内容是表象,理性知识的主要内容是概念、原理。贮存在大脑中的知识大多数是以表象的形式出现的。据研究推测,在人的记忆中,表象的信息量与词语的信息量的比例约为 1000∶1。知识内容的重现也大多以表象的形式出现。

3. 记忆表象是想象的基础

想象是人脑对已有表象进行加工改造而创造新形象的过程,没有表象就无法进行想象活动。

四、记忆的生理基础

记忆的生理基础是研究记忆不可回避的问题,也越来越受到人们的关注。学者们对记忆的生理基础进行了长时间的探索,提出了多种解释记忆生理机制的学说,归纳起来主要有以下几种。

(一)定位说

该学说认为,记忆与脑的特定部位有关,与人脑额叶和颞叶的关系最为密切。研究发现,人脑左半球言语运动中枢受损伤会导致言语记忆的缺陷,病人能记住事物的形象,但不能记住字词。相反,右额叶受损伤后,病人的形象记忆出现了困难,而言语记忆未受影响。研究还发现,用微电极刺激脑患者右侧颞叶,引起了病人对往事的回忆。病人说他听到了以前曾听到过的音乐,并能随音乐节拍唱起来,刺激大脑皮层其他部位时则没有发生这种反应。

此外,还有人研究发现,记忆与皮层下脑组织有关。例如,海马、边缘系统受损伤,病人的短时记忆出现明显的障碍。据此认为,海马等皮层下组织是负责短时记忆的部位,而两侧颞叶可能是负责长时记忆的部位。

(二)非定位说

有些学者不同意定位说的观点,认为记忆是整个皮层的机能,它与大脑的各个部分都有关系,不存在特殊的定位。我们把这种主张称为非定位说,也称脑均势说。非定位说的主要代表人物是美国心理学家拉希里。他在动物身上进行了多次实验,结果发现,损坏皮质的特定部位后,动物的学习成绩丝毫未受影响。损伤皮质的某一部位和损伤皮质另一个区域上的同样大小的部位其影响是相同的。据此,拉希里认为,就对记忆的影响来说,不在于皮质的哪一个部位被破坏,而在于皮质被损坏面积的大小。皮质被损坏的面积越大,记忆丧失也就越严重。换句话说,记忆的保持,不依赖于大脑皮层的精细结构定位,而是整个大脑皮层的机能。

(三) 记忆突触说

记忆突触说的代表人物是澳大利亚的神经生理学家艾克尔斯。他通过对突触及单个脑细胞的电生理活动进行了大量研究后指出,刺激的持续作用可使神经元的突触发生变化,如神经元的轴突末梢增大,树突增多、变长,突触间隙变窄,突触内的生化变化使相邻的神经元更易于相互影响等。在对突触结构研究的基础上,有人提出,突触结构的变化可能是长时记忆的生理基础。

(四) 记忆分子学说

20世纪60年代以后,随着分子生物学的兴起,科学家们开始在分子水平上研究记忆的生理基础。我们把在分子水平上解释记忆生理基础的种种观点,称之为记忆分子学说。

脱氧核糖核酸(DNA)借助核糖核酸(RNA)传递遗传信息的机制被发现以后,一些科学家提出假定,个体记忆是由神经元内的RNA来承担的。该假定认为,由学习引起的神经活动可以改变与之有关的那些神经元内部RNA的化学结构。据此认为,个体的经验有可能贮存于他的一些神经元内RNA的化学细微结构之中。支持这个观点的证据,一是增加动物或人脑内的RNA(或给予能增加脑内RNA生产的药物),可促使动物或人记忆能力的提高;二是把抑制RNA产生的化学物质注入到动物脑内,动物学习能力明显减退,甚至消失。

除上述四种主要学说外,还有人提出了反响回路说。所谓反响回路是指,神经系统中皮层和皮层下组织之间存在某种闭合的神经回路。当外界刺激作用于回路的某一部分时,回路便产生神经冲动。刺激停止后,这种冲动并不立即停止,而是继续在回路中往返传递并持续一段时间。有人认为这种脑电活动的反响效应可能是短时记忆的生理基础。

上述种种学说,在揭示记忆的生理基础方面都作出了自己的贡献,但任何一种学说都不能完全、彻底地解释记忆的生理机制,有许多深层次的问题需要人们坚持不懈地探讨。

参考资料5-1

记忆生理机制研究新进展

随着神经电生理技术以及脑成像技术的发展,事件相关电位(event-related potential, ERP)和功能性磁共振成像(functional magnetic resonance imaging, FMRI)等技术相继被广泛地运用于认知心理学的研究。

ERP技术具有极高的时间分辨率,为"窥视"心理活动提供了一个"窗口"。人们发现ERP中的P300与N400成分与认知活动有着密切的联系,正波P300的波幅可反映工作记忆中表征的更新,而负波N400与长时记忆的语义信息的提取有关,常被用于脑的语言加工机制的研究。失匹配负波 MMN（mismatch negativity）反映了人脑对刺激差异的无意识加工。

Rugg 等人在 1998 年开创性地运用 ERP 技术在同一个实验中研究了外显与内隐记忆的脑机制关系，发现了两者在 ERP 技术上的分离，为证实外显与内隐记忆有着不同的神经生理系统提供了更具说服力的证据。

相较而言，FMRI 技术则具有高度的空间定位能力。通过运用 FMRI 技术，研究者们发现了参与许多重要认知功能的脑区分布，如注意、知觉、语言加工和记忆等。其中，研究者发现，有意识的回忆激活颞叶内侧，而在内隐记忆条件下没有发现该脑区的激活。且海马与额叶的特定部分也与诸如人名、图像、事件等的记忆过程有着密切联系。

ERP 与 FMRI 技术在认知心理学上的运用为心理学家们进一步揭示人类记忆的神经生理基础，以及认识和解释记忆现象的本质提供了可能性。

第二节　记忆分类的研究

20 世纪 50 年代初，人们便开始用信息加工理论的观点解释记忆现象，把记忆看成是信息编码、储存和提取的过程。从那以后，对记忆的分类也更多地基于记忆中的信息及其编码、储存、提取的不同，根据记忆信息储存时间的长短将记忆分为瞬时记忆、短时记忆、长时记忆；根据记忆提取是否有意识将记忆分为内隐和外显记忆；根据记忆的信息指向过去还是未来将记忆分为前瞻记忆和回溯记忆；根据记忆提取是否正确将记忆分为错误记忆和真实记忆；根据记忆的内容将记忆分为形象记忆、动作记忆、情绪记忆和逻辑记忆；根据是否具有情境性以及自我体验的参与程度将记忆分为情节记忆与语义记忆。这些分类有些可能表示不同的记忆系统的存在，而有些只是一种分类，因为双方在机制上不存在任何差异。

一、瞬时记忆、短时记忆和长时记忆

根据记忆信息储存时间的长短将记忆分为瞬时记忆、短时记忆、长时记忆。除了信息保持时间的长短外，有大量研究发现三者在信息编码方式、记忆容量等方面都存在显著差异，所以瞬时记忆、短时记忆和长时记忆更可能表示了记忆的不同系统。

（一）瞬时记忆

瞬时记忆指外界刺激信息通过感觉器官时，按输入刺激信息的原样，以感觉痕迹的形式在人脑中被暂留的过程。例如，人们将电影、电视中相继出现的静止画面看成运动的图像，就是瞬时记忆在起作用。瞬时记忆具有以下三个基本特点：①进入瞬时记忆的刺激信息完全依据该刺激信息所具有的物理特征编码，具有鲜明的形象性；②进入瞬时记忆的信息保持时间十分短暂，视像记忆约为 0.25—1 秒之间，声像记忆也仅在 2—4 秒之间，由于保持时间很短，所以如果信息得不到注意，便会很快消失；③瞬时记忆的记忆容量由感受器的解剖生理特点所决定，几乎进入感官的刺激信息都能被登记。以视像记忆为例，记忆容量可达 9—20 个比特（bit）。

（二）短时记忆

瞬时记忆中的信息一旦受到注意，便能进入短时记忆。短时记忆是指信息在头脑中保持在1分钟之内的记忆。它是瞬时记忆中的信息进入长时记忆的中间环节。短时记忆有如下特点：①短时记忆的保持时间虽比瞬时记忆长，但也不超过1分钟，一般是30秒左右。如果信息得不到复述，便会遗忘。沃和诺曼（Waugh 和 Norman，1965）的研究显示短时记忆信息的遗忘并非记忆痕迹的衰退，而是由于受到其他活动的干扰，遗忘量直接受干扰活动信息量的影响，而不受时间的影响。②短时记忆的容量有限，一般为 7 ± 2 组块（chunk）。所谓组块就是熟悉而具有意义的加工单元，一个组块可以是一个字母，也可以是一个单词。③短时记忆中的信息主要以听觉形式进行编码，在听觉上相似的两个项目易产生混淆。④斯滕伯格（Sternberg，1966，1969）的研究揭示短时记忆的信息提取过程是对记忆集做从头到尾的系列扫描，然后作出判断的过程，提取的反应时间直接受记忆集大小的影响。

（三）长时记忆

短时记忆中的信息得到复述后，便可进入长时记忆。长时记忆的特点如下：①长时记忆中的信息保持时间超过1分钟，可以是几天、几年，甚至终身。②长时记忆几乎没有容量限制，是一个庞大的信息库，存储着个体所具有的关于世界的一切知识。③长时记忆中所存储的信息绝大部分来自于短时记忆信息的精致性复述，也有一小部分是对印象深刻的瞬时记忆信息的一次性存储。④长时记忆能应用各种策略对信息进行有效存储，它是一个有组织、有体系的知识经验系统。

二、内隐记忆和外显记忆

格拉夫和沙赫特（Graf 和 Schacter，1985）首先提出了内隐和外显记忆（explicit and implicit memory）的术语。他们认为，外显记忆是对过去记忆有意识的直接测试，而内隐记忆是一种对记忆无意识的间接测试，因为被试无须意识到他们在测试中的反应和记忆有关。自由回忆、线索回忆和再认等属于外显记忆，而图片命名、词干补笔、单词确认等属于内隐记忆。参考资料5-2从加工特点上的不同和双向实验性分离两个角度说明了内隐记忆和外显记忆的相互独立性。

参考资料5-2

内隐记忆和外显记忆的相互独立性

一、加工特点上的不同

罗迪格（Roediger，1990）指出内隐和外显记忆有着不同的加工过程。外显记忆是概念驱动过程（conceptually driven processing），是有意识和需要注意资源的过程；内隐记忆是材料驱动过程（data driven processing），是无意识和不需要注意资源的过程。当记忆材料在编码时更注重有意义的概念加工，则外显记忆的成绩提高，内隐记忆不受影响；而当记忆材料在编码时更注重知觉过程的匹配程度，则内隐记忆的成绩提高，外显记忆不受影响。

大量实验证明了罗迪格的观点。雅各比和达拉丝（Jacoby and Dallas，1981）的实验表明是否对单词进行有意义的精细加工对再认成绩有影响，而对单词确认启动效应无影响。帕金和罗索（Parkin and Russo，1990）发现分散注意对词干补笔和残图补全无影响，而严重影响回忆和再认成绩。改变学习和测验时刺激材料的知觉特征（比如字体）（Jacoby and Hayman，1987）和呈现时声音的特点（Schacter and Church，1992）都会影响内隐记忆，而不会影响外显记忆。

二、双向实验性分离（double dissociation）

双向实验性分离指的是，可以找到某种变量影响外显记忆，但不影响内隐记忆，也可以找到另一种变量影响内隐记忆，但不影响外显记忆。双向实验性分离验证了内隐记忆和外显记忆的相对独立性。

塔尔文等人（Tulving，1991）报告了重性遗忘症患者在完全不能回忆和再认的情况下，仍然保持了正常的启动效应（即内隐记忆成分）。丹尼和亨特（Denny and Hunt，1992）、沃特金斯等人（Watkins，1992）、赫脱和哈丁（Hertel and Hardin，1990）的研究都表明抑郁没有影响间接测验的启动量，而对再认、自由回忆和线索回忆等外显测验有明显的影响。这表明重性遗忘、抑郁等变量会影响外显记忆，但不会影响内隐记忆。上述罗迪格和布拉克顿（Roediger and Blaxton，1987）的实验发现词干补笔测验的启动效应受到通道改变的影响，而回忆和再认成绩却未受影响。韦尔登和罗迪格（Weldon and Roediger，1987）的实验显示当呈现材料是表示词义的图片，而不是词汇本身时，词干补笔的启动效应消失，而自由回忆的成绩提高。这表明通道改变和减少材料的知觉特性等变量只影响内隐记忆，而不影响外显记忆。

总之，加工特点上的不同和双向实验性分离都表明内隐记忆和外显记忆可能属于两个不同的系统。

三、前瞻记忆和回溯记忆

前瞻记忆（prospective memory）是指对于未来要执行的行为的记忆，即对于某种意向的记忆，比如记住要向一个朋友传递信息。回溯记忆（retrospective memory）指的是对于过去所发生事件的记忆，比如记住过去看过的某本书的内容。前人对前瞻记忆和回溯记忆关系的研究总结如下。

参考资料 5-3

成功的前瞻记忆需要回溯记忆

艾因斯坦和麦克丹尼尔（Einstein and McDaniel，1990）指出成功的前瞻记忆要求：①记住发生了什么事（包括过去的行为和特定的目标事件）；②记住必须在将来特定的时间执行某个行为或是对特定的目标事件作出反应。

艾尔德曼和伯吉斯（Alderman and Burgess，1993）神经生理学的研究从一个角度证明了这一点。他们研究了一个得疱疹性脑炎(herpes simplex encephalitis)的患者GAS。脑炎使得GAS患了严重的遗忘症,他不能回忆30分钟以前的事。在常规的神经心理学测验中,他不能完成任何记忆测验,包括Rivermead行为记忆测验中的前瞻记忆成分(RBMT,Wilson等人,1991)和其他一些简单的前瞻记忆能力的测试(如让GAS在10分钟以后或是闹钟响时拍手)。在后一种测验情景中,他会盯着闹钟看,并且很惊奇实验者为什么不停止闹钟,这表明GAS没有意识到自己有什么事情要做。当意向需要恢复的时候,GAS忘记了他曾经有过这样的意向,意向在什么情况下形成以及在将来什么情况下它要被激活。失败的回溯记忆导致了GAS在前瞻记忆任务中表现很差。这表明回溯记忆的顺利进行是成功的前瞻记忆的前提条件。

单向实验性分离(single dissociation)的假设

虽然GAS病例的研究显示回溯记忆受损会影响前瞻记忆,但是其他研究则显示前瞻记忆受损,回溯记忆却保持正常。莎利丝和伯吉斯(Shallice and Burgess,1991)报告了3名头部受伤的病人,他们的CT显示额叶受损,但是他们都保留了普通智力能力,没有明显的传统的测验中的执行困难和回溯记忆的损伤,而在日常生活中却表现出没有自发的组织性。为了研究他们在前瞻记忆中的表现,莎利丝和伯吉斯设计了两项任务:一是让他们在15分钟内执行6个开放性的并不困难的任务,二是让他们在医院附近的购物区买东西(其中有很强的前瞻记忆成分),3名被试在两项任务上的表现都很差。这表明前瞻记忆的损伤不一定是由回溯记忆的损伤导致的。

对于内隐记忆是不是一个独立系统的争论,研究者们曾用双向实验性分离的假设来阐述内隐记忆和外显记忆是两个不同的系统。类似地,莎利丝和伯吉斯(1997)对于上述前瞻记忆和回溯记忆间复杂的相关问题,用单向实验性分离的假设加以阐释。单向实验性分离假设指的是可以找到某种变量(比如上述Shallice and Burgess 1991年报告了3名病人额叶受损)影响前瞻记忆而不影响回溯记忆,但是却找不到另一种变量影响回溯记忆而不影响前瞻记忆。

薄弱的多重系统(multiple memory system)假设

单向实验性分离部分支持了前瞻记忆和回溯记忆可能属于多重系统,但是这种多重系统的假设是很薄弱的,原因在于实验性分离只在一个方向得到证实,即如果可以找到另一种变量影响回溯记忆,但不影响前瞻记忆,那么可能这种多重系统假设能更加站得住脚。考科伯克(Cockburk,1995)报告了一个案例,患者MG开始是在前瞻记忆和回溯记忆中的表现都很差,但是后来尽管在回溯记忆中的分数几乎没有提高,却恢复了许多前瞻记忆能力。由于实验中前瞻记忆的任务是具有特殊性的(比如,比日常前瞻记忆的回忆时间要短或是有很明显的提取线索),并且到底使得前瞻记忆水平提高的什么变量还未弄清,所以还不能说单向实验性分离的假设被推翻,也不能说明多重系统假设得到完全支持。

总之,单向实验性分离的假设暗示了前瞻记忆和回溯记忆可能属于多重系统,但多重系统假设有待验证。

四、错误记忆和真实记忆

错误记忆(false memory)是指错误地声明一个以前并未呈现过的词或并未发生过的事,而真实记忆(veridical memory)就是指真实报告已经呈现过的词或出现过的事。虽然早在20世纪30年代,巴特莱特(Bartlett)便以"幽灵故事"为材料进行了一项十分有趣的错误记忆实验,但是其后的几十年中,错误记忆的研究一直未受研究者们的重视。直到1995年,DRM(Deese Roediger McDermott)错误记忆研究范式的建立,错误记忆才真正作为一个与传统的真实记忆领域对立的独立领域被探讨。由于错误记忆的真正研究历史不算太长,所以有关错误记忆和真实记忆之间关系的探讨还比较有限。起初,人们认为这两种记忆可能有着相同的加工过程,然而,随着神经电生理技术、脑成像技术的发展以及在心理学研究中的应用,有研究显示了两者在神经生理机制上的分离。

参考资料 5 - 4

一、实验范式和解释模型上的相似

曼弗依、纳尔逊和寇玛苏(McEvoy, Nelson and Komatsu, 1999)提出DRM范式和真实记忆中的线索回忆范式异曲同工。DRM范式表示的是呈现的项目(单词列)对未呈现的项目(关键词)的影响,而线索回忆表示的是未呈现的项目(线索)对呈现的项目(靶词)的影响。

在解释错误记忆实验结果中应用比较多的是激活理论(activating theory)和模糊痕迹理论(fuzzy trace theory),而真实记忆也符合上述理论。

激活理论指出某项目真实地呈现和某项目相关项目的呈现所传递过来的信息都可以提高该项目的激活水平。在DRM范式中,关键项目的激活水平的提高,不是因为真实地呈现,而是因为单词列中项目的激活传递使关键项目变得可进入,并增加了它被错误回忆或再认的可能性。

当单词列和关键项目的相关度更高时,错误回忆或再认的次数增加。但是,如果增加单词列中项目的内部相关性,单词列中某一项目呈现时,激活则更易向单词列中其他项目传递,而不易向关键项目传递,所以,单词列的真实记忆增加而关键项目的错误记忆减少。语义的相关可以提高激活水平,从而增加真实和错误记忆的可能性。曼弗依、纳尔逊和寇玛苏(1999)的实验证明了这一点。

模糊痕迹理论指出项目的表征有字面痕迹(verbatim trace)和要点痕迹(gist trace),而要点痕迹和产生错误记忆有关。曼弗依、纳尔逊和寇玛苏(1999)的实验中增加单词列和关键项目的相关度,即提高了要点痕迹,便会增加错误记忆的可能性。而在真实记忆中,高水平的语义加工产生要点痕迹,也同样会提高真实记忆的水平。

由于实验范式和解释模型上的相似性,人们认为,错误记忆和真实记忆可能有着相同的加工过程,它们只是同一记忆系统的不同表现而已。

二、神经生理学研究

沙赫特等人(1996)使用电子发射断层技术(PET扫描技术)进行的DRM范式实验在

DRM 范式的实验中呈现的是单词列（比如：KID、ADULT、ADOLESCENT），单词列中的词都和某一关键词（比如：CHILD）有关，随后被试会接受由单词列、关键词和无关词组成的再认测验。对于单词列的再认是真实再认，而对于关键词的再认是错误再认。研究发现，对关键项目的错误再认和对单词列中的项目的真实再认都与在左颞叶区增加的血流量相关。在沙赫特等人（1997）采用功能性磁共振成像技术（fMRI）的实验中，也发现真实再认和错误再认时颞叶区血流量增加。但是 Nessler、Mecklinger 和 Penney（2001）用按照一定语义分类的单词作为学习和测试材料时发现，当错误再认率低时，正确和错误再认的 ERP 指标有显著差异；而错误再认率高时，两种再认在 ERP 指标上则没有显著差异。众多研究表明，电生理反应依赖于研究中的操作方法。Miller 等人（2001）采用事件相关电位（ERP）技术的研究中，无论是对学习词的正确再认，还是对关键诱饵的错误再认，他们都严格分析了事件相关可能性的 P300 成分（一般而言 P300 与种种因素都是相互独立的）。结果发现正确再认和错误再认的区别不在波的振幅上，也不在波的分布上，而是在 P300 的潜伏期上。而 Goldmann、Sullivan 等人（2003）年发现，正确再认和错误再认在额叶晚期成分上存在显著差异。Nessler 等人（2005）也认为额叶处正成分能够区分正确和错误再认。

神经电生理技术和脑成像技术的应用研究揭示出，错误记忆与正确记忆可能有着不同的神经生理过程。

参考资料 5-5

巴特莱特的"幽灵故事"

巴特莱特著名的"幽灵故事"的研究是首先让被试阅读下面的故事：

一个晚上，有两个从伊古拉来的青年男子走到河里想去捕海豹。当时，天空充满了浓浓的雾气，河面非常平静。然后他们听到了战争的嘶喊声，他们想"也许有人在打仗"。他们逃到岸边，躲在了一根木头后面。就在这时，有几艘独木舟出现了，他们听到了摇桨的声音，看到其中一艘向他们驶来，船上坐着 5 个人，那些人问道："我们想带你们一起到河的上游去跟敌人打仗，你们觉得如何？"其中一个年轻人说："我没有箭。"他们说："箭就在船上。"这个年轻人说："我不想跟你们去，我可能会被杀死，我的亲戚朋友都不知道我去那里，不过你……"他转向另一个人说："可以跟他们一起去。"因此，一个年轻人就跟他们走了，另一个年轻人回家了。

当战士们沿河而上，到达卡拉马另一端的村庄。村庄的人涉水而来，开始战斗，许多人因此被杀死。就在此时，这个年轻人听到其中的一个战士说："快，我们回家去！那个印第安人被打死了。"这时年轻人想："哦，他们都是幽灵。"他并没有感到任何不适，但他们却说他被射死了。

于是，这些独木舟回到了伊古拉，这个年轻人上岸后回到家里，并且点起了炉火。他告诉所有人说："看！我跟这些幽灵一起去打仗，同伴中有许多被杀死了，攻击我们的对方也死了不少人。他们说我被射中了，但我并没有感到任何的不适。"

他讲完这些话之后,安静了下来。当太阳升起的时候,他倒在了地上,有黑色的东西从他的嘴里流出来,他的脸扭曲变形。人们跳起来,大声呼叫:"他死了。"

阅读完上面这段故事后,间隔一段时间,要求被试根据自己的记忆复述这个故事。巴特莱特发现随着时间的增加,被试回忆时会忽略掉一部分内容(一些玄妙的内容被舍弃了),故事也会变得越来越短,更有趣的是,被试还增加了一些新的内容,使故事变得更加自然合理,有时甚至渗入一些伦理内容。这些错误记忆大多与被试生活的文化环境中所认同的思维逻辑和习惯相对应。被试在错误记忆中所做的许多转换和曲解是为了使故事更规范、合理化。

五、形象记忆、动作记忆、情绪记忆和逻辑记忆

以记忆的内容为基准,可以把记忆分为形象记忆、动作记忆、情绪记忆和逻辑记忆。

(一) 形象记忆

以感知过的事物形象为内容的记忆叫形象记忆,也称表象记忆。如我们看过的画面、听过的声音、嗅过的气味、尝过的滋味、触摸过的事物等都会在头脑中留下印象,这就是形象记忆。在形象记忆中,一般人以视觉记忆和听觉记忆为主;因特殊职业的需要,某些人的嗅觉记忆、味觉记忆和触觉记忆也很发达。

(二) 动作记忆

以做过的动作或运动为内容的记忆叫动作记忆,也称运动记忆。它是技能形成的基础。这种记忆的特点是:识记时较慢,但记住后容易保持、恢复,不易遗忘。

(三) 情绪记忆

情绪记忆是指对情绪事件或情绪体验的记忆。其中,情绪事件就是那些引起情绪反应的特定事物或事件,如国家元首的逝世、目击犯罪、经历灾难等。生活中有一种很具有代表性的情绪记忆,叫做闪光灯记忆。它是指对有新闻价值的创伤性事件的情绪记忆。闪光灯记忆最明显的特点是持久的鲜活性。

参考资料 5-6

情绪记忆研究

情绪和记忆一直都是心理学研究的重要领域,而对情绪记忆的研究很好地契合了这两方面的研究。20世纪中期以后,情绪记忆的研究备受关注,引起了很多研究者的兴趣。研究者们主要关注于两个方面:一是针对情绪记忆这种记忆类型本身的研究。研究者们发现虽然闪光灯记忆具有持久性的特征,但是很容易发生错误;另外,对情绪事件或情绪体验的记忆通常是密不可分的,但是在遗忘症患者的身上发现了两者的分离,说明了情绪记忆不但可以在意识水平上提取,它也可以在无意识水平上提取。二是研究情绪对记忆的影响。研究发现,当个体的心境与记忆材料的情调相一致时,对材料的记忆效果比不一致时好。当识记时的心境与回忆或再认时的心境匹配,会提高回忆或再认的效果。然而有些时

候情绪或心境也会干扰记忆,导致记忆成绩的下降。例如,相当数量的实验研究表明,抑郁情绪会造成记忆任务绩效的下降。

(四)逻辑记忆

以语词、概念、原理为内容的记忆叫逻辑记忆,又称语词—逻辑记忆。这种记忆保持的不是事物的具体形象,而是反映客观事物本质和规律的定义、公式、定理。高度的概括性、深刻的理解性、严密的逻辑性是这种记忆的特点。逻辑记忆在学习理性知识中起着重要作用,它是人类所特有的记忆形式。

六、情节记忆和语义记忆

根据是否具有情境性以及自我体验的参与程度,可以把记忆分为情节记忆与语义记忆。

(一)情节记忆

情节记忆是指对个人亲身经历的、发生在特定时间和地点的事件的记忆,或称情景记忆。这种记忆的特点是:记忆具有情境性,与自我体验密切相联,它储存的是自传式的信息。所以也有人认为,情节记忆从约定俗成的范围上看应是自传体记忆的一部分(杨治良,1999)。情节记忆因具有情境局限性,容易受各种因素的干扰,不易储存和提取。

(二)语义记忆

语义记忆是指对各种有组织的知识的记忆(孟昭兰,1994)。这种记忆的特点是:记忆的信息以语言的意义为参照,与特定的时空无关,也较少受外界因素的干扰,稳定性强,易存易取。

第三节　内隐学习的研究

自 1967 年雷伯(Reber)提出"内隐学习"这一概念以来,内隐学习研究得到了长足的发展。它是指一种"自动的"、"不易觉察到的"、"对复杂规律敏感的"学习。而正如 Seger(1994)所指出的,内隐学习与内隐记忆之间并没有严格的界限。内隐学习和内隐记忆都关心无意识的过程。但是,相较内隐记忆而言,内隐学习更加侧重于对复杂规则的无意识学习。内隐学习研究的独特之处主要通过研究范式体现出来。

一、人工语法范式

人工语法范式是内隐学习最早和最重要的研究范式,它是雷伯(1967)首次提出的。在这个范式的学习阶段,以一套复杂的"语法"规则为核心,作为实验中被试内隐学习的对象。在测试阶段,通过被试分类操作任务的成绩来衡量被试是否发生了内隐学习。最典型的人工语法范式采用限定状态语法。通过限定状态语法生成一系列的字母串。实验中,首先要求被试对这些字母串进行记忆,然后告知他们这些字母串的顺序中存在着复杂规则,并要求他们对语法字母串和非语法字母串进行分类。在最初的研究中,雷伯发现被试对新字母串的分类成绩显著高于随机水平,这表明被试习得了语法规则。同时,记忆组被试成绩显著高于规则发现组(让被试有意识地去发现规则,即有意识学习条件)被试,且记忆组的分类操作水平远远高于其外显言语报告所反映的语法知识所能解释的范围,因而说明限定状态语法的学习是内隐的。

二、序列学习范式

序列学习范式的变式众多,包括序列反应时任务、矩阵扫描任务和序列预测任务等。

尼森和比勒姆(1987)首创了序列反应时任务。实验中,被式面对四个小灯,并必须在任何小灯亮起后尽快按对应键反应。小灯亮起的位置顺序符合一定的序列规则,如"4321234121"。结果随着练习次数的增多,被试的反应时会逐渐下降;此时若将刺激的序列变为随机,反应时就会大幅上升;而如果再次将刺激序列换回原来的规则序列,反应时就会相应地回到原先较快的水平上。这说明反应时的下降是因为被试习得了序列规则,从而可以预测下一个刺激位置,使反应得以简化。在外显测试中,给出一个刺激,要求被试直接预测下一个刺激的位置。结果发现,被试对序列的规则并没有外显地掌握。这样,对序列规则的学习就被认为是内隐的,而内隐学习的量可以用被试对规则序列反应时和对随机序列反应时的差来衡量。

矩阵扫描任务是由利维基(1987)设计并提出的。在他们的实验中,屏幕被划分为四个象限,要求被试检测所指定的目标数字在哪个象限出现。每七次实验为一组,每组中前六次实验里,屏幕上只出现目标数字,而在第七次中,有 35 个干扰项目伴随着目标数字一起出现。这里的序列规则在于:第七次实验中目标数字的位置是由前面的第一、三、四、六次实验中目标数字所在的象限来规定的。矩阵扫描的实验结果和序列反应时相近:被试的反应速度和正确率稳步而缓慢地提高;而在大量练习之后,如果改变序列规则,正确率和反应速度就会大幅下降。矩阵扫描任务的序列规则比序列反应时任务中的规则来得复杂,被试不太可能外显地获得规则。实验后被试的口头报告也证实了这一点。

库什纳、克雷尔曼斯和雷伯(1991)首先将序列预测任务作为内隐学习的测量工具。他们的实验要求被试在观察了按顺序呈现的五个项目后,预测第六个项目可能出现的位置。每个项目可能出现的位置有三个,第六个项目出现的位置可以由第二个和第四个项目的位置推断出来。实验发现,在进行了大量的练习后,被试对规则序列的预测正确率越来越高,并在最后显著高于随机水平。而被试在整个过程中没有意识到项目序列的结构,说明被试发生了内隐学习。

上述的研究范式是研究内隐学习最常用的两种,除此之外,可用于内隐学习研究的还有复杂系统控制范式、统计学习范式和信号检测范式等。其中,杨治良(1991)就成功地将信号检测论运用于内隐学习的研究中。其实验的自变量之一是有无回忆,用两种指导语来控制回忆:A 系列要求被试在记忆字母串后做三次连减"3"的心算,继而当屏幕上出现"A"时,被试要在计算机上回忆整个字母串,不要回答心算的答案,每次回忆后有正确答案进行核对;B系列要求被试在屏幕上出现"B"后,应回答心算的数字答案,其余与 A 系列相同。自变量之二是信噪比。学习阶段先给指导,明确对 A 和 B 系列的不同要求。测试阶段,共呈现 60 个字母串,要求被试作出 A 或 B 的选择反应。结果发现在不同信噪比下,被试在辨别力指标 d' 上有显著差异,而反应倾向 ß 却相当稳定。杨治良指出,d' 的变化反映了被试发生了内隐学习,而 ß 保持稳定验证了内隐学习是一个不受情绪、动机、意志、态度等因素干扰的学习过程。

第四节 记忆的基本规律

一、识记的规律

识记就是人们识别并记住事物的过程。用信息加工理论讲,识记是信息的输入(编码)过程。依据不同的标准,可将识记分为不同的种类。根据识记有无明确的目的和是否需要意志的努力,可以把识记分为无意识记和有意识记。无意识记就是事先没有明确的识记目的,也不需要意志努力的识记。有意识记是指有预定识记目的,经过一定的意志努力,并运用一定方法的识记。根据识记材料有无意义以及对材料是否理解,又可以把识记分为机械识记和意义识记。机械识记是指识记的材料本身无内在的意义联系,或虽有意义但学习者不理解,仅依靠机械重复的方法进行的识记。意义识记是指在理解识记材料的基础上,依靠材料本身的内在联系进行的识记。

识记是记忆过程的开端,是保持和回忆的前提。欲提高记忆的效率,必先研究识记的规律,提高识记的质量。研究发现:识记效果与下列因素存在内在的、规律性的联系。

(一) 识记的目的

识记的目的性是影响识记效果的首要因素。大量实验表明,有明确目的的识记比无目的的识记效果好。这就是人们熟知的有意识记优于无意识记。赞可夫曾以成人为被试做过实验,他把成人分成甲乙两组读课文,要求甲组尽可能完全地记住课文,而对乙组则不提出任何要求。结果甲组被试平均记住了课文的 125 个句子,而乙组只记住了 87 个句子,甲组识记效果明显好于乙组。彼得逊也曾做过对比实验,他让两组被试分别在有记忆目的和无记忆目的的情况下学习 16 个单词,然后用回忆法进行效果检测。结果表明,无论是当时回忆,还是 2 天以后回忆,有意识记的效果均比无意识记的效果好(如表 5 - 1)。

表 5 - 1 有意识记和无意识记效果对比

效果　　　　　间隔时间　　识记性质	当时回忆记住的单词	2 天后回忆记住的单词
有意识记	14	9
无意识记	10	6

(二) 对材料的理解

在识记过程中,理解的识记比不理解的识记效果好,识记效果随理解的加深而提高。这就是人们所说的,意义识记优于机械识记。肯斯雷对此做过专门的实验。他让 348 位被试学习三组不同材料,每次向被试呈现一个单词或音节,时间为 2 秒钟,练习一遍,然后要求被试默写出结果(见表 5 - 2)。

表 5 - 2　材料的理解对识记效果的影响

材 料 性 质	默出平均数
15 个无意义音节	4.47
15 个由三个字母组成的孤立英语单词	9.95
15 个彼此意义相关的英语单词	13.55

为什么三组数量相同的材料,识记的效果大不一样呢? 这是因为,第三种材料属内在有联系的有意义材料,被试可以在理解的基础上进行识记;第一种材料无内在意义,被试只能靠机械识记;第二种材料中,虽每个词是有意义的,但前后不连贯,意义孤立,所以测得的成绩高于第一种材料,但低于第三种材料。可见,对材料理解得越透彻,识记的效果也就越好。

(三) 识记材料的数量

识记材料数量的多少对识记效果有很大的影响。一般说来,要达到同样的识记水平,材料数量越多,平均用的时间或诵读的次数就越多。

(四) 识记材料的不同性质

识记材料的性质对识记的效果也有一定的影响。一般来说,直观形象的材料比词的材料好些,视觉的材料比听觉的材料好些。此外,有意义的材料比无意义的材料,有韵律的材料比无韵律的材料容易识记。

(五) 主体的情绪状态

识记时主体的情绪状态也是影响识记效果的一个因素。一般认为,积极情绪状态下识记的效果要优于消极情绪状态下识记的效果。

除了上述几个方面,人的主观需要、知识经验、性格特点、能力类型等,都对识记效果有一定的影响。

二、保持与遗忘的规律

保持是经历过的事物在头脑中储存和巩固的过程。从信息加工理论的视角看,保持就是信息的储存过程。保持是记忆系统的中间环节,是再认或重现的前提,也是记忆力强弱的重要标志之一。

(一) 遗忘曲线

在保持过程中出现信息的失真、缺损或丢失,是造成遗忘的重要原因之一。最早对遗忘现象进行研究并发现其规律的,是德国心理学家艾宾浩斯。为了使学习和记忆尽量免受旧经验的影响,他用无意义音节作为记忆的材料,把识记材料学到恰能背诵的程度,经过一定时间间隔再重新学习,以重学时节省的诵读时间或次数作为记忆的指标。实验结果如表 5 - 3 所示。

表 5-3 不同时间间隔后的成绩

时 间 间 隔	重学时节省诵读时间的百分数	遗忘的百分数
20 分钟	58.2	41.8
1 小时	44.2	55.8
8—9 小时	35.8	64.2
1 日	33.7	66.3
2 日	27.8	72.2
6 日	25.4	74.6
31 日	21.1	78.9

根据艾宾浩斯的实验结果绘成的曲线图(图5-1),称之为艾宾浩斯遗忘曲线。从曲线图中可以看出,遗忘的进程是不均衡的,在识记的最初阶段遗忘速度很快,以后逐步缓慢。这就是人们常说的遗忘规律。

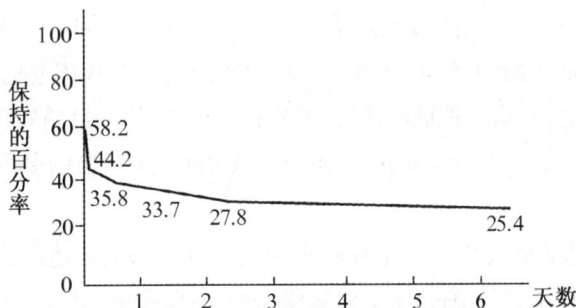

图 5-1　艾宾浩斯遗忘曲线

(二) 保持的因果关系

要减少遗忘,提高保持的质量,就要探明哪些因素与保持效果存在内在的因果关系。研究发现,保持效果受以下几个因素的制约。

1. 学习的程度

学习程度对保持有较大影响。一般把学习程度分为三级:低度学习(识记达不到背诵的标准)、中度学习(识记后恰能背诵)和过度学习(超过刚能背诵的程度)。在一定限度内,学习程度越高,保持效果越好。当过度学习程度达到150%时,记忆效果最好。德国心理学家克鲁格研究了各种过度学习与记忆的关系,他让被试识记 12 个名词,学习程度分别为 100%、150% 和 200%,并在 1 天至 28 天后测其保持量。结果如图 5-2 所示。

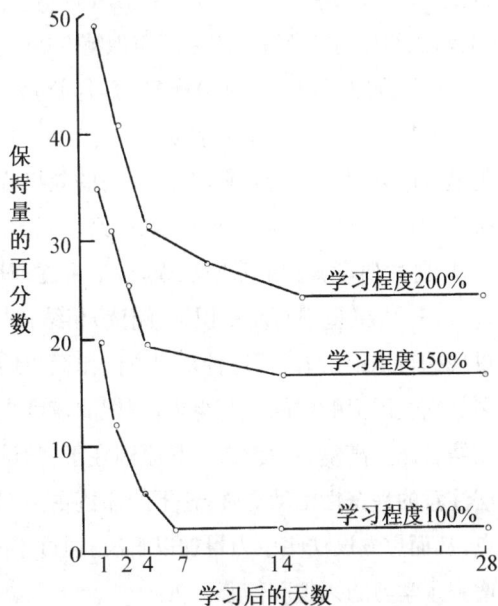

图 5-2　学习程度与保持量的关系

克鲁格的实验表明,过度学习超过150％以后,记忆效果不再有显著增长。可见,把握好学习的度,既提高保持的效果,又不浪费精力和时间。

2. 记忆任务的长久性

记忆任务的长久性也对保持效果有较大的影响。日常生活中,人们都有这样的体验,只要求临时记住的材料,保持的时间就很短,而要求长期记住的材料,保持的时间就长些。这一点也得到了实验的证实。在一项实验中,主试将甲、乙两种难度相当、字数相近的短文写在黑板上,待学生背出后把两篇文章擦去,然后宣布第二天检查甲文,一周后检查乙文。但实际上甲、乙两文同在两周后检查。结果发现,学生对乙文的保持率为80％,而对甲文的保持率为40％。

3. 记忆内容的不同性质

记忆内容的性质也是影响保持的因素之一。一般来说,动作记忆保持最长久,遗忘最慢;形象性记忆材料也容易保持较长的时间;言词材料忘得较快。在言词材料中,有意义的材料比无意义的材料保持得要好。

4. 识记后的复习

在影响保持的因素中,复习无疑是最重要的了。早在两千多年前,大教育家孔子就提出"学而时习之"、"温故而知新"的学习原则。19世纪德国哲学家狄慈根也提出"重复是学习之母"。现代心理学的研究更有力地证明:防止不应有的遗忘,使学过的知识在记忆中长久保持的最有效方法就是复习。当然,复习的效果不单纯取决于复习次数的多少,而是取决于正确的组织安排和活动方式。

(1) 及时复习。根据遗忘先快后慢的规律,复习要在尚未大量遗忘前及时进行。19世纪俄国著名教育家乌申斯基曾经说过,记忆就像建筑物,不要等快要倒塌时再去修复,否则那就等于重建,说明了及时复习的重要性。心理学实验也有力地证实了这个问题。研究者给两组被试学习一段课文,甲组学生在学习后不久进行一次复习,乙组没有复习,一天后甲组保持98％,乙组保持56％;一周后甲组保持83％,乙组只保持33％。

(2) 分散复习。正确分配复习时间对复习效果有着重要影响。复习时间分配有两种方式:一是集中复习,二是分散复习。一次复习较长的时间为集中复习,将较长的时间分几次使用是分散复习。一般说来,分散复习的效果优于集中复习的效果,但分散复习的时间间隔要视材料的性质、数量、难度以及记忆已经达到的水平而定。一般是"先密后疏",即开始时间隔短一些,随着所学知识的不断巩固,以后可逐渐增加间隔的时间。

(3) 尝试重现与反复识记(阅读)相结合。在材料还没有记住前,就积极地试图重现,不能重现的再识记(阅读),这种复习方法比简单地一遍又一遍地阅读直至记熟为止的方法要好得多。它在识记的时间上花得少,识记的速度来得快,保持的时间也更长。尝试重现与反复识记相结合能提高复习的效果。其原因在于:尝试重现的目的和任务更明确、更具体,能使大脑皮层注意的兴奋性活动更强,留下的印迹更深刻;通过尝试重现,能及时地发现重现材料中的难点,从而想方设法集中力量加以解决;通过不断的自我检查,学生不断地发现取得成绩和进步,增强了学习的兴趣和信心。

(4) 多样化复习。复习方法单调,容易使学生厌倦、疲劳,降低复习效果;而多样化的复习方法使学生感到新颖,能引起和加强注意并激发兴趣,调动学生的积极性,从而提高复习的效果。为此,要注意采取多样化的复习方式。例如,对同一字词的复习,可用默写、填空、造句、分析字形的偏旁部首、写出同义词或反义词等多种方法。此外,动员多种感官参加复习活动,也是提高记忆效率的重要条件之一。多种感官参加复习之所以能取得良好效果,是因为当信息通过多种感觉通道传到大脑皮层时,会对同一内容建立广泛的暂时神经联系。这样的联系不但较为巩固,而且也容易接通和恢复。

三、重现的规律

重现的过程是经历过的事物不在眼前,但能在脑中出现,并加以确认的过程。回忆包括重现与再认,重现是回忆的一个重要方面。从信息加工的观点看就是信息的输出或提取过程。重现是记忆系统的一个非常重要的环节,它既是识记、保持的目的,也是检验识记与保持效果的唯一标准,还是强化识记与保持两个环节的重要手段。要提高重现的效率,也必须研究影响与制约重现过程及其效果的基本因素。从目前的研究结果看,影响回忆效果的基本因素主要有以下几个方面。

(一) 信息储存的组织水平

一般来说,信息储存的组织状况越好,越是按一定的规则有序排列,就越容易回忆,其效果也就越好。包尔等人做过一个实验,要求被试记 4 张词表。给一些被试提供的词表是按照树状层次组织起来的,如图 5-3 所示。而给另一些被试所提供的词表上的词是随机排列的。识记后的回忆测验表明,被试对有层次组织的词回忆的正确率为 65%,而对随机排列的词的正确回忆率仅为 19%。

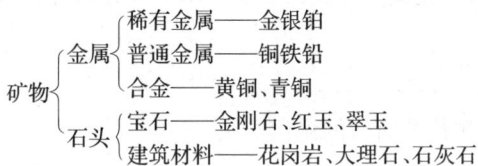

图 5-3　按树状层次结构排列起来的词表

(二) 联想线索

凭借联想也有助于回忆。所谓联想就是由一事物想到另一事物的心理活动。联想之所以有助于回忆,是因为当具有某种联系的事物在大脑皮层建立较稳定的神经联系以后,只要一事物出现,自然会想到另一事物。联想成了回忆的线索导引。联想主要有以下几种。

(1) 接近联想,由某一事物想到在时空上与之接近的另一种事物。

(2) 相似联想,由某一事物想到形式或性质与之相似的另一种事物。

(3) 对比联想,由某一事物想到在性质或特点上与之相反或相排斥的另一种事物。

(4) 因果联想,由某一事物想到与之有因果关系的另一种事物,或者由原因想到结果,或者由结果想到原因。

在识记过程中,运用各种联想去识记就为回忆留下了联想线索,使日后的回忆变得容易。

（三）干扰的影响

回忆过程常因干扰的影响而使提取出现困难。先学习的材料对回忆后学习材料的干扰称前摄干扰，也称前摄抑制；后学习的材料对回忆先学习材料的干扰称倒摄干扰，也称倒摄抑制。例如，先学习材料 A，接着学习材料 B，然后回忆材料 B，如在回忆 B 的过程中受到 A 的干扰，这就是前摄干扰。先学习材料 A，然后学习材料 B，回忆材料 A，B 对 A 的干扰则为倒摄干扰。

一般来说，干扰作用的大小与先后两种材料的相似程度、时间间隔以及所学材料的巩固程度有关。研究发现，中等相似程度的两种学习材料干扰最大；先后学习材料间隔时间越长，干扰越小；学习的材料巩固程度越高，产生的干扰也就越小。

（四）主体的情绪状态

主体的情绪状态对回忆效果的影响也是显而易见的。一般来说，良好的情绪状态，如轻松、愉快、平静的情绪有助于回忆；而不良的情绪状态，特别是过分紧张和焦虑则会降低回忆的效果。常见的例子是，学生考试失常多半是考前过分焦虑或考时过分紧张所致。

第五节　记忆的策略和方法

一、记忆策略的涵义

记忆策略指的是根据一定的目的，对记忆方法的选择、运用和调控。记忆策略的基础是记忆方法。记忆方法是学生学习的重要方法。记忆方法的运用是否恰当直接影响学习效果。记忆方法不当，记不住，就等于没学。记忆策略的核心，是根据预定目的，通过自我意识对学习方法进行自我监控，把记忆方法提到一个新的更高的水平，保证最佳的记忆效果。

二、识记的策略

识记策略是符合识记规律的有效的识记方法。

（一）有目的的识记

有目的的识记比无目的的识记效果好。学习一门学科，完成一个学期、一个单元、一堂课的学习任务，都要有明确的学习目的和学习目标。目的越明确，识记效果越好。

（二）先理解后识记

理解就是运用个体已有的知识经验经过思维操作去消化新知识的过程。只有理解了的知识，才能记得牢，才能灵活应用。

（三）识记与操作相结合

让学生参加实际操作，自己动手、动口解决问题，这样学习的知识技能容易记住。

（四）保持良好的情绪

以良好的情绪参与识记活动，学习效果较好，而且容易巩固。

（五）保持良好的注意状态

注意力越集中，越容易记住所学的材料。

三、复习的策略

首先,要及时复习,经常复习。要运用尝试重现与阅读相结合的方法复习。其中尝试重现的时间比例要长一些。这样既可调动学生记忆的积极性,也有助于自我检查学习效果。

其次,边复习边思考,把知识系统化。复习时,学生一定要认真阅读教科书,重点之处反复阅读。要边阅读边思考。复习绝不能机械重复和死记硬背。复习过程中,要经过思考把知识系统化。要把已经学习的知识前后联系起来。根据共同点,归成一大类,根据知识的不同分成几小类,把知识层次化、系统化、网络化。这样的知识,既容易识记也容易提取。

再次,在复习中要整理好课堂笔记和读书笔记。整理笔记有助于把学到的知识精确地识记下来,切实地巩固。整理笔记中偶有所得,可用眉批、作注的方式记录下来。遇有新的发现,就做到了温故知新,这就是创造性学习。

四、提取的策略——记忆术

提取要依靠线索:一靠联想,二靠记忆术。记忆术就是记忆方法,而且多是人为的记忆方法。下面介绍几种常用的记忆术。

(一) 直观形象记忆法

把抽象材料加以形象化、直观化的记忆方法,叫直观形象记忆法。例如,化学课中"电子云"的概念比较抽象难懂,有位老师在教学时,在一个气球上画了许多代表电子的圆点,通过讲授气球胀缩时圆点的密度发生了变化而圆点数目不变的道理,讲清了电子云密度变化并不意味着电子数目变化的抽象概念。这种将感性认识与理性认识相结合的记忆法,学生不但容易理解,而且记得很牢。

(二) 歌诀记忆法

学习中如能把识记材料编成合辙押韵的歌诀,记忆效果就好。如把全国 34 个省、自治区、直辖市的名称编成"京沪重津,蒙藏新,辽吉黑,川贵云,晋冀鲁豫,陕甘宁青,两湖两广港澳台,苏浙皖,赣闽琼"。中国教育长期使用的蒙学教材《三字经》、《百家姓》、《千字文》、《千家诗》很讲究合辙押韵。因此,儿时所学,老年难忘。

(三) 特征记忆法

特征记忆法是对无意义的材料应人为地寻找特点来记忆的方法。如马克思诞生于 1818 年 5 月 5 日,可记为两个 18 两个 5;五四运动爆发于 1919 年,可记为两个 19;明朝灭亡于 1644 年,可记为:后两个 4 相乘等于前两个数(16)。

(四) 谐音记忆法

谐音记忆法是利用谐音(字词的音相同或相近)为中介的记忆方法。这种方法能把无意义的材料变成有意义的材料,把生疏的材料变成熟悉的材料。例如,化学中金属元素活动的顺序为:钾、钠、钙、镁、铝、锌、铁、锡、铅、铜、汞、银、铂、金。记忆它们时,常发生次序上的颠倒,内容上的错误。如果把它们谐音为"加那个美丽新的锡铅,统共一百斤",一下子就记得很牢。

(五) 比较记忆法

比较记忆法是通过辨别事物之间的异同来记忆的方法。例如,对形近的己、已、巳三个字和戍、戌、戊、戎四个字,根据其笔画在空间上占有的位置的不同进行比较,学生就容易辨认了,也容易记牢。

(六) 重点记忆法

重点记忆法是将复杂材料简化,抓住重点进行记忆的方法。例如,心理学讲四种气质类型在行为方式上的特点可浓缩为:胆汁质——急,多血质——活,黏液质——稳,抑郁质——慢。重点记忆,便于贮存,提取迅速。

(七) 自编提纲记忆法

自编提纲记忆法,是指在学习长篇材料时,分段落、抓主题、拟提纲的记忆方法。例如,《岳阳楼记》分四段:第一段叙述作记的缘由;第二段写岳阳楼的宏伟景象;第三段着重写两种不同的景色,情感随环境变化而变化;第四段借对古仁人之心的议论说明自己的见解。这种方法既便于记忆,也便于寻找回忆的线索。

(八) 图表记忆法

图表记忆法是对复杂材料用图表简化的记忆方法。例如,学生学习政治经济学常识之后,可画出图表来标志:生产力与生产关系,生产关系与经济基础,经济基础与上层建筑之间的关系,从而形成一个完整的知识结构。

第六节 记忆的品质与记忆能力的培养

一、记忆的品质

(一) 记忆的敏捷性

记忆的敏捷性指的是识记速度的快慢,通常以单位时间内记住内容的多少来衡量。在这方面有很大的个体差异,对同一材料,有的人很快就能记住,而有的人却要花很长的时间才能记住。据说当代科学家茅以升小时候旁观祖父抄写古文《东都赋》,他的祖父刚抄完,他就能全文背出来,其记忆的敏捷性是极其惊人的。

当然,我们也不能单纯以记忆的敏捷性来判定一个人记忆力的好坏,因为有的人虽然记得快,但忘得也快;而有的人尽管记得慢,但忘得也很慢。记忆的敏捷性只有和记忆的其他品质相结合才有意义。

(二) 记忆的持久性

记忆的持久性是指识记的事物保持时间的长短。有的人能把识记过的内容长久地保持在记忆中,而有的人却很快地将其遗忘。有些人记忆的持久性是非凡的。例如,马克思能成段地背诵歌德、莎士比亚、但丁和塞万提斯等人的作品;巴金也曾谈到有200篇文章一直储存在他的脑子里。

(三) 记忆的准确性

记忆的准确性是指对识记的材料记得是否正确。有的人对识记的材料能正确无误地加以重现,而有的人在回忆时经常出现歪曲、遗漏。这是记忆准确性上的差异。我国汉末著名学者蔡邕的著作在兵荒马乱中散失,他也被杀害了,留传至今的400多篇蔡邕的作品乃是他女儿蔡文姬准确无误地背诵出来,才得以保存下来的。记忆的准确性是记忆的重要品质。如果缺乏记忆的准确性,那么记得再快、再牢也是没有意义的。

(四)记忆的准备性

记忆的准备性是指能否及时地从记忆库中提取所需的知识。在知识竞赛中,有的人反应很快,有的人反应较慢,虽然他们中不少人都掌握了回答某一问题的有关知识和能力,但在记忆中提取信息的速度却存在快慢的差别。这就是记忆准备性上的差异。

上述四种记忆品质在个体身上的表现是不平衡的、有差异的,有多种组合的可能性。判断一个人记忆能力的强弱,必须同时兼顾以上四种记忆品质。

二、中学生记忆的特点

中学阶段是记忆力发展的黄金时期,不仅发展速度快,而且有许多质的变化,呈现出如下发展特点。

(一)记忆的自觉性明显增强,有意识记占主导地位

在记忆的目的性和自觉性上,学前期是无意识记占主导地位;小学阶段是由无意识记占优势向有意识记占优势转化的过渡时期,但小学生的有意识记被动成分多,主动成分少;而中学阶段则是有意识记占主导地位的时期。与小学不同的是,中学生的有意识记被动成分逐步减少,主动成分逐渐增多。他们不再满足完成教师和家长提出的任务,而是主动给自己规定识记任务,自查记忆效果。在识记难度较大的学习材料时,能自觉地克服困难,完成记忆任务。此外,他们也开始探索良好的记忆方法,提高记忆效率。

(二)记忆的理解性明显提高,意义识记占主导地位

在记忆方法的发展上,学前儿童是机械识记占主导地位,小学阶段是由机械识记占优势逐渐转化为意义识记占优势的过渡时期。到了中学阶段,尽管机械识记依然存在,但其成分随学生年级升高而逐步减少,而意义识记的成分却随着年龄的增长迅速增加,并居主导地位(见图5-4)。即使无意义的材料,一些学生也能人为赋予其意义联系,以利于记忆。

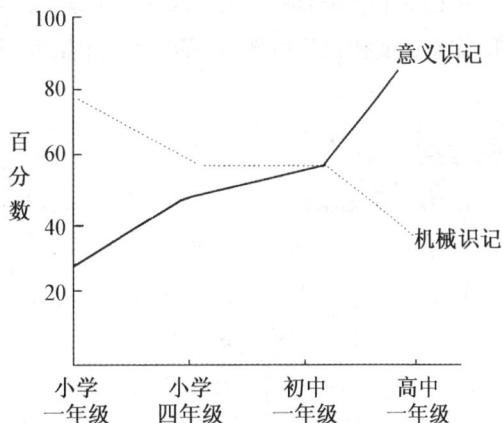

图5-4　中小学生机械识记与
意义识记成分的变化

(三)语词识记迅速发展,抽象记忆占主导地位

学前期是形象记忆占主导地位,小学阶段是由形象记忆占优势逐渐转化为抽象记忆占优势的过渡时期,自初中起则是抽象记忆日益占主导地位的时期。中学生已能掌握大量的科学概念,并据此进行判断和推理。

三、中学生记忆能力的培养

培养学生的记忆能力是教学的重要任务。其目标是通过培养和训练,使学生记得快、记得准、

记得牢,并能在需要的时候迅速提取出来为己所用。培养学生的记忆力应从以下四个方面入手。

（一）加强学习目的教育

进行学习目的教育,是培养学生记忆力的首要条件。学生只有明确了学习目的,才能自觉学习,主动识记,积极思考。因此,在教学的各个环节都要把学习目的教育置于首位。既要进行学习总目的教育,把当前的学习同学生日后参加国家建设的大目标联系起来,增强学生的社会责任感,也要进行具体的学习目的教育,通过阐述知识的价值激发学生的学习兴趣,强化学生的学习动机,使学生好学、乐学。

（二）使学生掌握记忆的规律

如前所述,记忆过程是由识记、保持和再认三个环节构成的。无论是识记,还是保持和再认,都有其特定的规律。现代心理学对记忆规律的揭示,为我们制定记忆策略、选择记忆方法提供了基本依据。掌握与运用记忆规律,就可以提高识记、保持和再认的效果,增强记忆能力。

（三）教给学生科学的记忆方法

记忆方法既是完成记忆任务的保证,也是影响记忆效果的重要因素。科学、合理的记忆方法可收到事半功倍的效果。心理学已研究、总结出许多行之有效的记忆方法,如直观形象记忆法、特征记忆法、归类记忆法、重点记忆法、歌诀记忆法、联想记忆法、推导记忆法、图表记忆法等。教师要把方法论教育渗透在知识传授之中,使学生能用科学的方法去记忆知识,不断提高记忆效率。

（四）讲究记忆卫生

记忆卫生也是影响记忆效果的一个重要因素。愉快的情绪、清新的空气、适当的营养、合理的作息制度和科学用脑等,都能增强记忆效果,提高记忆能力。

思考题

1. 什么是记忆?

2. 在强调培养学生创造能力的今天,如何评价记忆的作用?

3. 记忆分为哪些种类? 内隐记忆与外显记忆的区别是什么?

4. 从信息加工的观点说明瞬时记忆、短时记忆、长时记忆的特点及其相互间的关系。

5. 回忆有几种形式? 回忆过程及效果受哪些因素的影响?

6. 根据记忆规律,谈一谈如何有效地组织复习。

7. 常用记忆方法有哪些? 为什么要讲究记忆策略和记忆方法?

实践题

1. 写一篇分析自己记忆品质的文章(包括优点、缺点和改进的措施)。

2. 以中学一个班为调查对象,写一篇中学生记忆方法的调查报告(包括调查对象、方法、结果和分析)。

第六章　思维与创造

思维与创造思维是人与动物相区别的一个重要标志。有了思维,人才能认识客观世界的规律,去创造性地改造世界。有了思维,人才能深刻地认识自己,并不断地完善自己和超越自己。学生在学习过程中,只有运用已有的知识经验,对新知识进行思维的深入加工,才能达到对新知识的理解、巩固和应用,才能把新知识纳入自己的认知结构,内化成自己的知识。创造性思维是科学研究中的灵魂。没有创造性思维就不会有任何发明创造。把科学探索引进中小学的课堂,对于培养学生的创造思维能力具有重要意义。

第一节　思维概述

一、思维的涵义

思维是人脑对客观事物间接的概括的认识。思维就是平常说的动脑筋思考。思维的第一个特点是间接性,第二个特点是概括性。

(一) 思维的间接性

思维的间接性指的是通过已有经验,并以其他事物为中介来认识事物。

1. 间接认识当前不能直接感知的事物

感知是对当前事物的直接认识,可以获得感性经验,是认识事物的重要途径。可是,在生活、学习、工作、发明创造中,有许多事物不能被直接感知到,却可以通过思维间接认识到。内科医生不能直接看到病人体内各种脏器的病变,却能通过听诊、化验、切脉、量体温、量血压以及利用各种医疗器械为中介,经过思维加工,间接地判断出内脏的病情。

2. 利用历史资料和历史文物为中介间接地回顾几千年的历史

例如,人们可能通过有关秦朝的历史资料和兵马俑等文物为中介,回顾秦始皇时期社会的政治、军事、经济和文化艺术发展状况。

3. 利用科学方法预测未来

人们可以根据搜集的大量经济资料对当前的经济危机的发展趋势作出预测,也可以根据大量气象资料作出近期和远期的天气预报。

(二) 思维的概括性

思维的概括性指的是对一类事物的本质和规律性的认识。感知只能认识某一个具体事物的外表形象,思维则能概括性地认识一类事物内部的本质。学生在学校学习的理论知识,都是前人经过长期实践不断概括的结果。思维的概括性使人类在认识上大大超越了感知单个事物的局限,突破了时间、空间的限制,能够认识某一类事物深层的内在的本质和几类事物之间的规律性联系,从而发现和积累大量的理性知识,即自然科学和社会科学知识。这就扩大了认识的范围,加深了认识的深度。

思维的间接性和概括性是相互联系的。人之所以能够间接地认识事物,是因为人们掌握了有关的概括性理论知识。内科医生所以能靠听诊器、切脉等手段间接诊断内脏疾病,是因为医生掌握了概括性的医学诊断学理论;气象工作者根据气象学理论能从大量天气资料的分析思考中作出准确的天气预报。

二、思维的功能

(一) 理性认识功能

思维活动是理性认识的活动,是认识过程的高级阶段。感知是感性认识活动,是认识过程的低级阶段。感知只能认识具体事物的表面形象,而思维则能突破感性认识在时空上的局限性,从认识单个事物扩大到认识一类事物甚至几类事物,由认识事物的外表现象深入到认识事物内部深层的本质规律,由认识现在到推知历史和展望未来。可见,思维是比感知更高的认识阶段。

(二) 学习功能

学生理解知识、巩固知识、应用知识的学习过程,主要是思维加工或思维操作的过程。只有经过思维的连续加工,课本知识才能被"咀嚼"、"消化",才能内化成学生自身的知识。学生运用的最基本的学习方法,主要是分析、综合、比较等思维操作的最基本方法。为了提高学生的学习策略水平,发展学习能力,必须使学生学会理解知识、应用知识的思维方法,充分发挥思维在学习中的重要作用。

(三) 创造功能

创造发明过程的核心是创造思维活动,没有创造思维就没有创造过程。科学发现需要创造思维,技术发明需要创造思维,艺术创作也需要创造思维,学生的创造性学习更需要创造思维。我们要把学生培养成创造型人才,必须发展学生的创造思维能力。

(四) 控制功能

思维能够根据一定目的和情境的变化来控制人的行为,调节人的行为,达到预期结果。它渗透到感知、记忆中,控制观察和记忆活动过程,提高观察和记忆的水平。

思维是自我意识、自我调控的重要因素。人在自我意识活动中,通过思维活动对自己的思想、感情进行自我反馈和自我评价,并进行自我调节和自我控制。学生正是通过自我意识来监督、调节和控制自己的学习进程的,也正是通过思维活动来分清是非、善恶、美丑,提高道德认识,发展思想信念,控制消极情感和矫正错误行为的。

三、思维的分类

(一) 动作思维、形象思维和理论思维

根据解决问题的不同性质,思维可分为动作思维、形象思维和理论思维。

1. 动作思维

动作思维是伴随实际行动进行的思维活动。它要解决的是操作性问题。动作思维解决问题的方式是一边动手操作,一边思考。例如,对一部发生故障的机械进行维修时,技工必须动手检查一个个机械部件,经过一边动作,一边思考,发现故障的原因,从而排除故障。再如,在球类比赛中,运动员一边运动,一边思考取胜的策略和方法,这也是动作思维。

2. 形象思维

形象思维是运用已有表象进行的思维活动,它要解决的问题是把思想形象化,或者建立一个新的形象体系,它解决问题的方式是想象。作家、艺术家经常运用形象思维进行艺术构思、塑造典型人物或艺术形象;科学家利用形象思维实现科学发现;发明家利用形象思维从事技术发明;工程师利用形象思维设计蓝图;学生运用形象思维或想象活动来理解文学、历史、地理、数学、物理、化学等方面的知识。

3. 理论思维

理论思维是利用概念进行的思维活动,也称逻辑思维。它要解决的问题是理论性的,解决问题的方式是运用概念进行判断、推理和证明。科学家常用理论思维发现事物的客观规律,教师利用理论思维传授科学理论,学生运用理论思维学习理性知识。

上述三种思维在实际活动中是不可分割的,人们常常综合起来运用它们。例如,建筑工程师在设计蓝图时,主要是形象思维的活动,可是也要运用理论思维考虑设计的指导思想和建筑工程的法规,计算材料的费用,还要运用动作思维边画图。边思考,边修改。

以上是成人思维的分类,不能与儿童思维发展的三个阶段(直观动作思维、具体形象思维和抽象思维阶段)混为一谈。成人思维的三种形式都是在理论渗透和指导下进行的比较高级的思维活动,儿童思维是缺乏理论指导的初级的思维活动。

(二) 习惯性思维和创造性思维

根据思维的创造性程度,又可把思维分为习惯性思维和创造性思维。

1. 习惯性思维

它又称再生性思维,是利用习惯的思维方式,解决日常生活中经常出现的类似问题。

2. 创造性思维

它是用独创、新颖的方法来解决新问题的思维,是发明创造中的思维方式。学生的创造性学习、发现学习,就是运用创造思维的学习。

(三) 对外思维和内省思维

根据思维活动的指向,又可把思维分为对外思维和内省思维。

1. 对外思维

对外思维是指思维活动指向外界客观世界的认识，就是对外界信息的思维加工，如学生学习科学文化知识的思维活动，解决外界事物存在的问题的思维活动。这是一般常见的思维。

2. 内省思维

内省的思维就是元认知，也可以说是元思维。元认知是指对头脑内部的认知活动的认知和调控，首先是对头脑内部进行的思维活动的自我意识和跟踪监视；其次是通过自我反馈，发现偏差，立即通过自我调控加以纠正。元认知的核心是自我调控，它能够提高思维效率、质量、水平，保证最佳学习和工作效果的高级思维。

（四）母语思维和外语思维

语言是思维的工具，语言有民族性。根据语言工具不同，可把思维分为：母语思维和外语思维。母语思维，即用本民族语言进行的思维。外语思维，即用本民族以外的其他民族的语言为工具进行的思维。在这里，语言主要指内部语言。

1. 母语思维

有史以来，每个民族都以本民族的内部语言为工具来进行思维，如汉族用汉语思维，朝鲜族用朝鲜语进行思维，这就叫母语思维。

2. 外语思维

学生在学习外语，即学习本民族以外的其他民族的语言，如英语和日语时，在初级阶段还是要依靠本民族语言的中介和帮助，还是用母语思维。可是，外语修养较高的人，就可以用外语思维了。这是由于外语水平较高的人，已经熟练地掌握了大量的外族语的词汇、习惯用语、词组搭配、语法规则和语言习惯，经常与外族人进行语言交流，经常在外语环境中学习、生活和工作。久而久之，他们就逐步学会运用外语的思维习惯来进行思维。

（五）直觉思维和分析思维

按照思维过程是否遵循一定的逻辑规则，又可把思维分为直觉思维和分析思维。

1. 直觉思维

直觉思维是直接快速地理解和领悟，并作出判断的思维活动。

2. 分析思维

分析思维是严格遵循逻辑程序，逐步推导，并作出判断和得出答案的思维活动。

第二节　思维的方法与策略

一、思维的方法与策略概述

（一）思维方法

思维的过程主要是从具体到抽象、从抽象到具体的过程。这个过程是通过分析、综合、比较、分类、抽象、概括、具体化、系统化、演绎、归纳、类比等思维操作方法，对事物和信息进行加工的过程。

（二）思维策略

思维策略就是对思维方法的自我选择、运用和调控。思维方法是思维策略的基础，没有思维方法,就谈不上思维策略对思维方法的选择、运用和调控。

思维策略是高级的思维方式和方法。这是因为:①思维策略有明确的目的性和计划性;②思维策略根据既定目的、计划、要求,来选择、运用恰当的思维方法;③思维策略要对思维过程中有关的注意、学习态度和情绪状况进行监控,是有元认知参与监控的思维活动;④思维策略既可以产生高效率,也可能产生最佳效果。因此,单一的、没有优化组合的、没有目的性、不会实际应用的、不受元认知(元思维)调控的、不能产生好的效果的思维方法,都不能说是思维策略。

二、分析与综合

分析是在头脑里把事物分解成若干属性、方面、要素、组成部分、发展阶段而分别加以思考的方法。例如,分析一篇文章的结构时,常先分成几段,每段再分成几句,每句再分成几个词。通过分析活动,可以把实际上不能分解的事物在头脑里分开。分析活动,使人对事物的认识从表面开始向内部逐步深入下去。

综合是在头脑里把事物的组成成分、属性、方面、要素和发展的阶段等按照一定关系组合成为一个整体来进行思考的方法。例如,把几个单词组合成句,把几个句子组合成段,把几个段落组合成为一篇完整的文章。通过综合活动可以使人对事物获得比较完整和全面的认识。

分析与综合是思维过程的两个侧面,在实际思维活动中二者是密不可分的。它们互相依赖、互为条件。分析是以事物综合体为前提的,没有事物综合体,就无从分析;综合则是以对事物的分析为基础的,分析越细致,综合就越全面;分析越准确,综合则越完美。例如,学生读一篇课文,既要分析也要综合。经过分析可理解词义和段落大意;经过综合能找到的文章中心思想,也就能获得对文章的整体认识。只有分析没有综合,只能形成对事物片面的、支离破碎的认识;只有综合没有分析,只能是表面的认识。可见,分析与综合是辩证统一的。

分析和综合的对象既可以是客观事物,又可以是记忆表象,还可以是概括性的知识与语言材料,没有对象的分析,综合是不存在的。分析、综合既可以在抽象思维中进行,也可以在形象思维和动作思维中进行;既可以在创造性思维中进行,也可以在习惯性思维中进行。

分析与综合既是思维操作的基本方法,也是教师传授知识的基本方法,还是学生学习知识的基本方法。在课堂教学中,对于复杂的概念、原理,教师必须进行多方面分析与整体性综合,才能深入浅出地把知识讲清楚,达到较好的教学效果。学生在听课与复习过程中,也只有主动地反复分析和综合所学的知识,才能达到真正理解知识的目的。

三、比较与分类

(一) 比较

比较是在头脑里确定事物之间共同点和差异点的思维方法。人们经过分析和综合,认识了事物的许多特点和属性。为了进一步认识和辨别某一事物,还需要在分析、综合的基础上,对与这一事物相似的或对立的一些事物进行比较。通过比较找出它们之间的共同点和差异点。例如,教师要讲清"思维"这个概念,必须与相近的"思想"这个概念相比较,找出它们的共同点和差异点。它们的共同点是：二者都是理性认识；它们的差异点在于：思想是指理性认识的内容，思维是指理性认识的形式。这样一比较，学生对思维这一概念的认识就更加准确了。

比较既可在同中求异，也可在异中求同。人们常从看似相同或相似的事物中找出不同点，从不同的事物中找出相同点。例如，两个学生学习成绩同样好，经过比较发现：一个学生的学习动机是为了将来搞好祖国的现代化建设；另一个学生的学习动机是为了出人头地。再如，中学生思想性格虽千差万别，但他们大多数都是热爱祖国的。可见，通过比较可以更加深入地认识事物。

比较既可以横向比较，也可以纵向比较。例如，比较心理健康与身体健康的异同是横向比较，二者都是健康必不可少的条件，但二者所指则有差异，一个指心理方面，一个指生理方面；过去大家只重视身体健康而忽视心理健康，现在人们既要重视身体健康，也要重视心理健康，二者不可偏废，这就是纵向比较。

比较对于学生学习和教师教学都有十分重要的意义。通过比较，学生可以更加准确地掌握基本知识、基础理论和基本技能。教师在传播知识时，也常用比较法，使学生准确地辨别事物的异同，以突破教学上的难点。如语文教师常用同义词辨析方法，比较同义词的异同，突破词语教学中的难点。

（二）分类

分类是按事物属性的异同，把事物分为不同种类的思维方法。分类是以比较为基础的。人们通过比较，揭露了事物之间的共同点和差异点；然后根据事物之间的共同点，把事物集合成一个较大的类；又根据事物之间的差异点，将较大的一类划分为几个较小的类。结果，就把众多事物区分为具有一定从属关系的大小类别，形成概念体系和合理的知识结构。

分类必须按一定的标准来进行，而且每次分类只能用一个标准。分类有实用分类与本质分类之分。实用分类是人为的分类，是为了管理方便而选择某一属性（标准）而进行的分类。例如，图书馆里的目录有的按书名首字的笔画分类，有的是按作者姓名首字笔画多少来分类。这种分类虽不一定反映事物的本质，却很实用，查起来比较方便。本质分类是以事物的本质属性为标准而进行的分类，是自然分类，反映了事物之间的自然关系。例如，天文学的恒星分类、地质学的地层分类、生物学按生物物种亲缘关系用历史比较法所进行的分类都是本质分类。

四、抽象与概括

（一）抽象

抽象是在头脑里抽出一些事物的本质属性，而舍弃其非本质属性的思维方法。本质属性指的是这类事物所独有而为其他类事物所没有的属性。世界上的事物是十分复杂的，都是具有多属性、多因素的结构。从事物的许多属性中抽出本质属性，一般要经历三个阶段：①通过分析，找出具体事物的许多个别属性；②通过比较，找到事物之间的共同属性，共同属性又有本质属性与非本质属性之分；③通过抽象抽取出事物的本质属性，而舍弃其非本质属性。例如，要抽出"人"的本质属性，首先要对具体人进行分析，找出人的许多个别属性，如男人、女人，工人、农民等；其次，经过比较，找出它们的许多共同属性，如任何人都能吃、喝、睡、活动、说话、思考、制造和使用劳动工具；最后，经过抽象，抽出只有人类才具有而动物所没有的本质属性：能说话，能思维，能制造工具等；舍弃吃、喝、睡等动物也有的非本质属性。

从具体现象中抽出本质属性，是一个十分复杂的思维过程。例如，鸟的本质属性是有羽毛，而不是"飞"。如，鸵鸟虽不会飞，但有羽毛，就是鸟；而蜜蜂、蜻蜓虽会飞，但没有羽毛，所以不是鸟。

(二) 概括

概括是在头脑里把抽取出来的事物的若干本质属性联合起来推广到一类事物，使之普遍化的思维过程。例如，我们把"人"能言语、能思维、能制造工具等本质属性联合起来，推广到古今中外一切人的身上，指出："凡是能言语、能思维、能制造和使用工具的动物，就是人。"这样就能概括出"人"的概念的内涵（定义）。任何概念、理论都是抽象概括的结果。

抽象与概括的关系十分密切。如果不能抽出一类事物的本质属性，就无法对这类事物进行概括；而如果没有概括性的思维，就抽不出一类事物的本质属性。抽象与概括是互相依存、相辅相成的。抽象是高级的分析，概括是高级的综合。抽象、概括都是建立在比较基础上的。

抽象与概括是运用内部语言来进行的活动。抽象概括形成的新概念、新知识必须用相应的新词汇把它标记固定下来。抽象概括是一个从具体到抽象的思维过程，是认识过程的一次"飞跃"，其结果是形成概念和理论。科学的抽象看来好像远离了现实，但是，由于它已经深入到一类事物内部的本质属性，掌握了事物的发展规律，所以实际上它更全面、更深刻地接近了现实，也更正确地反映了现实。科学的抽象对于人们创造性地认识世界和改造世界具有十分重要的意义。

中学生在学校里学习大量的科学概念和理论，必须在分析、综合、比较的基础上，通过自己积极的抽象概括活动，才能真正理解和掌握。学生如不善于进行抽象和概括，就不能理解和运用理论和概念；学生抽象和概括的能力越高，理解和运用知识的水平就越高。因此，教师在传授知识过程中，必须把培养和提高学生的抽象概括能力当作一项重要的任务。

五、具体化与系统化

(一) 具体化

具体化是指在头脑里把抽象概括出来的一般概念、理论同具体事物联系起来的思维方法。学生在学习中的具体化有以下几种形式：①用一般原理解释具体现象；②应用一般原理做作业；③用一般原理创造性地解决实践中的新问题。

具体化对学生学习有重要意义：①它有助于加深对知识的理解。在具体化的思维活动中，只有把理论与实践结合起来，把一般与个别结合起来，把具体和抽象结合起来，才能使认识不断深化。②有助于检验学生掌握的知识、技能是否准确。具体化是认识过程的第二次"飞跃"，它既是一个十分复杂的思维过程，又是一个十分复杂的实践过程。

(二) 系统化

系统化是指在头脑里把学到的知识分门别类地按一定程序整理成层次分明的系统的思

维方法。任何事物都是一个系统。反映客观事物本质和规律的科学知识也有一定的系统。所以必须使学生学习的知识有计划地结构化系统化，形成一个合理的知识网络。如动物，有无脊椎动物和脊椎动物两种，无脊椎动物包括原生动物、腔肠动物、环节动物和节肢动物等；脊椎动物则包括鱼类、两栖类、爬行类、鸟类和哺乳类。

系统化的方法有划分、分类、编写提纲、绘制图表（如历史年表）、编制单元小结和系统复习等。当然，这种系统化不能等同于系统论里的系统化概念。

系统化对提高学生的学习质量具有重要意义。这是因为：①有了系统化的知识结构才算真正融会贯通地理解知识；②系统化易于记忆；③只有掌握系统化的知识才能容易提取知识，在不同条件下灵活运用知识，才算真正掌握了知识。系统化是在复杂的分析、综合、比较、抽象、概括和具体化的基础上实现的。学生掌握知识、解决问题的思维过程，就是分析、综合、比较、分类、抽象、概括、具体化和系统化的过程。学生运用这些思维操作方法进行学习，就可以大大提高学习能力和学习效率。教师在教学中，只有把这些基本学习方法教给学生，使学生通过自己的思维活动来理解知识，解决问题，才能真正提高教学质量。

六、演绎、归纳、类比

演绎、归纳、类比都是推理的方法。推理是由已知推出新知（未知）的思维方法。学生在理解新知识、解决新问题、检验新假设时，常常运用推理的思维方法。

（一）演绎法

演绎法也叫演绎推理，是以一般原理为根据而推演到特殊事例，并得出肯定结论的思维方法。例如：

所有金属都是导电的（大前提——已知一般原理）

铅是金属（小前提——关于特殊事实的判断）

铅导电（结论——从一般原理推演出关于个别事实的新判断）

前提是推理的根据。演绎推理的前提是真的，结论才能是真的。如前提是假的，结论也是假的。由于这类演绎推理是由大前提、小前提、结论三个部分所组成，也叫三段论。

演绎推理在数学中得到广泛应用。数学的全部理论体系，几乎都是以少数公理为依据，经过一系列的演绎推理而建立起来的。学生在学习过程中也大量使用演绎推理。

（二）归纳法

归纳法是以观察到的许多同类事例为根据，而推演出某个新原理、定理的思维方法。就是以许多类似的个体事例为依据，并加以归类，从而形成一般原理的思维方法。例如，狮子是胎生的，是吃母奶长大的；牛是胎生的，是吃母奶长大的；猴子是胎生的，是吃母奶长大的；海豚是胎生的，是吃母奶长大的；蝙蝠是胎生的，是吃母奶长大的……狮子、牛、猴子、海豚、蝙蝠等都是哺乳动物。未发现哺乳动物不是胎生、不是吃母奶长大的。结论是凡是哺乳动物都是胎生的，都是吃母乳长大的。运用归纳法必须注意：举出尽可能多的事例进行概括；事实不能与结论发生冲突。

归纳法根据观察时的样本多少而分为完全归纳法与不完全归纳法。完全归纳法，是根据对所有具体事物的观察来归纳的方法,除去人口普查和个别组织运用外,很少运用。不完全归纳法,是只根据部分样本,观察之后来下结论的方法。在大多数情况下,人们不可能一个不漏地观察每一事例,因而大都是运用不完全归纳法。所以归纳推理主要是用不完全归纳法。但是,通过不完全归纳法得出的结论是或然的,只是可能性,而不能保证百分之百的正确。

演绎法与归纳法是密切相关的,是辩证统一的。任何科学原理、定律(包括概念)都是由归纳法形成的;而应用这些科学原理去解释有关的具体事物或具体现象时,又要运用演绎法,二者往往是相辅相成的。在实际思维过程中,任何把演绎法和归纳法截然分开、孤立运用的做法都是不正确的。

(三) 类比法

类比法就是类比推理。类比推理是从两个对象的部分属性相似而推演出这两个对象的其他属性也可能相似的思维方法。演绎是一般到特殊,归纳是从特殊到一般,类比则是从已知的特殊到未知的特殊的推演方法。例如从乌龟壳的坚实结构,经过类比而发明大跨度的、耐压而重量轻的薄壳建筑结构。

类比法在人们认识和学习中具有重要作用。首先,类比法对于难以理解的现象有解释作用。如卢瑟福把原子结构与太阳系进行类比,提出原子的行星系模型,用来解释原子的内部结构——原子核像太阳一样位于中心,电子像行星那样,分别循着一定轨道围绕原子核运转。其次,类比法有启发作用。在创造过程中,人们常常受到类比法的启发而提出假说。

七、条件推理与关系推理

(一) 关系推理

关系推理是由关系判断所构成的推理。例如:

液体空气寒于冰,

冰寒于水,

所以液体空气寒于水。

(二) 条件推理

条件推理是根据条件性的判断所形成的推理。例如:

一个人具有毫无自私自利之心的精神就是一个高尚的人,

雷锋具有毫无自私自利之心的精神,

所以雷锋是一个高尚的人。

第三节 想 象

想象是人根据头脑中已有的表象经过思维加工建立新表象的过程。表象是感知观察之后在头脑里留下的有关事物的形象。作家创造人物形象、建筑工程师设计新楼蓝图等,都是运用旧表象建立新表象的过程,都是通过想象活动来完成的。想象在人类生活、学习、工作、创造活动中具有十分重要的作用。

想象的功用包括：①有预见行为结果的作用；②有理解知识的作用；③有补充和整合知识经验的作用；④有调节人体生理活动的作用，如生物反馈、调节血压和气功中通过想象支配人体活动的作用。

想象根据是否有预定目的，分为无意想象与有意想象。无意想象是一种不由自主的无意识想象，其极端就是做梦；有意想象是有预定目的的、自觉产生的想象。有意想象根据其创造水平和新颖程度，又可分为再造想象、创造想象和幻想。这些想象在某种意义上就是形象思维。

一、再造想象

再造想象是根据别人的描绘在头脑里构成相应新表象的过程。比如，人们看过《阿Q正传》之后，根据作者的语言描绘，在头脑里可以想象出阿Q的形象；一个建筑工人根据平面图纸，可在头脑里再造出楼房的立体形象；演员根据剧本的描绘而在头脑里想象有关角色的生动形象。

再造想象对于学生掌握知识技能具有重要意义，学生学习的书本知识，主要是前人积累的间接经验，有许多事情是没有亲身经历过、感知过的。例如，学生没有目睹过太平天国革命运动，但根据历史资料的描绘，可以在头脑里想象出有关金田村起义这一历史事件的生动形象。学生阅读文学作品，也必须借助再造想象才能达到理解。小说是运用语言来塑造人物形象的，而语言具有概括性，所以学生阅读时必须通过再造想象的活动，唤起与语言有关的表象，使语言转化为形象，才能在头脑里建立有声有色、有感情的、立体化的、人格化的人物形象。诗词言语精炼，跳跃性大，学生在阅读时必须经过再造想象的补充，才能在头脑里衔接上跳跃的部分建立起完整的表象，真正理解诗词的诗情画意，理解作者的情绪体验，产生感情上的共鸣，领略诗词的意境。

学生学习抽象的数理化概念和理论时，也需要想象活动的支持。例如，学习数学的有关点、线、面、轨迹等概念时，学习几何图形时，必须通过再造想象才能达到理解；学习电势、电阻、光速和质量等抽象的物理概念以及许多理想化的物理模型，必须借助想象，在头脑里产生有关的形象才能真正达到理解。

再造性想象的准确性和生动性取决于以下两个条件：①学生必须正确理解作者和教师使用的语言、符号的含义。②学生必须有足够的表象储备，旧的表象越多，情节越细，想象的内容就越丰富、越具体。

二、创造想象

创造想象是根据一定目的在头脑里独立地构思新表象的过程。创造想象的特点是第一次创造出别人从未创造过的新形象。如鲁迅创造《阿Q正传》中的阿Q，郭沫若创作的《女神》，就是创造想象的产物。作家在头脑里进行的艺术构思和艺术表达的过程，就是创造想象的过程。科学家在头脑里形成新假设、建筑工程师在头脑里酝酿新楼的内部结构和外部楼面等过程，也都是创造想象的过程。爱因斯坦说过："想象力比知识更重要，因为知识是有限的，而想象力概括着世界上的一切,推动着进步,并且是知识进化的源泉,严格地说,想象力是科学研究中的实在因素。"这个想象力,指的就是创造想象的能力。可见,创造想象在发明创造中具有十分重要的意义。

创造想象对于学生的学习也有重要意义。学生在作文、绘画、解应用题和实验活动中,都有创造想象活动。教师用启发式教学法,不只满足于将知识和结论直接告诉学生,而是创造问题情境诱导学生自己动脑去"发现"结论。这时学生的想象活动就是创造想象。

三、幻想

幻想是个人渴望的、指向未来的想象。幻想与创造想象不同。如学生想要当教育家,这是个人渴望在未来实现的幻想(理想)。而创造想象则不一定是个人渴望的,如鲁迅创造的阿Q形象是创造性想象的结果,但绝不是鲁迅渴望将来成为阿Q式人物。幻想包括科学幻想、理想和空想。

(一) 科学幻想

科学幻想是有一定科学成分的幻想。例如,人们幻想登上火星、在海底建立城市。科学幻想是与个人愿望相联系的,有一定科学成分,虽然目前不能实现,但在未来是有可能实现的。

科学的幻想是科学预见的一种形式,是创造想象的准备阶段,可以鼓舞人们向科学进军,激励人们去发明创造。过去,有人曾幻想过能腾云驾雾,遨游太空,也幻想过拥有千里眼、顺风耳。这些过去的幻想推动人们去发明创造,在今天已逐步变成了现实。

(二) 理想

理想是符合社会发展规律并可能实现的幻想。例如,青年学生将来想当教育家、科学家或艺术家,为实现现代化作贡献。这些就是符合社会发展规律、经个人努力可能实现的理想。

崇高的社会主义理想是符合人类社会发展规律的理想,是推动人们前进的精神力量,是激励青年学生努力学习的动力。因此,培养学生具有崇高的理想,把学生引向美好的未来是教育工作者义不容辞的责任。

(三) 空想

空想是违反客观规律的和不能实现的幻想。有人不干活又想发大财,有人想制造永动机,这些都是不切实际的、不可能实现的幻想。一个长期陷入空想的人,只能碌碌无为,一事无成。教师的责任是使有空想的学生,认识事物发展的规律,回到现实中来。

四、妄想

妄想是一种比较严重的心理疾病。妄想是不符合客观实际的、病态的错误信念和病态的判断推理。妄想是精神病的症状之一。患者所想的东西根本不符合实际,但却坚信不疑,即使有充分的说理和有力的证明也不能动摇这个错误的信念。常见的妄想有:①被害妄想。坚信自己或家人受到陷害、打击,或有人在食物中放毒,或坚信自己家里财产被人盗窃等。多见于精神分裂症。②夸大妄想。患者认为自己有惊人的能力、巨大的财富、很高的职位(是"省长"、"市长"、"司令"等),因此自吹自擂。常见于躁狂症、精神分裂症。③罪恶妄想。患者认为自己罪大恶极,罪该万死,要赎罪、自杀,常见于抑郁症。④钟情妄想。患者错误地认为自己已被异性爱上了,并常给异性打电话、写信、约会等以示爱情,虽遭拒绝也不死心,继续活动,常见于精神分裂症。⑤疑病妄想。坚信自己得了疾病,虽经医生诊断无病,仍坚信不疑,到处求医,多见于精神分裂症。⑥受控妄想。坚信自己的精神活动被人用无线电、雷达等所操纵,感觉很不舒服,但不能解脱,常见于精神分裂症。遇上述情况,应及时到医院治病。

第四节 问题解决

问题解决,就是由一定情景引起的,按一定目标应用各种知识和技能,经过一系列思维操作,使问题得以解决的过程。如解几何、代数题的过程,就是解决问题的过程。问题就是指的未解决的目标。20世纪70年代,纽厄尔和西蒙用计算机模拟的方法,提出问题空间概念。

一、问题空间

问题解决者,对所要解决问题的一切可能的活力状态包括:①对目标状态和初始状态的认识;②对如何由初始状态转化为目标状态的认识;③在问题空间内进行搜索,找到一条从问题初始状态到目标状态的途径。

二、问题的理解

问题的理解是指通过搜索理解有关信息,使问题任务转化问题空间。问题理解包括:①字面上的理解,如表达已知未知等;②深层次的理解,找到解决问题的关键。

三、问题解决的策略

1. 算法

算法是在问题空间搜索所有可能解决问题的方法,并进行一一尝试的方法。

2. 启发法

启发法是根据个人经验和直觉,在问题空间进行较少搜索,以达到问题解决的方法。

(1)手段目的分析。将目标状态分解为若干子目标,通过实现一系列子目标,最终达到总目标。基本步骤:

① 比较初始状态和目标状态,提出第一个目标。

② 提出完成第一个子目标的方法。

③ 实现子目标。

④ 提出新的子目标。

直到问题解决。

(2)逆向搜索。从目标状态找到初始状态的途径和方法。如我们要从上海到北京:先退到目标北京,然后一步步找到初始状态到上海的方法:北京——济南——南京——上海。这个逆向搜索法只用于解决从初始状态到目标状态只有少数的途径时才使用的方法。

（3）爬山法。逐步降低初始状态与目标状态的距离的方法，如登山要从山下一步一步地接近山顶，最终登上山顶的方法。

第五节 创造性思维

一、创造性思维能力是创造型人才的重要标志

创造活动是非常复杂的活动，涉及许多心理因素，如观察、记忆、思维、动机、情感、意志、人格等，其中核心因素是创造性思维。

创造性思维是以新的方式发现新问题、解决新问题的思维活动。人们在生活、学习、工作中，常常会遇到各式各样的新问题，需要通过思维活动来解决。日常生活中的问题大都可用习惯性思维来解决，即运用解决类似问题的已有经验来解决，但如果遇到新颖、复杂的问题，就需要打破常规，运用创造性思维来解决。在社会主义现代化建设的各个领域，如科学发现、技术发明、产品更新、艺术创作、侦察破案、制定军事战略以及实行经济改革和教育改革等，都是有创造思维参加的创造性活动。

创造性思维能力是创造型人才的重要标志。我国的教育目的是为现代化建设培养德、智、体等方面全面发展的创造型人才。培养的学生不应该是贪图安逸、坐享其成的人，而是艰苦创业、造福人类的人；不应该是因循守旧、墨守成规的人，而是勇于创新、开拓前进的人；不应该是满足现状、不思进取的人，而是向往明天、创造未来的人。为祖国现代化大业培养千百万创造型人才是时代的需要。学校要重视创造教育，将培养学生的创造性思维能力放在重要地位。

过去有不少人认为，创造发明活动只是少数天才人物的事情，大多数普通人不能搞什么发明创造。创造心理学的研究却表明：除了少数智力发展较差者外，大多数具有普通智力水平的人都有创造能力，只要肯学习、善钻研、树雄心、立大志，人人都能从事发明创造并取得一定成果。科学研究还表明，培养学生的创造性思维能力必须从小抓起。

二、创造性思维的过程

创造思维过程，包括发现新问题和解决新问题两大过程。

（一）发现新问题

在实践中发现新问题是创造性思维过程的开端。发现新问题又可分为提出新问题和明确新问题两个环节。

1. 提出新问题

问题就是矛盾，提出新问题就是发现新矛盾，这是创造性思维的开端。在社会实践中，存在着大量需要解决的新问题。有的人善于发现和提出这些新问题，有的人则不然。善于提问题的人通常具备以下特征：①具有创造思维积极性。有创见的科学家、艺术家、技术革新家和优秀学生都有强烈的求知欲望和独立思考的习惯。②具有敏锐的观察能力。能在别人习以为常的现象中看出异常，提出新的问题。如牛顿发现万有引力定律，瓦特发明蒸汽机等。③具有

丰富的知识经验。任何人都可提出一般性问题，但要在某一实践领域或理论领域里提出重大的、深刻的问题则必须具有广博的知识和深厚的理论基础。④具有创造思维能力，思路开阔，能独立思考，不因循守旧。

2. 明确新问题

明确新问题就是在提出新问题的基础上，抓住关键。最初提出的新问题，往往范围很大，比较笼统而欠明确。为了明确问题首先就要分析问题，把大问题分解为几个局部问题。再从中分清主次，找出关键问题，以缩小问题范围。最后明确这一问题属于哪一类的问题。这样，可使人的思维进程有具体方向，使人能用准确的语言表述这一问题。相反，如果问题范围太大，无法分清主次，就会令人感到漫无边际，没有头绪，无从下手。

（二）解决新问题

美国心理学家华莱士把创造性地解决新问题的思维过程分为以下四个阶段。

1. 准备阶段

解决问题的创造性思维过程是按新方式组织有关知识经验的过程。知识资料积累得越充分，就越有利于开阔思路和从多方面进行探索，提出解决问题的新假设。根据课题性质和难易程度，这个阶段可长可短。爱因斯坦写《相对论》只花了两周时间，可是此前他做了七年的准备工作。李时珍积累资料长达 27 年才写出《本草纲目》。

2. 孕育阶段

这是一个苦思冥想的阶段。在此阶段，个体根据已经掌握的大量知识和资料，反复思索，充分想象，多方猜测，力求找到问题的新答案、新假设。由于在新问题与新答案之间，往往存在许多未知的中间环节，所以这是一个艰苦的创造性思维过程。个体在百思不得其解时，可暂时把问题搁置一边，放松下来或从事其他活动，使紧张的大脑处于休息状态，或进入无意识状态。

3. 豁然开朗阶段

在这一阶段，个体苦思冥想之后，突然受到某些偶发事件的启发而恍然大悟，豁然开朗，找到了新的答案或新的假设，所以也叫找到新假设阶段。阿基米得在解决土冠真假这个问题上经过长期的反复思考，在洗澡时突然悟出了解决方法，竟然情不自禁地高呼："我发现了！我发现了！"有人把这类现象叫"来了灵感"或"顿悟"。这种心理现象在艺术创作和学生学习活动中也会出现。提出新假设是解决新问题的关键。由于新问题是前人从来没有解决过的，所以它只能是带有推测性质的、有待证明的新方案。

4. 检验假设阶段

经过创造性思维活动获得的新假设或新答案，必须经过检验才能证明其是否正确。如检验结果证明这一新假设不正确，就得推翻这个假设，重新提出另一个新的假设，然后再次检验，直到得出合理的科学结论为止。检验假设的方法有二：一是实践检验，也叫做实验证明，是在生产实践、科学实验和社会实践中进行检验。符合实际就肯定，不符合实际就否定。二是智力检验，也叫做逻辑证明，是先在头脑中进行推理，估计这个假设在实际中可能遇到什么情况，从而作出肯定或否定的判断。一般来说，人们对一个假设都是先作智力检验，思想上有了把握再去实践中检验。例如,军事指挥员提出的作战方案要预先在头脑中反复思考、反复检验之后才能付诸实践。如果经过检验证明新假设、新答案是正确的,在科学研究中就可概括出新的概念、新的规律;在文艺创作中就能创造出新的典型形象;在技术革新中就会找到新的技术手段,创造出新的产品。

三、影响创造性思维的几个因素

(一)创造动机强度的影响

创造动机也叫创造的积极性,它是创造思维的内部动力。一般来说,创造动机越强,就越能激发创造性思维,也就越有利于解决新问题。但是,动机的强度也有一定的限度。动机太强、太急时反而不利于解决问题,因为此时注意力过分集中于某一点,而抑制了对其他方面的思考。因此,人们在发明创造中不能急于求成。当然,如果个人的创造动机不强,就会没有创造思维的积极性,也解决不了问题。

(二)知觉情境的影响

解决问题往往受知觉情境的影响。知觉情境就是五光十色的具体环境。一般说来,知觉情境越简单、越明显,有关条件越容易感知,问题就越容易解决;知觉情境较复杂、隐匿,问题就不易解决。例如,对要求用连续 4 笔画过图 6-1 中的九个黑点的问题,有的人受到知觉情境(方形)的限制,总是在方形里想办法就解决不了。只有突破知觉情境的束缚,在正方形外边想办法,才能解决这一问题。

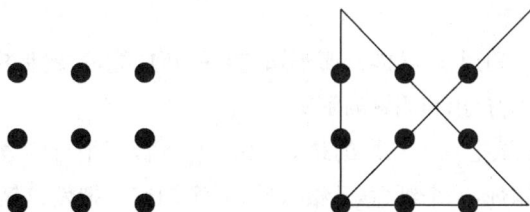

图 6-1　问题解决图例

(三)思维定势的影响

思维定势指的是以前多次运用某一思维程序解决同类问题,从而逐步形成了习惯性反应,在以后的问题解决中仍然沿用习惯程序去解决问题。在条件不变的情况下解决类似问题时,思维定势可以帮助人们熟练、迅速地解决问题,具有积极作用;但在条件变化的情况下解决创造性的新问题,思维定势就可能是一种束缚,使人难以跳出旧的思路,使思维受到了旧框框的限制而缺乏变通性和灵活性,因此表现出消极的影响。

参考资料 6-1

思维定势实验

　　心理学家陆钦斯做过一个实验。他让学生用三个大小不同的容器去解决"取一定量的水"的问题。共有 7 个问题,每题时限为 30 秒(见下表):

问题	水罐容量			取水数量 D	习惯性解决法	新的简单解法
	A	B	C			
1	21	127	3	100	D = B − A − 2C	
2	14	163	25	99	D = B − A − 2C	
3	18	43	10	5	D = B − A − 2C	
4	9	42	6	21	D = B − A − 2C	
5	20	59	4	31	D = B − A − 2C	
6	23	49	3	20	D = B − A − 2C	D = A − C
7	15	39	3	18	D = B − A − 2C	D = A + C

　　该实验将被试分为实验组与控制组两组。实验组被试首先解决 1、2、3、4、5 问题,都是用 D = B − A − 2C 解法。这就形成了思维定势。然后解决 6、7 题,这时有 81％ 的学生,仍然习惯地用 D = B − A − 2C 的解法,而不直接用简便的方法 D = A − C 和 D = A + C 去解决问题。这就是思维定势对创造思维的消极影响。

　　控制组被试直接解决 6、7 题。由于没有受到思维定势的影响,他们一下子就采取了 D = A − C 和 D = A + C 的简便方法,顺利地解决了问题。

　　由此可见,思维定势在创造性思维中可能起阻碍新思路的作用。

(四) 功能固着的影响

　　只知道熟悉事物通常的用途(功能),而不知道它的新功能,这就是功能固着。功能固着干扰创造思维,影响新假设的提出和问题的解决。

　　功能固着实验:让被试把三支点燃的蜡烛,沿着与木板墙平行的方向,固定在木板墙上。发给被试的材料是一支蜡烛,三个纸盒,几根火柴,几个图钉。把发给第一组的所有材料分别装进一个纸盒里,而发给第二组的所有材料放在三个纸盒之外。结果是:第二组有 86％ 的被试按时解决了问题,第一组却只有 41％ 的被试按时解决了问题。为什么第一组的成绩不如第二组被试呢?这是因为第一组的人一开始就将纸盒固定地看成是装东西的容器,而没有看到纸盒还有当烛台用的功能,所以没能顺利解决。这就是由于功能固着的影响,堵塞了创造思维的新思路。第二组多数人一开始就没有将纸盒看成仅仅是装东西的容器,而是想到还有当烛台用的功能,所以能够及时解决问题。

(五) 解决问题策略的影响

　　解决问题的策略,是指提出和选择解决问题新方案的原则、程序和方法。一般来说,解决问题的策略主要有算法策略和启发策略。

　　(1) 算法策略即把解决问题的一切可能方案一一列出,然后再逐一尝试,最后一定能找出一个最佳方案。这种策略需按照一定的规则和步骤逐步尝试,它对于问题的解决比较稳妥,也能得出正确结论,但比较繁琐,解决问题速度较慢。

　　(2) 启发策略是根据个体已有经验,凭直觉选择一个最佳方案。这种策略不繁琐,速度快,不必一一尝试,是常被采用的策略。如计算机与人对弈,就是运用启发式来编制程序的。在创造过程中,绝大多数人采用启发式,但用启发式也有失败的可能。

(六)已有知识的影响

解决新问题的创造性思维过程是运用已有知识重新改组认知结构的过程。一个人只有具备了广博的知识,才能在别人习以为常的现象中发现有社会价值的重大问题,才能从更多的角度提出新的假设,并且找到解决问题的最佳方案。一般说来,知识越广博的人就越容易解决问题。可是,如果知识较丰富,但知识结构不合理,思维的策略和方法不科学,或是理论不能联系实际,不能实现广泛的迁移,也难以创造性地解决新问题。

(七)人格的影响

人格心理特点对创造性思维的进程和结果具有明显的影响。研究表明,绝大多数有重大贡献的科学家、发明家和艺术家,都有强烈的事业心和积极的进取心。他们善于独立思考,思路比较开阔,勤奋工作,艰苦奋斗,有胆有识,敢于坚持真理和捍卫真理。

四、创造性思维的形式

创造性思维的结构十分复杂,形式多种多样,既可包括求异思维与求同思维,也可包括形象思维与逻辑思维。

(一)求异思维与求同思维

创造思维的过程既有求异思维,也有求同思维,是求异与求同思维的辩证统一。

1. 求异思维

求异思维是对所要解决的一个新问题从多方面加以思考,并提出许多新假设和新答案的思维方式,也叫发散思维。例如,"砖有什么用途?"通过求异思维可以从多个角度想出许多新答案:盖房子、筑墙、砌台阶、修路、压纸、挡住停在斜坡上的汽车轮子、镶花池的边、当锤子用……上述每一个答案都是对的。求异思维之所以叫发散性思维,是指思路可以从一点发散到四面八方,突破思维定势的局限,重新组合已有的知识经验,找出许多新的可能的答案。这种开放性的思维没有固定的方向和范围,允许"标新立异"、"异想天开",是一种打破旧框框、解放思想的创造思维方式。

求异思维有以下几个特点:①流畅性(速度)。求异思维能在较短的时间内,较快地找出新的解决方法。②变通性(广度)。求异思维可以从不同的方向和角度,以及较多的渠道和较大的范围去灵活地考虑问题。如学生做数学题时的一题多解,汉语中的一词多义,学生作文时就同一命题写出不同的文章,等等。③独创性。求异思维可以找到突破传统的独特新颖的解决方法。如航天飞机的发明与薄片电视机的问世等。求异思维的这些特点有助于人们消除思维定势和功能固着等消极影响,顺利解决创造性问题。因此,有人就把求异思维叫做创造思维。

2. 求同思维

求同思维又叫聚合式思维,它指的是根据一定规则,对要解决的问题只能得出一个正确答案的思维方式。例如,48+9=? 无论谁作答都只能得出一个正确答案。这种思维是有方向、有范围的活动,可以用逻辑方法解决问题,在检验假设中具有重要作用。

求同思维与求异思维在创造性思维活动中是互相联系、互相依赖、相辅相成、辩证统一的。求异思维在解决问题中的提出假设阶段十分重要，没有求异思维就不能打破传统的框框，也就不能提出全新的假设和答案，但求异思维提出的新答案，必须经过求同思维的检验证明，才能确定其正确性。当这个假设经过检验证明是不正确的时候，还得重新进行求异思维，提出新的假设，再用求同思维进行检验，直到找到最佳的解决问题方案。

(二) 形象思维与逻辑思维

1. 形象思维

形象思维在艺术创作和技术革新中十分重要。形象思维在创造中主要表现为创造性想象。创造性想象的各种方式，对于新形象的形成具有重要的实用价值。艺术创造中创造性想象的主要方式是创造性综合。具体方式有典型化、粘合、强调、夸大与缩小等。例如，列夫·托尔斯泰在《战争与和平》中塑造的罗斯托娃的形象，就是创造性地综合了几个熟人的性格而创造出来的典型形象。孙悟空、猪八戒的形象也是用黏合的方法形成的。漫画、讽刺画是用强调人与事的某些特征而形成的。"三头六臂"、"千手千眼"是用夸大的方法塑造的。孙悟空钻进铁扇公主的肚子里的故事，则是运用缩小的手法产生的。

科学技术领域里的发明创造也需要形象思维。如无轨电车是由电车和公共汽车综合而成的。联想是形象思维的重要方式（详见下节创造方法）。

2. 逻辑思维

在创造性思维过程中不仅要用形象思维，而且要用逻辑思维。逻辑思维的基本方法是分析、综合、比较、抽象、概括等。物理、化学的概念与定律、几何公式、语法规则等大都是要通过逻辑思维方法形成的。牛顿的万有引力定律就是以地球绕太阳运转、月亮绕地球运转、大海潮汐现象、苹果落地等许多个别事实为前提，通过归纳推理而产生的。

五、创造性思维中的灵感与启发

(一) 灵感

创造性思维活动中新假设的出现往往具有突然性，这就是灵感。例如，一位作家在构思一部文学作品时，可能长期酝酿也未理出头绪，但有时在无意识中豁然开朗，一挥而就。科学家的科学发现，技术人员的技术发明也有类似现象。有的人由于缺乏心理科学知识，把灵感的出现神秘化，将之说成是受到"神灵的感应"，这种看法显然是不对的。灵感是创造性思维中出现的复杂心理状态。它有以下几个突出特点：①出现的突然性或飞跃性。灵感出现是创造思维进程中出现的一次飞跃。②注意力集中在所要解决的问题上，甚至达到迷恋状态。③良好的情绪状态。灵感是在良好的情绪状态下才出现的。情绪沮丧、心烦意乱时绝不会产生灵感。④思维敏捷活跃，问题迎刃而解。⑤灵感的出现是长期艰苦的脑力劳动的结果，是对某问题的一切方面经过深入考虑之后达到的瓜熟蒂落、水到渠成的境界。灵感绝不是灵机一动、心血来潮的产物，而是艰苦劳动的结晶。

在创造活动中如何捕捉灵感呢？①要反复考虑所要解决问题的一切方面、一切角度及一切可能。没有长期的苦思冥想，不经过反复的思维活动，就不可能出现灵感。②要通过求异思维摆脱思维定势和功能固着的影响。按照固定思路和习惯的程序考虑问题会阻碍新问题的解决，使人找不到匠心独运的新假设。另外，在百思不得其解的情况下暂时休息一下，进入无意识的状态，可有利于摆脱思维定势的消极影响。③要注意原型启发和别人语言的启发，通过类比联想找到新的解决方法。④及时抓住最佳时机。灵感往往是在长期紧张思考之后的短暂松弛状态下出现的。这个最佳时机，可能是在散步、洗澡、钓鱼、交谈、起床的时候或者其他比较轻松的时刻，必须及时抓住这种时机。⑤灵感出现后转瞬即逝，事先难以预料，事后无影无踪。为了记住在灵感中出现的新思想、新假设，应随身带着笔记本，随时把突然出现的新思想新答案记下，以防遗忘。

（二）启发

启发有原型启发与语言启发之分。原型启发指的是以类似事物为原型，经过类比而找到解决问题的方法或途径。人们往往在冥思苦想的过程中，突然受到某一原型事物的启发，通过类比、联想找到解决问题的办法。据说古代的鲁班正是受到丝茅草的原型启发，经过类比联想而发明了锯子。科学家受到蝙蝠定向作用的原型启发而设计出了雷达。学生受到范文的原型启发而完成一篇作文。但是，我们必须看到，原型在创造活动的后期也可能产生某些消极作用，这就需要通过一定的思维程序加以防止和纠正。语言启发，指的是借助概括性语言经联想而找到解决问题的新方案。有一个双索实验：在天花板上悬着两根绳子，二者距离很远。拉着某一根绳就够不到另一根。给被试的任务是把两根绳索连结起来。被试有两组。第一组先学习识记和解决问题有关的词汇表，其中有"绳索"、"摆动"和"钟摆"等词。第二组则学习与解决问题无关的词汇表。然后让他们分别去解决问题。第一组由于受到词汇表中有关词语的启发，经联想很快就解决了问题。第二组由于没有受到有关语言的启发，联想没有明确的方向，解决问题就比较缓慢。

第六节　发明创造的思维方法

为了开发学生创造力，把学生培养成创造型人才，除了让学生了解创造性思维的知识外，还需要教给学生有关发明创造的思维方法。学校应在教学和课外活动中，有计划地组织学生参加一些创造性活动，使学生掌握创造发明的思维方法。创造方法是通过对中外许多科学家、艺术家的发明创造过程的研究而找出的带有规律性的方法。世界各国的科学家已经开发出二百多种创造方法，下面只介绍几种常见的最基本最简单的方法。

一、查表法

查表法是在发明创造中，参照"创造方法核查表"去解决问题的方法。核查表向人提供发明创造的许多线索、思路和方法，使人从多方面多角度地考虑与课题有关的解决方法。核查表所提供的方法适用于各种发明创造。我们根据国内外资料，介绍几种常用的创造方法。

（一）添加法

添加法是在创造发明时在原有东西基础上考虑添加某些因素的方法。例如，20 世纪 20

年代的电影是无声黑白电影,人们用添加法给电影增加了声音,发明了有声电影。在有声电影的基础上,又有人用添加法给电影增加了彩色,发明了彩色电影。收录两用机也是如此发明出来的。

(二) 扩展法

扩展法是在发明创造中,在原有东西基础上加以扩展和扩大的方法。例如,人的视觉能力是有一定限度的,肉眼看不到月亮表面的形象和食物中的细菌。用扩展法发明了放大镜、望远镜、显微镜和遥感仪器,人的视觉扩展到宏观和微观世界。人的听觉能力有限,用扩展法发明了扩音器和声纳,提高了听觉范围。

(三) 缩减法

缩减法是在创造性思维过程中,在原有东西基础上缩小或减少一些因素的方法。例如,《辞海》体积过大,不便查阅、携带,有人就发明了缩印本。有的工具书甚至被缩减成了袖珍本,可以装在衣服的口袋里。第一台电子计算机有篮球场那么大,是用电子管制造的,经过研究,把电子管改成晶体管,体积大大缩小,以后改成集成电路,逐步微型化,变成火柴盒一样大小。我国汉字笔画多,不易书写。用缩减法减少笔画,把汉字简化了,书写就方便多了。

(四) 改变法

改变法是在创造性思维中对原有事物的不足之处予以改变的方法。改变可以在形状上、特点上改变,也可以在结构上、程序上改变。例如,原先雨伞柄太长不易携带,就把它改成折叠式;伞布不透明,容易挡住前方视线,撞到别人,就把伞布改成透明的。

改变顺序也是一种方法。战国时,齐威王要和将军田忌赛马。田忌的马不如齐威王,但孙膑见双方马力虽然有些差别,但并不悬殊,于是向田忌献策:下次比赛要改变出马的顺序,以第三等的马对齐王第一等的马,可先输一局;然后以第一等马与齐王第二等马比,可胜一局,最后以第二等马与齐王第三等马比,又可胜一局。田忌用了孙膑改变顺序的计谋,终以二比一取胜。

(五) 代替法

代替法是在创造性思维过程中,用一个事物代替另一事物的方法。例如,战士在前方打仗,在没有房子的地方,就用帐篷代替房屋作为住处。语文修辞手法的"借代"指的是用人的外部特征和性格特征代替某人,如用"黑旋风"代替李逵,用"红领巾"代替少先队员。曹冲称象,用的也是代替法(用石头代替大象称重)。

(六) 颠倒法

颠倒法就是在创造性思维中用相反的思路解决问题的方法。司马光破缸救人的故事就是运用颠倒法的事例。一个小朋友掉进了高大的水缸,必须马上救出来才能不被淹死,其他小朋友因个子小干着急没有办法。在紧急的情况下,司马光用反向思维解决了问题。一般人的想法,是把人从水里捞出来,"使人离水",司马光却从相反方向思考,"使水离人",于是用石头砸破了大缸,让水流出来,救出了小朋友。英国科学家法拉第把电流能产生磁的道理颠倒过来考虑,磁能否变成电,经多次实验,终于发明了发电机。

(七) 移植法

移植法是在创造性思维过程中把已知的新道理和新方法移植到别的事物上去的方法。

例如,法国化学家巴斯德发现了细菌是腐败的根本原因。医生利斯特在外科手术上运用这一原理,采用消毒防腐法,对手术室内的人和物(器械、棉布、棉花等)进行消毒,解决了在当时长期未能解决的外科手术伤口化脓的严重问题。有人把理发用电动吹风机的技术应用到宾馆和医院,发明了被褥烘干机。在科学技术越来越互相渗透的今天,从理论到方法都可以通过移植而得到发展。移植法对于创造活动具有重要意义。

二、类比法

类比法在科学发现与技术革新中被广泛应用。类比的方法有以下几种。

(一)拟人类比

拟人类比是把创造对象与人体的结构和功能相类比的方法。挖土机就是模拟人的手臂动作而设计的,其主臂如同人的手臂,可以上下左右弯曲,而抓斗又如同人的手掌,伸入土中,把土抓起。应该说,不少劳动工具都是模拟人手的,扫帚、锤子、钳子、镊子、耙子等都是对人手的特定动作的模拟,电脑是对人脑思维功能的模拟。

(二)仿生类比

仿生类比是把创造的对象与生物的结构和功能相类比的方法。例如,模拟鱼的形体而设计潜艇,模拟蝙蝠定向而设计雷达,模拟狗鼻而设计"电子鼻",模拟蜻蜓的垂直起落而发明直升机等等。

(三)因果类比

因果类比是在人的创造性思维中根据某一事物的因果关系而推出另一事物的因果关系。例如,蚌内有沙,沙被黏液包围而形成珍珠。有人据此因果关系把异物放入牛的胆囊内,人工培植出了牛黄。再如,有人根据往面粉里加入发酵粉发面就可以做出蓬松的馒头这个因果关系,在橡胶中加入发泡剂,制成了海绵橡胶。以后又有人根据这些因果关系,发明了泡沫塑料和泡沫水泥。

类比法是一个应用较广的创造方法,但它的可靠程度不如归纳法和演绎法,它只是个或然推理,不仅推理过程要十分慎重,对推理的结果也要严格检验。

三、联想法

联想法是人在创造性思维中由一事物想到另一事物的发明方法。联想这个概念在记忆一章已经提到,实际上联想不仅仅是个记忆问题,它主要是属于思维方面的活动。联想有两种:一种是自由联想,可以海阔天空无拘无束地去想,这可以大大开拓人的思路;另一种是控制联想,即有方向有控制的联想。

联想法在发明创造中起着极为重要的作用,这是因为创造性思维的目的在于发现看来似乎没有联系的事物之间所存在的联系。人们通过联想可以把距离较远的两个事物联接起来,接近起来。有人认为任何两个概念(词语)都可以经过四五个中介(词)而建立联系。例如,"月亮和胶水"在意义上相距很远,但通过联想可把它们联系起来,月亮—天文学—书—文具—胶水。实验证明,每一个词都可以和近 10 个词发生直接的联想联系。第一步可与 10

个词联系起来。第二步就有 10×10 个联想机会。第三步就有 $10 \times 10 \times 10$ 个联想机会。第四步就有 1 万个联想机会。以此类推,第 n 步联想可选择的词就有 10^n 个。可见,联想为我们的创造性思维活动提供了广阔的天地。我国古典诗词中常用的"比喻"、"对仗"等,都是运用联想的方法。

联想有接近联想、类似联想和对比联想。①接近联想。如列夫·托尔斯泰创作的《战争与和平》中的罗斯托娃,原型就是他身边的妻子和他的妹妹。②类似联想。如由火柴想到发明打火机;由蜘蛛吊丝作网想到发明吊桥。③对比联想。杜甫诗中的"朱门酒肉臭,路有冻死骨"就是通过对比联想创作出来的。这三种联想在思维活动中是密切联系、结合使用的。联想和类比一样,可为人们打开广阔的思路,找到解决问题的方法。

四、创造性综合法

综合发明法是在创造性思维中把握事物之间多方面联系的方法。综合有再造式综合与创造式综合之分。这里讲的是创造式综合。当前的技术革命是历史上的第三次技术革命。第一次技术革命以蒸汽机的出现为标志,第二次技术革命是以电力的广泛应用为标志,第三次技术革命则是把多种技术加以综合。综合是重要的创造方法。航天飞机是把人造卫星技术、火箭技术和飞机技术有机综合的产物。阿波罗登月航天活动是个了不起的创造。如果把阿波罗航天器的各项技术加以分析可以发现,并没有多少全新的东西,但它是把多种技术非常巧妙地加以综合的结果。日本的本田摩托车的先进技术,正是以综合其他国家的几十种摩托车的优点为基础的。在理论方面,用综合法把代数、几何综合起来,形成解析几何学,把分子生物学与物理学交叉起来产生了生物物理学。

五、缺点列举法

缺点列举法是在创造活动中列举出现有事物(产品)缺点,然后加以改进的思维方法。日常生活中所使用的东西,不可能是十全十美的,总会有这样那样的缺点。人们抓住主要缺点加以改进,就实现了创新。例如,有个中学生发现喝汤用的汤匙容易滑进汤碗里,就想办法把匙把的尾部向下弯一个钩,使之能钩住碗沿;另一位初中学生在倒垃圾时,发现簸箕里的垃圾,一遇到风就刮得满天飞,于是想办法在簸箕上加上个盖,使之成一个方形的"盒子",使用时把盖揭开,扫进垃圾之后把盖放下来。

列举缺点法是发现新问题的一种方法,要想发现问题(缺点、矛盾),就得做个有心人,平时经常想想身边和工作上有什么不方便、费劲的地方,做一个不满足于现有产品或工作方法的人。

六、希望点列举法

希望点列举法,是在创造过程中,根据提出的希望点去进行创造的思维方法。解决问题的设想可以根据需要来确定,而不受原物的束缚。这是一种主动的创造方法,也是一个发现问题、选择课题的有效方法。人在学习、生活、工作中,经常会产生一些需要和希望。比如,在外出办事碰上大风时,希望有一个挡风沙的帽子。在剧场看戏或到运动场看球赛时,希望有一个既看得清晰又能望远的眼镜。人们根据这些需要和希望,选定了发明的课题,经反复思考制成了防沙帽和望远眼镜。

七、集思广益法

集思广益法是发扬集体智慧的创造思维的方法。主持人组织一些具有创新意识和创新能力的人员,参加发明创造的小型座谈会。主持人提出特定的需要解决的新问题,鼓励与会人员围绕这个新问题各抒己见,大胆发言,在座谈中互相启发、互相激励、互相补充。经过热烈讨论献计献策,许多可能解决新问题的新答案就被挖掘出来了。

座谈会上每个人都不许批判别人的意见,不得妨碍别人大胆发言,一定要最大限度地调动与会人员的创造积极性。集思广益法,参加的人员可多可少,也可以有不同行业的人参加。

第七节　语言和思维

一、语言

(一) 语言的特征及结构

1. 语言的特征

语言是人类通过高度结构化的声音组合、书写、手势等构成的符号系统。

语言既是个人内部思考的工具又是社会交际最重要的工具。语言有以下特征:①创造性。一个掌握本民族语言的人,可以通过有限的语言规则,形成无限数量的词句。这些词句可以是以前从未听到过的和说过的词句。②结构性。语言是以一个有结构的整体而存在的。只有一些零散的词汇,而无语言规则的组织的整体约束,就不能形成句子,就无法使别人理解和接受,就无法与别人交流。③意义性。每一个词句都要传达一定的意义,这就是语言意义性。不能传达意义的语言,就不是正常的语言。④社会性和个体性。语言是人与人之间交往的工具,具有社会性。语言又是个体的行为。是个体生存发展的重要条件。个体使用内部语言进行思考,运用外部语言与人交流。由于个体所处生活条件的不同,个体使用语言带有个人的风格。⑤语言的民族性。不同的民族有不同的语言。

2. 语言的结构

语言是按一定层次组织起来的一种符号结构。语言的基本结构是词,词是符号,标志一定事物。词按一定的语言规则组成短语和句子,使语言成为一个能够使用的交际工具。

语言规则包括:①结构规则,即语音、词汇、语法等;②使用规则,即决定使用语言是否得体的诸因素。这些规则把词和句子组织了起来。

(二) 语言活动的脑机制

1. 布氏区(布罗卡区)——说话中枢

布氏区定位在中央前回底部前方及邻近的小区。布氏区病变可以引起运动性失语症(表达性失语症)、发音困难、说话费力或不能说话。

2. 威氏区(威尔尼克区)——听话中枢

威氏区定位在大脑左半球颞叶颞上回,主要作用是听清语音、形成语义,是语言听觉中枢(听话中枢)。威氏区受到损伤,可引起接受性(感觉性)失语症,不能分辨语音,不能理解别人说话的词义。病人可以语言流畅、发音清晰,但理解别人语义的能力已经丧失。

3. 角回——阅读中枢

它在威氏区上方,与顶枕叶交汇处,在大脑后联合区,它与词句的阅读有密切关系,是视—听的跨通道联合,可将书面语言转换成口语(或相反)。切除角回,可使词的视觉形象与听觉意象失去联系,引起阅读困难,这也叫失语症。

4. 写字中枢

额中回后部是写字中枢,这部位受损,手的功能虽正常,但丧失了书写的功能,叫失写症。

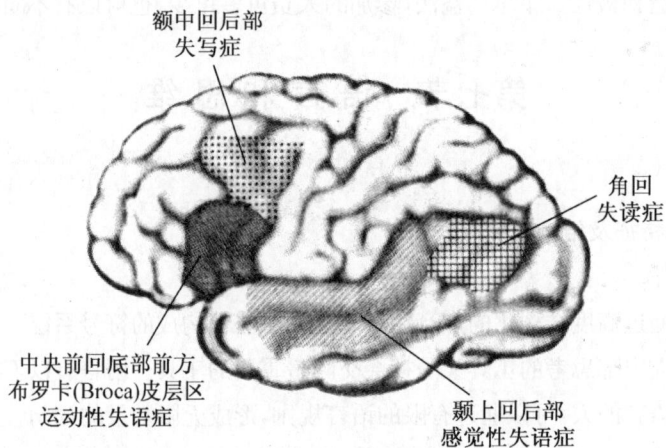

图6-2 大脑皮层与语言功能有关的主要区域

二、语言的感知和理解

(一) 语言感知

1. 口语感知

口语感知的效果可以用清晰度与可懂度来表示。清晰度与可懂度是指听者了解讲话人说话的百分率(听对了的百分率),如有100个词听对了60个,清晰度即为60%;听对了80个就是80%。

2. 书面语言的感知

从文字来认识单词、词形、词义和语音的特征,叫词的再认。对单词再认,不仅取决于词的物理特点,也决定于读者头脑中的已有经验、熟悉程度等,越熟悉越容易再认。

(二) 语言的理解

1. 语言的理解

就是对词义、句义等语义的理解,步骤是:①语言知觉,通过视听接受语言刺激并进行初步加工;②单词转化为词义,这是最重要阶段;③在语言应用中理解语言的正确意义。正解的应用表明正确的理解;错误的应用表明错误的理解。

2. 语言理解的三级水平

语言理解包括:①词义的理解;②句义的理解;③对语言使用者的真实动机的理解,对弦外之音、言外之意的理解。

三、思维与语言的关系

(一) 语言与思维密切联系

思维,特别是抽象思维是以语言为工具对客观现实的反映活动。语言对思维的主要作用是:语言是个人思维活动的工具;语言是标记(记录)思维活动成果的工具;语言是人们互相交流思想的工具。

语言之所以成为思维的工具,是因为:①语言内容有概括性。作为语言单位的词语,是对一类事物的概括。"笔"这个词,概括了古今中外一切的"笔"。"书"这个词,概括了古今中外一切的"书"。思维的主要特点是概括性,其基本单位是概念。而语言的主要特点也是概括性,其基本单位是词。概念以词为工具而概括地反映客观事物。②语言有物质性。语言是思维的物质载体,思维活动是在语言刺激下进行的。学生在课堂上听讲,是在教师讲课的语言刺激下思考的;看书时是在书本文字的刺激下思考的;说话时又是在语言动觉刺激下进行思考的,甚至于学生的默默思考也是在极微弱的语言动觉刺激下进行的。思维这样的高级心理活动必须以具有物质性的语言为工具才能进行。

(二) 语言与思维的区别

语言是物质现象,思维是精神现象。外部语言是人们交流思想的工具,而在个人头脑中进行的内部思维却不能与别人直接交流。思维与外部世界是反映与被反映的关系;语言与外部世界则是标志与被标志的关系。语言规律有民族性,思维规律则有全人类性。婴儿在会说话之前已经有了思维(动作思维),即先有思维后有语言。一个词有时可以表达几个概念,即一词可多义;一个概念,有时也可以用几个不同的词来表达。

第八节 培养学生的思维和创造能力

培养学生的思维和创造能力,是教师教学的一项重要任务。在进入 21 世纪的今天,教师在教学中不仅要向学生传授知识,而且要承担起发展学生思维能力让学生学会学习、学会创造的重任。

一、良好思维的品质

学生的思维(包括创造发明能力),因先天遗传和后天环境、教育、自我努力诸多因素的影响,而有很大差异。有的学生思维能力很强,有的思维能力较差,有的思维能力一般。如果排除年龄因素,用什么标准来衡量思维能力的高低呢?大家认为应该用思维的品质这把尺子来衡量。良好的思维品质,有以下五个标准。

（一）思维的广阔性和深刻性

思维的广阔性指的是善于全面地辩证地思考问题。客观世界是一个十分复杂的辩证统一体，我们的思维必须如实地全面地反映客观世界，才能获得正确的认识成果，防止思维的片面性。思维的广阔性还表现在善于运用求异思维的方式，运用多方面的知识和多维的思路，提出多种假设、多种答案或多种解决方法。

思维的深刻性指的是人在思维过程中，善于透过事物的外部现象深入事物的内部本质，善于在平凡的事物中发现重大问题，揭露事物的发展规律。例如，巴甫洛夫从狗进食这个极其常见的现象中发现了高级神经活动规律。

（二）思维的独创性和批判性

思维的独创性指的是善于独立思考，独立发现和解决独创性的新问题，不受别人的暗示与干扰，不随大流，不人云亦云。

思维的批判性指的是对前人思维成果和名人的著作、论述，不盲从不迷信，能够给予客观公正的评价，分析其优点和缺点，吸取优点，改正缺点。对于自己的思维成果、自己提出的新假设，能虚心地作自我批评，坚持正确的、改正错误的。

（三）思维的灵活性和敏捷性

思维的灵活性指的是在思维活动中能主动克服思维定势的消极影响，机动灵活地、多角度、多层次去探求解决问题的新方案，并且能在事物发生变化时，当机立断，改变原来的思路，从更多的方面去寻求新的答案。墨守成规、因循守旧是很难取得创造成果的。

思维的敏捷性，也叫流畅性，指的是人在思维过程中能快速地在较短时间内找出许多解决问题的新方案。

（四）思维的目的性和可控性

思维的目的性指的是思维活动自始至终都有明确的目的，时刻记住这一思维过程所要解决的是什么问题，要达到什么样的结果。在思维进程中能始终沿着既定目的和方向前进，防止思维的盲目性，防止走弯路。

思维的可控制性指的是为提高思维效率，元认知（元思维）对思维活动的跟踪、评价、调节和控制，既有对智力操作的控制，也有对非智力因素如动机、情感等的控制。

（五）思维的条理性和逻辑性

思维的条理性指的是人在思维过程中必须前后连贯，层次清晰，条理清楚。无论理论思维还是形象思维，都要有条理性，否则就会陷入思维混乱的境地。

理论思维要求概念准确、判断恰当，推理证明要合乎逻辑。

二、学生思维和创造能力的培养

具有较高的思维能力是创造才能的重要标志。较强的思维能力和创造能力不是与生俱来的，而是后天培养教育的结果。教师不仅要传授知识，而且要教会学生掌握知识所必需的思维和创造的策略和方法，培养他们良好的思维品质，发展创造思维能力，使他们学会学习，学会创造。

（一）调动学生的思维和创造的积极性

教师要对学生进行学习目的教育,使学生知道思维与创造在学习中的重要作用,激发学生思维和创造的积极性。

（二）用唯物辩证法指导思维和创造活动

唯物辩证法是科学、正确的思维路线,是科学的思维方法和世界观。唯物辩证法要求人们在思维活动中必须从客观实际出发,按事物发展的客观规律如实地思考问题。这就是思维最正确的方向。按照唯物辩证法进行思维,可以防止思维的主观性、表面性和片面性,防止唯心主义和机械唯物主义的影响。

（三）在启发式教学中培养学生独立思维能力

传统的教学方式是"满堂灌"、"死记硬背",只能培养出"高分低能"的学生。运用启发式教学方式,诱导学生主动地开动脑筋,让学生自己动手动口动眼动脑来掌握知识,久而久之,就激发了学生主动思维的积极性,培养了其良好的思维习惯,发展了其独立思维能力。

（四）运用发现式教学法把科学探索过程引入课堂

培养科学创造能力,要在教学过程中运用发现法有计划地让学生参加科学探索的过程,诱导学生发现问题、提出问题、提出假设、检验假设(包括进行科学实验、收集数据等),让学生经过分析讨论,自己得出结论。学生多次体验了科学探索的乐趣,逐步掌握了科学研究的方法,创造思维能力就发展了。

（五）在对学生进行思维训练的过程中,让学生学会学习

传统的教与学的方式,是重结果轻过程,重知识轻方法;注重知识的获得,轻视获得知识、内化知识的心理操作过程,轻视知识学习过程中必需的各式各样的策略和方法。

现代的教与学,既重视知识的获得,更重视知识学习的过程和学习的方法。教师要有计划地把用以理解知识、应用知识的学习策略教给学生,并使之个性化。经过长期的思维训练,学生在掌握知识的同时,也学到了符合自己的学习方法,逐步地发展了思维能力,学会了学习。

（六）优化学生的知识结构,让学生掌握有关思维创造的知识

知识与思维的关系密切。思维活动的过程,就是运用已有知识学习新知识的过程。已有的知识,既是过去思维操作的产品,也是当前思维操作的原材料,又是新知识的生长点。我们在强调思维训练重要性的同时,绝不能忽视逻辑知识和创造知识的传授。学生懂得了逻辑知识和创造理论,就可以使思维的程序符合逻辑规律,使自己的创造性思维活跃起来。

（七）提高学生的言语能力

思维与言语密切相关。学生掌握的词汇量越大,言语活动越有条理,思维就越开阔越深入。因此,提高言语能力是提高思维能力的重要条件。中学语文课的教学,不仅要使学生学会运用语言,更重要的是让学生切实掌握言语这个思维工具,更好地发展思维能力。

（八）要使学生了解自己的思维品质

要发展学生的思维能力,必须使学生了解自己思维品质的特点,了解自己在思维广度、深

度、独立性、批判性、目的性和灵活性等方面的优缺点,发扬优点,克服缺点,使自己的思维能力不断发展。

(九) 组织创造性活动,让学生大胆创造

培养创造型的人才是我国全面发展教育的根本目的。为此,我们要鼓励学生进行创造性学习,要有计划地组织"小发明"等创造性课外活动让学生大胆创造,让学生在发明创造实践中提高创造能力。

参考资料6-2

比较材料的保温性能

● 提出问题

李明在一所农村中学读书,学校有一只大的开水桶,冬天为了保温,在桶外裹上了一层棉被,尽管如此,早上灌的是开水,到了下午还是变得凉凉的。一天早上,李明看见张迪用铝合金饭盒装开水时,在滚烫的饭盒外只垫了薄薄的一层泡沫塑料就不烫手了,他突然想到,能否用泡沫塑料代替棉被给开水桶保温呢? 他将这一想法告诉了张迪。

● 猜想与假设

李明认为,手觉得热,是因为手吸收了热量,温度升高。隔着泡沫塑料拿热饭盒不烫手,说明泡沫塑料导热性能差。用导热性能差的材料包着开水桶,保温的效果按理说就会好些。张迪随手摸了一下热水桶上的棉被,暖乎乎的,热量通过棉被传出来了。张迪想,李明可能是对的,泡沫塑料的保温效果可能会比棉被好。

● 制定计划与设计实验

李明告诉张迪,如果用这两种材料分别包着装有热水的烧瓶,定时测量两烧瓶中的水温,便可以得出这两种材料保温性能好坏的结论。"还可能有其他因素影响水温变化,如两个烧瓶中的水是否一样多,水温是否一样高。"张迪补充说。"是的,"李明强调,"还需注意放烧瓶的环境是否一样,泡沫塑料与棉被的厚度是否一样,等等。"他们注意控制影响水温变化的其他因素,决定在两个烧瓶中装质量相等的水,加热到相同的温度后分别用两种保温材料包好,放在相同的环境温度下自然冷却。

● 进行实验与收集数据

按照这个计划操作,李明和张迪把实验测得的数据填在下表中。

t/min	0	5	10	15	20	25	35	45	55	65	80	95	110	125	140	155
T_1/℃	80	72	64	59	55	51	50	41	37	34	30	26	24	22	21	20
T_2/℃	80	65	56	48	43	38	32	28	26	24	22	22	21	21	20	20

● 分析与论证

根据表格中的数据,第1组(泡沫塑料保温)从80℃降至40℃所用的时间超过了45 min,而第2组(棉被保温)降低相同温度只用了不到25 min,这表明,泡沫塑料的保温性能确实优于棉被。

● 评估

以上表格中，第 35 min T_1 的数据与 T_1 的总的变化趋势有较大的偏差，回想实验的操作，有可能在读温度时有疏忽。如果剔除这个温度值，其他所有数据都与实验结论吻合。因此，这个实验的结论应该是可信的。

● 交流与合作

李明和张迪讨论后，给学校总务处写了一封信，信中阐述了实验的过程和结论，建议学校替换开水桶的保温材料。

思考题

1. 什么是思维？思维的主要特征是什么？

2. 思维与语言有什么关系？

3. 思维在学习和创造中有什么用处？

4. 什么是思维策略？思维的基本操作方法有哪些？

5. 什么是创造思维？培养学生创造思维能力对教育改革有什么意义？

6. 求异思维、形象思维、逻辑思维在创造发明中各有什么作用？

7. 如何培养学生的创造思维能力？

第七章　情绪和情感

本章主要内容

1. 情绪和情感概述 　　　2. 情绪的生理基础 　　　3. 情绪理论

4. 情绪和情感的种类 　　5. 应激与挫折 　　　　　6. 焦虑症与抑郁症

7. 情绪的调节 　　　　　8. 情感教育

　　成功的学习,既要有感知、思维、记忆等智力因素,也含有情感、意志、气质、性格、动机和兴趣等非智力因素。情绪与情感就是非智力因素的重要内容之一。当前教学改革的课程标准已把情感目标当成课程总目标的一个组成部分。

第一节　情绪和情感概述

一、情绪和情感的概念

　　情绪和情感是个体对客观事物与个人需要之间关系的体验过程。凡是符合个人需要的客观事物,都会引起愉快的体验。例如,饥饿者吃到食物感到高兴,父母看到孩子健康成长感到欣慰。凡是不符合需要或阻碍个人需要满足的客观事物,都会引起不快的体验。例如,失去亲人感到悲痛,遭到别人攻击感到气愤。高兴、欣慰、悲痛、气愤、焦虑、羞愧等都是情绪情感的表现形式。

　　情绪和情感表示的是同一个心理现象,它们属于同一感情性反映的两个方面。情感是对感情性过程的感受和体验,情绪是这一体验和感受状态的活动过程。

　　情绪和情感与认识不同,认识是对客观事物本身的反映,而情绪和情感则是对客观事物与个人需要之间关系的反映。情绪和情感与认识又有密切联系。首先,认识是产生情绪和情感的基础。只有那些被人认识的客观事物才能引起情绪和情感。从感知来说,只有感知到了某一事物,才能产生相应的情绪情感。如聋人不知道噪音之可厌,盲者不知道美丽景色之可爱。对同一事物,由于认识不同,产生的情绪和情感也会不同。阴雨绵绵,对于久旱盼雨的农民引起的是喜悦,对因此推迟飞行的乘客引起的是焦躁。人们对事物的认识是逐步深入和不断发展的,这就使得人们对事物所抱的态度和所产生的情绪和情感也相应地发生变化。正如古语所说:"知之深,爱之切。"其次,情绪和情感对认识也有影响。这种影响可能是积极的,也可能是消极的。积极的情绪和情感可以提高认识活动的积极性,而消极的情绪和情感则会阻滞认识的发展。

二、情绪和情感的外部表现

情绪和情感发生时,除了身体内部会有一系列的生理变化外,通常还会伴随外部表现,即表情。表情是人际交往的一种形式,是表达思想、传递信息的手段,也是了解感情主观体验的客观指标之一。表情包括面部表情、体态表情和言语表情。

(一) 面部表情

脸部的表情动作称为面部表情。面部表情最能精细地显示不同性质的情绪,因此是鉴别情绪的主要标志。如眉开眼笑、眉飞色舞、眉目传情、愁眉苦脸、怒目而视、目瞪口呆、咬牙切齿、张口结舌等,都是指面部的表情。

(二) 体态表情

除颜面以外,身体其他部分的表情动作称为体态表情。如欢乐时手舞足蹈、捧腹大笑,骄傲时趾高气扬、挺胸阔步,慌张时手足无措,紧张时坐立不安等。其中,手势是一种重要的体态表情,它协同或补充表达言语内容的情绪信息。如鼓掌表示兴奋,搓手表示焦虑,摊手表示无奈,捶胸表示痛苦。心理学家研究表明,手势表情是后天习得的,由于社会文化、传统习惯的影响而往往具有民族或团体的差异。

(三) 言语表情

情绪在语言的音调、节奏和速度方面的表现称为言语表情。如悲哀时音调低沉、语速缓慢,喜悦时音调高昂、语速较快,愤怒时声音高尖且有颤抖。此外,请求、感叹、惊讶、烦闷、讥讽、鄙视等也都有一定的音调变化。可见,言语不仅是交流思想的工具,也是表达情绪的手段。

由于表情是通过骨骼肌系统的随意运动实现的,因此人们可以根据社会情境、文化规范以及人际关系的需要而有意识地修饰自己的表情。表情的这种随意性为人们运用表情创造了有利条件。

三、情绪和情感的功能

(一) 动力功能

情绪和情感具有动力功能,它能够推动人类从事各种活动。情绪的动力功能体现在情绪能够增强内驱力,从而强有力地激发行动。例如,人在缺水的情况下,体内平衡发生变化,产生补充水分的生理需要。生理需要本身提供的信号是内驱力。这时感情性反应——急迫感会伴随生理需要而产生,并进一步增强内驱力,使人增强产生行动的动机。

情绪的动力功能并非只体现在对内驱力的放大作用上,它还可以脱离内驱力而独立地起动机作用。例如,学生的学习兴趣是学生学习的强大动力。对学习感兴趣的同学,乐意研究和探讨在学习中遇到的问题,他们注意力集中,思维敏捷,能采用有效的学习方法。

美国心理学家利帕认为,情绪性动机在指导行为上的效果可以同有生理基础的动机一样,可由更细致而复杂的社会信号所激发,它们受到刺激物的意义(过去和现在的)所制约。由于情绪和动机一样都能推动行为,因此,现在人们把行为分为动机性行为和情绪性行为。

（二）组织功能

情绪是独立的心理过程，有自己的发生机制和操作规律。作为脑内的一个监测系统，情绪对其他心理活动具有组织的作用。情绪的组织功能表现在对活动的促进和瓦解两个方面。

研究表明，情绪性质直接影响认知操作效果。一般说来，快乐、喜悦、兴趣等积极情绪对认知操作有促进作用，恐惧、愤怒、悲哀等消极情绪对认知操作有干扰和破坏作用。

情绪的强度也影响认知操作效果。实验表明，情绪唤醒水平与认知操作效果呈倒"U"字模式（见图7-1），即过低和过高的情绪唤醒水平均具有较低的认知操作效率，只有中等程度的情绪唤醒水平最有利于智能操作活动，具有较高效率。这就是反映情绪强度与认知操作效率之间关系的耶尔克斯—道森定律。

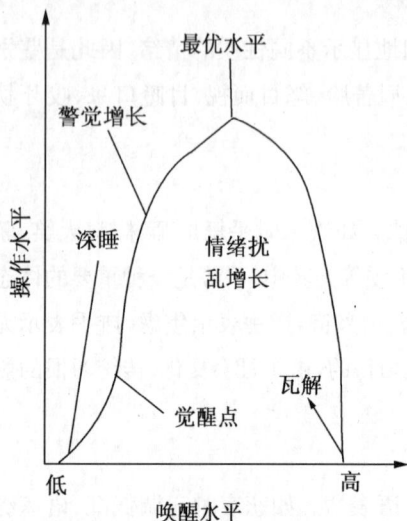

图7-1 情绪强度（唤醒水平）与操作效果

（三）传递信息功能

情绪同语言一样，具有传递信息的功能。情绪是通过表情来进行信息传递的，其中面部表情是最重要的信息传递手段。表情不仅可以传递感情信息，也能传递思想。从种族进化和个体发展两方面来说，感情的传递比言语交际开始得要早。它是高等动物信息传递的主要工具，也是前言语阶段婴儿与成人互相沟通的唯一渠道和手段。研究表明，成人的表情起着疏通信息、向婴儿提示和解释情境的作用。婴儿从1岁左右开始，当面临陌生的不确定情境时，往往从成人面孔上搜寻表情信息（鼓励或阻止的表情），然后才采取行动（趋近或退缩）。这一现象称作情绪的社会性参照作用。

当人们以口头言语传递信息时，表情信息的传递起着补充、丰富和完善言语信息的作用。在一些情况下，表情能使言语交流造成的不确定性和模棱两可的情况明确起来，成为人的态度和感受的最好注解。在另一些情况下，表情可以传递那些人们不易言传的信息。

第二节 情绪的生理基础

情绪的产生伴随着一系列生理指标的变化。其中既包含人们自身无法察觉和控制的变化，也包含人们自身可以察觉和控制的变化。

一、情绪的脑中枢机制

情绪是大脑皮层和皮层下结构协同活动的结果。其中皮层下结构与情绪的产生直接相关，而大脑皮层主要起调节和控制的作用。

（一）大脑皮层额叶

大脑皮层中的额叶与情绪有着密切的关系。前额皮层的左侧和右侧对情绪有着不同的作用,主要表现为左侧与积极情绪和趋近行为有关,而右侧与消极情绪和退缩行为有关。例如,与右侧前额皮层受伤的病人相比,左侧受伤的病人体验由于积极情绪的能力受到了损害,从而更加容易出现抑郁的症状。

(二)边缘系统

边缘系统是指位于前脑底部环绕着脑干形成的皮层内边界。边缘系统对情绪的作用很早就被人们所认识。早在1937年,美国心理学家帕帕兹就曾经描述过情绪与边缘系统的关系。如今,大量研究证实,边缘系统的海马、杏仁核、扣带回等结构均与情绪的产生有关。

参考资料 7-1

帕帕兹环路

美国心理学家帕帕兹于1937年系统地描述了情绪与边缘系统的关系,这就是帕帕兹环路。帕帕兹认为,情绪过程开始于海马,当海马被刺激时,冲动通过胼胝体下的白色纤维,传到下丘脑的乳头体,然后依次传到丘脑前核、扣带回,最后回到海马和杏仁核,完成了这一环路。冲动在扣带回扩散到大脑皮层,从而产生某种情绪体验。

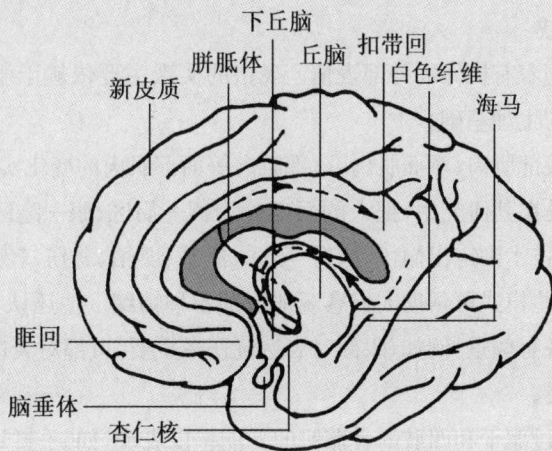

图 7-2 边缘系统和帕帕兹环路示意图
虚线表示帕帕兹环路

海马位于侧脑室下角的底壁。海马与应激、抑郁有着密切联系。有研究发现,长时间的应激状态会使老鼠的海马细胞萎缩;也有研究发现,重症抑郁症患者的海马比正常人小,并且抑郁时间越长,这种情况越明显。

杏仁核附着在海马的末端,呈杏仁状。杏仁核主要与恐惧、愤怒和厌恶情绪有关。例如,杏仁核受损的病人不能识别恐惧的面部表情,很难识别恐惧、愤怒的声音,对厌恶刺激也很难作出反应。再如有研究发现,杏仁核被破坏的猫和狗能够和平相处。

扣带回位于大脑半球内侧面胼胝体上方。扣带回与情绪的关系比较复杂,一般认为扣带回与情绪的激活密切相关。

（三）下丘脑系统

下丘脑与情绪和动机有密切关系。1954年美国心理学家奥尔兹等通过动物实验发现,在下丘脑存在着"快乐中枢"和"痛苦中枢"。

（四）网状结构

网状结构对于情绪的激活有重要的影响。美国心理学家林斯里指出,网状结构的功能在于唤醒,它是情绪产生的必要条件。

二、情绪的外周神经机制

（一）自主神经系统

自主(植物)神经系统由交感神经系统和副交感神经系统两个子系统构成。交感神经系统主要负责情绪的激活和兴奋,副交感神经系统则主要负责情绪活动结束后的抑制和平静。

情绪活动发生时,交感神经系统开始活动,机体产生一系列的变化,如心率提高、呼吸加快、肠胃运动减缓等,以便为情绪活动提供更多能量;情绪活动减弱时,副交感神经系统发生作用,心率变缓、呼吸变慢、肠胃运动恢复正常,以便限制能量消耗、保存机体能量,使机体恢复平静。

（二）躯体神经系统

情绪活动往往伴随着有机体的外部表情。表情的实现主要依赖于躯体神经系统的功能,躯体神经系统是表情的生理基础。

面部表情是通过眼部肌肉、颜面肌肉、口部肌肉等面部肌肉的变化实现的,如"愁眉苦脸"、"张口结舌"等。艾克曼在其研究中,把人的面部分为额—眉区、眼—睑区、鼻颊—口唇区三个部位,通过照相和录像技术确定出愉快、惊奇、厌恶、愤怒、惧怕、悲伤、轻蔑等七种情绪的面部肌肉运动组合模式,这些模式可帮助人们客观地识别各种情绪。他还认为不同部位的面部肌肉对不同情绪的表达各有侧重,例如,眼部对表达忧伤最重要,口部对表达快乐与厌恶最重要,前额对表达惊奇最重要。

此外,体态表情通过躯干和四肢的骨骼肌的功能得以表现,如"手舞足蹈"、"捶胸顿足",言语表情通过发声器官的作用得以表现,如"欢声笑语"、"声嘶力竭"。

躯体神经系统对人体骨骼肌肉系统的调节具有随意性和主动性,因此人们可以控制自己的表情,使之与自己的真实情绪情感体验相脱离;而自主神经系统的活动却是人们很难控制和掩饰的。这是躯体神经系统与自主神经系统在情绪功能上的主要差异。

三、情绪与分泌系统

人体的分泌系统由内分泌系统和外分泌系统组成,二者均与情绪有着密切的联系。

（一）情绪与内分泌系统

内分泌系统中的肾上腺与情绪关系十分紧密,其情绪功能主要通过它所分泌的肾上腺素和去甲肾上腺素实现。

人们处于情绪唤起状态时,肾上腺素和去甲肾上腺素分泌增多,伴随着出现交感神经系统的活动,机体处于紧张状态;而情绪消退时,肾上腺素和去甲肾上腺素分泌减少,副交感神经系统活动增强,机体逐渐恢复平静。因此可以形象地说,肾上腺素和去甲肾上腺素为人们的激情提供了生理上的燃料。

例如人在焦虑状态下,血液中的肾上腺素增多;愤怒时,血液中的去甲肾上腺素增加。动物实验表明,如果给动物注射或口服肾上腺素,会使动物呼吸急促、血压和血糖升高、血管舒张、容易发怒;而如果肾上腺素分泌不足,会使动物肌肉无力、精神不振等。

(二)情绪与外分泌系统

情绪的变化也会伴随外分泌系统的一系列的变化。例如,"喜极而泣"、"号啕大哭"分别反映了人们在极度高兴和悲伤时泪腺的活动;焦虑和恐惧时,往往会伴随着"一身冷汗",这是汗腺的活动;心情愉快时人们往往食欲大开,这是消化腺活动,使得唾液、胃液分泌较多导致的。

第三节　情绪理论

一、情绪外周学说

美国心理学家威廉·詹姆士和丹麦生理学家兰格分别于1884年和1885年提出观点基本相同的情绪理论。詹姆士认为,情绪是内脏器官和骨骼肌活动在脑内引起的感觉。兰格认为,情绪是内脏活动的结果,他特别强调情绪与血管变化的关系。后人称这个理论为詹姆士—兰格的情绪外周学说。

情绪外周学说的主要功绩在于,看到了情绪与机体变化的直接关系,强调了植物神经系统在情绪产生中的作用,并推动了关于情绪机制的大量研究。但这一学说忽视了中枢神经系统的调节控制作用,在理论上引起了很多争议。

二、评定—兴奋学说

美国心理学家阿诺德于20世纪50年代提出了情绪的评定—兴奋学说,该学说强调情绪的来源是对情境的评估,而这种评估是在大脑皮层产生的。

阿诺德认为,情绪的产生取决于人对情境的认知和估价。通过评价来确定刺激情境对人的意义。如果是"有利的",就会引起肯定的情绪体验并试图接近刺激物;如果是"有害的",就会引起否定的情绪体验,并试图躲避刺激物;如果是无关的"刺激物",人们就予以忽视。她举例说,人们在森林里遇到一只熊,会产生极大的惊恐,而在动物园里看到阿拉斯加巨熊时,不但不产生恐惧,反而使人产生兴趣和惊奇。

阿诺德认为,情绪的产生是大脑皮层和皮层下组织协同活动的结果。大脑皮层的兴奋,是情绪过程的重要条件。情绪产生的模式是,情境刺激作用于感受器,产生的神经冲动上传至丘脑,在丘脑更换神经元后再传至大脑皮层,在大脑皮层上刺激情境被评估。只要情境被评估为对有机体有足够重要的意义,皮层兴奋即(指令)下行激活丘脑系统,发生机体器官和运动系统的变化。这时外周运动反应系统变化的信息又上行通过丘脑反馈到大脑皮层,并与最初的估价相结合,产生情绪体验。

阿诺德的评价理论是影响深远的情绪理论。它首次将情绪的产生同高级认知活动联系起来,为情绪的研究开辟了一条新的途径。

三、认知—激活理论

美国心理学家沙赫特于 20 世纪 60 年代提出了认知—激活理论。该理论认为,情绪的产生受环境事件、生理状态和认知过程三种因素制约,其中认知因素是决定情绪性质的关键因素。沙赫特的研究为情绪的认知理论提供了最早的科学依据,对认知理论的发展有极大的推动作用。

四、情绪的动机—分化理论

动机—分化理论产生于 20 世纪 60 年代,代表人物为伊扎德和汤姆金斯。动机—分化理论认为,情绪是独立的心理过程,不是其他心理活动的伴随现象或副产品;情绪有它自己的机制,并在人的心理活动中起着独特的作用。

(一)情绪具有重要的动机性和适应性功能

汤姆金斯认为,情绪就是动机。他不同意把动机归结为内驱力的看法,认为内驱力本身并没有足够的力量去驱策行动,内驱力只有在放大器的配合下,才能成为驱策人行动的强大动机,而放大器正是情绪。内驱力带有生物节律活动的刻板性,情绪反应却比内驱力更为灵活,它还可以脱离内驱力而独立地起动机作用。

伊扎德的动机论容纳了更深的内涵,他从整个人格系统出发建立了情绪—动机体系。他认为,在人格系统中存在 4 种类型的动机结构:内驱力、情绪、情绪—认知相互作用、情绪—认知结构。在这庞大的动机系统中,情绪是核心,无论是与内驱力相联系的情绪,或是同认知相联系的情绪,抑或是蕴含在人格结构中的情绪特质,都起重要的动机作用。在谈到情绪的动机作用时,伊扎德着重指出:情绪的主观成分——体验是起动机作用的成分,各种情绪体验是驱策有机体采取行动的动机力量。

伊扎德把达尔文的进化观运用于人类情绪的解释,提出大脑新皮质体积的增长和功能的分化,同面部骨骼肌的分化以及情绪的分化是平行的、同步的。他认为:多种情绪的分化,是进化过程的产物,每种具体情绪都有其发生的渊源、特定的意识品(特)性和适应功能。伊扎德的观点说明了情绪在有机体的适应和生存上起着核心作用。

(二)强调面部表情的重要性

汤姆金斯和伊扎德认为情绪产生于面部肌肉模式运动的内导反馈,面部表情是情绪体验的激活器。伊扎德详细阐述了这一过程,外界刺激事件引起感觉皮层(中枢)和边缘系统的兴奋,激活在下丘脑或杏仁核内贮存的先天情绪模式,从而在面孔上显露为一种具体情绪的表情。这一表情活动,向脑内反馈引起皮层的整合活动,从而产生情绪体验。

动机—分化理论是目前最有影响的情绪理论之一。该理论既阐述了情绪的产生根源,又说明了情绪的功能,为情绪在心理现象中确立了相对独立的地位。

第四节 情绪和情感的种类

一、情绪的类别

由于人类情绪的纷繁多样,使得划分情绪的类别成为一个十分复杂和困难的工作。尽管如此,一些学者还是进行了许多有益的尝试。

我国心理学家林传鼎于 1944 年在《说文》中找出 9353 个正篆,发现其中有 354 个字是描述人的情绪的,并按其意思可分为 18 类,即安静、喜悦、愤怒、哀怜、悲痛、忧愁、忿急、烦闷、恐惧、惊骇、恭敬、抚爱、憎恶、贪欲、嫉妒、傲慢、惭愧、耻辱。

20 世纪 70 年代初,美国心理学家伊扎德将情绪分为基本情绪和复合情绪两类。他用因素分析的方法,提出人类具有 8—11 种基本情绪,它们是兴趣、惊奇、痛苦、厌恶、愉快、愤怒、恐惧和悲伤以及害羞、轻蔑和自罪感。他把复合情绪分为三类,一类为两种以上基本情绪的混合;二类为基本情绪与内驱力身体感觉的混合;三类为感情—认知结构(特质)与基本情绪的混合。依此分类,复合情绪会有上百种之多。表 7-1 是伊扎德关于复合情绪的举例。

表 7-1　复合情绪举例

基本情绪结合	情绪——驱力结合	情绪——认识结构
兴趣	兴趣——性驱力	多疑——恐惧
痛苦——愤怒	疼痛——恐惧	自卑——痛苦
恐惧——害羞	疲劳——厌烦	沉静——害羞
轻蔑——厌恶——愤怒	性驱力——兴趣——享乐	多疑——恐惧——内疚
恐惧——内疚——痛苦——愤怒	疼痛——恐惧——愤怒	活力——兴趣——愤怒

美国心理学家克雷奇、克拉奇菲尔德和利维森等人在《心理学纲要》(1974)一书中将情绪分为以下六类:

(1)原始情绪。快乐、愤怒、恐惧和悲哀,被认为是最基本的或原始的情绪。

(2)与感觉刺激有关的情绪,包括疼痛、厌恶和轻快,这类情绪可以是愉快的,也可以是不愉快的;刺激水平可以是温和的,也可以是强烈的。

(3)与自我评价有关的情绪,包括成功和失败的情绪,羞耻、骄傲、内疚和悔恨的情绪。这些情绪取决于个人对自身行为与各种行为标准的关系的知觉。

(4)与他人有关的情绪,这种与他人有关的情绪经一定时间常常凝结成经久的情绪倾向和态度。发生在人与人之间的情绪种类繁多,但多数排列在积极情绪到消极情绪的维度内。两种极端的情绪是爱与恨。

(5)欣赏情绪,包括惊奇、敬畏以及美感、幽默等,这类情绪是由人对周围事物和对自己在纷繁的世事中所处地位的欣赏方针决定的。

(6)心境,包括忧郁、焦虑、得意等,它能把人在同一时间内的全部经验染上情绪色彩。

二、情绪的存在状态

（一）心境

心境是一种比较微弱而持久的情绪状态。心境具有弥散性，它不是指向某一特定对象，而是在某一时段内，作为人的情绪的总背景将人的言谈举止、心理活动都染上相应的情绪色彩。

心境产生的原因是多方面的。学习的顺逆、事业的成败、人际关系的亲疏、健康状况的好坏、自然环境的变化等，都可能成为引起某种心境的原因。

心境对人的学习、生活和健康有很大影响。积极的心境可以提高人的活动效率，有益于身心健康；消极的心境能降低人的活动效率，易使人罹患疾病。因此，调节心境，使之处于积极状态，对于每个个体都是非常必要的。

（二）激情

激情是一种强烈的、爆发式的、为时短暂的情绪状态。激情属于"激动—平静"维量中偏激动极的情绪。诸如欣喜若狂、悲痛欲绝、暴跳如雷、惊恐万状等都是激情的表现形式。激情常常是由对个体具有重大意义的强烈刺激或突如其来的意外事件所引起。

激情有明显的外部表现。如盛怒时脸色铁青、怒目圆睁、暴跳如雷；狂喜时张口大笑、手舞足蹈等等。在激情状态下，人的认识范围往往会缩小，理智分析能力受到抑制，自我控制力减弱，甚至可能会出现鲁莽行为。

从心理卫生学的角度来看，激情对健康是有害的，它不仅能致病，也能致死。因此，要善于控制激情。采用注意转移法可以冲淡激情爆发的程度。

三、情感的种类

（一）道德感

道德感是人们运用一定的道德标准评价自身或他人言行时所产生的情感体验。如果自身的言行符合道德标准，就会产生幸福感、自豪感和欣慰感；如果自己的言行不符合道德标准，就会感到不安、内疚、自责。同样，当他人的言行符合道德标准时，便产生满意和肯定的体验，如爱慕、敬佩、赞赏等；不符合便产生不满和否定的体验，如厌恶、反感、鄙视、憎恨等。

（二）理智感

理智感是人们在认识和评价事物时所产生的情感体验。例如，人们在探索新事物时的好奇心和求知欲；对矛盾事物的怀疑感和惊讶感；判断证据不足时的不安感；问题解决时的喜悦感和快慰感；对科学的热爱；对真理的追求；对偏见、迷信和谬误的痛恨等等，都属于理智感。

（三）美感

美感是人们按照一定的审美标准评价事物时所产生的情感体验。如人们对桂林山水、昆明石林、北京故宫、苏州园林产生的陶醉、欣赏、赞叹和愉悦等情感，都属于美感。

美感与道德感有密切关系，因为不仅对美与丑的评价鉴赏能使人产生美感，而且对善恶的评价也能引起人相应的审美感受和体验。

第五节　应　激　与　挫　折

一、应激

(一) 应激的概念

应激是机体对紧张刺激的一种适应性反应。应激属于情绪维量上"紧张—松弛"维度的紧张极。但是应激不是单纯的紧张状态,而是紧张与其他情绪相混合的复合情绪状态。

能够引起应激反应的紧张刺激是多种多样的。动机冲突、挫折情境、人际关系失调、社会文化环境的变革与改变、个人生活的变动,以及强烈的噪声、各种病菌病毒的侵害等等,都可能成为应激源。

(二) 应激的影响

应激源作用于个体,会使其机体内部产生一系列的生理、心理变化,这种适应性的身心反应对个体有两方面的影响。

1. 积极影响

适度的应激反应可以调动机体的身心潜能,提高个体的应付能力。例如,在学习或体育竞赛中,能保持适宜心理紧张度的学生,往往会超水平发挥,取得优异的竞赛成绩。

2. 消极影响

强烈的或持久的应激状态会影响人的智能发挥,干扰正常的认知活动,降低人的应付能力,甚至使人罹患疾病。20 世纪 30 年代,加拿大生理学家汉斯·塞里经研究提出了应激的生理反应模式,称为"一般适应综合征"。这种生理反应包括警觉、阻抗和衰竭三个阶段。持续处于应激状态之下时,机体会耗尽自身能量,导致适应性疾病。应激可引起多种疾患,如高血压、冠心病、支气管哮喘、消化性溃疡、糖尿病、癌症及各种神经症等。

(三) 应激的对策

在现实生活中,应激是任何人都不可避免的。要抵御应激的消极影响,就必须控制应激反应的程度,使其保持在我们能承受的适宜水平内。具体做法为:①控制或减少那些我们主观上可以控制的应激源。②辩证达观地看待生活事件。③保持和增进身心健康。④安排张弛适宜的生活节奏。⑤关注他人并寻求他人的支持。

二、挫折

(一) 挫折的概念

挫折是指个体在有目的的活动过程中遇到难以克服的障碍和干扰,致使需要不能得到满足时的情绪状态。

引起挫折的原因可以分为客观和主观两个方面。凡是自然界和社会给予个人的干扰和限制,都属于客观因素。如自然灾害造成的严重损失,因种族、宗教、伦理和风俗的限制,使个人的意愿不能得到满足等。凡是由于个人原因所造成的干扰和限制,都属于主观因素。如因知识面狭窄而致高考落榜,由于色盲使当医生的梦想破灭等。

（二）挫折的影响

1. 积极影响

挫折可以磨炼人，为人的发展、完善提供契机。挫折还可以提高人对挫折的承受力。孟子曾经说过："故天将降大任于斯人也，必先苦其心志，劳其筋骨，饿其体肤，空乏其身，行拂乱其所为，所以动心忍性，增益其所不能。"在中外历史上不乏逆境成才之人。歌德因失恋而著《少年维特之烦恼》；蒲松龄科场失意，乃埋头收集整理民间传说故事，创作《聊斋志异》；古希腊的德摩斯梯尼因口吃而屡遭别人讥讽，经刻苦练习终于成为著名的演说家。

2. 消极影响

挫折可使人产生愤怒、焦虑、抑郁、恐惧、憎恨和失望等消极情绪。如果这些消极情绪反应强度过大或持续时间过长，往往会扰乱人的心身平衡，损害人的心身健康。强烈的挫折还可降低人的认知、调适能力，使人产生一些消极的行为反应。

常见的消极行为主要有以下几种：①攻击。攻击有直接攻击和转向攻击两种形式。直接攻击是指个体将攻击行为直接指向造成挫折的人和物。其方式为嘲笑、谩骂、毁物伤人，甚至杀人等。转向攻击是指个体将攻击行为转向自己或其他较弱的人和物。表现为自我惩罚和自杀，或者迁怒于"替罪羊"。②冷漠。是指个体对挫折情境表现为漠不关心和听之任之的态度和行为。冷漠是一种比攻击更为复杂的行为反应，它是个体压抑愤怒的结果，通常是在个体遭受较大或持续存在的挫折情境下发生。③固执。指个体遭受挫折后，反复重复某种无效行为，尽管于事无补但仍一意孤行地坚持自己的做法。固执行为常在个体遭受突如其来的挫折时发生。如发生火灾时，人们往往拼命推拉上锁的大门，越重复这种行为，越可能丧失逃生的机会，但人们还是会这样做。④退行。指个体受到挫折后，放弃已经学会的比较成熟的适应技巧和方式，而以幼稚和简单的方式应付挫折。如愿望受阻时，有的人像小孩那样大哭大闹，这就是退行。

（三）挫折的对策

正确地对待挫折。人生的道路是不平坦的，正所谓"逆境在多，顺境在少"。因此，我们要注意在生活中磨炼自己，不断提高挫折承受力，更为重要的是，还要在挫折到来之时正确应付挫折。具体做法为：①冷静地接受挫折，积极地看待挫折。②认真分析挫折原因，有针对性地调整自己，争取新的成功。③寻求他人帮助，增强自我抵御挫折的力量。

培养学生对挫折的承受力及应付力，是现代教师的职责之一。它要求教师做到：第一，使学生懂得挫折是不可避免的，对挫折具有心理准备。第二，引导学生辩证、达观地看待挫折。第三，教给学生一些应付挫折的方法。

第六节　焦虑症与抑郁症

一、焦虑和焦虑症

焦虑是指个人预料会有某种不良后果或模糊性威胁将出现时产生的一种不愉快的情绪。它是一种极其常见的、综合性的负性情绪，其特点是紧张不安、忧虑、烦恼、害怕和恐惧，并且可能会出现出汗、颤抖、心跳加快等生理症状。

适度的焦虑是人人都会体验到的正常的情绪反应,尽管它给人带来的感受并不愉快,但却具有积极的意义。它促使人们避开或改变对自己具有负面影响的情境,从而保证自身安全、更好地适应生活中的挑战和变化。例如,对考试感到适度焦虑,能调动学生的学习积极性,以获得好成绩;对黑暗僻静环境的适度焦虑,能提高人们的自我防范意识,从而避免受到不法侵害。但重度的焦虑则是有害的。例如对考试的过度焦虑可能会使学生畏惧学习、回避考试;对黑暗僻静环境的过度焦虑可能会影响人们的正常交往和外出。

焦虑症是一种以病态焦虑为主要表现的情绪障碍,它以广泛和持续性焦虑或反复发作的惊恐不安为主要特征。焦虑症主要有广泛性焦虑和惊恐障碍两种类型。其中广泛性焦虑是以持续的紧张不安,伴有显著的植物神经功能兴奋和过分警觉为特征的一种慢性焦虑障碍。其突出表现是,患者对生活中的每一件小事都会感到焦虑和担忧。惊恐障碍是以反复出现的惊恐发作为原发的和主要临床特征,并伴有持续地担心再次发作或发生严重后果的一种急性焦虑障碍。

焦虑症不同于正常的焦虑,焦虑症患者往往没有任何原因地感到莫名焦虑,或者是所体验到的焦虑程度或持续时间超出实际情况所应该引起的程度。另外,常态的焦虑情绪与焦虑症的应对措施也有所不同,常态焦虑情绪的调节一般不依靠药物,而焦虑症却往往还需配合药物治疗。

二、抑郁和抑郁症

抑郁是一种负性情感增强的表现,充满不适感、沮丧感的心境状态;基本特点是获得性或反应性降低,悲观、忧郁。在生活、学习、工作中遇到挫折与不顺的时候,人们或多或少地会感到些许情绪低落,这是很正常的,也无需为此感到紧张,时过境迁之后人们便会从这种抑郁的心境中走出来。例如因为高考落榜而心情沮丧,但通过亲友的开导和自己的调节,便从低谷中走出,情绪逐渐好转。但是,如果一个人长期处于严重的抑郁心境之中,很难从这种状态中自行恢复,且生活受到这种情绪的严重干扰和破坏,这时的抑郁就可能是抑郁症的症状。

抑郁症是一种较为多见的情绪障碍,以长时间的心境低落为主要表现,常伴有焦虑、躯体不适和睡眠障碍。具体来说,抑郁症患者有以下几种常见的表现:

(1)心境低落。这种低落的心境可以是闷闷不乐,也可以是悲痛欲绝。患者往往自我否定,严重低估自己的能力和作用,认为自己无法避免消极事件的发生或者无法获得成功,从而觉得自己一无是处、周围环境糟糕透顶、前途暗淡无光。这种阴郁的心境具有弥漫性,时刻影响着患者的一切心理活动和行为表现。

(2)自责感与内疚感。抑郁症患者经常后悔自己所做的事情、为自己的错误感到内疚。很多时候尽管并不是他的错误,他也总会归咎到自己身上,批判和惩罚自己。

(3)兴趣缺乏。患者对一切事物都失去兴趣,对生活中的各种活动都感到索然无味,甚至自己曾经非常喜欢的事情例如踢球、看电影等都不再能令他兴奋。

(4)精力减退、有疲乏感。抑郁症患者很容易感到疲乏,即便是最简单普通的日常活动,如吃饭穿衣等小事,也会让他们觉得筋疲力尽、力不从心。

（5）食欲与睡眠障碍。患者往往食欲不振、不思茶饭，从而体重减轻。睡眠方面的障碍也是较为典型的症状，表现为入睡困难或一晚醒来多次，但更为典型的是早醒后难以再次入眠。但也有少数患者出现相反的症状，表现为食欲大增、睡眠过量。

（6）活动水平的变化。很多患者行动缓慢，说话、走路、做事都慢上半拍。例如，有研究表明，在躲避不愉快的声音时，抑郁症患者所需的时间比正常人要长。但也有部分患者可能表现相反，活动增多、焦躁不安。此外，抑郁症患者的认知活动水平也有所降低，在执行心智任务时表现出更大的困难。例如注意难以集中、记忆力减退、思维迟缓、联想阻滞等等。

（7）自杀的想法。许多抑郁症患者都有周期性的自杀念头。这种自杀的想法通常是逐渐产生的，轻者感到生活无趣、不值得留恋，逐渐发展成为长眠不醒或突然死去的念头，之后随着病情的加重，自杀的想法日益强烈，甚至付诸实施。

抑郁症与正常人的抑郁情绪尽管有些相似，但二者也有很大的区别。首先，抑郁症患者的抑郁程度较重，持续时间较长，且不会随着时间的推移自行淡化；其次，普通的抑郁情绪不会严重影响人们对周围环境和自身能力等的正常认知，也不会对正常的生活造成破坏，但抑郁症患者却往往把自身和环境看得毫无价值，而且正常生活也受到影响；再次，抑郁情绪可以依靠主观调节，但抑郁症却需要配合药物治疗。因此人们无需谈抑郁而色变，应该分清正常的抑郁情绪和抑郁症之间的区别，再采取相应的对策。

第七节　情绪的调节

情绪对人们的认知和行为起调节的作用，它通过它的动力功能和组织功能促进或干扰人的认知和行为。同时，情绪本身作为一种心理过程，也是被调节的对象，以便使人处于适当的情绪状态和情绪水平，帮助人们更好地生活。

情绪调节指的是对情绪内在过程和外部行为所采取的监控、调节，以适应外界情境和人际关系需要的动力过程（孟昭兰，2005）。这种调节，既包含对情绪的减弱，也包含对情绪的增强或维持；既包含对消极情绪的调节，也包含对积极情绪的调节；既可以是对自身情绪体验、认知和行为的调节，也可以是对与情绪有关的外界情境的调节。

一、情绪调节的方式

情绪心理学家格罗斯认为在情绪发生过程的每一个阶段都可以对情绪进行调节，这些阶段包括情境的选择和修正、注意分配、认知改变、反应调整等，其中情境的选择和修正、注意分配、认知改变是以先行过程为中心的情绪调节，而反应调整是以反应为中心的情绪调节。广义的情绪调节既包含积极有益的调节，也包括消极有害的调节。下面仅以积极的调节为例介绍几种较为常见的情绪调节方式。

（一）情境调节

情境调节是指通过对周围物理环境和人际环境的调节来调节情绪，它既可以是对情境的回避或趋近，也可以是对情境的改变和修正。

物理情境会对人们的情绪造成影响。例如,因配偶去世而悲伤的人,如果继续在两个人共同生活的房子里独自生活,很容易触景生情,陷入悲伤情绪不能自拔;再如,因工作压力而烦躁不安的人,如果暂时离开封闭压抑的环境,而去风景优美或者开阔的地方,心情便会舒畅很多。

人际环境对人们的情绪也有较大的作用。首先,周围人的情绪可能会直接影响自身的情绪。例如,与情绪不佳的人相处,自己也有可能受到感染而变得情绪不佳;与乐观开朗的人相处,容易让自己也忘记烦恼。其次,人与人之间的关系也会影响情绪。冷漠的人际关系有可能会带来消极的情绪体验;而人与人之间的支持和帮助则有益于情绪的改善,例如情绪低落的时候找亲友聊天,通过亲友的开导和支持,使得心情逐渐恢复。

（二）认知调节

认知调节是指通过改变自己的认知因素来调节情绪。美国心理学家艾利斯认为,人的情绪并不是由情境决定的,人们对情境的认知和解释才是情绪的直接影响因素。同样的情境,人们可以由于对情境的认知和解释不同,而产生不同的情绪反应。例如口渴的时候面对半杯水,有的人会非常高兴,因为"还有半杯水呢",但有的人会非常沮丧,因为"只剩下半杯水了"。

艾利斯总结了导致情绪不佳的不合理信念的三个主要特征:绝对化要求、过分概括化、糟糕至极。绝对化要求是指一个人以自己的意愿为出发点,对事物怀有认为其必定会发生或不会发生的信念,这种信念常常与"必须"、"应该"、"一定"等词联系在一起,如"我必须考上重点大学";过分概括化是一种以偏概全的思维方式,如"我学习成绩总是提不上去,我真是个一无是处的人";糟糕至极是指,当一件自己不愿发生的事情发生后,其后果是非常可怕、非常糟糕、非常不幸的,如"男友和我分手了,这世界上再没有人会爱我了"。

因此在遇到情绪困扰的时候,人们可以通过反省自己的不合理信念,用合理的观念代替不合理信念,从而改善自己的情绪体验。

（三）行为调节

研究发现,抑制某些情绪的情绪表达,可以显著减弱相应的情绪体验,如痛苦、骄傲、愉快等;反之,做出某些表情,会使相应的情绪体验增强,如愤怒。但需要指出的是,面部表情的调节对情绪主观体验的作用较为复杂,有时对面部表情的抑制反而增强了相应的情绪体验,如厌恶、悲伤等情绪。

有研究者认为对情绪的压抑会影响心理适应性,带来心理健康方面的问题,因此对表情和行为的抑制应保持一定限度,如果一味地抑制情绪的表达而不寻求其他的改变,是十分有害的。尽管如此,生活中人们还是在不断使用这种策略。因为对情绪的表情和行为进行抑制,除了可以改变相应的情绪体验之外,还有其他重要作用,如避免不良情绪影响到与他人的交往、保证信息的正常表达和交流。例如愤怒情绪下,人们抑制了自己骂人和打人的言行,尽量用平静的语调与对方沟通、讲道理,以便更好地解决问题。

（四）注意转移

注意转移就是将注意从引起情绪的事件中移开,集中注意于其他事件,从而避免不良情绪体验。

悲伤的时候,如果一味地沉浸在对悲伤事件的不断回顾中,悲伤情绪会越来越重,但是如果积极地将注意转向自己喜欢的活动或感兴趣的事情,如听音乐、读书等,可以让人逐渐淡忘悲伤。朋友聚会时,某个朋友说了令自己非常不高兴的话,人们往往忽略不听,将注意转移到其他朋友的谈话中,或者重新开始一个话题。这些都属于通过转移注意来调节情绪的例子。

(五)适度宣泄

宣泄是指当不良情绪积压于心的时候,人们选择某种方式将不良情绪发泄出来,从而降低不良情绪体验的方法。悲伤的时候大哭一场、忧愁的时候到无人的地方大喊、烦躁的时候摔打东西、对别人把自己的伤心事倾诉出来等,都属于情绪的宣泄。但需要注意的是,情绪的宣泄一定要保持在适度范围内,以免对自己和周围的人造成不良影响。例如,为了宣泄愤怒而打人、伤人,尽管暂时减弱了愤怒情绪,但却会给自己和他人带来更大的麻烦;再如,找人倾诉本是一种排解悲伤的方法,但是若不分时机、见人就说,反而会引起别人的厌烦,影响自己与他人的关系。

二、情绪调节与身心健康

情绪调节与人们的心理健康和生理健康息息相关。情绪健康本身就是心理健康的重要指标之一,因此对情绪的调节直接关系到一个人的心理健康程度。此外,情绪对人的认知、社会交往等具有动机、组织的作用。情绪活动总是伴随着相应的生理变化,因此情绪调节对生理健康的作用也不容忽视。我国传统医学有"怒伤肝、忧伤肺"的说法。

参考资料 7-2

自杀及其预防与干预

自杀是一种有意识地、自愿地结束自己生命的行为。导致自杀的因素有很多,如生物学因素、社会因素、心理因素等等。其中情绪情感类心理问题,尤其是抑郁,与自杀有着很密切的联系。自杀已经成为当前导致死亡,尤其是青壮年死亡的重要原因。近年来,随着媒体对大学生自杀事件的不断报道,大学生自杀的预防和干预也越来越引起人们的重视。

要预防自杀,对自杀危险性进行评估是很重要的一个环节。目前对自杀危险性的评估,主要依赖临床经验。一般说来,有以下情况者通常具有较大的自杀危险性:①情绪低落抑郁者;②过去曾有过自杀的企图或行为者;③谈论过自杀并考虑过自杀方法者;④家庭亲友或近邻中曾发生过自杀者;⑤有明显的精神因素者(如动机冲突或受挫折等);⑥性格不开朗、内向者;⑦长期有睡眠障碍者;⑧有强烈的罪恶感或缺陷感者;⑨身患不治之症或有疾病的强迫观念者;⑩感到缺乏或丧失支持性的社会联系者(姚月红,2000)。

目前国际上已经形成一种自杀的三级预防模式:一级预防措施是指为防止引起致命后果的行为而采取的措施,目标在于降低自杀死亡率,这些措施包括治疗精神疾病患者、控制有毒物质的获得途径、缓和新闻报道等;二级预防指对处于自杀边缘的人进行早期干预,其措施包括自杀或危机干预机构的建立、控制造成自杀的便利途径、加强急诊服务等;三级预防则指对曾经有过自杀未遂的人防止其再次出现自杀。

自杀的危机干预是指在自杀潜伏期内或在自杀未遂的情况下,对处于自杀危机中的个体提供支持,帮助他们解除心理痛苦的一系列措施。一般说来,在进行对处于自杀危机中的人干预时,应注意以下策略:①去倾听而不是指责和埋怨;②对其思想和情感进行评估,及时发现和应对自杀意向与行为;③对其作出的任何抱怨都予以重视;④在适当的时候可以直接问及自杀;⑤对于那些很快"反悔"、表示不再自杀的人,应继续给予鼓励;⑥充分利用其自身的力量和外界的帮助与支持;⑦及时与专家商讨与咨询,不要一个人处理所有问题;⑧对于任何一个自杀念头或尝试都应认真对待,宁可反应过度也要避免追悔莫及。

第八节 情感教育

情感教育的目标,从内容上来说,主要应培养学生的理智感、道德感和审美感;从能力上来说,应培养学生的各种情绪能力,如体验自己情感的能力、表达自己情感的能力、调控自己情感的能力和移情的能力等;从层次上来说,应培养学生深刻的、稳定的积极情感(卢家楣,2002)。情感教育的具体内容主要包含生命教育、亲情教育、友情教育、爱情教育、民情教育、国情教育、生态教育等(刘晓伟,2007)。

一、道德教育和心理健康教育中的情感教育

情感教育最为直接的实现途径是道德教育和心理健康教育。

道德教育的内容包括道德情感、道德认识和道德意志行为三部分,其中道德情感的形成要以道德认识为基础、依靠道德意志行为加深和巩固;同时,道德情感对道德认识起引导与深化作用、对道德行为起引发和支持作用。社会主义条件下的道德情感主要包括爱国主义情感、集体主义情感、责任感、义务感、荣誉感、正义感、尊严感、友谊感等等。

道德情感的培养,主要可从以下几方面入手:①以知育情。所谓"知之深,爱之切",道德情感总是在一定的道德认识的基础上产生的。因此丰富学生的道德知识、提高他们的道德认识水平是道德情感培养的重要途径。②以情育情。人的情感具有强烈的感染性。一方面,教师对学生真挚的爱和关切,有助于培养学生的爱心;另一方面,教师对人、对事所表现出的情感体验,对学生也有着潜移默化的作用。③以行育情。引导学生进行各种实践活动,在活动过程中体验道德情感,例如在各种集体竞赛中体验集体主义情感、在公益活动中体验责任感和义务感等。④以形育情。充分利用文艺作品和实际生活中的鲜活生动的形象,激发学生的道德情感。这些形象既应包括各行各业的典型人物,也应包括学生身边的榜样,既应培养学生对正面榜样的尊敬和喜爱,也应培养对反面人物的鄙夷和厌恶。⑤以境育情。情感具有情境性,因此可以通过创设良好的环境来激发学生的积极情感。例如凝聚力强的班级环境可以激发学生的集体主义情感、庄严肃穆的升旗仪式可以激发学生的爱国主义情感等。

情绪和情感是重要的心理活动,因此以培养健康心理品质和健全人格为目标的心理健康教育,必然包含情感教育这一内容。其目标主要是:①使学生正视和理解自己的情绪;②学会

正确表达情绪;③能够有效调控情绪;④能识别和理解他人的情绪。情绪辅导主要是通过角色扮演、小组讨论及专项训练等心理辅导活动来完成。

二、知识教育中的情感教育

人们在进行各种心理和行为活动时,总会伴随着相应的情绪情感体验,学生的学习活动也不例外。无论是知识的内容,还是知识学习的过程,都与情绪情感息息相关。

(一) 学科教学内容中进行情感教育

无论是自然学科还是人文学科,学生的学习内容,既具有认知教育层面的意义,也具有情感教育方面的意义。例如对岳飞等民族英雄历史事迹的学习,可以激发学生的爱国情感;对万有引力定律的学习,可以使学生体会到科学理论解释复杂现象时体现出的简洁之美,等等。

在我国 2003 年发布的《基础教育课程改革纲要(试行)》提出,国家课程标准"应体现国家对不同阶段的学生在知识与技能、过程与方法、情感态度与价值观等方面的基本要求"。这一文件把情感目标放在了同知识与技能、过程与方法目标并列的地位,而不是把情感仅仅当作促进知识与技能、过程与方法学习的手段。这为学科教学中渗透情感教育提供了保障,也进一步彰显了情感因素在教育中的重要性。

参考资料 7-3

中学物理课的情感目标

1. 能保持对自然界的好奇,初步领略自然现象中的美妙与和谐,对大自然有亲近、热爱、和谐相处的情感。

2. 具有对科学的求知欲,乐于探索自然现象和日常生活中的物理学道理,勇于探究日常用品或新器件中的物理学原理,有将科学技术应用于日常生活、社会实践的意识。乐于参与观察、实验、制作、调查等科学实践活动。

3. 在解决问题的过程中,有克服困难的信心和决心,能体验战胜困难、解决物理问题时的喜悦。

4. 养成实事求是、尊重自然规律的科学态度,不迷信权威,具有判断大众传媒是否符合科学规律的初步意识。

5. 有将自己的见解公开并与他人交流的愿望,认识交流与合作的重要性,有主动与他人合作的精神,敢于提出与别人不同的见解,也勇于放弃或修正自己的错误观点。

6. 初步认识科学及其相关技术对于社会发展、自然环境及人类生活的影响。有可持续发展的意识,能在个人力所能及的范围内对社会的可持续发展有所贡献。

7. 有将科学服务于人类的意识,有理想,有抱负,热爱祖国,有振兴中华的使命感与责任感。

(引自《全日制义务教育物理课程标准(实验稿)》)

(二) 在学习与探索中发展学生的理智感

理智感在人的智力活动中具有非常重要的作用。传统的接受学习教学模式中,知识是在既定的教学框架下,以定义和命题等方式,由教师或教科书传授给学生的。这种学习方式优点在于知识的学习效率高,但对于提高学生的探索新事物的兴趣和能力、培养对科学知识的理智感和愉悦感、体验生活和科学之美,效果非常有限。

针对接受学习的这一弱点,国内外很多教育学者提出了各种通过学生的主动探索来获取新知识的教学模式,如研究性学习、探究学习、发现学习、问题解决学习等。这些教学模式的具体实施方式和侧重点虽然略有不同,但其本质都在于,让学生以类似于科学研究的方式去主动探究进而发现问题的答案,在这一过程中满足好奇心和求知欲、体验获得知识的喜悦、坚定追求真理的信念。而这些积极的情感体验,对学生今后的学习和生活具有重要意义。

如在一期主题为"关于公路的弯道测量"的研究性学习(乔永海 2007)中,学生在教师的指导下,以小组为单位,分别自行设计并实施了对一段公路的转弯半径和路面倾角的测量,计算出这段公路的限速是 30 公里,这一结果与后来公路部门立起的警示牌一致。在这一过程中,学生通过主动思考和讨论,设计出了多种测量方案,体验到了探求真理的乐趣,并从中收获了成功的喜悦。

(三) 快乐教育

快乐教育是情感教育与学科教学结合的具体体现之一。其理念是以学生为教学的出发点,把培养学生的兴趣、满足学生的需要、培养学生的能力放在第一位,使学生在宽松民主的气氛里、在愉悦的心境中,积极主动、兴趣盎然地进行知识和技能的学习。

快乐教育的实现方式丰富多彩、多种多样,只要能达到让学生乐学、爱学的目的,均可以看作是快乐教育。一般说来,快乐教育可以从以下几方面入手:

建立平等民主的师生关系。学生对老师的情感会对他们的学习态度产生一定影响。尤其是中低年级学生,喜欢或厌恶一门课程,有时候仅仅是由于喜欢或厌恶该科任课教师。教师以包容、平等、尊重的态度,可以帮助学生放松、积极地投入到学习当中。

使用丰富多彩的教学形式。除了传统的讲授之外,穿插讨论、研究、竞赛、游戏等多种教学形式,寓教于乐。但注意不要只追求形式多样,而偏离了教学目标,忽略了教学实效。

综合利用挂图、模型、多媒体课件等教学辅助工具。这些工具的使用,一方面从各种感觉通道帮助学生加深对知识的理解,另一方面可以激发学生的学习兴趣。但在运用这些教学辅助工具的时候,应注意不要喧宾夺主,只注意形式而忽略内容。

评价方式多样化。从发展的角度、全方位地对学生进行考察和评价,并且给学生创造体验进步和成功的机会,激发他们进一步努力的信心。

三、艺术教育中的美感教育

艺术教育在中小学主要表现为音乐和美术课程,艺术教育中的情感教育主要体现在美感的培养方面,同时对其他一些积极社会情感的培养也有重要作用。

音乐的创作和鉴赏过程,会给人带来相应的情绪情感体验。其中既有乐曲自身的音响、节奏、旋律等给人们的直接作用,也有乐曲创作背景和主题给人们带来的间接感染。如《义勇军进行曲》雄壮的乐曲,能使炎黄子孙热血沸腾,深切体会到爱国情感;《二泉映月》使人沉浸于泉清月冷的静谧夜色中,体味意境美的同时感受作曲家与命运抗争的精神。

美术通过视觉形象和色调感染人,能帮助学生理解并感受自然界和生活中的美。例如,创作和鉴赏山水国画的过程,可以给人带来美的感受,同时也能激发人们对祖国大好河山的热爱。

思考题

1. 什么是表情? 研究表情有什么意义?
2. 情绪、情感具有哪些功能?
3. 什么是詹姆斯—兰格理论?
4. 什么是阿诺德的评定—兴奋学说?
5. 什么是沙赫特的认知—激活理论?
6. 什么是伊扎德的动机—分化理论?
7. 什么是道德感、理智感和美感? 它们在个体发展中具有什么作用?
8. 什么是应激? 应激对个体有什么影响? 应该怎样应付应激?
9. 什么是挫折? 遇到挫折你准备如何应付?

实践题

1. 观察一位教师的教学,以情感教育目标为标准,分析评价该教师情感教育任务的完成情况。
2. 运用学过的知识帮助一位同学战胜挫折,并描述该同学遇到挫折的原因及挫折后的反应,以及你的具体做法。

第八章 意 志

本章主要内容

1. 意志概述　　　2. 意志行动过程　　　3. 意志品质与教育

第一节　意 志 概 述

一、意志的概念

(一) 意志

意志是自觉地确定目的，并为实现目的而支配调节自己的行动，克服各种困难的心理过程。

意志是人所特有的心理现象，是人类意识能动性的集中表现。人的心理不仅能够通过感觉、知觉、记忆、思维等心理过程认识客观事物及其规律，并且能制订行动计划，积极而有目的地控制自己的行动去达到既定的目的。动物也作用于环境，有些动物似乎也有某些"有目的"的行为，但是从根本上讲，动物的行为不能达到自觉意识水平。人却不同，人在从事活动之前，活动的结果已经成为活动的目的而存在于他的头脑中，并且把它当作方向来规定自己的行动的式样和方法，使自己的行为从属于这个目的。正是有了意志，人才可能在纷繁复杂的环境中主动提出目的，主动采取行动来积极地改造外部世界以满足自身的需要，从而成为现实的主人。因此，意志集中表现了人的意识能动性。

意志的产生与社会生产劳动有密切关系。社会生产劳动为意志的产生提出了需要并且也提供了可能。劳动的社会性是意志形成和发展的基础。人的意志总是与行动紧密联系，所以也把有意志参与的行动称为意志行动。意志行动是人类独有的行动。

(二) 意志特征

1. 自觉目的性

意志行动是人经过深思熟虑，对行动目的有了充分的认识之后所采取的行动。离开了明确的目的，就无意志可言。意志的自觉目的性有两个根本的特点：一是确定的行为目的要符合客观事物发展的规律；二是行动目的必须符合社会准则。个体不论参加何种社会实践活动，都要履行社会的义务和责任。因此，一个人的世界观和道德观是决定其意志行动自觉性的根本依据。意志水平正是以这种自觉目的性水平为转移的，目的愈高尚，愈远大，意志表现的水平就愈高。

137

2. 行为调节和控制

意志离开了人的行动就不能独立存在。意志对行为具有两种调节功能,即激励功能和抑制功能。激励功能是推动人去从事达到目的所必需的行为,抑制功能是制止不符合预定目的的行为。这两种功能在实际活动中是统一的。意志不仅组织、调节人的外部活动,还可以组织、调节人的内部的心理状态。当学生把注意力集中到学习上时,就存在着意志对注意、思维等认识过程的组织和调节作用。

3. 克服困难

人的意志行动总是与调动人的积极性去克服困难、排除障碍分不开的。如果说,感知是外部刺激向内部意识的转化,那么意志就是内部意识向外部动作的转化。在这个转化过程中常常会遇到种种内部的和外部的困难。内部的困难通常有经验不足、能力不够、思想矛盾、情绪干扰、懒惰等;外部困难是实现目的的过程中所遇到的客观阻力,如物资设备不足、社会阻力较大、自然条件太差等。要克服这些困难,个体就必须充分发挥自我意识的积极能动作用,就必须对自己的活动和行为进行自觉的组织和调节。而这一切取决于:①行动目的。目的越远大,克服困难的毅力也就越强。②对行动后果的认识。对后果的意义认识越充分,克服困难的决心越大,成功的可能性也就越大。③知识和物资的准备。准备得越充分,越有利于困难的克服。

二、意志与认识、情感和动机的关系

(一) 意志与认识的关系

1. 认识活动是意志行动的前提

意志行动中的自觉目的性是以对客观规律的认识为基础的,人的行动目的是受客观规律制约的。只有当人们认识了客观事物发展的规律,并运用规律去改造世界以适应人类的需要时,才能自觉地提出行动目的。只有他的目的和愿望确实符合客观规律时,他的意志行动才能得以实现。所以说,人只有认识了客观世界的规律,认识了人自身的需要和客观规律间的关系才可能有自觉目的性。提出实现目的所需要的有关计划也是认识活动的结果。个体的认识愈是丰富和深入,他所积累的知识和技能愈多,他在意志活动中提出的计划就愈为有效。在意志行动中,个体要随时认识形势的变化并能根据变化调节自己的行动。所以说,离开了认识过程,就不会有意志活动。

20 世纪 60—70 年代心理学有关习得性无助的研究,为我们证明了人对自己行为结果的认识会制约人的意志行为表现。赛利格曼发现,狗在连续多次遭受电击而无法躲避的情况下,会产生一种反应,即在即使可以设法躲避时也不躲避,听任电击。这就是习得性无助。20 世纪 70 年代中期,海若托等以大学生为被试,研究发现,如果大学生原有认识认为根本无法躲避,那么他们就会很少试图去躲避,他们不会作努力,似乎他们的意志在消失。

2. 意志也影响人的认识活动

人对外部世界的认识,必须通过个体的努力,来组织自己的观察活动,维持自己的注意,加强随意记忆和创造性想象,积极开展解决问题的思维活动等,这都离不开意志的努力。将理性知识运用于改造世界的实践也是一个十分复杂的意志过程,既要有勇气,又要有毅力。没有意志,人就不可能有全面而深刻的认识活动。

(二)意志与情感的关系

积极的情感可以鼓舞人的意志,成为意志的动力;消极的情感也可以成为人的意志的阻力,它会削弱人的意志,阻碍人去实现原定目标,使意志行动半途而废。

由于意志具有组织和调节的功能,意志不只是受情感的影响,反过来意志也影响情感。意志能否调节情感受到许多因素的制约,但就人的内部条件而言,它取决于意志和情感之间的对比力量。意志坚强的人,可以控制、调节人的情感;意志薄弱的人会半途而废。所谓以理智驾驭情感,就是由意志遵循理智的要求而实现的对情感的驾驭。认识过程本身并不具有控制情感的功能,控制是由意志来完成的。"理智战胜情感",就是指意志力量在理智认识的基础上克服了与理智相矛盾的情感;而"情感战胜理智"是意志力量不足以抑制情感的冲突而成为情感的俘虏,背离了理智的方向。

(三)意志和动机的关系

人的意志行动的发生和维持都与动机有着紧密的关系。首先,动机是意志活动的激活者,有激励作用,是人的行为积极性的源泉。其次,动机对人的意志起着指向性的作用。再次,动机还对人的意志起着调节的作用。它不仅在人的行动的初始阶段决定选择做什么以及如何做,而且在行动过程中帮助个体修正、调整自己的行为。

心理学研究发现,不同性质的动机对人具有不同的意义,具有强度不同的推动与维持力量。社会性动机在人的意志行动中力量之大,可以超过或压制人的生物本能。当然每个人都具有一个以其一定的相互关系而构成的复杂而多样的动机系统,处于不同地位的动机在人的意志行动中所起的作用是不同的。强烈而稳定的动机就是人的主导动机,相对而言具有较大的激励作用。

总之,认识、情感、动机和意志是密切联系、相互渗透的。任何意志过程都要受到理智、情感和动机的影响,而理智、情感和动机过程也要受到意志的影响。最新的神经心理学研究发现,理性的决策不可没有情绪的参与。

第二节 意志行动过程

意志是通过一系列的具体行动表现出来的。受意志组织和控制的行动就是意志行动。意志行动有简单的意志行动、复杂的意志行动与执行命令的意志行动之分。这里只分析后两种意志行动。

一、复杂的意志行动

复杂意志行动可以分为两个阶段,即采取决定的阶段和执行决定的阶段,也可称为决策阶段和执行阶段。

(一)决策阶段

这是意志行动的开始阶段,也是准备阶段。它决定意志行动的方向和行动的方法、步骤,是完成意志行动不可缺少的开端。决策是一个过程，它不是一瞬间完成的。它有着丰富的心理内容，充分体现了人的意志品质。行动的决策，包含着动机的斗争、目的的确定、行动方法的选择和计划的制订等。

1. 动机斗争

意志行动是有目的、有方向的活动过程，在决定行动方向时往往存在着动机的斗争。在同一个时间内，个体的多种需要不可能同时得到满足，而且其中有些可能是相互矛盾的，那么可为与不可为、孰先孰后就有矛盾，产生动机斗争，也就是思想斗争。动机斗争解决以后，个体才能确定行动目的，意志首先表现在动机斗争之中。

动机斗争可能是原则性的，也可能是非原则性的。对于原则性的动机斗争，将要对各种动机权衡其轻重缓急、利弊得失，评定其社会价值，然后抉择。这种斗争有时是很激烈的。这是对人的思想觉悟、意志水平的严重考验。动机斗争一般分为三类。

（1）"双趋斗争"。当一个人以同样强度的两个动机去追求两个并存的但又不能同时实现的目的时，产生的心理矛盾称"双趋斗争"。例如，高中毕业生在填写志愿时，想报考自己喜爱的专业，但家乡没有；留家乡又没有自己喜爱的专业，这时就会产生心理矛盾，出现动机斗争。这就要我们学会权衡其重要性，果断决策。

（2）"双避斗争"。当一个人遇到两个威胁而都想避开的情境，但又不能全避开时的心理矛盾称"双避斗争"。"双避斗争"实际上就是我们平时所讲的"左右为难"。例如，我的好友犯了比较严重的错误，组织上正在进行追查，去"揭发"可能失去朋友，不去揭发似乎自己也犯了包庇的错误，真是"进退维谷"。这时只有权衡二者，取其利者。

（3）"趋避斗争"。当一个人对同一事物产生两种相反的动机时，即既想要又怕要的心理矛盾称"趋避斗争"。例如，有位中学生既想参加国庆 60 周年庆典，又怕耽误学习。是趋是避，不同的人有不同的选择：或趋强于避，不惜一切而趋之；或避强于趋，不求趋而力避之；或趋避折中，使不利降到最小限度而趋之。例如，要改革就有风险，可是不改革又没有出路。所以大家都希望改革，但又要使风险降到最小限度。

在多种动机斗争中，衡量动机强度的指标有二：内驱力的能量、持续性和实现既定目标方法的可改变性。由于各种动机对人的强度不可能完全相同，一般由实际发生作用的、强度较强的优势动机决定行动。

2. 确定行动目的

通过动机斗争，解决了心理矛盾后，往往由优势动机决定行动，行动的目的也就可以确定下来。但行动的目的是有层次的。一个远大的目的确定后，还要通过一系列的近期目的的依次实现，才能达到最终目的。一般来说行动目的的社会价值越高、越明确，对人的激励、鞭策作用越大，实现目的的意志越坚强。

3. 选择行动的方法

行动的目的确定后，为实现目的可能有多种不同的方法，必须经过精密、紧张的思维操作，选择最有效、最经济、最优化的方法。

选择实现目的的方法时，要根据客观规律、实际条件、道德规范等，从全局出发，全面衡量然后决定。有的方法对达到目的是有效的,但它又是为社会道德规范所不容的,具有高尚道德动机的人就不会选择这类方法。方法的选择还要有胆识,当机立断,这也是今天改革者应有的风格。

4. 制订行动计划

根据确定的行动目的和选择的方法,制订行动的具体计划(包括行动的程序),以便按计划行动,顺利实现行动目的。在制订计划时,首先要全面了解情况,进行调查研究,收集各种信息,进行认真的分析研究,抓住重点,突出矛盾,制订出切实可行的行动计划。

经过动机斗争,确定了目的,选定了行动方法,制订了计划,决策阶段就完成了,随即进入执行决策阶段。

(二) 执行决策的阶段

执行决策阶段是意志行动的关键阶段,也是意志努力集中表现的阶段。因为即使行动的动机再强烈,行动的目的再美好,行动的手段再完善,如果不付诸实施,这一切也是空的,无意义的,不能构成意志行动。

执行决策就是要采取行动,把头脑中的计划变成客观现实。这就要求更大智力和体力的紧张:要求面对在执行决策的过程中所遇到的各种客观现实,按计划去解决问题;要求在发现新情况、面对新问题时必须随机应变。这都表现了人高超的意志水平。

执行决策的过程也是克服困难的过程。为了有效地执行决策,必然要求个体克服消极情绪和不时出现的与既定目的不相符合的各种动机,如懒怠、保守、犹豫不决等。这就需要个体以巨大的毅力,克服内部的困难。

执行决策的过程中必然有成功也会有失败,面对成败我们需要运用意志来调节自己的心理反应。面对成功精神振奋、信心百倍,同时又能清醒地认识到成功只是相对的,只是人生道路上的又一个新的起点。面对失败不颓废,百折不挠,顽强斗争,坚持到底;同时又能冷静分析失败原因,总结教训,以利再战,直至胜利。这就是高超意志水平的表现。

二、执行命令的意志行动

独立作出决策的意志行动过程,其准备和执行阶段都是由个人支配的。而在生活和社会实践中常常需要执行上级的命令,这仍然是一种意志行动过程。这个意志行动过程的特点是:行动目的、任务和方法主要是由别人规定的,一般无需自己确定。所以,执行命令的意志行动没有动机斗争、目的确定、方法选择、计划制订的问题,但要了解命令的意义和执行命令的方法,要研究如何结合实际认真贯彻。这是一个把别人规定的目的、任务、方法、计划转变成自己的行动目的、任务、方法、计划的过程。这个过程中有一定的紧张程度,需要意志努力。

执行命令的意志行动过程的意志努力集中于执行命令的阶段。在这个阶段中,除了会遇到外部困难外,还会遇到许多内部困难。如命令与自己的愿望相抵触,或执行的方法不符合自己的习惯要求。这就需要在别人规定的范围内发挥自己的意志努力,在被动的情况下,发挥主观能动性,创造必要的客观条件,改变自己的习惯。这需要有更高程度的意志努力。

个体在执行命令阶段的心理特点是:①有更强烈的责任感、义务感、紧迫感和使命感;②在克服外部困难的同时,更要注意克服内部困难,解决思想麻痹或抵触情绪以及经验不足等问题;③从接受命令到报告任务的完成,始终存在内心的紧张;④要求在别人规定的范围内充分发挥自己的意志努力,特别需要有自觉目的性、果断性与自制力、毅力等意志品质。

第三节 意志品质与教育

每个人在其认识活动、情感活动和意志活动中都会表现出个人的相对稳定的特点。这些特点分别称为:认识品质、情感品质和意志品质。意志品质是在周围环境的影响下和在执行一定的任务中形成的,这些业已形成的意志品质是人格的重要组成因素。意志品质的好坏直接影响到人的行为结果。良好的意志品质是克服困难、完成任务的必备条件,所以要重视对意志品质的分析和注意意志品质的培养。

一、意志品质

所谓意志品质就是构成一个人的意志的某些比较稳定的方面。了解意志对培养良好的品质,克服不良品质有着重要的意义。

(一)自觉性

自觉性是指对行动的目的和意义有充分的认识,并能随时控制自己的行动,使之符合于正确的目的的心理品质。这种品质是在对客观规律充分认识,有坚定的立场和信念的基础上产生和培养起来的。

盲目性和独断性是缺乏自觉性的表现。盲目性是轻易接受外界影响,不加思考地听从别人的意见和影响,轻易改变行动目的,缺乏原则性。独断性则是既未掌握客观规律,又不听别人的忠告,一意孤行,直至碰壁。所以,人们既不能盲从,又不能独断专行,一定要按规律办事。

(二)独立性

独立性是指个体倾向于自主地采取决定和行动,既不易受外界环境的偶然影响,也不易被周围人们的说三道四所左右。

与独立性相反的品质是依从性或受暗示性。这种人缺乏主见,人云亦云,会受别人的影响而轻易地改变行动的目的。这是意志薄弱的表现。

意志的独立性完全不同于独断性。独断性是以主观、片面、一意孤行为其特点的;而独立性是以冷静思考,深入分析为基础的。独立性强的人虽不人云亦云,但也不拒绝他人的合理意见,而是在充分听取别人意见的基础上,进行合理的分析,作出科学决断。

(三)果断性

果断性是指能根据不断变化的情况适时采取决断的心理品质。也就是说善于在千变万化的环境中迅速而有效地采取决定,一经决定就能及时地投入行动。这种品质在当今社会中显得格外重要。欲求事业成功,必须善于把握机遇。机遇又常常会擦肩而过,只有果断,才能抓住机遇。这就要求个体在遇到复杂情况时,要善于迅速分析情况、判明是非、当机立断、敢作敢为。

与果断性相反的品质是优柔寡断和鲁莽。优柔寡断表现为犹豫不决、顾虑重重、该断不断,其结果常常是坐失良机,一事无成。鲁莽者的特点是做事前对情况不加思考,也不做周密的计划,只是凭一时冲动鲁莽从事。果断性以自觉性为前提,决非草率行事。

(四)自制性

自制性是指善于控制自己的情感和言行的心理品质,也就是能根据正确的原则指挥自己、控制自己。它能保证在困难或顺利的情况下,控制自己的消极情绪,不骄不躁地完成任务。个体对自己的行动不加约束,放任自己,为所欲为,属于任性,与自制性毫无共同之处。

自制性表现为发动行动和抑制行动两个相互联系的方面,也就是克服内外部的干扰和困难,抑制自己的某些冲动和行为,不做自己不该做的事;发动和维持自己的某种行动,也就是做自己应该做的事。

克服恐惧、慌乱情绪,临危不惧,镇定自若,从而情急生智,坚持完成某项活动,这是一个人的勇敢精神。它与自制性有关,也表现出一个人的意志品质。与意志的自制性相对立的是怯懦,表现为畏缩不前或仓惶失措。

(五)坚持性

坚持性是指在行动中,百折不挠地克服困难,为实现预定目的坚持到底的心理品质。坚持性集中表现为善于克服困难,善于从失败中吸取教训,不屈不挠,不达目的决不罢休;善于抵御不符合目的的种种主客观诱因的干扰,做到千纷百扰不为所动。坚持性与顽固性、执拗性有根本的区别。顽固性是既不懂客观规律,又不能正确估价自己,执迷不悟,一意孤行,我行我素。掌握不住自己,也就谈不上什么意志行为。

二、中学生的意志发展的特点

(一)意志行动的动机发展特点

任何意志行动都是由一定的动机引起的,意志必然表现在动机冲突中。一般而言,意志发展水平可以通过动机水平的发展和动机斗争给予反映。

中学生意志行动的动机发展特点是以近景性动机为主向以远景性动机为主发展;是以外在动机为主向以内部动机为主发展。初中生的学习目的还很难与远大目标真正连在一起。他们在执行各项任务时,更多的是想象如何按时完成任务,完成任务后获得的报偿和直接的、情境性的需要满足,很少去想完成任务的意义;他们学习的动力也常常是因为某次考试失败了,某同学成绩赶上了"我"而奋起直追;或者是为了完成家长提出的要求而努力学习,一旦家长不再强调学习,他们很可能就不再抓紧学习。高中生由于思维能力的发展已基本成熟,世界观也已初步形成,所以能够将学习与未来联系起来,把自己的目标与社会的需要结合起来。他们不再为偶然的诱因所驱动,能看到各项活动的意义,动机的现实性与长远性有了极大的提高。

中学生意志行动的动机发展还表现在动机的层次逐渐增多并且逐渐形成了自己的动机系统,有了较明确、稳定的主导性动机。

(二)意志行动的结构发展特点

中学生意志行动的结构特点主要表现在以下两方面。

1. 采取决定的主动性、计划性不断提高

中学生采取决定的主动性、计划性不断提高表现在意志行动的目的的确定、行动计划的选择和动机的取舍等方面。如果说初中生在意志行动的目的的确定、计划的选择和动机的取舍上还存在着明显的盲目性的话，那么高中生在这些方面就有了较大的提高。他们在采取决定时往往都有着明显的分析思考，对于成人的意见也不再是一味地抵触或盲目地接受，喜欢自己设计、规划。高中生在活动的计划性上明显高于初中生。

2. 执行决定的毅力不断增强

初中生的自控能力和心理调节能力较差，表现出内心的需要与意志的调控能力之间的明显失调。具体地说，就是决心大，行动却不力。他们常有计划不兑现的现象出现。高中生比初中生有了较好的控制能力，一般说他们能克服意志行动过程中的种种困难，使意志行动具有更大的自制性、坚持性。

三、意志教育

坚毅的意志不是天生的，是后天教育和实践锻炼培养的结果。要成为有成就的人，必须重视意志的锻炼和培养。

(一) 增强学生自主学习的意识

心理学研究发现，学生是学习的主人，而不是学习的被动接受者。成功的学生知道并善于利用自己的资源去克服学习上的种种困难，以获取学习的成功；聪明的学生在学习过程中善于自我监控与调节，以适应学习的环境与要求。这样的学习过程必然能培养学生的良好的意志品质。

(二) 自觉地参与各种实践活动，在实践活动中磨炼意志

实践活动对于学生而言，可将在校期间的学习给予进一步扩展。实践活动不仅能检验学科知识内容的掌握程度，而且也能加强自我监控与调节的训练。如在自我评价的基础上判断自己的学习效能，设置学习目标及规划，执行规划并给予监控，如设置《学习时间自我监控表》等。教师在这个过程中及时给予反馈和鼓励，这就能有效地提高青少年的意志水平。

(三) 自勉自励、自警自戒

学生可以针对自己的弱点，用格言、警句提醒自己；设置一些障碍或挫折来磨炼自己。

参考资料 8-1

意志坚强的张海迪

张海迪从小得了血管瘤病，由于脊髓变性有节段性坏死，全身除了头部和双手都瘫痪了。

张海迪说："给我看过病的几位医生都说，像我这样的病人，一般很难活过 27 岁。在死神威胁面前，我意识到我的生命也许不会很久了，我为没有更多时间工作而难过。因此我盼望着一天能当两天用，珍惜自己青春的分分秒秒，用勤奋的学习和工作来延长我的生命。"她还说："我的腿虽然失去了功能，也要在人生道路上勇敢地走下去。""我不能碌碌无

为地活着,活着就要学习,就要为群众做些事情。""只有在为他人服务时,我才真正懂得了生命的意义,发现人生的价值。"

张海迪在这种高尚的思想支配下,克服了重重困难,勤奋学习。她自学了中学、大学、研究生的课程,自学了好几门外国语,翻译了好几部外国小说。她自学了医学知识,学会了针灸,热心为群众治病。在高楼大队不到三年就给三千人治过病。耿大爷因血栓后遗症,六年不能说话,瘫痪了三年。海迪翻阅大量治聋哑病的书籍,在自己哑门穴上试针感找进针深度,有时疼得直冒汗。经过十几次治疗,终于使耿大爷说话了……

张海迪的动人事迹,体现了她的坚强意志。她的坚强意志既表现在刻苦学习上,也体现在为人民群众服务的高尚目的和高尚行为上。

思考题

1. 什么是意志?意志行动有哪些基本特征?请举例说明。
2. 意志过程与认识过程、情感过程有什么关系?
3. 意志行动包括哪些过程?请举例说明。
4. 执行命令的意志过程有哪些特点?
5. 中学生意志发展的特点是什么?

实践题

请你在自己的生活实践中找一个事例说明意志的表现及其重要性。

第九章　人　　格

第一节　人　格　概　述

一、人格的概念

（一）人格的定义

人格，是个体行为的内部倾向（黄希庭，1997）。每一个人既有不同于他人的外在行为（工作、学习）的特点，也有不同于他人的能够支配和影响这些行为的内在倾向。例如，需要、动机、兴趣、气质、性格、自我意识、自我调控等，就是能够支配和影响学习、工作、生活等行为的内在倾向。

人格与个性的概念十分接近，又不完全相同。传统心理学讲的个性，主要内容是动机系统和心理特征系统。人格除了包括个性的动机系统和心理特征系统之外，还包括了自我调控系统，而且把这三个系统的许多因素有机地综合起来，形成一个整体的人格结构。在内涵上，人格要比传统的个性更加丰富；在外延上，人格要比传统的个性更加宽泛；在结构上，人格要比传统的个性更加复杂。

人格与性格是种属关系。人格包括三个系统，性格只是心理特征系统中的一个因素。心理学的人格与伦理学中的人格在涵义上是不同的。心理学中人格的内涵是个体行为的内在倾向；伦理学中使用的"人格高尚"、"人格卑鄙"指的是道德标准。

（二）人格的结构

人格可分为人格动机系统、心理特征系统、自我调控系统三部分。人格动机系统即动力系统，决定着个人行为的积极性，由需要、动机、兴趣、目的、志向、理想、信念、价值观等构成。心理特征系统即个性心理特征，是个人身上经常表现出来的稳定的心理特征，它影响个人活动的效能和风格，包括气质、性格、能力等。自我调控系统即自我意识，则是指人对自身以及对自己与客观世界的关系的意识。它能使每个人在与周围世界打交道的过程中对自己有认识、有体验、有控制。人格结构的这三部分既是相对独立的，又是相互渗透、相互制约的。

每个人都有自己的人格动机系统、心理特征系统和自我调控系统,但由于各人的这些系统在强度和质的特点等方面存在着稳定的差异,这就构成了人与人之间千差万别的人格特点。

人格品质的良好发展,是学生学习的心理条件和前提,是学生适应学校、适应生活的保证,是学生参与未来社会竞争的基础。研究人格,对于教师提高工作效率、加强自我修养、搞好人际关系和身心保健,有很强的现实意义。对于教育工作来说,教师健康的人格就是一种无形的教育力量,教师的人格修养至关重要。

二、人格的特征

(一) 人格的整体性

人格的各个特征不是孤立地存在,也不是机械地联合在一起,而是错综复杂地相互联系、交互作用,组成一个有机的整体。

人格的整体性首先表现为人格的内在统一性。一个正常人总是能够正确地认识和评价自己,能及时地调整内部心理世界中出现的冲突。其次,只有从整体出发,在和其他人格特征的联系中,才能认识个别特征,并赋予其确定的意义。再次,人格是由各个紧密联系的成分构成的多层次、多侧面、多水平的统一整体。

(二) 人格的独特性

人格包含个人与其他人不同的心理倾向,人和人之间没有完全相同的心理面貌。这种人格的独特性也就是个性。人们的兴趣、爱好是极其多样的;人们的能力也各异;人们在气质和性格的表现上更是各有特色。人的人格千差万别,正如俗语所说"人心不同,各如其面"。

(三) 人格的稳定性与毕生发展性

一个人出生后,通过教育和参加社会实践,逐渐形成一定的行为动机、理想、信念、价值观,在一定倾向性的指引下,使自己的心理面貌在不同的生活情境中都显示出一贯的品质,构成稳定的人格。个人身上会表现出许许多多的心理特点,但构成人格特征的是指那些经常出现的、比较稳定的特征。正因为人格具有稳定的特征,才能表明一个人是具有人格的个体,才能把一个人与他人在精神面貌上区分开来和预测一个人在特定情境中将会怎样行动。

人格的毕生发展性,是指个体在其整个人生历程内由于经验与内部成长的相互作用,其人格及其各成分随年龄推移所发生的连续的积极变化。以前人们只关注个体从出生到成年期的人格发展,而认为成年期后的人格处于停滞状态,最后则以人的各种机能的衰退为结局。事实上,个体成年后,还要面临许多人生课题,如继续接受教育、组建家庭、为人父母、工作、面对即将到来的生命终结等,人格发展也就成了持续一生的、前后关联的过程。

(四) 人格的生物性和社会性

人是生物实体也是社会实体。人格结构中的气质和智力就更多地体现着人的生物性,而兴趣、理想、信念等则主要是在社会的影响下形成的。

人的生物特性不能预定人格的发展方向,然而它却构成人格形成的物质基础,影响着人格发展的进程和人格形成的难易。我们在充分看到人格的生物学意义的同时,绝不能把它的发展看成是由遗传所决定的自然成熟过程。没有人的社会生活条件,人就无法社会化。社会因素对人格的影响可以归纳为两种情况：其一，即时性的社会影响；其二，个人所在社会的文化历史的濡化作用。

第二节 人 格 理 论

人格理论的种类很多，各有侧重点，有的重在探讨人格的结构，有的重在研究影响人格形成的条件，有的重在揭示人格发展的过程。

一、特质理论

（一）奥尔波特的特质理论

高尔顿·奥尔波特（Gordon W. Allport）是特质论学派的创始人和代表人物。奥尔波特将人格特质假设为人格的基本单位。他认为，特质是一种概括化了的行为方式，在不同个体之间存在很大差异。特质构成一个人完整的人格结构，它除了应答刺激而产生行为外，也能主动引导行为。特质被看做是一种实在的和具有决定意义的神经心理结构，但却不是具体可见的，人们可以根据个体的外显行为去推知它的存在。人以特质来迎接、应对外部世界，也以特质来组织自己的经验。按照奥尔波特的观点，特质是相对概括和持久的，它们将多数刺激与多数反应相联结。所以在不同时期和不同的情境中，个体的行为具有广泛的一致性，这样行为就有了持久性和跨情境的特点。

奥尔波特把人格特质分为两类：一类是共同特质，指在某一社会文化形态中大多数人或一个群体所共同具有的特质；另一类是个人特质，指个体身上所独有的特质。根据个人特质在生活中的作用，可将之分为三种：首要特质，是指一个人最典型、最有概括性的特质，决定了一个个体的人格面貌，甚至主宰一个人的人格，它影响一个人各方面的行为。中心特质，是指构成个体独特性的几个重要的特质，在每个人身上有 5—10 个。次要特质是指个体的那些不太重要的特质，通常表现在个体生活的某些有限的领域，并且在人格过程中所起的作用要相对小些。

奥尔波特对人格心理学的贡献，还在于他针对当时心理学领域关于个体行为产生于很少几种基本的内驱力或需求的看法，提出了机能自主性的概念。他认为，尽管我们所有的动机都有其原始的起源，可一旦产生后，就可能会独立于起源而继续自主地发生作用。也就是说，过去的动机与现在的动机并没有机能性的联系，过去的已经过去，个体今天的动机是机能自主的。此外，他对儿童自我认同感的发展过程也非常感兴趣，提出了"统我"或"自我认同感"的概念。他还率先摆脱了精神分析论者的病态取向，而企图建立健康人格理论。

（二）卡特尔的人格特质理论

美国心理学家 R·B·卡特尔认为人格特质是人格建筑的砖石。特质是人在不同时间和情境中都保持的行为形式和一致性。人格特质不仅是人格的结构单元，而且可以作为人格分析和人格测量的单元。卡特尔的研究揭示了各种特质的类别，这里我们只介绍主要的几种。

1. 个别特质和共同特质

每一个人所具有的特质称为个别特质，一个群体中所有成员都具有的特质称为共同特质。共同特质在个别人身上的强度和情况是不同的,而且这些特质的强度在同一个人身上也是随不同的时间而有所不同。

2. 表面特质和根源特质

区分表面特质和根源特质的差异也许是卡特尔所作的最卓著的贡献了。表面特质是能够直接从外部行为中观察到的特质,即经常发生的、可以直接观察到的行为表现;而根源特质则是隐藏在表面特质深处并制约着外部行为的特质,是个体行为的最终原因。表面特质是根源特质的表现,是直接与环境接触的特质,随环境的变化而呈现出多样性;根源特质却是相当稳定的,其数量也是有限的。

每一个表面特质都是由一个或多个根源特质引起的,而一个根源特质也可以影响几个表面特质。卡特尔推断所有的个体都具有相同的根源特质,但所具有的程度不同,所以人与人之间就显出了人格结构的差异。经过多年的研究,卡特尔认为根源特质(人格因素)有 16 种(表9-1)。

表 9-1　卡特尔 16 种人格因素的含义

人格因素	高 分 含 义	低 分 含 义
A 乐群性	外向、热情、乐群	缄默、孤独、冷淡
B 聪慧性	聪明、富有才识、善于思考	思想迟钝、学识浅薄、思考能力弱
C 稳定性	情绪稳定而成熟、能面对现实	情绪激动、易烦恼
E 恃强性	好强、固执、独立积极	谦虚、顺从、通融、胆怯
F 兴奋性	轻松兴奋、随遇而安	严肃、审慎、冷静、寡言
G 有恒性	有恒负责、做事尽职	苟且敷衍、优柔寡断
H 敢为性	冒险敢为、少有顾虑	畏怯退缩、缺乏自信心
I 敏感性	敏感、感情用事	理智、注重现实
L 怀疑性	怀疑、刚愎、固执己见	信赖随和、易与人相处、轻信
M 幻想性	幻想的、狂放任性	现实、合乎成规、力求妥善合理
N 世故性	精明强干、世故	坦白、直率、天真
O 忧虑性	忧虑抑郁、烦恼自扰	安详、沉着、自信
Q1 激进性	自由的、批评激进、不拘泥于现实	保守、尊重传统、拒绝变化
Q2 独立性	自立自强、当机立断	依赖、随群附和、从众
Q3 自律性	知己知彼、自律谨严	矛盾冲突、不顾大体
Q4 紧张性	紧张困扰、激动挣扎	心平气和、闲散宁静

上述 16 种因素是各自独立的。它们普遍存在于年龄和社会文化环境不同的人身上。个人的人格特征不同就是由这 16 种人格因素在个人身上的组合不同所决定的。这就为人格测验提供了可能和理论依据。假如能够测出一个人的 16 种人格因素存在的程度,就可以分析出这个人的人格特征。卡特尔根据他的研究编制了著名的"卡特尔 16 种人格因素测验",已被用

于对各种各样的群体进行比较研究,也被广泛应用于预测职业和学业的成败。

参考资料 9-1

现代特质理论——大五因素模型

目前,在特质论方面最大的进展就是大五人格因素结构的提出、检验与应用。图普斯等(Tupes and Christal, 1961)运用词汇学的方法对卡特尔的特质变量进行了再分析,最早发现了五个相对显著且稳定的因素。以后许多学者的后续研究进一步验证了"五种特质"的模型,形成了著名的大五因素模型(big five factors model)。麦克拉和科斯塔(1985)对构成人格的大五因素进行命名,它们是:

外倾性:表现出热情、社交、果断、活跃、冒险、乐观等特质,可用于评鉴人际互动的数量和强度、活动水平、刺激需求程度和快乐的容量。

宜人性:具有信任、直率、利他、依从、谦虚、移情等特质,可用于评鉴个体思想、感情和行为方面在同情至敌对这一连续体上的人际取向的性质。

责任心:显示了胜任、公正、条理、尽职、成就、自律、谨慎、克制等特质,可用于评鉴个体在目标取向行为上的组织性、持久性和动力性的程度,把可靠的、严谨的人与那些懒散的、邋遢的人做对照。

神经质或情绪稳定性:具有焦虑、敌对、压抑、自我意识、冲动、脆弱等特质,可用于评鉴顺应与情绪不稳定,识别那些容易有心理烦恼、不现实的想法、过分的奢望式要求以及不良反应的个体。

开放性:具有想象、审美、情感丰富、求异、创造、智能等特质,可用于评鉴对经验本身的积极寻求和欣赏,喜欢接受并探索不熟悉的经验。

1989 年,麦克拉和科斯塔编制了"大五人格因素的测定量表"(NEO-PI-R),该量表是一份有 240 个项目的人格问卷,包括五个维度(五因素)、30 个层面(每个层面含 8 个项目)。

大五因素的跨文化研究表明,人格结构不随年龄、性别而改变。至少从 12 岁开始,人格结构在所有年龄的个体身上是相同的,在男性与女性之间也是相同的。根据国际上不同心理学家大量研究的结果,发现了以下几点相对确定的现象:①在大五因素模型中的大五因素,有大致相同的特质或因素,并不因男性与女性、少年与成人或者不同种族文化而不同;②大五因素具有生物遗传基础,同一因素的特质受某些相同基因的制约;③大五因素遵循某种规则或模式,随着时间平均地增加或减少,因此,在任何一个时期,全世界人的横断年龄的人格差异具有相似性;④即使生活经历有很大的变化,个体的人格特质在成年后也是非常稳定的。依据这些研究,麦克拉和科斯塔(1999)构建了大五因素模型理论。

大五人格结构在临床、心理健康教育和人力资源管理等实践领域有广泛的应用前景。有研究表明,大五因素模型对于诊断心理障碍和治疗心理疾病是有价值的,同时对于预测和确定健康行为和问题也十分有益。

三因素模型和七因素模型

三因素模型：艾森克（Eysenck，1947、1967）依据因素分析方法提出了人格的三因素模型。这三个因素是：①外倾性，它表现为内、外倾的差异；②神经质，它表现为情绪稳定性的差异；③精神质，它表现为孤独、冷酷、敌视、怪异等偏于负面的人格特征。艾森克依据这一模型编制了艾森克人格问卷（Eysenck Personality Questionnaire，简称 EPQ，1986）。这个量表在人格评价中得到了广泛的应用。

七因素模型：特里根等（Tellegen and Waller，1987）用不同的选词原则，获得了七个因素，构成了七因素模型。这七个因素是：正情绪性、负价、正价、负情绪性、可靠性、宜人性、因袭性。与大五因素模型相比较，七因素模型增加了正价（如优秀的）和负价（如邪恶的）两个因素。

二、弗洛伊德的精神分析人格理论

人格结构说、人格发展说是弗洛伊德精神分析人格理论的中心理念。本书主要介绍其人格结构说。弗洛伊德提出，人格是一个整体，人格结构由本我、自我和超我三部分组成。

本我（又称生物我）是人格中与生俱来的、原始的力量来源。构成本我的成分是人类的基本需求和本能冲动。本我是潜意识的、无所顾忌的、强大的，它只顾寻求需要的即刻满足，按"快乐原则"行事。

自我（又称现实我）是个体出生之后，在现实环境作用下从本我中分化发展而来的。本我的各种需求的满足，要受到现实的制约。自我的基本任务就是要在现实的可能和本我的非理性需要之间起调节作用。自我按"现实原则"操作。因此，自我是本我与外界关系的调节者，它决定是否允许满足本我的要求。

超我是人格结构中居于管制地位的最高部分，是由于个体在生活中接受社会文化道德规范的教养而逐渐形成的。超我中有两个重要部分：一为自我理想，是要求行为符合理想的标准；二为良心，是规定行为免于犯错的限制。如个体所作所为合于他的自我理想时，就会感到骄傲；如所作所为违反了自己的良心，就会感到愧疚。超我是人格中的道德、良知、理性部分，受"至善原则"支配。

自我介于本我与超我之间，对本我的冲动与超我的管制具有缓冲和调节的功能。这样，自我必须同时协调和满足本我、超我和现实三方面的要求。

本我、自我和超我的相互关系就构成了人格动力结构。这三个成分是不断相互影响的，一个结构成分的变化，必然导致其他成分的改变，三者处于动态且相对平衡的状态中，共同构成整体人格。一旦这种平衡关系难以维持或遭到破坏，个体就会产生焦虑或导致人格异常。

弗洛伊德是悲观的本能决定论者，这种观点是不能得到认同的。但他对人格作了深层的研究，并开辟了心理学研究的新领域，因而其理论是有科学价值的。

艾里克森的人格发展理论

美国心理学家 E·H·艾里克森构造了人格发展的"心理社会性发展"模型。他将人格发展分成八个阶段(见表 9-2),认为在人格发展的每一阶段,都存在着一对矛盾或危机。矛盾或危机若能获得积极的解决,就会使人格健全发展,有利于个人对环境的适应,否则就会使人格不健全,有碍个人对环境的适应。

表 9-2 人格发展八个阶段的矛盾和矛盾解决所形成的品质

阶段	基本心理矛盾	大致年龄	矛盾处理所形成的品质		重要的影响人物
			积极解决,顺利发展	解决失败,发展障碍	
1	基本信任与基本不信任	0—1 岁婴儿期	对人信任,有安全感	焦虑不安,恐惧	父母或监护人
2	自主与羞怯、疑惑	1—3 岁幼儿前期	自我控制与意志	自我怀疑	父母或监护人
3	主动与内疚	3—6 岁幼儿后期	主动好奇,行动有方向,开始有责任感	畏惧退缩,无价值感	家庭与学前教育机构
4	勤奋与自卑	6—12 岁学龄期	具有求学、做事、待人的基本能力	缺乏生活基本能力,充满失败感	家庭、学校师生、邻里
5	同一性与角色混乱	12—20 岁青年期	有较明确的自我概念,忠诚	缺乏目的和方向,有不确定感	同辈伙伴、小群体
6	亲密与孤独	20—25 岁成人期	有亲密感和爱	孤独寂寞,无法与人相处	朋友、配偶
7	关心下一代与自我关注	25—65 岁中年期	关心他人	自私自利	同事、家庭成员
8	自我整合与失望	65—死亡老年期	智慧,安详	无望和无意义感	人类

三、罗杰斯的人本主义人格自我理论

罗杰斯的人格理论以个体的自我为中心理念,所以一般称之为自我论。罗杰斯主张自我实现是人性的本质。实现的倾向是一种基本的动机性驱动力,不但是人,其实在一切有机体身上都表现出先天的发展自己各种能力的倾向性。在这一过程中,有机体不但要维持自己,而且要不断地、积极主动地发展自己。

罗杰斯认为,个体的自我观念是个体在生活环境中与人、事物交互作用时所得经验的综合。他认为,别人对个体行为的评价如果与个体对自己的认知、感受不一致,就会给个体自我观念的形成带来困难。个体在形成自我观念时,渴求别人的好评,希望别人以积极的态度支持自己。当个体对自己的认知、感受得到别人无条件的积极支持时,他的自我观念就会越来越明确,很少发生自我冲突,进而获得健康成长。最好的情况是对成长中的个体尽量提供无条件的积极

支持,使他能顺其本性在自然的情境中形成和谐的自我观念,从而奠定自我实现的人格基础。

罗杰斯的人格理论对人性持一种积极的态度,强调尊重人的尊严和价值,无论是在教育领域还是在心理咨询的临床应用中,都产生了重要影响。

四、班杜拉的社会学习人格理论

班杜拉认为,人格可以通过社会学习方式获得,也可以通过社会学习而改变。社会学习理论区别于其他人格学习理论,在于它强调人的观察学习和自我调整。所谓观察学习是指人通过观察他人而习得复杂行为的过程。这种观点与强调必须从外部进行强化才能形成行为的典型行为主义观点有很大的区别。观察示范者的行为,由于看到他人行为被强化(奖励或惩罚)而代替自己行为被强化,因而观察者也能学习到示范者的行为。

观察学习是一个复杂的行为过程。并不是所有的观察者都能获得示范者的行为模式,这与示范者的性格特征和观察者的性格特征有关。班杜拉在提出他的社会学习人格理论时,虽然也沿用了行为主义的强化概念,但他把强化区分为直接强化、替代强化和自我强化。替代强化是个体看到他人的行为获得成功或赞扬,会增加产生同类行为的倾向,反之亦然。个体一旦社会化了,就能自己设定标准并根据这种内在标准来评定和奖惩自己的行为,称为自我强化。他认为个体能够通过观察学习获得替代强化进而控制自我强化,从而形成人格、改变人格。

班杜拉强调自我调整和认知过程,人的行为不是仅靠人或环境保持的,而是靠两者之间的交互作用推动的。通过认知机制的发展,人们不仅能对自己的生活进行某种控制,而且能制订未来的计划和目标。

社会学习理论引起了各方面的广泛关注,因为它的人与环境交互作用和自我调整观点将强化、认知、人的信念和价值体系等因素联系起来考虑人的行为发展和变化,对人格或行为倾向的解释有重要而独特之处。

以上介绍了几种主要的人格理论,正如已看到的,没有哪种理论可以完满地说明、解释人格。或许要想全面理解人格,最好的方法是把这些理论统合起来。

第三节 气 质

一、气质概述

(一) 气质的定义

气质是个体心理活动的反应特征。所谓心理活动的反应特征是指心理活动发生时力量的强弱、变化的快慢和均衡的程度,以及心理反应的指向性等特点。如情绪反应的强弱、言行反应的快慢、心理活动倾向于外部事物还是内心世界等,都是反应特征。这些特征为个体的心理和行为染上了一种独特的色彩。有的人性情暴躁,容易发火;有的人遇事沉着,不动声色;有的人活泼好动,能说会道;有的人则多愁善感,胆小怕事。这些行为表现就是日常生活中所说的"脾气"。

(二) 气质的天赋性、稳定性和可变性

气质在很大程度上是由遗传素质决定的。俗语说:"江山易改,本性难移。"这个本性指的

就是气质。气质是人脑的机能,与高级神经活动的类型关系特别密切。刚出生的婴儿,有的大声啼哭,四肢动作很多;有的则安静,哭声较小。这就是气质最早、最真实的流露。实践证明,年龄越小,气质的表现越明显,气质的各种特征也越清楚。儿童的遗传素质越接近,气质的表现也越接近。例如,对具有相同遗传素质的同卵双生儿的研究证明,同卵双生儿的气质比遗传特性不完全相同的异卵双生儿相似得多,而且即使在长时期内将他们置于不同的生活和教育条件下抚养,他们的气质也未表现出显著差别。

有着某种独特气质类型的人,常在不同的场合、不同的活动中表现出同样性质的反应特点。例如,一个容易激动的学生,听课时会沉不住气,会迫不及待地抢答问题;争论时易情绪激动;等人时会坐立不安。而一个沉着稳定的学生,在不同的场合下都会表现出不紧不慢、安详沉静的特点。

可见,气质具有天赋性和相对稳定性。

在相对稳定性的基础上,人的气质还是可以改变的。实践证明,遗传对气质的影响有随人的年龄增长而减弱的趋势,而环境对气质的影响有随着年龄增长而增大的趋势。因此,气质是具有可塑性的。气质的生理基础是人的高级神经活动类型,但大脑两半球具有接受训练的巨大可能性。这就是可以改变的意思,虽然这种改变是缓慢的。气质是人格的比较稳定的方面,但在一定程度上受社会生活的制约。个体会在早期教育、学校教育和社会实践中对气质进行自我调节和改变,只是这种改变较为缓慢、困难。

(三) 气质的学说

关于气质的生理机制,几千年来有许多哲学家、医学家进行了探讨,也提出过许多学说。现就其中有一定科学根据、影响较大的几种学说作些介绍。

1. 体液说

古希腊医生希波克拉底(前460—前371)在前人研究的基础上,提出了体液说。他认为人体内有四种体液:血液、黏液、黄胆汁和黑胆汁。这四种体液的不同混合就形成了不同的气质类型(见表9-3)。

表 9-3 气质类型与体液

气 质 类 型	体内占优势的体液
多血质	血 液
黏液质	黏 液
胆汁质	黄胆汁
抑郁质	黑胆汁

罗马医生盖伦(二世纪)在希波克拉底的体液理论基础上,首次使用了气质这个概念。体液说虽然缺乏科学依据,但人们在日常生活中确能观察得到它所描述的四种气质类型。正因为这样,多血质、黏液质、胆汁质、抑郁质这四个名词仍然沿用到今天。

2. 激素说

伯曼(L. Berman)等人认为,气质差异是由不同的内分泌腺分泌的激素决定的。这个学说虽然有一定的事实根据,但由于片面强调内分泌腺对情绪和行为的决定作用,否定了神经系统对内分泌腺的调节和支配作用,显然是不全面的。从神经—体液调节来看,内分泌腺的活动对气质的影响是不可忽视的,但过分强调内分泌腺的作用则是片面的。

3. 高级神经活动类型学说

巴甫洛夫的高级神经活动学说认为,决定气质特点的三个最主要的神经系统特性是:兴奋过程和抑制过程的强度,即神经细胞接受强烈刺激的能力或持久工作的能力和耐受力;兴奋和抑制的平衡性,即兴奋和抑制的相对均势或优势;兴奋和抑制的灵活性,即兴奋和抑制相互转换的速度。这三种特性与整个神经系统一样,执行着一种生物学功能,保持机体与周围环境的平衡。

巴甫洛夫认为,神经过程三个基本特性的独特结合就形成了高级神经活动的四种基本类型。这四种基本类型与四种气质类型有对应关系(见表9-4)。

表9-4 高级神经活动类型与气质类型

神经过程的基本特性			高级神经活动类型	气质类型
强度	平衡性	灵活性		
强	不平衡		兴奋型	胆汁质
强	平衡	灵活	活泼型	多血质
强	平衡	不灵活	安静型	黏液质
弱	不平衡		抑制型	抑郁质

(1)强而不平衡类型。兴奋比抑制占优势,以易激动、奔放不羁为特点。巴甫洛夫称之为"不可遏止型"——胆汁质。

(2)强、平衡、灵活型。兴奋和抑制都较强,两种过程易转化。它以反应灵活、外表活泼、迅速适应环境为特征,故称为"活泼型"——多血质。

(3)强、平衡、不灵活型。兴奋和抑制都较强,两种过程不易转化。它以坚毅、迟缓为特征,故称为"安静型"——黏液质。

(4)弱型。兴奋和抑制都很弱,而且弱的抑制过程占优势。它以胆小、经不起冲击、消极防御为特征,故称"抑制型"——抑郁质。

巴甫洛夫指出,纯粹属于这四种类型气质的人在人群中并不占多数,多数人属于两种或三种类型结合的中间型。他预言,除了这四种类型外,还应存在其他未知的神经系统特性和气质类型。

高级神经活动类型和气质并不是同一个东西。气质是心理现象,高级神经活动类型是生理现象。高级神经活动类型是气质的生理基础,气质是高级神经活动类型的心理表现。巴甫洛夫的高级神经活动类型学说为神经活动类型和气质类型的关系勾画了一个轮廓,对气质的实质作了科学的解释。

二、气质类型

(一)划分气质类型的心理指标

气质是个体心理活动的反应特征,包括以下六个因素,这六个因素的不同结合就构成不同的气质类型:①感受性。人对外界刺激的感觉能力称为感受性。人们的感受性存在着个别差异。②耐受性。耐受性指个体在经受外界刺激作用时,表现在时间和强度上的承受能力,以及在这些刺激下个体的心理状态。例如,当你处于烟雾弥漫、险情丛生的恶劣环境时,能否保持情绪的稳定?③敏捷性。敏捷性指不同心理反应的速度和灵活性,如动作速度、言语速度、思维速度、记忆速度以及注意转移的灵活程度。④可塑性。可塑性指个体适应环境影响的难易程度。⑤兴奋性。兴奋性主要指情绪兴奋性的强弱以及情绪向外表现的强烈程度。⑥倾向性。倾向性指反应主要倾向于外部世界,还是倾向于内心体验。上述各心理指标的不同结合便构成各种气质(见表9-5)。

表9-5　心理指标与气质类型的相互关系

类型特性	感受性	耐受性	敏捷性	可塑性	兴奋性	倾向性
胆汁质	弱(-)	强(+)	强(+)	强(+)	强(+)	外
多血质	强(+)	强(+)	强(+)	强(+)	强(+)	外
黏液质	弱(-)	强(+)	弱(-)	弱(-)	弱(-)	内
抑郁质	强(+)	弱(-)	弱(-)	弱(-)	弱(-)	内

(二) 气质类型的基本特征

人们在传统上把气质分成多血质、黏液质、胆汁质和抑郁质四种类型。

1. 多血质

多血质又称活泼型,属于敏捷好动的类型。这种气质类型具有很强的耐受性、兴奋性、敏捷性和可塑性,反应速度快,感受性较强。在行为上,这种气质类型的人热情、活泼、敏捷、精力充沛,适应能力强,善于交际,常能机智地摆脱窘境。他们肯动脑筋,主意多,常表现出机敏的工作能力和较高的办事效率,对外界事物有广泛的兴趣,人格具有明显的外向性。多血质的男生尤其表现出敏捷好动、适应能力强、工作效率高;女生更突出地表现出热情活泼、富有朝气。然而,他们情绪不够稳定,容易受感情支配且感情也不深刻,兴趣和意向也不稳定。男生更易显示出轻率,不愿从事耐心细致和具有平凡性质的工作;女生则较任性,从事需要煞费苦心的工作难以坚持到底。

在良好教育下,多血质的人可以培养出对学习、劳动、社会生活持积极主动的态度;在不良教育下,他们可能表现出轻率、疏忽大意、散漫以及对自己的能力评价过高等不良行为和态度。

2. 黏液质

黏液质又称安静型,属缄默而沉静的类型。这种气质类型感受性弱,敏捷性、可塑性、兴奋性也弱,唯有耐受性强。这种气质类型的人行为表现为缓慢、沉着、镇静、有自制力、有耐心、刻板、内向。他们不易接受新生事物,不能迅速地适应变化了的环境,与人交往适度,情绪平稳。黏液质的男生更多表现为沉着坚定、态度持重、善于忍耐、恪守纪律、行为刻板、有惰性;女生则表现为冷静稳健、善于克制、埋头苦干、执拗、冷淡、因循守旧。

在正确教育下,黏液质的人容易形成勤勉、实事求是、坚毅等特性;在不良环境的影响下,他们则可能发展为萎靡、迟钝、消极、怠惰以及对人甚至对自己都漠不关心、冷淡顽固。

3. 胆汁质

胆汁质又称不可遏止型，属于兴奋而热烈的类型。这种气质类型的人感受性较弱，耐受性、敏捷性、可塑性均强，兴奋比抑制占优势，外向。行为表现常常是反应迅速、行动敏捷，在言语、表情、姿态上都有一种强烈的热情，在克服困难上有坚韧不拔的劲头。胆汁质的男生更多地表现为敏捷、热情、坚毅，情绪反应强烈而难以自制；女生则更多地表现为热情肯干、积极主动、思维敏捷、精力充沛，但易感情用事，不善于思考能否克服前进道路上的重重困难和障碍。

在正确教育下，他们可能具备坚强的毅力、主动性、热情和独创精神；在不良环境的影响下，他们可能出现缺乏自制、粗暴、急躁、易生气、爱激动等不良品质。

4. 抑郁质

抑郁质又称弱型，属呆板而羞涩的类型。这种气质类型的人感受性很强，往往为一点微不足道的事而动感情，耐受性、敏感性、可塑性、兴奋性都很弱。他们的行为表现为孤僻，避免同陌生的、刚认识的人交往。在新的情况下，他们容易惶惑不安，在强烈和紧张的情形下容易疲劳，在熟悉的环境下表现得很安静，动作迟缓、软弱。他们具有高度的情绪易感性，情绪体验方式少，但体验深刻、强烈而持久且不显露。抑郁质的男生，行为更多表现为孤僻、迟缓、善于观察、处事谨慎、情绪深刻持久、态度平稳坚定，但遇到问题时容易惊慌失措；女生则更多表现出迟疑、怯懦、柔弱、忸怩腼腆、多愁善感、情感体验细腻、耐受力差、易疲劳。

抑郁质的学生在顺利的环境中，在友爱的集体里，可以表现出温顺、委婉、细致、敏感、坚定、能克服困难、富有同情心等优良品质；在不利条件下，可能表现出伤感、沮丧、忧郁、神经过敏、深沉悲观、怯懦、孤僻、优柔寡断等不良品质，他们常常会病态地体验到各种委屈的情绪。

参考资料 9-3

看戏迟到的不同表现

Ａ·Ｈ·达威多娃的研究表明，同是看戏迟到，四种气质类型的人言行表现各不相同。胆汁质的人跟检票员争执起来，急于想进入剧场。他分辩说：剧场的钟走得快了，他不会影响别人。他打算推开检票员跑到自己的座位上去。多血质的人，知道检票员不会放他进入剧场，就通过没人注意的侧厅跑到自己座位上。黏液质的人看到不让他进场，就想："算了，第一场可能不太精彩。我还是去小卖部等一等，到幕间休息再进去吧。"抑郁质的人想："我总是不走运，偶尔来一次剧场就这样倒霉。"接着就回家去了。

在幼儿和小学生中不少人可以明显地归入这四种气质类型，而在青年和成人中只有部分人分属这四种基本类型，多数人属于中间型或混合型。所以，我们在判断人的气质时，不要简单地将某人划归某一基本类型。

三、气质与实践

(一) 气质类型不决定人的社会价值和智力水平

从对气质类型特征的分析中我们可明显地看到，各种气质类型既有可能向积极方向发展的一面,也有可能向消极方向发展的一面。例如,多血质的人情感丰富、工作能力强、灵活,也可能情感多变、注意力不稳定;胆汁质的人积极、生气勃勃、能干,也可能暴躁、任性、感情用事;黏液质的人沉着、冷静、坚毅,但也可能孤僻、怯懦。可见,气质本身无好坏之分,气质不决定人的社会价值。

气质也不决定人的智力水平。气质只是心理活动的反应特点,只赋予人的心理活动和行为以独特的色彩。任何一种气质的人,有可能成为本专业的专家,也可能 事无成;有可能成为德高望重的人,也可能成为道德败坏、有害于社会的人。通过对杰出人物的气质分析,我们可将他们分属极不相同的气质类型(见表9-6)。

表9-6 气质类型的代表人物

多血质	赫尔岑 列宁	胆汁质	巴甫洛夫 普希金 彼得一世
黏液质	克雷洛夫 库图佐夫	抑郁质	达尔文 果戈理 柴可夫斯基

(二) 气质类型的职业适应性

每种活动对人的心理及其动力特点都提出了一定的要求。我国心理学工作者(1988)调查空军战斗机飞行员与地面参谋人员气质类型报告:战斗机飞行员中,多血质占45.31%,胆汁质占19.80%,胆汁质与多血质混合型占15.13%,多血质与黏液质混合型占5.81%,胆汁质、多血质、黏液质三种混合型占2.32%;前三项气质类型占整个人数的88.37%。这个战斗机飞行员样本中没有发现抑郁质的人,而地面参谋人员中黏液质占29.90%,抑郁质占28.74%,黏液质与抑郁质混合型占23%,三项合计占总人数的81.64%。可见,职业与气质有密切关系。

表9-7 气质类型的行为特征与适宜的工作

气质类型	行 为 特 征	适 宜 的 工 作
多血质	活泼好动,敏捷,反应迅速,喜欢与人交往,注意力易转移,兴趣易变换,具有外倾性	社交工作、推销员、采购员、外交工作、管理人员、律师、新闻记者、演员、侦探等,适宜从事需要有表达力、活动力、组织力的工作
黏液质	安静,稳重,反应缓慢,沉默寡言,情绪不易外露,注意稳定但难转移,善于忍耐,具有内倾性	自然科学研究、教育、医生、财务会计等,适宜从事安静、独处、有条不紊的工作和思辨力较强的工作
胆汁质	直率,热情,精力旺盛,情绪易冲动,心境变化剧烈,具有外倾性	社交工作、政治工作、经济工作、军事工作、地质勘探工作、推销、节目主持人、演说家等
抑郁质	孤僻,行动迟缓,情绪体验深刻,善于觉察到别人不易觉察的细小情节,具有内倾性	研究工作、会计、化验员、雕刻、刺绣、机要秘书、检查员、打字员等,适宜从事不需过多与人打交道而需较强分析与观察力,需要耐心、细致的工作

(三) 气质类型与教学风格

不同气质的教师教学上表现出来的风格可能有较大的差异,虽然气质很难说与某种教学风格有着固定的联系,但它确实可成为形成不同教学风格的基础。

多血质的教师容易形成这样的教学风格：上课如同演讲，手舞足蹈，眉飞色舞，抑扬顿挫，富有感染力，集爱与恨于一身，熔语言、表情为一炉。但他们常常因缺乏毅力和耐心，对基础差的班级、同学不能很好地去辅导和教诲。

胆汁质的教师容易形成这样的教学风格：上课时情感起伏较大，兴致高时，如滔滔东海，博引强记；兴致低时，冷若冰霜；爱时如火如荼，恨时只想把调皮、捣蛋者痛骂一顿。他们组织教学能力强、有魄力，但脾气暴躁、自制力差，激情不易控制，常常影响教学效果。

黏液质的教师容易形成这样的教学风格：上课慢条斯理，以理服人；善于用提问启迪思路；富有耐心，性情随和；深入浅出，循循善诱；讲究板书，条理分明。但他们反应较为迟钝，行为拘谨，碰到意外事情优柔寡断，瞻前顾后，缺乏教学机智。

抑郁质的教师容易形成这样的教学风格：在课堂教学中常常按部就班，细致，缺乏表情，举止迟缓，照本宣科。但他们往往理论修养较高，看待问题能一针见血，为人老成持重，办事有条不紊。

(四) 气质类型与因材施教

1. 依据学生不同的气质特征，采取不同的教育策略

(1) 对胆汁质的学生，要着重发展其热情、豪放、爽朗、勇敢、进取和主动的心理品质，防止粗暴、任性、高傲等个性特点的产生。为此，应当要求他们善于自制，能沉着、深思熟虑地回答问题，能镇静、从容不迫地进行活动；培养他们在行为上和对人态度上的自制力和扎实的工作作风。对胆汁质的学生进行教育时，宜用"以柔克刚"和"热心肠冷处理"等有效方法；保持平静，轻声细语，实实在在、干脆利落地讲清道理。这些方法对胆汁质的人来说教育效果是好的。对他们进行教育切忌急躁。

(2) 对多血质的学生，要着重培养其朝气蓬勃、满腔热情、足智多谋等心理品质，防止朝三暮四、虎头蛇尾、粗心大意、任性等不良个性特点的产生。在教育方法上，要注意要求他们埋头苦干，在激起他们多方面兴趣的同时，要培养中心兴趣；在给予参加多种活动机会的同时，要强调认真负责的态度和坚持性；要严格要求他们遵守组织纪律。对多血质学生进行教育时，一定要"刚柔交替"：在他们满不在乎时，批评要有一定的刺激强度；在他们对错误能冷静对待时，要耐心帮助，做好巩固工作。

(3) 对黏液质的学生，要着重发展其诚恳待人、工作踏实、顽强等品质，注意防止墨守成规、执拗、冷淡、迟缓等品质。这种气质的学生，由于他们安静，不妨碍别人而且很勤勉，因而常常被教师忽视。对这类学生的教育应当注意培养他们所欠缺的品质——高度的灵活性、积极性，杜绝可能发生的淡漠和萎靡不振。对黏液质的学生，教师应当以满腔热情吸引他们参加集体活动，激发他们的积极情绪，引导他们生动活泼、机敏地完成各项任务。

(4) 对抑郁质的学生，要着重发展敏感、机智、认真细致、自尊和自信等品质，防止怯懦、多疑、孤僻等消极心理的产生。在教育的方法上，教师要给以更多的关怀，要经常给予帮助，尤其是在陌生的或困难的情况下更应给予具体帮助；要引导他们多参加集体活动，在交往中消除疑虑；应安排他们从事有一定困难的工作，鼓励他们奋勇前进。对他们的要求应逐渐提高，不可操之过急。对这些学生，称赞、嘉许、奖励等将对他们的发展起积极作用。

2. 教育学生善于认识、改善自己的气质

任何一种气质类型都有发展成不良品质的可能。教师要帮助学生分析和认识自己气质特征中的长处和短处，善于驾驭自己的气质。如教会学生经常有意识地控制自己气质上的消极方面，发展积极方面，就有利于形成良好的个性。

教育者对自己的气质的控制是教育成功的保证之一。不管教育者属于何种气质类型，都需要发挥气质的积极方面，克服消极方面，成为学生的榜样。

气质与实践的关系，在其他领域也应予以注意。如思想政治工作，必须根据工作对象的气质特点有针对性地采取相应的方法，强化其积极面，抑制其消极面。在组织协同工作时，教师也要注意尽可能选择不同气质的人互相搭配。苏联心理学家鲁萨洛夫（1982）研究发现，在两个人的协同活动中，气质类型不同的两个人相配合比气质类型相同的两人相配合会取得更好的成绩。婚恋也不例外，保加利亚的伦理学家瓦西列夫认为，爱情的气质组合可简单地归为三类：不利的组合——相同气质组合；有利和不利的组合——气质相近，但仍属不同气质（如暴躁与活泼）；最有利的组合——不同气质组合。

四、气质与心理健康

任何一种气质类型都有发展成不良心理的可能性。四种气质类型中，虽然每一种都有可能发生心理健康问题，但相对来说，神经过程强而不均衡的胆汁质和神经过程为弱型的抑郁质，更容易发生问题。强烈的愿望、过度的紧张与劳累往往会使胆汁质类型的人兴奋过程更强，抑制过程更弱，容易出现过于狂暴、躁怒、失控的现象。困难的任务、不顺的环境与过多的挫折则可能使神经过程本来就脆弱的抑郁质类型的人感到无所适从，会导致强烈的焦虑、忧郁、恐惧甚至绝望等心理问题。属于这两种类型的人，尤其应该注意自我调节。但必须指出的是，胆汁质和抑郁质绝不是病态气质类型，他们同样是心理健康的人。

第四节 性 格

一、性格概述

（一）什么是性格

性格是人对现实的较稳定的态度和习惯化的行为方式。一个人对学习是积极主动还是消极被动，对工作是认真负责还是马虎应付，对同志是满腔热情还是尖酸刻薄，对自己是谦虚谨慎还是自高自大，都是对现实的不同态度。性格不仅指一个人对现实的稳定的态度，而且指与不同态度相应的习惯化了的行为方式。学生有不同的学习态度，也会有与之相应的习惯化的学习方式。例如，在学习上有积极的创造性态度的学生，决不会局限于教师讲解的范围和教科书上提供的解答模式，总是一再查看有关资料，寻根问底，并探求解决问题的新方法、新途径，甚至处处想"标新立异"；而一个具有顺从、墨守成规性格特征的学生，则处处拘泥于教师讲解的范围和教材中提供的材料及解答的模式，绝不敢"别出心裁"。

不是任何态度和行为方式都能表明人的某种性格。如一个人偶尔在一次劳动中表现得很勤劳,还不能说他具有勤劳的性格特征,只有在多次的劳动中都表现出勤劳,才能说他具有这种性格特征。性格特征具有稳定性。

正因为个体在生活实践中形成的对现实的态度和行为方式具有稳定性、习惯性,所以我们掌握了他的性格特征,就能预料到他在某种情况下将持有什么样的态度和采取什么样的行动。领导者对部下要知人善任,教师对学生要因材施教,同志间相处要推心置腹。要做到这些,其前提就是要对有关人的性格有清醒的了解。

(二) 性格与气质

性格与气质既有区别又有联系。性格与气质的区别为:首先,气质主要是先天的,更多地受人的高级神经活动类型影响,是在人的情绪和行为活动中表现出来的反应特征。性格主要是后天形成的,更多地受社会生活条件所制约,它是态度体系和行为方式相结合而表现出来的具有核心意义的心理特征。其次,气质无好坏之分,而性格则有好坏之分。再次,气质表现的范围狭窄,局限于心理活动的强度、速度等方面,而性格表现的范围广泛,几乎囊括了人的社会心理特点。最后,气质的可塑性较小,变化较慢,而性格的可塑性较大,变化较快。

性格与气质的关系密切,二者互相渗透、互相影响。不同气质类型的人,都可以形成爱国、勤奋、乐于助人等性格,并且可以使性格带上个人色彩。例如,同样乐于助人的性格,不同气质的人表现是不同的:胆汁质的人带有满腔热情的特点,抑郁质的人带有怜悯的特点。

气质可以影响性格的形成和发展。形成自制力这个性格特征,胆汁质的人需要经过极大的克制和努力,而对抑郁质的人而言则比较容易。

性格对气质也有明显的影响。性格主要是受社会生活条件的制约,在一定程度上可以掩盖和改造气质。例如,从事精细操作的外科医生一旦形成了沉着的性格,就有可能改造胆汁质行为冲动、不可遏止的气质特点。

(三) 性格结构

性格是由许多个别特征所组成的复杂心理结构。由于各人性格特征组合的情况及表现形式不同,因而形成了千差万别的性格。性格的结构特征可从以下四个方面进行分析。

1. 性格的态度特征

这一特征是指人对客观现实的稳固态度方面的特征。具体表现在以下三个方面:①对社会、集体、他人的态度;②对工作、学习、劳动的态度;③对自己的态度。性格的态度特征在性格结构中具有核心意义。

2. 性格的意志特征

这一特征指人在调节行为方式方面的特征。主要表现在以下三个方面:①是否具有明确的行动目标,行为是否受社会规范的约束;②对行为的自觉控制能力;③在紧急情况或困难条件下处理问题的特点。

3. 性格的情绪特征

情绪活动的强度、稳定性、持久性和主导心境等方面的特征,构成了一个人的情绪特征。

4. 性格的理智特征

这一特征是指个体在感知、记忆、想象、思维等认识过程中表现出来的认知特点和风格的个体差异,也称为性格的认知特征。

性格结构的几个特征不是独立存在的,它们彼此间紧密联系、相互影响,共同构成性格结构的整体。

二、性格类型

(一)性格类型理论

性格的类型是指在某一类人身上所共有的性格特征的独特结合。长期以来,心理学家试图按一定标准对性格进行分类,提出了多种分类学说,但由于性格这种心理现象极为复杂,所以至今还没有一个公认的分类标准。以下介绍几种常见的性格类型。

1. 理智型、情绪型和意志型

根据理智、情绪、意志三者在心理机能方面哪一个占优势,可把人的性格分为理智型、情绪型和意志型。理智型的人通常用理智来衡量一切,并支配自己的活动。他们观察事物认真仔细,思维活动占优势,很少受情绪波动影响。情绪型的人,内心情绪体验深刻,外部表露明显,情绪不稳定。他们有时欢乐愉快,有时抑郁低沉,有时安乐宁静,有时烦躁不安,言行举止受情绪影响,缺乏理智感,处理问题常感情用事。意志型的人,行动目标明确,积极主动,勇敢、果断、坚定,自制力强,不易为外界因素干扰,但有的人会显得固执、任性或轻率、鲁莽。除了以上这三种典型的类型外,还有中间类型,如理智—意志型,情绪—意志型等。

2. 外向型和内向型

按照心理活动指向于外部世界,还是指向于内部世界,可以把人的性格类型分为外向型和内向型。外向型的人,心理活动指向于外部世界,表现为活泼开朗,热情大方,不拘小节,情绪外露,善于交际,反应迅速,易适应环境的变化,不介意别人的评价。但有的人会表现出轻率,散漫,感情用事,缺乏自我分析和自我批评的态度。内向型的人,心理活动指向于内部世界,一般表现为以自我为出发点,感情比较深沉,办事小心谨慎,多思但见之于行动的少。有时表现出反应缓慢,不善交往,适应环境的能力较差,很注重别人对自己的评价。有的人失之于拘谨、冷漠和孤僻。典型的外向型或内向型的人并不很多,大多数人属于中间型,介于内外向之间,兼有内向和外向的特点。

3. 独立型和顺从型

按照个体活动的独立性程度,把人分为独立型和顺从型。独立型的人,具有坚定的个人信念,善于独立思考,能够独立地发现、分析和解决问题;自信心强,不易受他人的暗示和其他因素的干扰;在遇到紧急情况和困难时,显得沉着冷静。但有的人则失之于主观武断,喜欢把自己的意志强加于人,常常唯我独是、唯我独尊。顺从型的人,做事缺乏主见,易受他人意见所左右,常常不加分析地接受别人的观点或屈从于他人的权势;在突发事件面前,常表现为束手无策或惊慌失措。

4. A型性格、B型性格和C型性格

根据人们在时间上的匆忙感、紧迫感和好胜心等特点,可将人的性格分为 A 型、B 型和 C

型三种。A 型性格的人常充满着成功的理想和进取心,整天闲不住,时间感特别强。他们试图对每一分钟进行计算,因此导致急躁和长期的时间紧迫感。他们好争斗,易激怒,信不过别人,事事都想亲自动手。这类人往往是一些智力较高、能力较强的人。B 型性格的人是非竞争型的人。他们对受到的阻碍反应平静,喜欢不紧张的工作,爱过悠闲的生活,没有时间紧迫感,有耐心,能容忍,很少有敌意,喜欢娱乐,即使在娱乐活动中也不争强好胜。C 型性格的人把愤怒藏在心里加以控制;在行为上表现出与别人过分合作,原谅一些不该原谅的行为;生活和工作中没有主意和目标;尽量回避冲突,不表现负面情绪,屈从于权威等。有研究表明:A 型性格的人容易得冠心病,其发病率为 B 型性格的 2 倍,而心肌梗塞的复发率为 B 型性格的 5 倍。C 型性格的人则易患癌症。

5. 斯普兰格的六种性格类型

这是一种从精神科学的心理学立场出发,用哲学的思辨方法进行的分类。其代表人物为德国教育学家和哲学家斯普兰格(E. Spranger)。他认为,人以固有的气质为基础,同时也受文化的影响。他将主观价值体验和客观价值构成物联系起来,构建起价值观的性格类型学说。他在《生活方式》一书中提出,社会生活有六个基本的领域:理论、经济、审美、社会、权力和宗教,人会对这六个基本领域中的某一领域产生特殊的兴趣和价值追求。据此,他将人的性格分为六种类型:理论型、经济型、审美型、社会型、权力型和宗教型。

(二) 性格类型与职业

美国心理学家 J·L·霍兰德根据性格特征与职业选择的关系,也把性格划分为六个类型。不同的性格在职业选择上具有明显的差异。

表 9-8　性格类型及其相匹配的职业

性格类型	性格特征	相匹配的职业
社会型	喜欢社会活动和社会交往,关心社会问题,对教育活动感兴趣	社会学家、社会工作者、护士、教师等
理智型	喜欢智力活动和抽象的工作	数学、物理、化学和生物等自然科学工作者,电子工作者,计算机程序编制等
现实型	喜欢有规律的具体劳动和需要基本技能的工作	制图员、修理工、机械工、电工和农民等
文艺型	喜欢文学和艺术,善于用艺术作品来表现自己,感情丰富、爱想象、富有创造性	作家、艺术家、雕刻家、音乐家、管弦乐队指挥、编辑、评论家等
贸易型	富有冒险精神,性格外向,喜欢担任领导工作,具有说服、支配、使用语言等能力	董事长、经理、营业部主任、推销员等
传统型	喜欢有条理和有系统的工作,具有友好、务实、善于控制和保守等特点	办事员、办公室人员、打字员、档案工作人员、记账员、会计、出纳、秘书、接待员等

霍兰德还研究了各种性格之间的关系。他指出,每一种性格类型都有两种与之相近的性格类型,即一个人也能适应这两种相似类型的工作;每一种性格类型又都有两种与之保持中性关系的性格类型;另外,每一种性格类型还都有一种与之相斥的性格类型(表 9-9)。

表 9 - 9 霍兰德的性格类型关系

性格类型 ＼ 关系	相　近	中　性	相　斥
社会型	文艺型、贸易型	传统型、理智型	现实型
理智型	文艺型、现实型	传统型、社会型	贸易型
现实型	理智型、传统型	文艺型、贸易型	社会型
文艺型	理智型、社会型	贸易型、现实型	传统型
贸易型	社会型、传统型	现实型、文艺型	理智型
传统型	现实型、贸易型	社会型、理智型	文艺型

霍兰德的性格类型及其与职业类型匹配的理论,对职业指导具有重大意义。

第五节　认 知 风 格

认知风格是指个体在加工(如理解、储存、转换、利用等)信息时所习惯采用的方式,也叫认知方式。常见的类型有场独立型与场依存型、冲动型与沉思型、同时型与继时型等。

一、场独立型与场依存型

具有场独立型认知方式的个体,对客观事物作判断时,常常利用自己内部的参照,不易受外来因素的影响和干扰;在认知方面独立于他们的周围背景,倾向于在更抽象的和分析的水平上加工,独立对事物作出判断。具有场依存型认知方式的个体,对物体的知觉倾向于以外部参照作为信息加工的依据。他们的态度和自我知觉更易受周围的人们,特别是权威人士的影响和干扰,善于察言观色,注意并记忆言语信息中的社会内容。具有场独立型和场依存型认知风格的个体在许多方面显示出差异,这种差异主要表现在如上所述的对外部环境("场")的不同依赖程度上,也表现在人格差异上。场独立型的个体在认知中具有优势,而场依存型的个体社会技能高,在人际交往中具有优势。从学习来看,两种认知方式也显示了不同的特点。在解决需要灵活思维的问题上,场独立型的个体有优势,他们善于抓住问题的关键性成分,能灵活地运用已有的知识来解决问题。而场依存型的个体在解决熟悉的问题时,不会发生困难,但让他们运用已有的知识解决没有遇到过的问题时,则难于应付,缺乏灵活性。

二、冲动型与沉思型

冲动与沉思反映了个体在信息加工、形成假设和解决问题过程等方面的速度和准确性。

冲动型认知风格的特点是:反应快,但精确性差。具有这种认知风格的人,面对问题时总是急于求成,不能全面细致地分析问题,不管正确与否就急于表达出来,有时甚至没有弄清楚问题的要求就急于解答问题。他们使用的信息加工策略多为整体性策略。当问题要求作整体性解释时,成绩较好。

沉思型认知风格的特点是：反应慢，但精确性高。具有这种认知风格的人，总是把问题考虑周全以后再作反应，他们看重解决问题的质量而不是速度。但是当他们回答熟悉的比较简单的问题时，反应也较快。这种人在加工信息时多采用细节性策略，在需要对细节进行研究时，他们的学习成绩较好。

三、同时型与继时型

有学者根据脑功能的研究，区分出同时型与继时型两种认知风格。他们认为，左脑优势的个体表现出继时型的加工风格，而右脑优势的个体表现出同时型的加工风格。

同时型认知风格的特点是：在解决问题时，同时考虑多种假设，并兼顾到解决问题的各种可能性。其解决问题的方式是发散式的。许多数学操作、空间问题的操作都要依赖同时型的加工方式。这也可能是男孩在数学能力与空间能力方面优于女孩子的原因之一。

继时型认知风格的特点是：在解决问题时，能一步一步地分析问题，每一个步骤只考虑一种假设或一种属性，提出的假设有明显的前后顺序，第一个假设成立后再检验第二个假设，解决问题的过程像链条一样，一环扣一环，直到找到问题的答案。言语操作就属于继时型加工。一般来说，女孩擅长于继时型加工，这可能是女孩形象记忆和语言能力比男孩好的原因之一。

同时型和继时型是认知方式的差异，而不是加工水平的差异。但当学习方式与认知方式互相匹配，不同认知方式的优势就能显示出来。

第六节　人格与教育

人格是十分复杂的。影响人格形成与发展的因素也十分复杂，既有先天因素，也有后天因素；既有客观因素，也有主观因素。其中，后天的诸因素，尤其是教育因素，在人格的形成与发展中起决定作用。这个教育是广义的教育，既包括学校教育，也包括家庭教育、社会教育以及自我教育。学校教育在广义的教育中起主导作用，这是大家所公认的。但是，在人格的形成与发展中，单纯依靠学校教育是不全面的。我们必须树立大教育的观念，将学校教育、家庭教育、社会教育和自我教育结合起来，研究人格的形成与发展，培养学生良好的人格。

一、人格与家庭教育

家庭是社会的基本单位，是制造个人适应环境所必需的心理能力的第一个场所，父母是孩子的第一位老师。社会对儿童的影响，也首先是在家庭中实现的。家庭对人格形成产生的重要而深远的影响主要通过以下几方面显示出来。

（一）家长对子女的教育态度和教育方式

西蒙兹(S. Symonds)认为，在父母和孩子之间有两个基本要素：一是接受—拒绝，要么给孩子以爱，要么就拒绝给孩子以爱；二是支配—服从，要么随心所欲地支配孩子，要么服从孩子的要求。父母与孩子的互动都不同程度地包含着这两种基本要素。父母对待孩子最理想的方式是居于两个要素的中间,即既不特别宠爱孩子,也不过于严厉;既不随心所欲地支配孩子,也不完全听凭孩子的支配。父母应该对孩子倾注较为适中的爱,只为孩子提供必要的环境和照顾,使孩子的人格健康发展。

表 9－10　父母的教育方式与儿童人格的关系

父母的教育方式	儿 童 人 格
支配性的	消极、顺从、依赖、缺乏独立性
溺爱的	任性、骄傲、利己主义、缺乏独立精神、情绪不稳定
过于保护的	缺乏社会性、依赖、被动、胆怯、深思、沉默、亲切的
过于严厉的(经常打骂)	顽固、冷酷、残忍、独立的;或怯懦、盲从、不诚实、缺乏自信心和自尊心
忽视的	妒忌、情绪不安、创造力差,甚至有厌世轻生情绪
父母意见分歧的	易生气、警惕性高;或有两面讨好、投机取巧、好说谎的作风
民主的	独立、直爽、协作的、亲切的、社交的、机灵的、安全、快乐、坚持、大胆、有毅力和创造精神

(二) 家庭的气氛

家庭心理气氛对孩子人格的形成可起到潜移默化的影响。在一个家庭里,父母之间感情和谐、互敬互爱,兄弟姐妹之间相亲相爱,邻里之间和睦相处,往往易使个体形成谦虚、礼貌、随和、诚恳、乐观、大方等良好的人格特征。反之,家庭成员之间如果经常吵闹打骂,邻里之间纠纷不断,则易使个体形成粗暴、蛮横、孤僻、冷漠等不良的人格特征。宁静、愉快家庭中的个体与气氛紧张及冲突家庭中的个体在人格上有很多差异。

学生入学之前,主要生活在家庭中,而这一时期正是人一生中成长的关键时期。入学以后,家庭的影响虽然降低了,但因家庭成员的关系比较稳定而持久,成员之间的互动频率也较高,家庭仍然对学生继续发挥其特有的作用。例如,家庭的社会经济地位、文化背景、价值观念,甚至家庭的结构、发展史、物理环境和家庭活动等都会对学生的方方面面产生影响。

二、人格与学校教育

在现代社会中,学校是家庭之外影响个体人格的第一个机构,是将个体从家庭引向社会的第一座桥梁。当个体进入学龄期之后,学校的影响取代家庭上升到首要地位,成为最重要的因素。

(一) 校园文化

校园文化是学校内部形成的、特定的文化环境和精神氛围,由行为层面、物质层面和精神层面三方面组成。行为层面包括教师的品德风范、学生的素质和日常行为表现;物质层面包括校园建筑、基础设施、实验场所、图书馆的藏书等等;精神层面是其核心,如共同遵循并得到同化的价值观念、行为准则、校风等。校园文化对学生人格的形成既可起到直接指导作用,也可产生潜移默化的影响。优良的校风,尤其是班集体风气对学生是一种无声的规定,会对学生心理产生很大的影响力和约束力,从而起一种正面的导向作用。丰富多彩的校园文化活动则给学生提供了发现自己、丰富自己、完善自己、发展自己的机会,学生在其中容易形成勇敢、坚强、艰苦、求实、自信、自制、积极乐观、团结友爱和敢于创造等良好的人格特征。

(二) 教师的教育态度和方式

教师对学生的态度及其言谈举止,都会自觉或不自觉地影响学生,引起学生相应的反应,久而久之就会固定为相应的人格特征。

表 9 - 11　教师的教育态度与学生人格

教育态度	学 生 的 人 格
专制的	情绪紧张,不是冷淡就是带有攻击性,教师在场时毕恭毕敬,不在时秩序混乱,不能自制
民主的	情绪稳定、积极,态度友好,有领导能力
放任的	无团体目标,无组织,无纪律,放任状态

三、人格与社会教育

学生人格的形成与发展也取决于其加入的社会生活,取决于所经历的社会化进程。个体社会化对人格形成与发展的影响主要体现在宏观的社会文化层次上和微观的个体生活情境层次上。社会文化层次是个体人格形成与发展的宏观背景,包括一定的社会物质生活条件、社会制度、价值观念、行为规范、风俗习惯等。经由宏观上的共同文化的熏陶,每一社会成员都具有某些共同的人格特征,它们形成了个体之间基本相似的人格丛,这就是社会人格、民族人格。

但是,文化决定的只是社会成员的基本人格类型,它不等同于每个成员的独有人格。个体的独有人格还要受到微观的具体生活情境的影响。个体生活情境层次是学生人格形成与发展的微观机制。学生在实际的社会生活中,会结成其独特的人际关系,经历不同的生活事件,这就形成了学生人格的千差万别的方面。

四、人格与自我教育

任何一种人格特征的形成,都是个体把所接受的外部的社会要求逐步转变为自己内部需要的过程。在这个转化过程中,人的主体性在起着越来越重要的作用。环境因素、一切外来的影响,都必须通过个体的自我调节才能起作用。因此从这个意义上讲,每个人都在塑造着自己的人格。随着学生自我意识的发展,他们常常能主动地分析自己的人格特征,自觉地扬长避短,培养自己良好的人格特征。这时,他们对自己人格的形成已从被控制者转变为自我控制者和自我教育者。教师和家长要相信他们,以积极期待导引、感召学生,提高他们自我控制和自我教育的能力。

第七节　人 格 测 量

测量是指在标准化的条件下引发出被试的行动和内部心理变化的手段。人格测量是用测量方法对人格进行测量,测出一个人在一定情境下,经常表现出来的典型行为和人格特征等。目前,已有的几百种人格测量法可分为构造明确的问卷法和结构不明确的投射法两大类。

一、自陈法

自陈法是人格测量的一种纸笔测验方法,用于被试自己作答。这种量表多采用客观测验的形式,设计出一系列陈述句或问题,要被试做出是否符合自己情况的报告。应答情况一般有三种形式:一是是非式,即对问题回答"是"或"否";二是二择一式,即在两个相反的问题中选择其一;三是等级式,即把问题分成不同等级作答。最早用科学方法测量人格的是英国心理学家高尔顿(F. Galton),他在1884年编制了"品格测量"的量表。后来,许多心理学家又编制了以测量人格为目的的问卷。这种量表很多,下面列举几种常用的。

(一)明尼苏达多相人格量表(MMPI)

此量表是由美国明尼苏达大学教授哈茨韦(R. Hathaway)和麦金莱(J. McKinley)于1943年发表的。经过不断完善,MMPI既可以测定正常人的人格,也可以鉴别各类精神病,如歇斯底里症、强迫症、偏执症、精神分裂症、抑郁性精神病等。

MMPI共有566个题目,题目的内容广泛,有身体方面的情况,也有心理体验的精神状态方面的情况,还有对恋爱、婚姻、家庭、宗教、政治、法律以及社会等方面的态度。测验量表分为14个量表。凡年满16岁,具有小学文化水平,没有视觉障碍和书写障碍等生理缺陷的人,均可以参加测量。被测者对量表中的每个问题要从"是"、"否"、"无法回答"三个答案中选择其中之一来回答。测试没有时间限制,正常人一般为45分钟,很少有超过90分钟的。

MMPI是目前应用很广的人格量表。我国于1980年开始对MMPI进行修订,并依据我国国情,做出了我国正常人的常模。

(二)卡特尔16种人格因素测验量表

这一量表是美国伊利诺州立大学教授卡特尔于20世纪50年代编制的人格测验,适用于具有阅读能力的青年、成年及老年人。卡特尔根据自己研究所确定的16种人格根源特质在某些情况下可能产生的表现,编制成16组题目。每组包括10—13个题目,共187题。每题有三种选择方案,分别记0分、1分、2分。

卡特尔16种人格因素测验已在德、法、意、日等国进行了修订。20世纪60年代,美籍华人学者刘永和博士在卡特尔的赞助下,与伊利诺州立大学人格及能力研究所梅尔瑞(G. meredith)博士合作进行了修订,于1970年发表了中文修订本。1979年,刘永和博士来华讲学时,将中文本介绍到国内。以后,辽宁省教科所对16PF又作了简单修订。

(三)艾森克人格问卷(EPQ)

EPQ是英国伦敦大学心理系和精神病研究所教授艾森克编制的。他采用因素分析的方法归纳出三个基本因素:内外倾向性、情感稳定性和心理变态倾向。这三个基本因素构成了人格的三个相互正交的维度。在这三个维度上的不同表现程度,构成了各人不同的人格特征。

EPQ问卷前印有答卷指导语。被试按每个项目的陈述,根据自己的实际情况答"是"或"否",并把答案按题号划在答卷纸上。测试者收卷后用记分套板算出四个量表的原始分数,再对照常模,将原始分数换成以 50 为平均数、10 为标准差的标准 T 分数,制成剖析图,就可以对一个人的人格进行鉴定了。

EPQ 问卷包括 E、N、P、L 四个分量表,共 88 个项目。E 量表中,高分为典型外倾性,低分为典型内倾性。N 量表中,高分为情绪不稳定,低分为情绪稳定。P 量表中,高分者表现为强烈的心理变态。L 量表为效度量表,高分为掩饰。

二、投射测验法

投射测验法是在测验时向被试提供一些无确定含义的刺激,让被试在不知不觉中,毫无限制、自由地投射出自己内在的思想感情,然后确定其人格特征。投射测验种类很多,在此仅举出三种主要的方法。

(一) 主题统觉测验

主题统觉测验(简称 TAT)是一种使用最广泛的投射测验,由美国心理学家默里和摩尔根(H. A. Murray 和 C. Morgan)于 1938 年创制。它与看图说故事类似,全套有 30 张黑白图片。这些图片(见图 9-1)显示的人物和景物都暧昧不明,模棱两可,可作不同的解释。施测时,被试共抽出 20 张图片。每抽出一张图片,被试都要根据图片编一个故事,故事的内容不加限制,主要包括四个要素:①你看到什么情景? ②情景发生的原因是什么? ③将来会发生什么结果? ④画中人体验的是什么样的情意?

被试在编故事时,会把自己的需要、愿望投射在故事中。测验者通过对故事进行分析,测出被试的人格特征。

图 9-1 主题统觉测验图示例

(二) 罗夏墨迹测验

罗夏墨迹测验由瑞士精神病学家罗夏(H. Rorschach)于 1921 年创制。罗夏墨迹测验共有 10 张内容不同的墨迹图片。其中,五张是印成浓淡不同的黑色,两张印成红与黑,三张用多种颜色印成(见图 9-2)。

图 9-2 罗夏墨迹图

罗夏墨迹测验的卡片编有次序。测验时逐张问被试:"这像什么?""你看见什么?""这使你想起什么?"根据被试的回答,主试从下列四个方面进行评定:①部位:是对图形作整体反应,还是部分反应？是对其中某处作特殊反应，还是对空白部分作出反应？②决定的原因：是对形状反应，还是对颜色反应？把图形看成是动的，还是静的？③内容：把图形看成是什么？是人，是物，是动物，还是人或物的一部分？④从众性：被试的反应是与众不同，还是与众相同？

罗夏墨迹测验不受语言文字限制，图片本身不需修改，在任何文化环境下都可以使用。但是，主试对测验结果的解释，因依据不同而多种多样，很不一致。

主题统觉测验和罗夏墨迹测验的主要缺点首先是对被测者反应结果难以评定，计分也带有主观色彩，再加上题意暧昧，往往连测试者也无法确定其所代表的心理学意义。其次，是缺乏效度和信度的研究。再次，是测试技术复杂，需要经过特殊训练的人才能施行。

（三）文章完成法测验

文章完成法测验（SCT）是给予被试带有空白部分的文章，不加限制地让被试完成语言填空。主试根据反应的内容，推断被试的情感、愿望以及内心冲突。例如，给予"我们的朋友……""我们的敌人……""我喜欢……"等没完成的文章，让他继续完成。

文章完成法测验起源于德国，最初用来测查儿童的智能，后来，美国心理学家用它测查人格。文章完成法因其使用方便、掌握容易而较为普及。

参考资料 9 - 3

自我意识测验和情境测验

1. 自我意识测验

该测验是测量人对自己的观点、看法、态度和情感的心理测验。目前关于自我意识的测验有多种，包括自我意识量表、自我描述问卷、自我和谐量表、自尊量表、缺陷感量表个人评价问卷等等。这些量表有些是测量个体的总体自我意识状况的，如 Piers-Harris 儿童自我意识量表分为六个量表：行为、智力与学校情况、躯体外貌与属性、焦虑、合群、幸福与满足；有些则是测量自我意识某一方面内容的，如关于自我概念的测验。自我概念是自我意识里的一个重要内容，它是个体对自己的印象，包括对自己存在的认识，以及对个人身体能力、性格、态度、思维等方面的认识。早期的自我概念量表大多是单维结构的。近年来，心理学家们已经将自我概念看成是多维的、有层次的，即自我概念结构是一些低一级的对自身在不同行为方面的认知表象所组成。最初有两种初级的自我概念：学业的和非学业的。后来又作了细分，学业自我概念根据对象再细分，如言语、数学等；非学业自我概念也分成社会、情绪和身体等几种。因此自我概念测验量表也成为更全面的多维量表。如 Marsh 等人的自我描述问卷（SDQ）就是其中最负盛名的一个。又如自尊量表，侧重在测量人们对自己的赞赏、重视和喜欢自己的程度，即一个人对自己的态度侧面。自我和谐量表则测量个体自我与经验的和谐程度的量表等等。

自我意识量表可以广泛运用于教育、心理和医学等领域，在心理咨询领域，它对心理健康状况的评估，心理咨询与治疗效果的评估起到了重要作用。

2. 情境测验

情境测验是将被试置于特定的情境中，由主试观察被试在这一情境下的行为反应，从而分析其人格特征的一种人格测验。情境测验又可分为品格教育测验和情境压力测验等。品格教育测验用于测量被测验者诚实、自我控制、利他主义等品格。如让学生给自己的卷子打分(事先将卷子复印1份),看其是否诚实等。情境压力测验则可用于录用员工、选拔领导等方面。情境测验具有真实、自然等优点,同时也有施测困难,费时费钱;因主观评定而误差较大以及被试在不同情境中行为具有不一致性等缺点。

思考题

1. 什么是人格? 人格包括的三个系统是什么?

2. 什么是气质? 试观察两三个学生的行为表现,说明其气质特征。

3. 什么是气质类型? 它和高级神经活动类型有何关系?

4. 什么是性格? 试举例说明之。

5. 性格形成的原因有哪些? 详析自己性格形成的过程。

6. 了解和鉴定性格的途径和方法有哪些? 试举出运用一种途径或方法鉴定一个性格的实例。

实践题

1. 以某一中学生为调查研究对象,描述该生性格特征,并拟定消除不良性格特征的教育措施。

2. 试分析研究一下《红楼梦》中的林黛玉、史湘云、尤三姐、薛宝钗四人的气质特点。

第十章 能　力

本章主要内容

1. 能力概述
2. 智力与智力结构理论
3. 能力测验
4. 能力的个别差异
5. 影响中学生智力发展的诸因素

第一节　能力概述

一、能力的概念

（一）能力

能力是顺利地完成某种活动所必需的人格心理特征。也就是说,能力是直接影响活动效率,使活动顺利完成所必备的个性心理特征。它包含两种含义:一是实际能力,就是个人在先天遗传基础上努力学习并在行为上所表现出来的能力,国外心理学家称之为成就;另一种是潜能,它是指个人将来可能在行为上表现出来的能力,国外心理学家称之为性向。性向又可分为两类:一类是普通性向(即普通能力),指一般性的潜能,具有此潜能者,将来有机会学习锻炼,可能成为一名通才;另一类是特殊性向(即特殊能力),指某一方面的特殊潜能,这类人如有机会学习锻炼,可能成为某方面的专门人才。

能力是人格的一个组成部分,也就是我们通常所说的个性心理特征。因此,有些因素虽然也影响活动的顺利进行,如体力、知识等,但它们不能称为能力,因为它们不是个体的心理特征,不属于人格的组成部分;有些虽然是人格心理特征,但不会直接影响活动效率,如谦虚、骄傲、活泼、沉稳等,也不能称为能力。

（二）才能

人要顺利地、成功地完成任何一种活动,仅靠一种能力是不够的,必须多种能力合成一个系统才可能实现。而这种多种能力的完备结合就称为才能。

才能是完成某种活动任务所必需的多种能力的独特结合。以教学为例,有人概括出优秀教师必具备八种基本的心理能力:组织教材的能力、记忆力、逻辑思维能力、口头表达能力、观察力、注意分配能力、板书能力以及管理能力等。

（三）天才

才能高度完善与创造性发展的人是天才。马克思和爱因斯坦都是天才。他们能够高效率地、创造性地解决前人未曾解决的问题。天才的能力结构,既有高度完善的一般能力,也有高度完善的特殊能力,无论是一般能力,还是特殊能力,都达到了创造性的高水平。有人对许多超常儿童的调查和追踪研究发现:天才在智力结构中表现出一些重要的智力品质,如敏锐和机警的观察力、良好的记忆力、独立的思维能力、创新能力等。

二、能力与知识的关系

知识是人类长期以来在改造世界的实践中获得认识和经验的结晶。皮亚杰说:"知识是由主体与环境或思维与客体相互作用而导致的知觉建构,知识不是客体的副本,也不是由主体所决定的先验意识。"我国一些专家学者认为,知识是对事物属性与联系的认识,表现为对事物的知觉、表象、概念、法则等心理形式。更具体地说,"所谓知识,就它反映的内容而言,是客观事物的属性和联系的反映,是客观世界在人脑中的主观映象。就它的反映活动的形式而言,有时表现为主体对事物的感知或表象,属于感性知识;有时表现为关于事物的概念或规律,属于理性知识。总之,知识是个体通过与环境相互作用后获得的信息和结构,是贮存于个体内的一种后天经验的产物,是主客体相互作用的结果"。

信息加工心理学认为,知识是陈述性知识、程序性知识和策略性知识的总和。陈述性知识是回答"世界是什么"的问题,是指世界的事实知识。程序性知识是回答"怎么办"的问题,是指关于如何去做的知识,是可以操作和实践的知识。策略性知识是关于如何学习、如何思维的知识。而能力则是掌握和运用知识,使学习与工作顺利进行的人格心理特征。美国心理学家珀斯金认为,能力等于神经系统的生理功能加陈述性知识、程序性知识和策略性知识。可见,能力与知识的关系是密不可分的,是十分紧密的。没有知识,能力根本不能得到发展,特别是策略性知识,它是能力形成和发展最活跃的因素。可以这样讲,知识是能力发展的前提,没有相应的知识就不可能有良好能力的发展。当然,这并不是说有知识就一定有高超的能力。事实上能力的高低与学业成绩之间没有必然的联系。应该说知识结构的合理性与能力有一定的关系。另外是否能灵活运用知识也与能力的展现有一定的关系。心理学上所讲的功能固着,是指习惯于将某种事物的功能固定化会影响我们能力的发挥,特别是创造能力的发挥。

知识与能力的关系还表现在发展速度的差异方面。知识的发展速度较快,随着学习的深入和年龄的增长不断增多。而能力的发展一般比较缓慢。它的发展趋势呈抛物线形:人从出生到26岁是能力增长期,26—36岁达到发展的高峰,以后逐渐下降,60岁以后急剧下降。

知识和能力的差异也表现为发展的不同步。两个成绩同样优秀的学生,一个可能能力超常;另一个可能能力中等,但学习刻苦、努力。

三、能力的种类

心理学家们从不同的角度对能力进行分类。能力按它的倾向性可分为以下几种。

(一)一般能力和特殊能力

一般能力是指在不同种类的活动中表现出来的能力,它是有效掌握知识和顺利完成活动所必需的心理条件,又称为普通能力。一般能力主要包括:观察力、想象力、言语能力、记忆力和思维能力,其中思维能力起着核心的作用。一般能力多和认识活动紧密联系着,所以又称为智力。

特殊能力是顺利完成某种专业活动所必备的能力,它又称为专门能力。对专门能力结构的研究,有助于深入了解人的发展趋向,更有助于因材施教。以下是一些重要的特殊能力:

(1) 数学能力。苏联心理学家 B·A·克鲁捷茨基研究指出,数学能力主要有:①对数学材料迅速而广泛的概括能力;②解题时迅速"压缩"或简化推理过程和相应的运算能力;③在学习数学材料过程中,思维迅速而自由转换到直接相反进程的能力,即从正运算灵活地过渡到逆运算的能力。

(2) 音乐能力。苏联心理学家 B·M·捷普洛夫研究指出,音乐能力的基本因素有:①曲调感,即区别声音的旋律和表达情绪色彩的能力;②听觉表象能力,即能准确地重现旋律的听觉表象能力;③节奏感,即感受和重现音乐节奏的能力;④情绪记忆能力。

(3) 绘画能力。绘画能力主要包括:①对象结构知觉;②物体空间位置知觉;③物体亮度比值的评定;④色调知觉;⑤视觉表象能力;⑥手的精确动作能力等。

(4) 文学能力。对许多文学家的观察和研究表明,从事文学工作的人应具备:①敏锐的观察能力;②创造性的想象能力;③精确的文字表达能力;④深沉的情感;⑤阅读文学作品与习作的兴趣。

(5) 教育能力。教师除必须具备一定水平的观察力、记忆力和思维能力等一般能力之外,还应具备教育工作所必需的特殊能力。①教学能力,包括组织教学全过程的能力(从制定教学计划到备课、上课、教学检查、评定);控制课堂秩序、组织学生注意的能力;根据教学任务和学生特点,讲清教材的重点、难点的能力;言语表达能力,口头讲解做到准确简明、深入浅出、思路清楚、语言生动形象有感染力,板书规范、字迹清楚、纲目清楚;运用教育和心理学的原理来计划和组织教学活动的能力;运用启发式教学法,激发学生积极思考的能力;教给学生学习方法的能力;评价学生学习成绩的能力;观察学生言行和内心活动的能力。②思想教育能力,包括了解学生思想、感情、气质、性格的能力;心理咨询的能力;说服教育的能力;组织集体的能力,包括组织团、队、学生会,培养班干部,组织班级学习、文体、科技活动的能力;评价学生操行的能力;处理偶发事件的能力。③运用教育理论总结教学改革工作和思想政治工作经验的能力。现代教师面对科学技术迅速发展和知识总量迅速增长的挑战,必须在具备上述能力的基础上,努力培养自己综合运用知识的能力、运用信息的能力、解决问题的能力、创造能力、决策能力、终身学习的能力。

一般能力和特殊能力的有机结合是有效地完成某种活动的必要保证。一般能力愈是发展,就愈能为特殊能力的发展创造有利条件,而特殊能力的发展也会促进一般能力的发展。

(二) 模仿能力和创造能力

能力按创造性大小,可分为模仿能力和创造能力。模仿能力是指仿效他人的言行举止而引起的与之相类似的行为活动的能力。班杜拉认为,模仿是人们彼此之间相互影响的重要方式,是实现个体行为社会化的基本历程之一。他指出,通过模仿能使原有的行为得到巩固或改变,习得新的行为。学生在学习活动中经常表现出来的主要是模仿能力。创造能力,是指在创造活动中能产生出具有社会价值的、独特的、新颖的思想和事物的能力。如作家、科学家、教育家的活动经常表现出创造能力。心理学家认为,创造能力的基本特征是独特性和有价值性。人们正是由于有了创造能力,才能在模仿的基础上有所突破、有所发展,社会才可能得以发展。

模仿能力和创造能力是相互联系的。模仿能力一般都含有创造因素,而创造能力的发展又需要模仿能力。

(三) 认识能力、元认知能力、操作能力与社交能力

从认知对象的维度考虑,能力还可分为认识能力、元认知能力、操作能力和社交能力。认识能力是指个体接受信息、加工信息和运用信息的能力,也就是获取和保存知识的能力。它包括观察能力、思维能力等,是完成各种活动所必备的最基本、最主要的心理条件。元认知能力简单讲就是个体对自己的认识过程进行认知和调控的能力。具体地说,就是个体对自己的认知活动体验、评价和监控的能力。操作能力是操纵、制作和运动的能力,如运动能力、操纵器械的能力、制作能力等,是人们适应或改变环境、协调自己动作、掌握和施展技能所必备的心理条件。社交能力是参加社会群体生活,与周围人们相互交往、保持协调所不可缺少的心理条件。

在能力上,人与人之间存在明显的个别差异,有的人甚至存在个别能力的缺陷。能力差异和能力缺陷都可依靠其他能力的发展来补偿(或称代偿)。这种能力的补偿作用,为学生的智力发展提供了广阔的可能性。

第二节　智力与智力结构理论

一、智力的概念

(一) 智力的定义

智力从来就是心理学界最关注的问题,但什么是智力目前还众说纷纭,没有一个比较一致的说法。有人认为,智力就是抽象思维能力;有人认为,智力是从真理和事实的观点出发,在正确反映中所获得的能力;也有人认为,智力是学习能力或由经验所得的能力。

美国心理学界对智力的理解归纳为五个方面:一是推理和判断的高度思维能力;二是以抽象思维为核心的多种认识能力的综合;三是学习能力;四是对新环境认识的适应能力;五是智力测验所测的能力。

我国大多数心理学家都认为,智力就是使人能顺利地解决某种活动所必需的各种认知能力的有机结合,并以抽象思维为核心。也就是说智力是一种综合性的心理能力,是进行学习、处理抽象观念、处理新情况、解决问题、适应新环境的能力。

(二) 智力、能力与创造力

智力是能力的一个重要组成部分,而创造力则是智力在创造活动中独特发展的结果。创造力能推动智力的进一步发展。所以说,智力、能力和创造这三者有着密切相关的关系。但是,创造力与智力又不完全相同。心理学研究表明,一定的智力发展水平是创造性的必要条件,或者说,创造力是智力发展的结果,但智力高决不等于创造性高。高智商的人可

能具有高创造力,也可能具有一般性创造力甚至低创造性。而中等智商的人也可能具有高创造性。

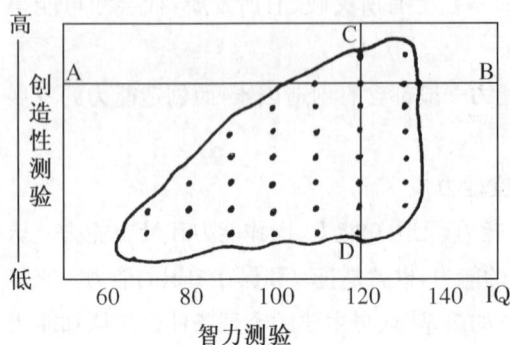

图 10-1 创造性测验

吉尔福特对智商在 70—140 的中学生进行创造性测验,发现智商与创造性的关系如图 10-1 所示。可见,高创造力的人其智商集中在 110—130 之间。低智商的人,创造力也低。智商在 130 以上者创造力很分散,这说明高智商者未必有高创造性。也就是说,高创造性除了智力因素以外,还有其他因素。

具有高创造力的人,他们除了具有良好的一般智力以外,还需要下述一些特殊的创造才能。

(1)探索问题的能力。我们生活在五光十色的世界里,但常常由于习惯的态度、评价、感觉以及对公认的观点和见解的深信不疑而影响了我们的观察。事实上,我们发现新东西、新问题不单单是观察力的问题,而是思维起了决定性的作用,这就是探索问题的能力。

(2)转移知识经验的能力。知识经验是创造的原料、思维加工的素材。但仅有知识经验不能进行创造,还必须善于迁移,也就是必须具有转移知识经验的能力。要具备这种能力,首先就必须具有善于发现不同问题之间的类似之处的能力。

(3)左右脑协同活动的能力。近年来,脑科学的研究为我们证明了:人的大脑左右半球在功能上有着较大的差异。我们常将大脑的左半球称之为思维脑。它是处理言语信息,进行抽象思维、求同思维、分析思维的中枢。右半球我们常称之为形象脑。它是处理表象,进行形象思维、求异思维、直觉思维的中枢。左右两半球的协同活动是创造性的重要保证。创造活动在解决问题时可分为四个阶段:准备阶段、孕育阶段、明朗阶段和检验论证阶段。在第一和第四阶段,左脑处于积极活动的状态并起着主导作用。因为这两个阶段主要是进行逻辑推理和分析判断,需要的是抽象思维和分析思维。第二和第三阶段则是右脑起主导作用,因为这两个阶段是新思想、新创意酝酿和形成的时期,需要的是直觉和灵感。所以,1979 年诺贝尔奖的获得者、美国物理学家格拉肖说:"涉猎多方面的学问可以开阔思路,像抽时间读读小说、逛逛动物园都有好处,可以提高想象力,这同理解力和记忆力一样重要。假如你从来没有见过大象,你能凭空想象出这种奇形怪状的东西吗?我这样讲,有人听起来可能会感到奇怪。但是在我们研究物理问题的时候,往往会用到现实世界的各种形式。对世界和人类社会的事物形象掌握得越多,越有助于抽象思维。"

(4)评价的能力。评价的能力就是从许多可能的方案中选定一个的能力,它对创造性有着极其重要的作用。因为评价不仅在一项工作完成后有意义,而且在工作进行中也十分有意义,它可以在长期的创造性探索过程中不断修正前进的方向。谁都知道,控制论创始人维纳早年曾和数学家巴拿赫各自独立地创造了"泛函分析"。在取得成功的初期,维纳就考虑是否应当继续发展下去。他从美学的角度评价了这项工作,觉得它不够标准,认为自己不能把事业和前途押在它上面,就毅然决定改弦更张。后来,他走上了"控制论"这条坎坷崎岖却又光明的道路。科学技术迅速发展的知识经济时代,对评价能力提出了更高的要求,以至许多国家都建立了专门的评估机构。

另外,具有高创造性的人在认知风格上多为场独立型,在人格和动机因素方面也有独特之处。

二、智力结构理论

智力结构理论是心理学家对人类智力一词的内涵所作的理论性与系统性的解释。智力结构理论无论是对智力测验,还是对学校教育都是极其重要的。

在我国,传统上把智力分成观察力、思维力、想象力、记忆力等,其中以思维力为核心。朱智贤教授认为,智力不是单一的能力,而是一种综合的整体结构。它是一种综合的认知方面的心理特性,主要包括:①感知记忆能力,特别是观察力;②抽象概括能力(包括想象力),这是智力的核心成分;③创造力,这是智力的高级表现。

关于智力的结构在西方的学者中众说纷纭,莫衷一是。下面介绍一些影响较大的理论。

(一) 智力因素论

1. 二因素论

20世纪初,英国心理学家斯皮尔曼首先提出能力的二因素结构。他认为,能力是由一般因素(G)和特殊因素(S)构成的。G因素贯穿于所有的智力活动中,S因素只体现在某一特殊活动中,二者是相互联系的。完成任何作业都需要G和S两种因素。例如,完成算术作业需要G+S1;完成言语作业需要G+S2;完成第三种作业则需要G+S3。可见,G因素在能力结构中是占第一位的重要因素(见图10-2)。各种智力测验就是通过广泛取样求出G因素。

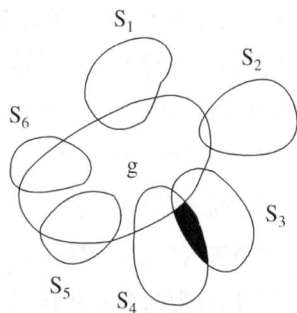

图 10-2 二因素论

2. 群因素论

20世纪30年代,美国心理学家塞斯顿提出"群因素论"。他认为,能力是由一群彼此无关的特殊因素构成的。他从56种不同测验中,概括出7种重要因素:①计算(简称N);②词的流畅(简称W);③归纳推理(简称R);④记忆(简称M);⑤空间想象力(简称S);⑥知觉速度(简称P);⑦文字意义的理解(简称V)。他为每种因素都设计了测验,叫"塞斯顿首要心理能力的测验"。但测验结果与他开始的设想相反,各能力因素之间存在一般因素C(见图10-3)。也就是说能力之间有一定的相关,它们并非是彼此独立的。

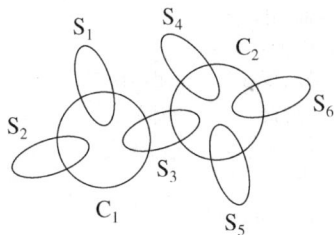

图 10-3 群因素论

早期能力结构的研究,通过对测验结果的相关系数分析,看到了一般因素与特殊因素的作用。二因素论和群因素论在一定程度上接近了智力的本质,但都有片面性。这两种理论都把一般因素和特殊因素对立起来,没有认识到二者是共性与个性的辩证统一。

（二）智力结构论

1. 智力三维结构论

美国心理学家吉尔福特1959年提出了智力三维结构论。他通过研究发现，所有智力活动都可分为操作、内容和结果三个方面，而每个方面又由一些有关因素组成。这三方面就如同长、宽、高三个维度构成的三维空间。这就是著名的智力三维结构论。吉尔福特提出的智力三维结构模型如图10-4所示。

第一个方面（变项）是操作，即智力活动过程。它包括认知、记忆、求同思维、求异思维、评价五个因素。第二个方面（变项）是内容，即智力活动内容。它包括听觉的、视觉的、符号的、语义的、行为的五个方面的因素。第三个方面（变项）是结果，也就是智力活动的产品，包括单元、类别、关系、系统、转换、蕴含六个因素。根据这个设想，智力因素就有150种（5×5×6）（见图10-4）。

吉尔福特的智力三维结构理论，是比较新的一种理论。它告诉我们，人类的智力结构是极其复杂的，探索智力结构对于深入了解智力的本质，认识和开发智力都有很大的作用和意义。

2. 智力层次结构论

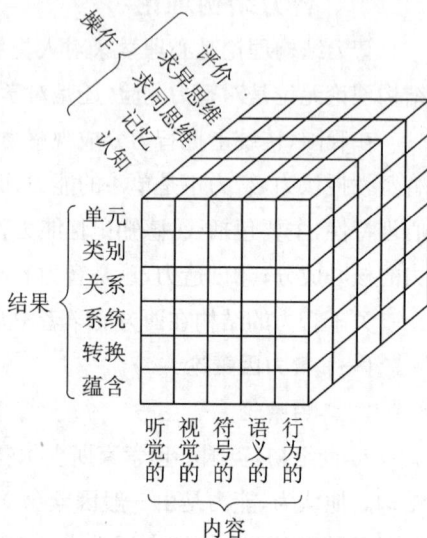

图10-4 智力三维结构模型

英国心理学家弗农1960年提出了智力层次结构论。他认为，智力结构不是立方体三维结构，而是按四个层次排列的结构（如图10-5）。他把斯皮尔曼的一般因素（G）作为最高层次。第二层次分为两个因素群：言语和教育方面的因素群、操作和机械方面的因素群。第三层次是在第二层次两大因素群中又分出几个小因素群。第四层次是各种特殊因素。

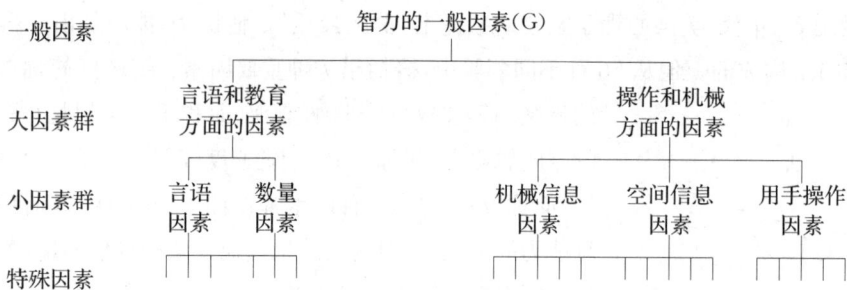

图10-5 智力层次结构模型

这一学说进一步剖析了各种因素在智力结构中所处的地位，揭示了一般能力与特殊能力以及特殊能力与特殊能力之间的关系，实际上是斯皮尔曼二因素论的深化。他把大因素群分为言语和教育因素、操作和机械因素，在一定程度上得到了近年来脑科学研究成果的支持，即左右两半球功能的分合。

3. 智力三元理论

美国耶鲁大学教授斯腾伯格提出智力三元理论。这个理论是受了认知心理学的信息加工理论的影响,试图从认知历程的观点来解释认知活动中所需要的能力。他认为智力有三个组成成分:①情境性智力。这是个体有效地适应环境和改造环境并从中获得有用资源的能力。情境性智力包括三种能力:适应环境的能力、改造环境的能力以及选择能力。②经验性智力。这是指个体修改自己的经验以达到目的的能力。经验性智力包括两种能力:运用已有知识经验解决问题的能力和改造旧经验创造新经验的能力。③成分性智力。这是指个体在解决问题过程中对信息的有效处理的能力。这是三元理论中最重要的部分。它又有三个层次:元认知能力、通过学习获取新知识的能力,以及认知加工能力,也就是操作能力。

斯腾伯格的智力三元理论在理论上已将智力的概念扩大了。这就造成心理学上的又一个争论:智商是否等于智力? 要想以测量的方法来鉴别智力上的个别差异,传统的智力测验编制方式显然已不符合需要。

4. 多元智力结构理论

哈佛大学认知和教育学教授、世界著名的发展心理学家霍华德·加德纳在他的《多元智能》(1999)一书中指出:"皮亚杰认为人类的全部思维都可以概括为理想化的科学思维。流行的智力观念则将这种思维仅仅看成是快速回答问题的能力,而这种能力所需要的只是语言和逻辑分析的技巧。"加德纳认为皮亚杰的看法是不全面的。加德纳认为,人的智力就是在特定的文化背景下或社会中,解决难题或创造新产品的能力。加德纳从许多正常儿童各项技能的开发过程以及脑受伤后认知技能丧失的状况给予统计分析,提出人有八种相互独立的智力。

(1)语言智力。这是指用言语思维、语言表达和欣赏语言深层内涵的能力。简单地说就是对语言文字的掌握能力。

(2)逻辑-数学智力。这是指人能够计算、量化、思考命题和提出假设,并进行复杂数学演算的能力。也就是数学和逻辑推理能力。

(3)空间智力。这是指人们利用三维空间进行思维的能力。这种能力使人能知觉到外在和内在的图像,能够重现、转变或修饰心理图像;不但能够使自己在空间自由驰骋,还能有效地调整物体的空间位置,创造或解释图形信息。简单讲,就是能够形成外部空间世界的模式并能运用和操作这种模式的能力。

(4)身体-运动智力。这是指人能巧妙地操纵物体或调整身体以解决问题或制造产品的能力。

(5)音乐智力。这是指人敏锐地感知音调、旋律、节奏和音色等的能力。

(6)人际关系智力。这是指能够有效地理解别人以及与人交往的能力。

(7)自我认识智力。这是指正确地认识自我的能力,并善于用这种知识计划和导引自己的人生。

(8)自然观察智力。这是指善于观察自然界中的各种形态,能对物体进行辨认和分类,能够洞察自然或人造系统的能力。

我国有的学者认为，加德纳的多元智力理论给我国的课程改革提供了一个重要启示，我们一定要把培养学生创造能力和实践能力放在重要的位置，重视智力的多种领域，让学生的智力得到全面发展。每一个学生都有其优势智力。要培养学生的优势智力，使我们的教育成为发现差异、承认差异的教育，注重特长教育、平等教育和创造教育。

三、智力的信息加工理论

斯腾伯格在用信息加工理论的观点研究人的推理过程时，发现人在推理过程中信息加工发生在两个水平上。一是成分水平，即人的推理是由一系列成分或一系列连续的阶段构成的。他分析了人在解决一个复杂问题时，推理过程有六个阶段或六个成分，即编码、推论、标定、论证和反应等。二是元成分水平，就是指一些高级的决策过程。这些决策过程可以帮助人们在解决问题时选择所需要的成分或过程，并确定把那些有关的过程或成分联合起来。斯腾伯格认为元成分水平比成分水平更为重要。他的这个理论为我们深入研究人的能力的实质、促进能力的培养有着很重要的意义。

斯腾伯格在 1996 年又提出了成功智力理论，这个理论不仅进一步超越了传统的智力理论，而且也超越了他自身的理论。他认为成功是指个体能在现实生活中实现自己的目标，这种目标是个体通过努力能够最终达成人生理想。所以，成功智力就是用以达成人生主要目标的智力。这种智力不仅能使个体掌握知识，更重要的是能使个体充分地发挥自己的潜能。成功智力包括分析性智力、创造性智力和实践性智力。分析性智力是一种分析和评价各种思想、解决问题和制定决策的能力。创造性智力是一种超越已有知识经验，产生新异有趣思想的能力。实践性智力是一种将新的思想和分析的结果以一种行之有效的方法来加以使用的能力。

四、流体智力和晶体智力理论

美国著名的因素分析专家卡特尔根据因素分析结果，按能力功能的差异将人类的智力分为流体智力和晶体智力两种不同的类别。

1. 流体智力

这是指受先天遗传因素影响较大的智力。它主要表现在对新奇事物的快速辨认、记忆、理解等方面。流体智力主要特点是：对不熟悉的事物，能迅速、准确地反应，以判断其彼此间的关系。卡特尔研究发现，流体智力的发展与年龄有关，一般人在 20 岁以后，流体智力的发展就已达到顶峰，30 岁以后将随年龄的增长而下降。流体智力在个别差异上受教育文化的影响较少。

2. 晶体智力

这是指受后天经验影响较大的智力。这是一种以学得的经验为基础的认知能力。它主要表现为运用已有知识和技能去吸收新知识、解决问题的能力。显然，晶体智力与教育文化有关，但与年龄的变化关系不大。

五、我国学者对智力结构的观点

在我国，传统上把智力分为观察力、想象力、记忆力和思维力等。其中，思维力是智力结构的核心，而观察力是一切高级心理活动的基础，想象力是创造新形象的能力，记忆力是一切智力活动的基础。后又有心理学家将语言表达能力放入其中，认为这五大能力构成了人的一般能力——智力。

第三节　能　力　测　验

能力测验是心理测验的重要任务之一。它是以某种量表来测量一个人的能力，并用数量化的方法加以表示。

一、能力测验简介

中国是能力测验的故乡，测验的思想最早见诸孔孟等人的论述，隋唐至清末的科举制度成为国家考试的最早尝试。

在我国古代也曾出现各种特殊能力测验，如《文心雕龙》的作者刘勰对注意力测验的发展很有贡献。相传奕秋是战国时代最佳棋手，有一天奕秋下棋时，在棋局将围未围之际，有人吹笙路过，他倾心听曲，一心两用，以致最后落败。而录首是黄帝时代最擅长计算的人，传说他在运算时有雁飞过，录首举箭欲射，在弓将拉满时，问他最简单的算术题目，他也答不上来。刘勰分析了上述情况并指出：不是奕秋的棋下得差，也并非录首的计算能力不好，实在是他们没有专心致志。为此，刘勰设计了一个实验，证实一心不能二用的道理："使左手画方，右手画圆，令一时俱成，而不可得"。从这个实验，刘勰得出"由心不两用，则手不并运也"的结论。这是世界上最早的分心测验。

孔子也曾按能力大小对人进行分类，他在论语中提出"中人以上可以语上也，中人以下不可以语上也"，又说"唯上智与下愚不移"。在这方面，孔子虽没有制定量表，但他通过"视其所以，观其所由，察其所安"，对人的能力大小作出了评价。

西汉的扬雄，以语言反应速度为标准来判断人的智力高低。唐宋时，人们用对偶法来评定人的能力。我国民间广为流传、迄今已为世界一些国家采用的"九连环"、"七巧板"也是测定智力的工具。

然而，首先制成智力量表测量人的智力的是法国心理学家比奈和医生西蒙。自1905年第一张智力测验量表，即比奈—西蒙量表问世至今，能力测验已有100多年的历史。100多年来，能力测验已有很大发展。我国于20世纪初由廖世承、陈鹤琴、艾伟、陆志伟等先辈在介绍西方理论和方法的同时，也修订和编制了一些有效的心理测验。

二、智力测验

（一）比奈智力测验

1905年，法国心理学家比奈以预先编制的一套题目作为测量智力的尺度。这个名为比奈—西蒙量表的智力测验量表很快为欧美等国广泛采用。1916年,美国心理学家斯坦福大学教授推孟对比奈—西蒙量表作了修订。修订后的量表称为斯坦福—比奈量表,是目前广泛采用的测量儿童智力发展水平的工具。这个量表中,每个年龄组都有六个条目,每个条目代表两个月的智力。如果一个4岁儿童通过4岁组的全部条目,又通过5岁的三个条目,这个儿童的心理年龄是4岁半。比奈首次用心理年龄即智龄(MA),表示儿童的智力水平。后来,德国心理学家斯腾和特曼提出智力商数(通称智商或IQ)的概念,即以智力年龄(MA)与实际年龄(CA)的比率来表示智力测验结果。计算公式为:

$$智商(IQ) = \frac{智力年龄(MA)}{实际年龄(CA)} \times 100$$

比率智商是以假定心理年龄同实际年龄平行增长为基础的,但实际情况却并非如此。首先,智力并非随年龄增长而上升。其次,用同一量表测量在不同环境和教育条件下成长的具有不同实践经验的儿童,不可能得出比较一致的结果。再次,单凭比率智商无法正确反映个体的智力水平。可见,比奈智力测验有很大的局限性。

(二) 韦克斯勒智力测验

美国著名医学心理学家韦克斯勒创制了新的智力测验量表。该量表分三种:韦氏学前儿童智力量表,适用于4—6岁半的儿童;韦氏儿童智力量表,适用于6—16岁儿童;韦氏成人智力量表,适用于16岁以上的成人。这是一套比较完整的、具有各年龄阶段代表性的智力量表。

韦氏量表不用智力年龄(MA)的概念,但保留智商的概念。不过,这个智商不是比率智商,而是以同年龄组被试的总体平均数为标准,经统计处理得出的智商,称离差智商。离差智商假定同年龄组智商的总体平均数为100,呈正态分布。用个人的实际得分数与总体平均数比较,就能确定他在同年龄组内所占的相对位置,以此判定他的智力水平。大量测验和统计处理发现,人们的智力差异情况是服从常态分布这一规律的。

智商是否不随年龄变化而变化,也就是说智商是否有稳定性?研究结果发现,年幼时测得的智商预见性很低,但7岁以后测量的智商对将来的预见性逐渐提高。这就是说,7岁以后智力差异有相当大的稳定性。

通常在进行测验时,主试都必须严格遵从标准化的程序,并且必须使用标准化的测题和答卷纸,不得改变任意测题所规定的语句,也不得超过允许范围给予被试以帮助。并且要按照测验手册所规定的程序和方法实施测验。要使用统一的指导语和严格规定测验的时间。测验的记分方法也必须按手册规定进行。

(三) 特殊能力测量和创造力测量

特殊能力测量是指对特殊职业活动能力的测量。如对音乐能力测量有音高、音强、时间、节奏、记忆、和谐等六个项目。特殊能力测量需对特殊活动进行分析,找出它所要求的心理特征,列出测验项目,为进行广泛预测制订出测验量表。这类测验主要用于职业定向指导、就职人员选拔和安置、儿童特殊能力的早期诊断和培养。

创造力测量是20世纪60年代初美国芝加哥大学首创的测验,主要测量被试的求异思维水平,了解被试思维的流畅性、变通性和独创性。这个测验由五个项目组成:①词的联想;②物品用途;③隐藏图形;④寓言;⑤组成问题等。创造力测验答案不固定,一般要求回答得越多越好,并要有新颖性和创造性。例如,物体用途测验——"砖"的用途。甲回答:筑墙、铺路、盖房子。乙回答除上述用途外,还可以抵门、做烟灰盒、蜡烛台,还可以用来打人。可以判断:乙比甲有创造性。然而,这种测验内容和评分方式是否能真正反映一个人的创造能力高低,还需要较长时间的追踪研究。

三、学生能力的判断

要组织教育和教学过程,切实贯彻因材施教的原则,教师必须善于判断学生能力的高低。在学生的各项活动中,根据以下指标的总和通常可判断学生的能力:①掌握相应智力活动的速度;②智力活动的质的水平;③从事智力活动的兴趣、爱好的强烈性和稳定性。

四、能力测量的功用

能力测量为发展生产、增进人民健康、促进教育进步起着积极的作用。第一,能力测量作为一种方法,在诊断大脑机能障碍和精神疾病方面具有重要作用。第二,能力测量在选拔人才、帮助学生正确择业方面也有重要作用。如可以通过各种能力测量预测人们从事某种职业的适应性。第三,能力测量有助于教师辨别学生的能力特点,正确组织教育、教学过程,并有利于发现学生的特殊才能,因材施教,促进早出人才、出好人才。

但是,能力测量也有其局限性,绝大多数能力测验所评量的仅仅是一个人的逻辑—数学能力和语言能力,其他能力我们不能测试到,或者说其他的能力我们无法给予定量化。所以说仅以这些靠纸和笔来完成的能力测验来判断学生的智能,并预测他们的长久发展,显然是片面的、不正确的。现代社会的智能观应是多元化的,并且是相互独立的。每个人都有不同的认知能力和认知方法。所以,上述的一些能力测验在我们的实际工作中只能作为一种参考数据,绝不能用它来判定学生的终身。

五、能力测验应具备的条件

能力测验是用来鉴别能力的科学工具,它必须精确、可靠、便于操纵。能力测验应当具备以下四个条件。

(一)标准化和常模

一个良好的能力测验在编制时必须经过标准化的过程。所谓标准化,就是指测验编制时要经过以下四个步骤:

(1)选定测验中所需的测验题。这要符合两个原则:一是与所编制的测验在性质上相符;二是必须与测验对象的年龄相符。

(2)选定一群施测对象。选定的这些对象必须是将来普遍使用该测验的人群中的代表,也就是对象必须具有代表性。

(3)施测程序标准化。施测对象确定后,每个被试必须在同样的时限与同样的情境下,按同样的规定去从事测验作业。

（4）从施测结果中建立常模。所谓常模就是根据对标准化样本的施测结果，将所有被试的分数进行统计分析，整理出一个系统性分数分配表，按高低排列，所得平均数就称之为常模。简单讲，标准化测验后，标准化样本的平均数就是该测验的常模。

（二）信度

信度是指可靠程度。一个测验的信度代表它的一致性，也就是说重复测验的结果相当一致，或者说这个测验在功能上具有相当的一致性。

（三）效度

效度是指一个测验所得分数的正确度。效度有内容效度、效际关联效度以及结构效度等。

（四）实施程序和记分方法

实施程序首先必须在手册内详细而明确地说明指导语，规定施测者必须对被测者说什么，测验时施测者做什么等。记分也必须在手册内说明，如何计算测验的原始分，如何转换成其他分等。

第四节　能力的个别差异

由于人的遗传素质、后天环境和所受教育以及从事的实践活动不同，人与人之间在能力上存在着个别差异。研究能力的个别差异是教师根据学生智力特点因材施教的重要依据，也是量才用人、各尽所能的理论依据。

能力的差异表现在质和量两方面。质的差异，有特殊能力差异和能力类型差异；量的差异，有发展水平高低的差异和表现早晚的差异。

一、能力类型差异

能力类型差异主要表现在个人的感知、记忆和思维过程中经常采取的习惯化的认知风格上。

在感知方面，有分析型、综合型和分析综合型三种能力类型差异。分析型：有较强的分析能力，对细节感知清晰，但整体性不够；综合型：进行观察时具有较好的概括性和整体性能力，但分析能力较弱；分析综合型：具有上述两种类型的特点。

在记忆方面，根据分析器官参与的情况，可分为视觉记忆型、听觉记忆型、运动记忆型和混合型等能力类型。根据记忆不同材料的效果，还可以将能力分成形象记忆型、抽象记忆型和运动记忆型。

在思维方面，根据不同的材料，能力可分为形象思维型、抽象思维型和中间型。

二、能力发展水平的差异

人的智力水平有高有低。我国心理学工作者不久前对228000个儿童的智力作了普查，发现智力很差的痴呆儿童约占0.3%；据估计，超常儿童也有0.3%；与国外的研究结果大体相同。

（一）智力超常

有人叫智力超常者为天才。对社会有伟大贡献的科学家、发明家大多数是智力超常者。

智力超常者的智力特点：①观察敏锐、全面、准确。②记忆力强，记得快、记得多、记得准、记得久。③想象力丰富，有创造性。④思维广阔、深刻、灵活。善于理解事物的性质、意义、关系。善于发现问题、分析问题、解决问题。⑤语言能力强，发展较早较快。⑥注意力集中、稳定，善于合理分配。⑦善于考虑学习方法等。

智力超常者的性格特点：①求知欲强烈，喜欢寻根究底，常常好问个"为什么"；②兴趣广泛；③勤奋；④意志坚强，学习有毅力，办事有始有终；⑤富有自信心，能够轻松愉快地学习。

培养超常儿童的办法：①允许超常儿童提前入小学、中学、大学。允许跳级，使之加速学习。②制定内容丰富的教学大纲，在完成正常学业的基础上，允许从事附加的学习任务。佩斯（1972年）的研究指出，最重要的是给天才学生安排灵活的、便于用适当的教法来教的教学大纲。仅仅在正常的课程上加码，并不能导致这些学生获得卓越的成就。③与天才学生相处，教师一定要富有想象力、灵活多变。天才学生只要对某门学科有了锲而不舍的精神，他很快就可以超过老师。教师应允许学生灵活安排时间，给他们提供适当材料，并分享他们获得成就的兴奋。

（二）智力落后（低能）

智力落后指智力明显低于同龄平均水平并有行为适应障碍的人。现代心理学根据下列三个指标来确定低常儿童：①智商明显低下。智商（IQ）低于70的儿童是低常儿童。低常儿童又可分成四类：轻微迟钝（IQ在60—75之间）；中度迟钝（IQ在35—60之间）；严重迟钝（IQ在20—35之间）和极度迟钝（白痴，IQ低于20）。②社会适应不良。低常儿童尤其是中度和重度迟钝者，他们不能适应社会环境，不能从事简单的劳动，对自己的生活不能自理，在普通学校里不能跟班学习，等等。③问题发生在早年。发生在发育阶段，即发生在1岁至16岁或18岁以前。

智力落后尤其是中度和重度的智力落后儿童，他们不能按照社会的期望保持个人的独立性和承担社会责任。根据智慧与适应两方面的缺失程度，教师的责任是尽早地让有社会适应和独立性缺失的学生得到诊断。轻微迟钝的儿童不易跟正常儿童区分开，尽管他们在学习上有许多困难，但只要教师耐心帮助，班级同学能给予谅解和认可，他们可以完成初中阶段的学习。如果给予适当的职业训练，他们便可能独立工作和成立家庭。而中度和重度智力落后的儿童在经过相关部门严格鉴定后，应送入培智学校学习。

三、能力表现早晚的差异

（一）人才早熟

人才早熟也叫智力的早期表现。历史上不少能力出众的人，在少年时就已崭露头角。在我国，秦朝的甘罗12岁做上卿；唐朝的王勃6岁善于文辞，10岁能赋，20多岁写出脍炙人口的《滕王阁序》。在国外，俄国诗人普希金8岁能用法文写诗；控制论创始人之一维纳，4岁读专著,11 岁写出论文,14 岁大学毕业,18 岁获得哈佛大学哲学博士学位。不少超常儿童经过教育,在后来取得了很大成就,为人类作出了贡献。资料表明,早期成才的人以从事音乐、绘画、文学、体育、数学方面的人较多。

(二) 中年成才

有人曾统计 1960 年前 1243 位科学家、发明家所作的 1911 项重大发明创造,画出了人才成功曲线(见图 10—6)。这个曲线说明科学发明的最佳年龄为 35 岁左右。中年人年富力强,知识基础坚实,实际经验丰富,创造想象力强,善于独立思考和分析批判,很少因循守旧。

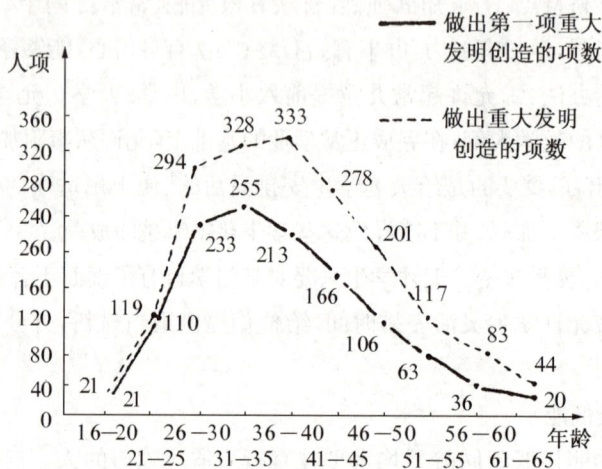

图 10-6　人才成功曲线图

(三) 大器晚成

有些人的才能表现较晚。齐白石少年时期只读过半年书,当过牧童,做过 15 年木匠。后来,他投师学画,40 岁才表现出绘画才能,50 岁才成为著名画家。达尔文经过 20 多年的努力研究,到 50 岁才写出《物种起源》。这说明人的智力可以通过勤奋学习和艰苦劳动而获得高度发展。

个体各种能力的发展早晚也不尽相同,或成熟较早,或成熟较迟。到了老年,各种能力衰退速度也不一样(见表 10—1)。据研究,知觉能力发展较早,下降也较早。比较和判断能力在 80 岁开始急剧下降。动作与反应速度在 18—29 岁发展到最高峰,在这以后仍保持较高的水平。

表 10-1　能力水平随年龄变化的趋势

年　　龄	知　觉	记　忆	比较和判断	动作与反应速度
10—17	100	95	72	88
18—29	95	100	100	100
30—49	93	92	100	97
50—59	76	83	87	92
70—80	46	55	69	71

教育工作者必须全面认识人才成长的各种情况，按照智力发展的规律和个别差异，及时发现人才、培养人才。

第五节　影响中学生智力发展的诸因素

智力为什么有个别差异，如何开发每个学生的智力？要解决这个问题，首先需要研究影响智力形成与发展的诸因素。

一、遗传素质与智力发展

遗传素质是指从父母遗传下来的大脑、感觉器官、效应器官等方面的解剖生理特点。它对人的智力发展有一定的影响。有研究发现：遗传关系越密切，个体之间的智力越相似。也有的心理学家认为，从父母的成年智商可以预见子女的成年智商。我国对双生子的研究也证明了上述观点。如北京的心理学工作者以 37 对同卵双生子和 43 对异卵双生子为教育对象，从学习成绩、运算能力、智慧品质、语言发展几方面进行测定。得出的结论是：遗传对儿童智力发展的影响是明显的。

但是，遗传只为智力发展提供了可能性，只是智力发展诸因素中的一个因素。要使智力发展的可能性变为现实，还需要社会、家庭与学校教育许多方面的共同作用。任何一个儿童，若不参加社会活动，不接受家庭和学校教育，即使遗传条件较好，其智力也不能得到发展。我们从事教育工作，不仅要发现人才，更重要的是培养和造就人才。天资聪明的儿童需要教育，天资一般的大多数儿童更需要教育来充分开发其智力。任何人通过良好的教育都有可能在智力上有所发展。

参考资料 10-1

不同血缘关系者的智力相关

关　　　系	相关系数
1. 无血缘关系又生活在不同环境者	0.00
2. 无血缘关系在同一环境长大者	0.20
3. 养父母与养子女	0.30
4. 亲生父母与亲生子女（生活在一起）	0.50
5. 同胞兄弟姐妹在不同环境长大者	0.35
6. 同胞兄弟姐妹在同一环境长大者	0.50
7. 不同性别的异卵双生子在同一环境长大者	0.50
8. 同性别的异卵双生子在同一环境长大者	0.60
9. 同卵双生子在不同环境长大者	0.75
10. 同卵双生子在同一环境长大者	0.88

二、营养与智力发展

营养是儿童智力发展的重要物质因素。出生前后,母体的营养水平影响着儿童智力的发展。胎儿营养不良,会引起脑细胞数目低于正常数目,造成智力缺陷。婴儿期正是大脑迅速发育的时期。大脑的发育特别需要蛋白质、矿物质、维生素等营养物质的供应。有人通过分析儿童头发中的铁、锌、铜、锰、铬、铝、钛、硒、镍、锡、氟、碘等 14 种微量元素含量,来区别正常儿童和低能儿童,其准确度可达 98%。有研究发现:缺锌会影响骨骼生长和性发育,还会影响智能和学习。因此,加强孕期及婴儿期营养供给是智力开发不可忽略的因素之一。

三、家庭教育与智力发展

儿童早期经验在儿童智力发展上起着重要作用。神经生理研究发现,1—7 岁是脑重急剧增长的时期。脑重增加为儿童智力发展提供了巨大的可能性。一般认为,此时期是智力发展的关键时期。如果这一时期的儿童得不到应有的发展,将可能导致终身难以补偿的缺陷。所以苏联教育家马卡连柯指出:"教育的基础主要是在 5 岁以前奠定的。"这就是说,我们应在儿童脑神经迅速发育时期给予丰富的外界刺激,这有利于脑的优势发展。

早期经验形成又在很大程度上受家庭的影响。亚罗用自己的孩子为研究对象,发现早在六个月的时候母亲给孩子刺激的数量和质量就对儿童的发展起重要的作用。他指出,孩子六个月时的智商和母亲与孩子交往所花时间的总量之间有 0.65 的正相关。当儿童早期获得的社会性刺激水平高而又有变化时,儿童智商就高,并且一直影响到将来。但这种刺激并不等于过早地要求儿童认字和计算,而是教给孩子有关社会、自然和生活方面的科学知识,发展孩子的能力,帮助孩子明确学习目的,培养学习兴趣,激发求知欲,养成良好的个性和健壮的体魄。

研究发现:家庭环境、生活方式、家庭气氛、家庭教养方式以及家庭成员的职业、兴趣、爱好、才能,都对儿童的智力形成和发展有极大的影响。

四、学校教育与智力发展

学校教育在人的智力开发中起主导作用。学校教育在传授知识的同时,应十分重视开发智力和培养各种能力。只有在能力发展上取得成就,才有可能从根本上提高教育质量。为此,学校应重视:①综合培养学生的观察力、记忆力、想象力、思维和注意力;②重视培养创造能力;③丰富科学知识;④帮助学生改进学习方法;⑤提供参加研究性活动的机会;⑥实行启发式教学;⑦培养学生良好的意志品质;⑧调动学生学习的兴趣、需要、动机等个性积极性。

五、实践活动与智力发展

环境和教育作为智力发展的外部条件,是十分重要的,但人的智力必须通过主体积极地从事各种实践活动才能得到发展。智力是在人的活动中形成和发展起来的。一个人的智力水平与他从事活动的积极性呈正相关。恩格斯说:"人的智力是按照人如何学会改造自然界而发展的。"我国古代思想家王充也提出过"施用累能"的思想。

六、非智力因素与智力发展

能力的发展总是与个性积极性，即与对学习和工作的需要、动机、兴趣、爱好相联系。一个迷恋数学的学生，其数学能力就有可能得到充分的发展。能力必须与勤奋相联系。爱迪生在评价自己的成就时说，百分之一是天才，百分之九十九是勤奋。能力发展又与严格要求自己相联系。只有处处严于律己，才可能动员自己内在的能力以获得成功。

桑塔格等人1958年研究证实，人的智力增长与性格的若干意志特征（好胜性、独立性、言语积极性、克服困难的坚持性以及挑战性问题的持久性等）相联系。

七、中学生的智力特点

中学生的能力尤其是智力正处在发展时期，对他们的任何过早的判断都可能产生不利影响。

首先，人的智力是随着年龄的增长而变化的。美国心理学家贝利研究发现，智力的整体发展趋势呈一种负加速状态。13岁以前智力发展较快，呈直线上升趋势，以后逐渐变慢，到25岁时达到高峰，并一直保持到30岁左右，40岁开始下降，60岁以后下降更快。研究发现，初中二年级是智力发展的一个关键年龄，高中二年级是智力发展的成熟期。从智力发展的内容看，青少年期，逻辑思维尤其是抽象逻辑思维迅速发展并逐渐占有优势，智力的深刻性也越来越明显。所以，青少年时期不仅是身体发育的关键期，也是智力发育的关键期。

其次，智力中的各种成分发展趋势不一致。青少年时期是推理能力、理解能力迅速发展的时期，他们的各种特殊能力发展处于不稳定状态。除了早慧者，大多数人的特殊能力都在这时表现出来，但这种表现是昙花一现，所以尤其需要教师的关注。

再次，创造能力的发展相对滞后于智力的发展。研究发现，30—40岁是创造力发挥的最佳年龄，55岁是创造力的又一个高峰期。中学生的创造力还处于萌芽期，他们好奇心强，定势影响不大，因此此时是培养创造力的最佳时期。

参考资料 10-2

智力发展的关键期与稳定性

所谓智力发展的关键期就是指个体在某一个时期，对外界刺激特别敏感，容易接受特定刺激的影响而获得某种智力。这个时期就是智力发展的关键期或敏感期。

20世纪20年代，本特纳提出："从出生到5岁，智力增长最快，从5岁至10岁，智力增长虽没有如此之大，但仍旧是固定的，并且是容易测量的。再发展5年，增长逐渐减慢。"美国心理学家布鲁纳认为，5岁前是人智力发展最为迅速的时期。瑞士心理学家皮亚杰也指出，从出生到4岁，是人类智力发展的决定性时期。如果把17岁所达到的普通水平看作100％，那么从出生到4岁就可获得50％的智力；4—8岁可获得30％；最后20％的智力则在8—17岁时获得。

许多研究证明,人的智力发展的关键期在四五岁以前,不同的能力关键期也不同:口语发展在2—5岁,书面言语发展在4—5岁,数概念发展在5—5.5岁,词汇能力发展在5—6岁。如果这些能力在关键期得不到发展,智力的发展就会受到阻碍。

智力发展有关键期,同时也有相对的稳定性。就是说,人的智力发展是相对稳定的。许多研究发现,婴儿期智力不稳定,但4岁以后智力发展则表现出相对的稳定性,对以后的发展有较可靠的预见性。9—18岁,智力发展的稳定性得到了很大的提高。20岁,智力基本上保持在一定的水平上。而60岁,智力水平将逐渐下降。

思考题

1. 什么是能力、智力、才能和天才?
2. 怎样理解智力与创造力的关系?
3. 中学生的智力发展的特点是什么?
4. 结合实际,说明如何培养学生的创造力。
5. 联系前面有关章节,说明多元智力结构理论的重要性。

实践题

请结合自己的专业设计一个教案,并分析在教案中如何体现学生一般能力的培养。

第十一章　动机和自我意识

本章主要内容

1. 需要　　　2. 动机　　　3. 兴趣与信念　　　4. 自我意识

第一节　需　　要

动机是人的行为的内在动力。需要产生动机,动机又是需要的表现形式。要了解动机必先了解需要。

一、需要概述

（一）需要的涵义

需要是人脑对生理或心理上的缺失或不足所引起的一种内部的紧张状态,是个人活动积极性的源泉。个体通过需要和满足需要的活动,使体内环境与外界环境(主要是社会环境)保持平衡,以维持自身的生存和发展。

需要是活动的原始动力,是个体活动积极性的源泉。需要一旦被意识到,就形成一种寻求满足的力量,驱使人朝着一定的对象去活动,以满足这种需要。一般来说,需要的强度越大,活动积极性越高;需要的强度越小,活动积极性越低。

（二）需要的特征

1. 需要的对象性

人的需要都指向一定的对象,这个对象可以是物质的,也可以是精神的;可以是活动本身,也可以是活动的结果;可以是追求某一事物或某一活动的意念,也可以是避开某一事物或停止某一活动的意念。

需要是个体生存和发展的必要条件。个体发展的不同阶段,有不同的优势需要,需要的特点也不同。基本需要得到满足的人更健康、更幸福、办事更有效,而基本需要受到挫折的人会出现心理问题。

2. 需要的社会历史制约性

人的需要和动物的需要有连续性,但人的需要和动物的需要存在着本质的差异。首先,动物的需要只是满足维持生存和繁殖后代的生理需要,而人的需要不仅有生理需要,而且有社会需要。其次，人的需要不是在消极的适应中得到满足，而是在积极主动地改造世界的社会实践中得到满足。即使是人的生理需要在对象和获取方式上也与动物有根本性的不同，也打上了社会的烙印。再次，人的需要具有社会历史性。人的各种需要，无不受当时所处历史阶段的社会物质生活条件和科技发展水平的制约。人的需要是无止境的，但一定要受社会法律和道德规范的约束，不能贪得无厌、为所欲为。

3. 需要的独特性

人与人的需要有共同性，也有独特性。每个人的需要都受到遗传因素和环境因素的影响，而成为一个不同于别人的需要系统。

4. 需要的周期性

任何需要都因其满足而终止。有些需要（如饮食、睡眠等）会周期性地重复出现和产生，有些需要（如艺术欣赏、文化知识等）则在获得满足的基础上而不断产生新的更高的需要。正是这种需要的周期性使人不断地产生新的需要，不断地获得满足，不断地前进和提高。

（三）需要是个体活动积极性的源泉

需要永远带有动力性，对人们的生活和社会的发展具有重要意义。人们日益发展的各种需要是促进社会生产力发展的重要因素，也是人们对事物评价的内在因素。当我们认识和评价某一事物是否具有意义和价值时，往往是以能否满足人们的需要为中介的。需要也是产生情绪的重要因素。一般来说，个体对能满足自己需要的事物采取肯定的态度，体验到积极的情绪；对不能满足自己需要的事物就容易产生否定的态度，体验到消极的情绪。需要是人格结构的核心因素。要了解一个人的人格，首先要了解这个人的需要的倾向性，以及需要的各种表现形式，如动机、兴趣、信念和世界观等。

二、需要的分类

（一）生理性需要和社会性需要

1. 生理性需要

生理性需要是人脑对生理需要的反映。它又称生物性需要或原发性需要。它是人类最原始的和最基本的需要，是人与动物共有的。生理性需要主要是指保存和维持有机体生命和延续种族的一些需要，如进食需要、饮水需要、睡眠和觉醒需要、排泄需要以及性的需要。

有研究表明，生理性需要不能得到满足将严重地影响个体的身心健康。如个体进食需要不能得到满足，不仅仅是体重减轻，更重要的是注意力下降，性格变得忧虑、淡漠、自卑，容易神经过敏、暴躁、易怒等。睡眠和觉醒需要不能得到满足不仅会影响注意力，而且会影响记忆和情绪。

性的需要虽然也是人的基本需要，但它与饮食需要、睡眠和觉醒需要不同。饮食需要、睡眠和觉醒需要是维护个体生存所必需的，性的需要则是维持种族延续所必需的；饮食需要、睡眠和觉醒需要是恢复能量的过程，而性的需要则是消耗能量的过程。性的需要和性的行为是受意识控制的，因此，对中学生进行性生理、性心理和性道德的教育是非常必要的。

2. 社会性需要

社会性需要是人脑对社会需求的反映。社会性需要是在后天社会化过程中通过学习而形成的需要,是人类所特有的高级需要。它是在生理需要的基础上,在社会政治、经济、文化、教育等因素广泛影响下形成的。社会性需要如果得不到满足,就会使人产生焦虑、痛苦的情绪。社会性需要的种类很多,如劳动的需要、交往的需要、成就的需要等。

（二）物质需要和精神需要

从需要所指向的对象来分析,可分为:

1. 物质需要

这是人对社会物质生活条件的需要,如对衣、食、住、行的需要,对书、纸、笔、录音机、电视机的需要。物质需要既包括生理性需要,又包括社会性需要。

2. 精神需要

这是人对精神生活的需要,包括人对事物认识的需要、学习的需要、交往的需要、爱的需要、尊重与荣誉的需要、美的需要、道德的需要、成就的需要等。它是人类特有的需要。

三、需要的理论

（一）马斯洛的需要层次理论

美国人本主义心理学家马斯洛提出了一种需要层次理论。马斯洛认为,人的需要有七个层次,有生理需要、安全需要、归属和爱的需要、尊重需要、认知需要、审美需要、自我实现需要。这里所讲的生理需要是人最基本、最强烈、最明显的需要。它包括对食物、水、氧气、性、排泄和休息等的需要。安全需要是对稳定、安全、秩序、受保护的需要,以及免受恐吓、焦虑、混乱和折磨的需要。归属和爱的需要主要指需要朋友、爱人和孩子,渴望在群体中与同伴有深厚的关系。在这里,马斯洛特别提到爱的需要,他认为爱是一种两个人之间健康的、亲热的关系,它包括了相互依赖。他指出,缺乏爱,会抑制人的成长以及潜力的发展。马斯洛认为人的尊重需要可以分为两类:自尊和来自他人的尊重。自尊包括对获得信心、能力、本领、成就、独立和自由等的愿望。来自他人的尊重包括威望、承认、接受、关心、地位、名誉和赏识。认知需要实际就是好奇心,但必须承认,目前心理学还没有足够的材料来说明这一基本需要。审美需要,马斯洛认为,人需要美正如人需要饮食一样,美有助于人变得更健康。自我实现需要就是指人的成长、发展、利用潜能的需要。

图 11-1　马斯洛需要层次理论
（Maslow, 1954）

马斯洛在他的后期研究中对人的基本需要理论作了新的扩张,发现了更高层次的全新的需要,他称之为发展的需要。它包括有意义、自我满足、轻松、丰富、正义、美、善、独特、乐观、诙谐、活跃、真实等。

马斯洛的需要层次理论比较接近现实,对教育工作具有一定的参考价值。只有满足学生合理的、可以实现的最基本需要,学生才会努力地学习。在教学中,教师只有努力满足学生的认知需要、尊重需要和自我实现需要,才能调动学生听课和做作业的积极性。在思想工作中,要重视满足学生自尊的需要、爱的需要和美的需要,丰富学生的精神生活,才能提高学生的思想境界。

马斯洛的需要层次理论也有其局限性。首先,它只强调了个人的需要、个人的意识自由、个人的自我实现,而没有提到社会现实对个人需要的制约作用。其次,马斯洛的需要层次理论还缺乏科学实验的依据和客观的测量指标,还有待在社会实践中作进一步的检验。

参考资料 11-1

一个学生的精神需要满足后的变化

××市××小学某教师在一篇文章中谈到:在学习了一段描写瓜果丰收、赞美美丽秋色的小短文后,我要求学生背诵这段课文。第二天上课前,我发现一个学生在教室里故意在擦已经擦得很干净的黑板。只见他一边擦,一边用眼睛着我,好像是有什么事要对我讲又难以启齿。于是我过去亲切地问:"什么事使你这么高兴啊?"他不好意思地伏在我耳边悄悄地说:"宋老师,昨天您布置背诵的短文,我背过了……"我明白了,对于一个很少主动完成背诵任务的学生来说,此时,他多么需要老师和同学能了解他的劳动成果啊!

上课了,我让他到讲台前背诵。他成功了,老师和同学们报以热烈的掌声,使他的精神需要得到了满足。由此所产生的情绪体验反过来促使他的学习需要进一步发展,鼓起了他奋进的勇气。第二天一大早,这个学生又在校门口等着我,告诉我,他主动背熟了刚学完的课文《在炮兵阵地上》。就这样,一个微不足道的精神需要得到满足之后,这个学生竟发生了令人吃惊的变化。他由后进生变成了班级中的"背诵大王",后来以高分升入省重点中学。如果我对他有偏见,对他的心理需要漠然置之,或厌恶地说:"你嘻皮笑脸地干什么!"那么,后来他可贵的良性转化也就无影无踪了。

(二) 莫瑞的需要理论

美国心理学家莫瑞(H. A. Murray)把需要看作个性的中心概念,并用来说明个性的动力结构规律。他认为需要是能渗透到个体活动各个方面的一种力量,需要调节、控制着个体的心理活动。需要是个体行为所必需的,它是个体行为的动力性源泉。莫瑞把人类各种需要的相互作用视为一个系统。这个系统和环境系统联系在一起纳入到一个动态系统中。这个动态系统的相互作用就决定了一个人的行为。

莫瑞将需要划分为基本需要和次需要两类。基本需要又称为身体能量需要,主要是指对空气、水、食物、性等对生理需要的满足。次需要又称为心理能量需要,主要是指对成就、交往等情绪或情感的满足。

莫瑞认为,各种需要之间有融合、互补和冲突的现象。每个人都有自己的需要层次,但不管怎么说,与我们生存息息相关的基本需要仍是最重要的。

当然,需要理论还有多种,如阿尔德佛的需要理论、麦克莱兰的需要理论都值得我们去学习借鉴。

第二节 动 机

一、动机概述

(一) 什么是动机

需要和动机是紧密联系的,但也有差异。需要常以主观上的意向和愿望被体验着。所谓意向就是模糊意识到的未分化的需要,而愿望却是明确意识到的并想实现的需要。当人有了某种愿望但仅停留在头脑中,并不立即付诸行动,那么,这种需要就不能成为行为的动因。所以,处于静态的需要还不是动机。只有当人的愿望或需要激起人进行活动并维持这种活动时,需要才成为活动的动机。

动机是引起、激发和维持个体进行活动,并使活动朝向某一目标的心理倾向或动力。动机是推动人进行活动的内部动力。

(二) 动机的功能

动机在人的行为活动中一般具有四大功能:①激发功能,是指动机有发动有机体活动的功能。②指向功能,是指动机使人的活动指向特定的对象。③维持功能,是指动机能使人的行为具有坚持性。④调节功能,是指动机能控制并调整人的活动方向与强度。

在具体活动中,动机功能的表现是很复杂的。不同的动机可以通过相同的活动来表现;不同的活动也可能由相同的或近似的动机所支配,甚至人的活动常常可以由多种动机所支配。所以,考察人的行为必须揭示其动机,只有这样才能对他的行为作出客观的、准确的判断。

(三) 动机、内驱力和诱因

动机、内驱力和诱因这几个术语有着密切的联系。前面我们说过静态的需要还不是动机。那么静态的需要如何才能引起动机,产生行为呢? 这就是内驱力和诱因的作用。

内驱力是指人内部的某种不平衡状态所产生的旨在恢复稳态的一种内在推动力。简单讲,就是驱使有机体产生行为的内部动力。它与需要一样有生理性的内驱力和社会性的内驱力两种。

有机体并不是仅仅由内驱力的驱使才被迫行动,外在的刺激也能激起机体的活动。例如,我们常常并不因饿而去进食,而是因食物的味美色佳而引起食欲。味美色佳就是诱因。诱因是指能引起机体动机行为的外部刺激。诱因又可分为正诱因和负诱因。正诱因是指能满足个体需要的刺激物;负诱因是指能使个体因逃离或回避它而满足其需要的刺激物。现代心理学越来越重视诱因对个体行为的影响作用。研究发现,内驱力并不能直接推动机体的动机行为,诱因才能使机体真正产生动机,导致行为。这点对于教师的教学尤为重要。调动学生的学习动机,仅靠内驱力是不行的,而必须要有诱因。教师高超的教学手段正是向学生提供了各种学习诱因。

(四) 生理动机与社会动机

动机是需要的表现形式,需要是多种多样的,动机也是多种多样的。根据动机和需要相关联的分类法,可将动机分为:

1. 生理性动机

这是与生理性需要相联系的动机,如饥、渴、睡、性、温暖等动机。

2. 社会性动机

这是与社会性需要相联系的动机。社会性动机十分复杂,分类方法各不相同。有人根据活动追求的不同对象将社会性动机分为:①物质性动机,是与追求社会物质生活条件相联系的动机,如追求具有较好的衣、食、住、行等物质生活条件,追求高工资、高报酬,追求较好的学习环境和学习工具等。②精神性动机,是与追求社会精神需要相联系的动机,包括理想与信念、兴趣与爱好、认识动机和学习动机、交往动机、归属动机、赞誉动机、成就动机等。其核心是理想与信念、兴趣与爱好。

在精神性动机中,认识动机是力求理解事物、解决问题、发明创造的动机。学生的学习,是在教师指导下的认识活动。学习动机是认识动机的一个重要方面,从某种意义上说,指的是推动、引导和维持人们进行学习活动的一种内部力量或内部机制。学习动机一旦形成,不仅能使学生对所学的东西有一定的指向性,而且也可以使学习过程的注意状态、兴趣水平得以维持下去。交往动机是个体愿意与别人接触并得到别人接纳和关心的动机。交往有利于促进学生学习中的积极情绪,也有助于学生的心理健康和思想进步。归属动机是个体以隶属于他人或团体并接受其影响为目标的动机。赞誉动机是个体以获得别人的称许和尊重为目标的动机。如学生受到老师的表扬,满足了赞誉的需要,就会积极努力学习,不断提高学习效率。成就动机是个体以高标准要求自己,力图在学习、工作和创造上取得成功的动机,是实现人生价值、为社会进步作贡献的动机。这是一种高目标、高要求的高级动机。

二、学习动机概述

(一) 学习动机的涵义

学习动机是指推动学生学习活动的内部动力,是激发个体进行学习活动、维持已引起的学习活动,并使行为朝向一定的学习目标的一种内在过程或内部心理状态。它是一种比较广泛的社会性的动机。学习动机是在社会生活和教育的影响下逐渐形成起来的。不同社会中的学生在学习动机方面会有着不完全相同的学习动机。

(二) 学习动机的分类

学生的学习动机是很复杂的,且隐藏在学习行为的背后,不能直接观察到。我们只能根据刺激与反应来推断学生的真正动机。而学生的学习动机往往又是由几种动机来支配的,一种动机又可能通过几种活动形式表现出来。所以我们只能从各个不同的角度,根据不同的标准相对地对学生的学习动机进行分类和判断。

1. 高尚的动机与低级的动机

根据动机的性质和社会价值,可以把学习动机分为高尚的动机与低级的动机。高尚的学习动机的核心是利他主义的,将学习同国家和社会的利益联系在一起。这种动机能持久地调动学生的学习积极性并具有顽强的学习精神。低级的学习动机,其核心是利己的、以自我为中心的,是源于眼前利益的。这样的学习动机很容易因一些内外困难而被摧残。

2. 内部的动机与外部的动机

这是在所有动机划分中得到心理学家们公认的一种划分方法,此法对教育实践具有相当重要的应用价值。内部动机是指由个体内在的需要引起的动机。例如,学生强烈的好奇心和求知欲、兴趣等内部因素会引起学生的学习积极性和主动性,这些好奇心、求知欲、兴趣就是学习的内部动机。外部动机是指个体由外部诱因所引起的动机。例如,学生为了得到父母或老师的赞赏而努力学习。相对而言,内部动机比较稳定,会随着目标的实现而不断增强;而外部动机则不够稳定,常常会因目标的实现而减弱。但是,我们也不应将内部动机和外部动机绝对地划分开,在一定的条件下外部动机也会转化为内部动机。因为任何外部要求或外在的力量都必须转化为内部的需要才能成为行动的动力,外部学习动机也是如此。事实上,个体的许多社会性动机都是通过外部动机转化而来的。所以,我们在教育过程中要强调内部动机的激发,但也不应该忽略外部动机的应用。对学生外部动机的激发可以使学生已形成的内部动机处于持续的激起状态。

3. 远景的间接动机与近景的直接动机

根据动机的影响和持续作用的时间,可以将动机分为远景的间接动机和近景的直接动机。远景的间接动机一般是与学习的社会意义和个人前途相关联的,它多来自对学习活动深刻意义的认识,比较稳定且影响范围广,持续作用的时间也较长。近景的直接动机常常是由对活动本身的直接兴趣所引起的,这种动机持续时间短,影响范围小,不够稳定,常常受情绪影响。但是在一定时期内,这种动机对具体的学习活动有着直接的推动作用。在教育工作中,我们应该将这两种动机结合起来,以推动学生的学习。

4. 主导动机与辅助动机

根据动机在活动中作用的大小,可将动机分为主导动机和辅助动机。主导动机是指在个体的动机体系中对行为起着调节和支配作用的动机。前面我们曾讲过,动机是个复杂的系统,个体在活动中常常同时存在多个动机,但是其中必有一个动机是比较强烈且稳定的,这个动机就是主导动机,也叫优势动机。主导动机对行为具有决定性的作用,它有着很强的激励功能。辅助动机就是那些对个体行为没有决定意义的,仅起着辅助作用的动机。这些动机往往能对主导动机起着强化的作用,它可以坚定主导动机指向的行为目标的实现。

(三) 学习动机与学习效果的关系

1. 学习动机的水平对学习效果的影响

教育学生树立正确的学习动机,既是教育目标,也是达到学习目标与成就的手段。作为目标,应使学生具有正确的、高尚的动机。作为手段,学习动机应成为学生学习成功的一个决定因素。动机与学业成就密切相关。美国心理学家尤古罗格卢等人分析了 232 项动机测量与学业成就之间的相关,发现其中 98％ 是正相关。这意味着高的动机水平导致高的学业成就。但在现实生活中也确实有动机与效果不相吻合的地方。如学习动机好,但短时期内学习效果并不好,或学习动机差,学习效果却较好的现象也存在。这是由于动机与效果不是直接关系,而是间接关系。动机是以行为为中介来影响效果的。人的行为除了受动机的控制和调节外,还要受其他主客观因素的影响。所以我们认为,学习动机是影响学习行为、提高学习效果的一个重要因素，但不是唯一因素。

2. 学习动机的强度对学习效果的影响

动机有加强学习的作用。研究证明，成就动机强的学生比成就动机差的学生更能坚持学习，学习成绩也更好。如洛厄尔选择两组成就动机强弱不同、其他条件相等的大学生作被试，比较他们的学习效率。实验任务是要他们用一些打乱了的字母构成普通的词（比如将 w、t、s 和 e 去构成 west）。图 11-2 中的结果表示，成就动机强的学生在这种学习中取得较好的成绩，进步快；成就动机弱的学生没有明显的进步。

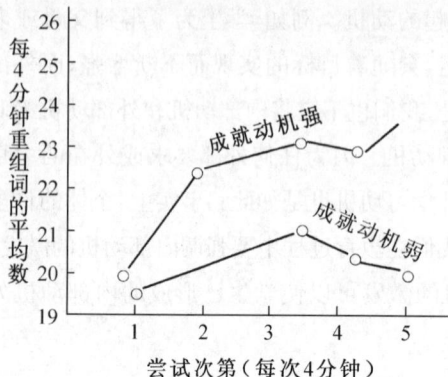

图 11-2 成就动机强弱对学习的影响

学习成绩的好坏有激发和削弱学习动机的作用。学习成绩好，满足了原有的学习需要，可促进学习动机的加强；学习成绩差，原有的学习需要得不到满足，受到惩罚，使学习动机进一步削弱。

但是，有时学习动机过强，学生处于紧张状态，反而会降低学习效率。如在考试前做了充分准备，并认为一定能得高分的学生，可能在考试中发挥不出实力，甚至考不及格。这就是动机过强而降低了效率的事例。为了取得最好的学习成绩，学生的学习动机应维持在一个适当的水平上。一般说来，从事比较容易的学习活动，动机强度的最佳水平应当高一点；而从事比较困难的学习活动，动机强度最好低一点。这就是耶克斯—多德逊定律（见图 11-3）。

实践发现，动机强度的最佳水平点还会因人而异，表现出个别差异：进行同样难度的学习活动，有的学生动机强度的最佳点可能要高些，另一些学生动机强度的最佳点可能要低些，这就需要教师的正确指导。

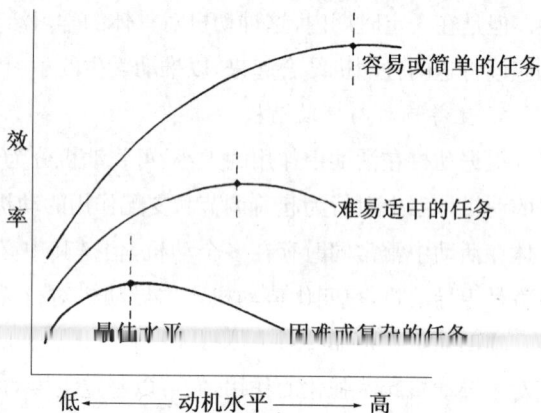

图 11-3 耶克斯—多德逊定律

三、学习动机的构成

美国心理学家奥苏贝尔认为，学习动机的构成一般应包括认知内驱力、自我提高内驱力、附属内驱力以及自我价值感内驱力等四个方面的成分。

（一）认知内驱力

认知内驱力是出于了解和理解事物，掌握和运用知识以及系统阐述和解决问题的需要。它在个体身上最初表现为探究的需要，带有一定的先天性。但个体一旦进入学校后对某学科的认知内驱力就远不是先天的，而是依赖于特定的学习经验，特别是学习的乐趣和成功的体验,看到知识的力量、学习的价值后,获得一种满足。这就使学生逐渐形成了认知内驱力。这种内驱力直接指向学习任务本身,是学习活动最重要、最稳定的动机,对学生的学习活动具有强烈而持续的推动作用。很明显,这是一种学习的内部动机。

(二) 自我提高内驱力

自我提高内驱力是指个体因自己的学业成就而获得相应地位与自尊的需要。这种内驱力是把成就看成获得地位与自尊的根源。很明显这种动机不是指向学习任务本身,而是一种间接的需要,所以我们认为它是一种外部动机。

(三) 附属内驱力

附属内驱力是指个体为了获得长者(父母和老师等)的赞赏或认可而表现出来的那种要把工作和学习做好的需要。这是一种典型的外部动机。

学习动机的这三方面构成在各年龄段中所占比重并非一成不变,随着年龄、个性特征、社会地位和文化背景等因素的变化而变化。儿童早期附属内驱力在动机体系中占最为重要的地位,到儿童后期和少年期附属内驱力的强度就有所减弱,而自我提高内驱力开始有所上升。到了青年期,认知内驱力和自我提高内驱力开始成为个体的主要学习动机。

(四) 自我价值感内驱力

自我价值感内驱力是指追求成功的内驱力。当个体在克服困难后获得一种成功,这时他就产生了一种能力的评价,即自我价值感。学生在学习活动中追求成功的同时,也提高了自我价值,为了体现自己的价值,他又希望在学习活动中获得成功。

以上是西方心理学家所揭示的学习动机的主要成分。事实上,我国中学生学习动机的内驱力还有奉献的需要、逃避惩罚的需要等。

四、学习动机的理论

(一) 强化理论

学习动机的强化理论是由行为主义学习理论家提出来的,其早期代表人物是新行为主义心理学家斯金纳。他不仅用强化理论来解释学习行为的发生,也用强化理论来解释动机的产生。他认为人为了达到某种目的,一定要采取一定的行为作用于环境。当这种行为的后果有利于达到目的时,这种行为就会再次出现;当这种行为的后果不能达到目的时,这种行为就会消失或减弱。以这种观点看,人的行为动力就是强化。斯金纳所谓的强化就是增大行为发生的概率的事件。按此理论,任何学习行为的获得就是应该增强报偿。因此,在学习活动中采取各种外部手段,如奖赏、赞扬、评分、等级、竞赛等都可以激发学生的学习动机。强化理论也认为强化有外部强化和内部强化之分,外部强化是外部或他人给予行为者的强化,内部强化是自我强化,即行为者在活动中获得成功而增强的成就感和自信心。这两种强化都能增强学习者的学习动机。

强化理论还认为,强化有正强化和负强化之分。正强化是指对行为者的奖励性刺激,以提高行为发生的概率。负强化是撤消那些令人厌恶的或惩罚性的刺激,以提高行为发生的概率。

斯金纳开始仅将强化理论用于动物的训练上,后来又将强化理论进一步发展,用于人类的学习上,从而发明了程序教学法和教学机。他强调学习应遵循小步子和及时反馈的原则。根据他的研究成果,他提出了行为强化的五条原则:①经过强化的行为趋向于重复发生。例如,当学生某行为获得教师的称赞后,该生此行为就增加了重复出现的可能性。②应该根据强化对象的不同而采取不同的强化措施。学生的年龄、性别、个性以及家庭环境不同,强化的方式也应该不同。③小步子前进,分阶段设立目标,并对目标给予明确的确定和表述。④及时反馈。⑤正强化比负强化效果更好。

强化理论在教育工作中的运用很广泛,但它也有许多不足。这主要表现在强化理论过分强调引起行为的外部力量,而不关心个体内部发生的各种心理过程和相应的条件,忽视甚至否定了人的学习行为的自觉性和主动性。

(二)归因理论

归因理论是一种解释人的行为成功与失败原因的动机理论。归因理论认为,任何人都有探索自己行为成败原因的倾向,常常会问自己:为什么这次成功了(或失败了)? 美国心理学家维纳把归因分成三个维度:①原因源(即内外性),指的是造成事实的原因属于个人内部还是外部的因素。如聪慧、能力、心境、努力等因素就是内部原因,而任务的难易、运气、教师偏见、别人帮助等就是外部原因。②稳定性,是指造成事实的原因的内外因素是否具有持久性,以及在类似的情况下是否具有一致性。如教师的影响、个人的能力就是稳定性的原因,运气、任务的难度、心境就是不稳定的原因。③可控性,是指行为的动因能否为行动者或他人所支配或驾驭。如努力学习、别人帮助等是可以控制的原因,而学习任务太难、聪慧、心境、机遇等就是不可控制的原因。

<table>
<tr><td rowspan="2"></td><td colspan="2">内　部</td><td colspan="2">外　部</td></tr>
<tr><td>稳　定</td><td>不稳定</td><td>稳　定</td><td>不稳定</td></tr>
<tr><td>不可控</td><td>聪慧、能力</td><td>心境、疲劳</td><td>任务难度</td><td>运　气</td></tr>
<tr><td>可　控</td><td>持久努力</td><td>一时努力</td><td>他人偏见</td><td>他人帮助</td></tr>
</table>

归因理论认为,个人对其成败原因的分析可以广泛地影响后来的行为动机和行为。倾向于外部归因类型的人,总认为自己行为的成败是受外部环境力量控制的(如运气、作业的难度、教师的影响等)。学习成绩好,是由于老师讲得好;学习成绩不好,是由于老师讲得不好,作业难度大。内在归因类型的人,总认为自己行为的成败受个人内部力量控制。学习成绩好,是自己学习努力的结果,有的甚至认为自己能力强,很了不起;学习成绩差,是由于自己努力不够,学习能力不强所致。教师对学生学习动机的归因分析,有助于针对不同类型的学生因材施教。

根据维纳的观点,可将这三个维度和四种行为责任因素结合为三维度归因模式,即:

内部的、稳定的、　　　⎰能力强——充满信心,趾高气扬
不可控的因素　　　　⎱能力弱——丧失信心,听之任之

内部的、不稳定的、　⎰努力——继续努力,争取再胜
可控的因素　　　　　⎱努力不够——相信只要努力就能成功

外部的、稳定的、 ┌ 任务难——埋怨客观,寄托于任务的减轻
不可控的因素 └ 任务易——提醒自己认真学习
外部的、不稳定的、 ┌ 运气好——侥幸
不可控的因素 └ 运气坏——自认倒霉

由此可见,归因理论的研究有助于了解心理活动发生的因果关系,有助于根据学习行为及其结果推断出个体的稳定的心理特征和个性差异,有助于从特定的学习行为及其结果预测个体在某种情况下可能产生的学习行为。因此,作为教师,我们有责任帮助学生正确归因,并有针对性地对不同类型的学生进行个别化的差异性教育。

(三)成就动机理论

成就动机理论是达维得·麦克莱伦提出来的一种激发人的内部动机的理论。这种理论指出,一般的人特别是有成就的人,都有如下一些特征:①能全力以赴地完成某种困难的工作,看重声誉并获得成功;②有明确的目标和较高的抱负水平,对自己有足够的信心;③精力充沛、好奇探新、求异开拓;④选择伙伴以能力为标准,而不是以交往的疏密为标准。

成就动机理论应用于指导学生的学习时要注意以下几点:①要根据学生个人的能力安排学习、工作,并创造一定条件放手让他们去独立完成,让他们体验强烈的成就感。②给学生的学习任务的难度要适中。过易不能激发他们完成学习任务的意念;过难则因不能完成任务而使他们心灰意冷。成就需求高的学生,要安排他们去完成难度比较高的学习任务,使之竭尽全力去完成。③对学生的进步要有明确的、及时的反馈。如对他们的工作给予正确评价,给予一定的奖励。

心理学家认为,成就需要和成就动机的存在是希望的永恒来源。教师在课堂设计时要密切关注学生的能力和潜力,要满足学生的进步要求、成就需要,给他们提供适当的任务和条件,使他们感到满足和愉悦。这是值得重视的。要坚信每个学生都是渴望成功的。

五、中学生的学习动机的特点

中学生的学习动机有以下一些特点:

(1)中学生学习动机的自主性水平在不断提高,内在动机逐渐占优势。他们的学习动机逐渐从外在动机向外在规则动机再向内在动机转化。学习的价值观逐渐内化,从而使学习动机的自主性不断提高。

(2)中学生的远景性动机逐渐占优势。随着年龄的增长,他们日益认识到学习的社会意义和个人的内在价值,从而把个人的理想与国家的前途联系起来,使得远景性动机逐渐占优势。

(3)中学生的学习动机不断向健康水平发展,为国家、为集体而学习的合理动机逐渐成为主流。

(4)中学生的学习动机不断与社会要求相联系,社会性的学习动机不断丰富发展。如果说,初中生的学习动机正在从为了获取家长和老师的赞扬、同伴的尊重向求美、求知发展,那么,到高中他们的学习动机就更多地与成就需要、贡献需要相联系。

六、学习动机的激发

(一) 内部学习动机的激发

1. 明确学习目的

要经常对学生进行学习目的的教育,使学生明确学习目标,提高目标的吸引力,培养其学习需要。一般说来,学生的学习目标越明确,目标就越有吸引力,越能引起强烈的学习动机。

2. 尊重学生的合理需要、兴趣和爱好

根据人本主义学习理论,学生接受学校教育的心理基础是"需要——价值——满足"。当学生认识到某学习内容对他是有价值的,他就会去努力学习。所以,要激发学生的学习动机,首先要让他感到所学的内容是他自身需要的。当他有了需要,就会有兴趣和爱好。

马斯洛的需要层次理论告诉我们,学生的需要是丰富多彩的,且具有一定层次。教师应该注意学生多层次的需要,千万不能一味地强调成就的需要。当学生的低级需要还没满足时,要求他有成就的需要或学习的需要,那是不可能的。我们应该在满足学生基本的需要后,再引导学生提升到成长的需要或学习需要。

3. 以正确的期望激发学生的动机水平

人本主义心理学家罗杰斯认为,教师的期望必然自觉或不自觉地影响学生的行为,而教师的这种行为态度最有可能影响学生的活动水平和自我概念。心理学研究发现,期望过高容易使学生屡遭失败,很容易使他们对自己的能力作出过低的估计;期望过低,成功来得太容易,也会让学生对自己的能力水平作出不恰当的估计。因此,我们必须对每个学生作出适合其特点的期望,激发学生的学习动机。

4. 增强自我效能感

增强自我效能感,可以通过一切教育活动,让学生充分体验到成功的喜悦。为了最终实现教育教学目标,在课堂教学中应对不同的学生设计不同的教学要求,让每个学生都能在课堂学习中有所收获、有所成就,以此来不断地提高他们的学习积极性和学习兴趣。这样可以增强学生学习的自信心,最终让全体学生完成学习任务。

(二) 外部学习动机的激发

1. 创设问题情境,实施启发式教学

所谓问题情境,就是指具有一定难度,需要学生努力克服,而又是力所能及的学习情境。在学习过程中,难度过低或过高都不能激起学生的学习积极性和兴趣。这也就是苏联心理学家维果茨基提出的"最近发展区"理论,简单地讲就是"跳一跳"就能解决问题的学习任务。一般讲,新的学习的难度在50%左右是最有利于激发学生的学习积极性和学习动机的。

2. 有效利用学习结果的反馈与评价

教师及时对学生的学习结果进行反馈或评价,有利于激发学生的学习动机和学习积极性。

3. 增强学习任务的趣味性

增强学习任务的趣味性,是激发学生内部学习动机的有效策略之一。

4. 合理利用奖励与惩罚

合理的奖励与惩罚可以满足学生的心理需求,进而增强他们的行为动机。一般而言,表扬和奖励比批评和惩罚更能有效地激发学生的学习动机和学习积极性。因为表扬和奖励能使学生获得成就感,增强自信心。不过表扬和奖励使用过多或使用不当也会产生消极影响。

合理使用表扬和奖励应注意:①表扬应有针对性;②表扬应真诚;③表扬应在学生努力的基础上;④表扬应发现每个学生的进步,使每个学生都有获得表扬的几率;⑤奖励应关注每个学生的期望。

5. 合理利用竞争与合作

竞争与合作对学生的学习动机的激发也有一定的作用。一般来说,在竞争或竞赛过程中,学生的成就动机和成就需要更为强烈,学习兴趣和克服困难的毅力也会大大加强,学习的效率也会极大地提高。但竞争使用不当,也会对学生的学习产生消极作用。尤其是对那些能力较低的学生,如果竞争开展不当,有可能使他们丧失学习的自信心。所以在开展学习竞争时要注意:①按能力分组,让多数学生都有获胜的机会;②鼓励学生自己与自己竞争,在竞争中看到自己的进步。

合作要注意将小组奖励与个人责任相结合。小组奖励有助于学生团体精神的形成,也有助于形成学生间相互依赖、共同进步的关系。但在合作的过程中决不能忽略个人的责任,小组成员必须对小组的成功作出贡献,否则就会让一部分学生出现"搭便车"的现象,这也会影响他们的发展。

第三节 兴趣与信念

兴趣与信念是动机系统的核心因素。

一、兴趣

(一)兴趣的涵义

兴趣是力求探索某些事物的带有情绪色彩的意识倾向,是重要的学习动机。例如,有的人对音乐感兴趣,不仅积极地去学习音乐知识,参加音乐活动,而且在学习和活动中感到了愉快。兴趣是动机系统的重要形式。

(二)兴趣与需要、动机的关系

兴趣是在需要基础上通过实践活动而形成发展起来的。人的需要多种多样,因人而异,所以人的兴趣也是多种多样,因人而异。人的需要改变了,兴趣也随之改变。但是需要不一定都表现为兴趣。如人有睡眠需要,不等于对睡眠有兴趣。

动机与兴趣也有密切关系。它们都源于需要,以需要为基础,都是需要的表现形式,都是行为的动力因素。

(三)兴趣的分类

1. 直接兴趣

直接兴趣是对事物本身有直接需要而引起的兴趣。这种兴趣是由事物本身的特点引起的,往往缺乏目的性。

2. 间接兴趣

间接兴趣是对事物未来结果有间接需要而产生的兴趣。例如,有的学生对学习英语过程本身并不感兴趣,而是对学习英语的结果,如取得好的成绩、能与外国人进行文化交流感兴趣。间接兴趣往往与个人的目的相联系,有较强的目的性。直接兴趣与间接兴趣的相互转化对于个人学习或工作是十分有利的。

此外,兴趣根据内容可分为物质兴趣和精神兴趣;根据兴趣的社会价值,可分为高尚兴趣和低级兴趣;根据兴趣维持的时间,可分为稳定的兴趣与暂时的兴趣等。

(四) 兴趣的作用

兴趣是动机系统的重要因素,对人的行为具有巨大的激发和推动作用。

兴趣可使人积极主动地从事各种自己喜爱的创造性活动,能大大提高工作效率,获得满意的效果。丁肇中曾说过:"任何科学研究,最重要的是看对于自己所从事的工作有没有兴趣……比如搞物理试验,因为我有兴趣,我可以两天两夜甚至三天三夜呆在实验室里,守在仪器旁,我急切地希望发现我所要探索的东西。"在这种浓厚的兴趣的作用下,他和他的同事终于发现了"J 粒子",获得了诺贝尔奖。

兴趣可以大大激发学生的求知欲望,推动学生满腔热情地从事学习和探索,对智力开发具有十分重要的作用。在教学过程中,教师要运用高超的教学艺术,让学生不断体验学习的愉悦与成就感,从而激发学生的学习兴趣,让学生积极主动、轻松愉快地学习,才能取得理想的教学效果。不顾学生的学习兴趣,强制性的、填鸭式的教学方式,都会给学生造成不同程度的精神压力和不愉快的情绪体验,对于学生的身心发展是十分不利的,与我们的教育总目标是背道而驰的。

(五) 兴趣的品质

1. 兴趣的指向性

兴趣总是指向一定事物,但各人的兴趣指向是不相同的。学生的兴趣应指向于学习和创造,而不应指向网络游戏和肥皂剧。

2. 兴趣的广度

兴趣的广度即学习的范围。有的学生兴趣范围很广,多才多艺,有的学生只知读书,兴趣范围狭窄。

3. 兴趣的持久性

兴趣的持久性即兴趣维持时间的久暂。有的学生对学习有持久的、稳定的兴趣,有的学生的兴趣朝三暮四,经常变换,没有主导的、持久的兴趣。

4. 兴趣的效能

兴趣的效能即某些兴趣对活动产生的效果。学生对体育活动感兴趣,可以增强体质;对网络游戏太感兴趣,就会影响学习效果(成绩)。

(六) 兴趣的培养

良好的兴趣品质是可以在一定的社会生活条件下,在实践活动中得到形成和发展的。当教师在课堂教学中给予每个学生足够的尊重,让学生不断体验到成就感时,那么,学生就会对你所教的学科产生兴趣,并在其中形成良好的兴趣品质。

二、信念

(一) 信念的涵义

信念是人坚信某种认识的正确性,并能身体力行的意识倾向。它表现为人们对自然和社会的规律和理论的真实性的确信无疑,并产生深刻的情感,在生活和实践中追求它们,愿为其实现而努力奋斗。信念是动机系统的高级层次,是认知、情感、意志的高度统一。

(二) 信念的体系——个人世界观

世界观是有关自然、社会、思维等的根本观点(看法),它包括自然观、社会观、道德观、价值观、人生观等,以及相应的方法论。人们经过社会化和接受教育,把世界观的许多观点内化成个人坚信的观念之后,就成为信念。人有许多信念,如哲学信念、道德信念、人生信念等,经过系统化之后,就成为指导个人思想和行为的意识倾向。这就是个人的世界观。

(三) 信念的作用

信念是人们活动的主导动机,可持久地激发和提高人的积极性、创造性,可最大限度地发挥一个人的主观能动性。信念是人的精神支柱。一个信念坚定的人,在任何情况下都能捍卫自己的信仰,坚持自己的事业。信念是人们认识事物的出发点。例如,人们常把唯物辩证法(信念)作为出发点,去认识自然现象和社会现象。信念是人们判定是非的理论依据。如人们常用自己的道德信念来判断别人和自己社会行为的是非、善恶。

第四节　自　我　意　识

一、自我意识概述

(一) 自我意识的概念

自我意识是指人对自身以及对自己与客观世界关系的意识。自我意识是人的意识活动的一种形式,也是人的心理区别于动物心理的一大特征。自我意识具有复杂的心理结构,它与人的内部注意状态密切相关。当个人关注自己时,注意就出现了自我聚焦,这时就产生了自我意识。

自我意识从活动形式可分为自我认识、自我体验和自我调节。自我认识是自我意识的认知部分,包括自我感觉、自我观察、自我分析、自我评价等。自我认识主要回答"我是什么样的人"的问题。自我体验是自我意识的情绪成分,是人对自己情绪状态的体验。自我体验可表现为自尊、自爱、自豪、自卑、自怜等情绪状态。它主要回答"我是否满意自己或悦纳自己"。自我调节是自我意识的意志部分,是个体的自觉过程。它包括自我监视、自我激励、自我控制、自我暗示等形式。自我调节的实现受到自我认知、自我体验的制约。

从意识活动的内容来看,自我意识又可分为生理的自我、社会的自我和心理的自我。生理的自我是个人对自己生理属性的认识,包括占有感、支配感、爱护感以及安全感等。人最初形成的就是生理自我。社会自我是指个人对自己社会属性的认识,包括个人对自己在各种社会关系中的角色、地位、权利、义务等的认识。心理自我几乎与社会自我同时形成和发展起来。心理自我是指个人对自己心理属性的认识,它包括对自己的感知、记忆、思维、能力、性格、气质、动机、需要、价值观等的认识。生理自我、社会自我与心理自我这三者密切联系，相互影响。

（二）自我意识的主要成分

1. 自我概念与自我评价

自我概念和自我评价是自我认识中的两个重要概念。自我概念是个体关于自己的总体认识。自我评价是对自我（包括生理自我、社会自我以及心理自我）所作的某种判断。事实上，自我评价与自我概念始终是联系在一起的。自我概念的形成过程中就有自我评价成分的融入，而自我概念形成后又为自我评价提供了框架。所以有人直接将自我概念定义为"关于自我特性的认知评估"。

自我概念是个十分复杂的结构系统，它的内容十分庞杂。通常自我概念可以分为现实自我、理想自我和镜中自我。现实自我是指个体从自己立场出发，对现实中我的认识，也就是对实在的我的认识。理想自我是个体从自己的立场出发，对将来的我的认识，也就是对想象中的我的认识。镜中自我是从别人眼中反映出的自我形象，也就是个体认为别人是怎样看自己的。很显然，镜中自我与现实自我可能会一致，也可能会不一致。影响自我概念的形成还有很多因素。如自己对自己能力的看法，这就是能力自我，还有班级自我、学业自我等，都会影响自我概念的形成和自我概念的性质。

这些"自我"常常都是在自我评价中形成的。自我评价的途径主要有：①通过他人的认识来认识自己；②通过分析他人对自己的评价来认识自己；③通过与他人比较来认识自己；④通过自己的活动表现和成果来认识自己。

自我概念一旦形成，对个体的身心发展会产生很重要的作用。这种作用可以是积极的，也可能是消极的。一般说来，自我概念对个体的影响包括行为导向、行为动力、信息加工。

2. 自尊感

自尊感是个体对自己有价值感、重要感的一种体验。它包括两种成分：一是个体自己尊重自己的情感体验，即自尊心；二是与个体要求他人尊重自己的需要相联系的情感体验，即尊重感。这两种成分是密切联系的，并以自尊心为基础。

自尊感是个体对自我概念进行评价的结果。我们的自尊并不是直接来自个体的特质，而是通过自我评价获得的。所以，有人提出"自尊 A—B—C"模式来概括自尊感的产生过程。所谓"自尊 A—B—C"模式就是说，自尊的产生（C）并不是个体自我概念所反映的自身特质（A），而是个体对特质自身评价的结果（B）。换句话说，自尊的产生（C）是因为个体对他的特质（A）有了一个自我评价（B）。这个模式对我们帮助个体建立自尊是十分有启发意义的。

詹姆斯提出了一个对促进自尊感形成极有价值的公式：$自尊 = \dfrac{成就}{追求}$。这个公式告诉我们：当一个人目前的成就是个已知数时，他的自尊水平与其追求的水平成反比。

一个有自尊感的人，他的心理就比较健康，他的行为也就比较积极。因此，有人称自尊是"最深沉的人类动机"。有自尊感的人行为最有监控力量。苏联心理学家列维托夫指出："培养学生的共产主义道德，有时必须强调学生的个人荣誉和自尊感。"一个有自尊感的人，他也是最善于矫正自己行为的人。洛克指出："儿童一旦懂得尊重与羞耻的意义之后，尊重与羞耻对于他的心理便是最有力量的一种刺激。"

3. 自我控制和自我教育

自我控制就是一个人对自身的心理与行为的主动掌握,它是自我调节的最基本手段。自我控制包括两个方面的含义:一是在遇到困难的时候,强使自己的心理活动和行为按某一目标行进;二是为某一目标而抑制自己的心理活动和行为。自我控制要采用自我教育、自我调节的手段才能实现。

自我教育是指个体对自己进行教育,这是自我调节的最高形式。自我控制着眼于克制,而自我教育却着眼于发展。自我教育是中学生个性特征发展的一种内部动力,它不是自发的教育,而是教育者有目的、有计划地施以影响的结果。我们要教会学生用各种自我激励的手段,如自我评价、自我奖励、自我暗示、自我惩罚等方法来实现自我教育的目标。

(三) 自我意识的作用

从种系的发展来看,自我意识的发展使人与动物有了根本性的区别;从个体的发展来看,自我意识的发展使儿童转变成了成人,使人由幼稚变得成熟,具有了真正的责任感和义务感。自我意识的发展对人的发展的作用具体表现在以下几方面:

1. 提高了人的元认知能力

人的认识不论是理性的还是感性的,都由于有了自我意识而变得更加自觉、更加有效,并且出现了唯有人才有的不仅关注客观世界也关注主观世界的认识,有了反省的能力。

2. 丰富了人的情感的自我体验

自我意识的出现使人不仅具有一般的情绪反映,而且出现了一些新的情感世界,如自豪感、自尊感、羞愧感、苦闷、彷徨等这些与自我体验有关的情感世界。

3. 促进了人的意志的发展

自我意识的出现使人有了确定自觉目的的可能。而自我意识的调节功能、自我教育功能更使人具有了自我控制和自我监督的能力,这就极大地促进了意志的发展。

4. 增进了人的道德性

康德指出,人的自我意识是道德和道德义务的必要前提。前面我们已经讲过自我概念的形成离不开社会的道德规范,而社会的道德也在自我意识的发展中找到了自己的存在,也就找到了可以调节和激发(或抑制)个体心理和行为的杠杆。而对于个体来说,由于自我意识里包含有道德信念和道德体验,所以在行为表现中也就有了诸如责任、义务、使命、荣誉等。总之,自我意识的发展使人的社会性大大地得到了提高。

二、中学生自我意识发展的特点

中学阶段是自我意识发展的重要时期。正如苏联心理学家维果茨基所说,自我意识的发展是过渡年龄的精髓和主要成果。这个时期的自我意识的发展既不同于儿童,又不同于成人,他们有着自己的特点。

(一) 中学生自我评价的发展

1. 他们对自己的体态容貌更关注

对于第二性征的出现,他们除了感到惊讶、兴奋外,还产生"长大了"的感觉,于是开始注意自己的外形。他们的自我意识获得了一个全新的感觉,他们心中的"自我"更加清晰、更加丰富、更加巩固。

2. 他们对自己的内心世界更加关注

科恩1986年曾指出:"青少年初期最有价值的心理成果就是发现自己的内部世界。"最突出的表现之一就是反省能力的提高。他们在反省中观察、体会、评价自己的内心活动。

3. 他们自我评价的独立性获得了发展

中学生自我评价独立性的发展大致经过两个阶段:一是开始摆脱对成人、权威的依赖,表现出某种反叛和对抗;在评价标准上由童年期的成人评价标准取向向同龄团体评价标准取向过渡,形成了相对独立的自我评价。二是自我评价既摆脱了对成人的依赖,又逐渐克服了同龄团体的强烈影响,表现出真正的个体独立意向,形成个体特有而明显的自我评价。有研究表明,初中三年级前后是自我评价发展的关键年龄期。一般说来,初中三年级后学生自我评价的独立性发展就处于相对稳定的水平。我国中学生由于受传统教育的影响,自我意识的独立性与某些发达国家相比较欠缺。

(二)中学生自我体验的发展

中学阶段是个过渡时期,因此,对中学生自我体验的发展要用一个动态的眼光去分析。首先,这时的学生在心理上更多的盘桓着一个"自我",并对个体的情绪产生着诸多的影响。其次,他们的情感体验也日趋丰富和深刻。当他们情绪高涨时,会体验到自傲、自负、自满、自豪;当他们情绪低落时,会体验到自怜、自怨、自惭、自责等。在童年期未曾出现的腼腆,在青春期人际交往中开始出现了,萌发了对异性的关注和爱慕的体验。自尊心也得到了突出的发展,他们常常把自尊感放在一切情感的首位。

(三)中学生自我调节的发展

自我调节可分为被动的自我调节和主动的自我调节。前者是指由外在控制力作用引起的自我调节。后者是指由主体自设目标、自定要求进行的自我调节。据我国一项调查表明,我国小学三年级的儿童自我调节能力已经相当高了,但这主要是被动的自我调节。进入青春期,个体的自我调节能力明显增强,但总的来说从儿童期到青春期,个体自我调节的发展并不是直线上升的。特别是在由被动的自我调节向主动的自我调节转变的过程中,个体的自我调节会出现一定的波动,甚至下降的现象。我国的一项大规模的调查发现:这种跌落有两次,一次是在小学五年级左右,一次是在初中二、三年级。但为什么个体的自我调节能力不能随年龄的增长而持续发展,甚至还有两次跌落的现象? 这是值得研究的。

中学生的自我调节发展的另一个特点是由自我控制向自我教育发展。自我控制是自我调节的低级发展形式,而自我教育才是自我调节的最高发展形式,这种形式在青春期开始出现了。这是中学生自我调节发展的又一个重要形式。它意味着中学生的自我调节开始步入主动性的自我控制,意味着中学生开始了自我设计、自我完善的阶段。但要指出的是,中学生的自我教育并不是自发的过程,它是在自我意识觉醒之后,在外在的教育下逐步形成、发展的。一般说来,自我调节到中学阶段的中晚期才可能达到较高水平。

三、自我意识发展对教育的几点启示

自我意识在青春期的发展,从某种意义上说是个体的"第二次诞生"。它对青春期,乃至整个人生的发展都具有重要的意义。它是制约个体的人格形成、发展和重建的关键。因此,通过教育促进中学生自我意识的健康发展就显得格外重要。

(一) 帮助中学生正确地认识自己

正确地认识自己对中学生的健康成长、未来的成就水平、自身价值的展现都具有重要的意义。教师应该帮助中学生多角度、多层面地认识自己,并建立信心、完善自己、重建自己和发展自己。

(二) 帮助中学生形成自尊感,克服自卑感

教师应该利用"自尊 A—B—C"模式,帮助学生正确地评价自己的特质,产生自尊。要记住"自尊是最深沉的人类动机"。青春期的个体如具有适当的自尊感水平,将对他们的整个中学生阶段的发展起到极大的促进作用。

(三) 帮助中学生开展积极的自我教育

首先,要帮助中学生树立正确的理想自我。理想自我总是代表着自我的发展方向,建立一个正确的理想自我有助于推动学生的自我教育。其次,要帮助他们改变现实自我。理想自我与现实自我总是处于一个矛盾状态,要实现理想自我与现实自我的统一,就要不断地改变现实自我,向理想自我的目标前进。

思考题

1. 什么是需要? 它有什么特点? 对人的活动起什么作用? 个人应该怎样对待各种不同的需要?

2. 什么是动机? 它在人的学习和工作中起什么作用? 分析一下你自己的学习动机。

3. 兴趣和信念在动机系统中具有什么样的地位?

4. 简述归因理论和成就动机理论。

5. 什么是自我意识? 自我意识的成分有哪些?

6. 自我意识在人格的健康发展中有什么作用?

实践题

1. 简评马斯洛的需要层次理论。

2. 请分析你的自尊感状态,并根据实际提出一个维持适度自尊感的方案。

3. 根据经验,我们都知道初中二年级的学生最难管理,你能根据中学生自我意识的特点加以说明吗?

4. 结合你自己的学习体验,你认为应该如何激发学生的学习动机?

第十二章 学习理论

本章主要内容

1. 学习概述
2. 我国古代的学习心理的思想
3. 联结派学习理论
4. 认知派学习理论
5. 建构主义学习理论
6. 其他学习理论

第一节 学习概述

一、学习的涵义

学习是十分普遍的心理现象。学习的定义有广义与狭义之分。广义地说，动物和人类都能学习，都靠后天习得的行为来适应不断变化的生存环境，这就是学习。狭义地说，学习专指学生的学习。下面从三个层次来讨论这个问题。

（一）学习

学习是动物和人类通过后天获得经验而引起的心理与行为的持久的变化。首先，学习引起了动物和人的心理和行为的持久变化。例如，经过学习从不知到知、从不会操作到学会操作。其次，这种心理与行为的变化是由后天获得的经验而引起的，而不是由自然成熟或先天遗传本能所引起的。本能行为不是学习，体力的日益增强，生理上因疾病而引起体力日趋衰弱，都不是学习的结果。

（二）人类的学习

人类的学习是人在社会实践中，以语言为工具，主动掌握人类社会历史经验和个体经验的过程。首先，人类的学习与动物学习有本质不同。人是有社会性的，人类的学习是在社会实践中进行的，其目的是认识世界和改造世界。动物的学习是在自然环境中进行的，是一个消极、被动地适应自然环境的过程。其次，人有语言和抽象思维，既可以掌握人类社会的历史经验，也可积累个体的实践经验。动物由于没有语言，个体经验往往得不到保持而消失。

（三）学生的学习

学生的学习是在教师指导下有目的、有计划、有组织地快速掌握前人积累的知识、技能和思想观念的过程。

学生的学习与一般学习相比有如下特点：首先，学生以学习前人的间接经验或书本知识

心理学（第五版）

为主,而不是以学习直接经验为主,不需要事事都自己去做。其次,学生的学习是在有教育经验的教师有目的、有计划、有组织的指导下进行的。教师根据教育目的,使学生成为德、智、体等几方面和谐发展的创造型人才。再次,学生的学习是高速、高效率的学习。人类积累的科学文化知识非常丰富,学生在教师指导下可以在十几年的时间里快速、高效地掌握几千年积累的文化科学知识最基本的部分。例如,牛顿三定律从前人积累到牛顿的发现经历了几百年,而中学生在教师指导下只用几个小时就能掌握。

二、学习分类

(一) 我国学者的分类

我国学者根据学习内容的不同,把学习分为知识学习、技能学习、学习策略学习和道德学习。

1. 知识学习

这里的知识指的是陈述性知识。学生主要是学习各科的基本知识和基本理论。

2. 技能学习

技能学习就是对程序性知识的学习,既包括智力技能的学习,也包括动作技能的学习。智力技能的学习主要是学生结合教学内容学会观察技能、记忆技能、思维技能,发展学习能力和创造能力。动作技能的学习主要是学生掌握写字、实验、运动、劳动、唱歌、绘画和操作电脑等基本技能。

3. 学习策略学习

学习策略指的是学生根据学习的目的要求,选用适当的学习方法,并通过跟踪和监控学习进程以切实提高学习质量的学习方式。其中目的要求是学习的预期结果;学习方法是具体的操作活动;跟踪监控是通过自我反馈来评价、修正学习进程中可能出现的偏差,切实提高学习效率,获得最佳学习效果,如预习策略、听课策略、复习策略、作业策略、解决问题策略、考试策略等。学习策略既包含学习方法、思维方法等智力因素,也包含学习目的要求、学习监控等非智力因素,是二者的有机综合。

4. 道德学习

学生要学习道德和法律规范,提高道德认识,发展道德情感,形成道德行为习惯,建立科学世界观。这些都是道德学习。

(二) 奥苏伯尔的学习分类

1. 接受学习和发现学习

奥苏伯尔根据学生学习的方式将学习分为接受学习和发现学习。接受学习是指教师在课堂教学中用讲解定论的方式向学生传授系统的书本知识。学生通过同化来接受系统的书本知识。同化就是把新知识与学生已有的知识经验相互作用,融为一体。发现学习是指教师不是用定论的方式向学生传授知识,而是通过提示的方式使学生通过独立思考、独立探索去发现知识。

2. 机械学习和意义学习

奥苏伯尔根据学生学习的内容将学习分为机械学习和意义学习。机械学习是指学习材料没有逻辑意义,不能与学生原有的认知结构建立联系;或者材料本身有逻辑意义,但学生只是死记硬背,不去理解。意义学习是指学习材料有内在的逻辑意义,能与原有的认知结构联系起来相互作用,学生通过新旧意义的同化来理解新知识。

奥苏伯尔的分类比较符合教学改革的实际,具有现实的意义。首先,接受学习与发现学习各有所长。接受学习可以短期内学到大量知识,是学生学习间接经验的主要途径。发现学习有利于发展学生的创造能力,有利于学到发现的技巧,但需要花费较多的时间。其次,接受学习既可以是机械的接受学习,也可以是有意义的接受学习,它与机械学习是有区别的。应该提倡有意义的接受学习和教师指导下的发现学习。

三、学习过程

(一)我国关于志、学、思、习、行等学习过程的思想

1. 志

春秋末期,孔子曾说过:"吾十有五而志于学,三十而立,四十而不惑,五十而知天命,六十而耳顺,七十而从心所欲,不逾矩。"孔子认为立志对于学习具有首要意义。学生没有学习的志向,没有学习动机,就没有学习的动力,没有干劲是学不好的。

2. 学

孔子认为自己是"学而知之"的,学习是掌握知识的重要途径。孔子学的知识既有一般的文化知识,也有关于道德规范的知识。只有通过学习才能认识世界,才能成才。

3. 思

孔子说过:"学而不思则罔,思而不学则殆。"这指出了思维活动在学习中的重要作用。学而不思,就不能真正理解知识、消化知识、巩固知识、应用知识。孔子还认为,学习应该经过思考达到"闻一知十,举一反三"的地步。

4. 习

孔子说过:"学而时习之,不亦说(悦)乎。"这里讲的习是复习,也包含练习。不复习,不练习,学过的知识就要遗忘,就巩固不了,更谈不上有学习效果了。

5. 行

孔子很重视学与行的关系,曾说过"弗学,何以行"。这个行,既包括道德行为,也包括学以致用的意思。学得的知识,不能用以解决实际问题,不能联系实际,是没有价值的。

战国时期的子思,继承了孔子的学习观点。他在《中庸》一书中进一步提出了"博学之,审问之,慎思之,明辨之,笃行之"的学习观点,强调了思维活动,把思维进一步分析成审问之、慎思之、明辨之,这是对孔子学习思想的一个补充。

我国古代"志、学、思、习、行"学习过程的思想是从教育实践中总结出来的。这些文化遗产尽管是粗线条的,但是却有重要的历史意义和现实意义。

(二)加涅的学习过程八阶段理论

加涅是美国的教育心理学家,他运用现代信息加工理论把学习分析为八个阶段。

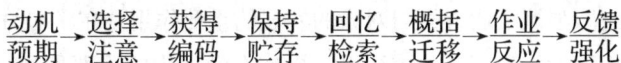

$$动机 \rightarrow 选择 \rightarrow 获得 \rightarrow 保持 \rightarrow 回忆 \rightarrow 概括 \rightarrow 作业 \rightarrow 反馈$$
$$预期 \quad 注意 \quad 编码 \quad 贮存 \quad 检索 \quad 迁移 \quad 反应 \quad 强化$$

1. 动机阶段

学生没有学习动机,就没有学习行为。教师在教学中首先要诱发学生的学习动机,使之产生达到学习目标的心理预期,鼓励学生努力向预期目标前进。

2. 选择阶段

学生有了学习动机,就会根据预期目标有选择地接受新的知识。注意是学习的重要条件,伴随学习全过程。

3. 获得阶段

学生对接受的新信息和知识进行编码加工,运用已有的知识结构去理解新知识。

4. 保持阶段

经过编码的信息和知识,经过强化之后,以表象和语义(概念)的形式贮存在长时记忆之中,在头脑里保持下来。

5. 回忆阶段

学生根据学习需要按一定线索提取有关的知识,使之重现或复活。

6. 概括阶段

学生把已经学到的知识经过概括、举一反三迁移到新的情境中去。

7. 作业阶段

学生把学到的知识应用到完成作业和解决实际问题中去。

8. 反馈阶段

作业完成之后,学生意识到已经达到学习目标,经反馈又强化了学习动机。

加涅对学习过程的划分,揭示了学生掌握技能、形成智力的实际心理过程,是有现实意义的,值得借鉴。但是,学生学习过程中的心理活动主要是思维活动,没有思维活动,既无法理解知识,也不能应用知识。而加涅没有强调思维的作用。

(三)诺曼的知识习得三阶段论

诺曼在 1978 年提出,知识习得要经历增生、重建、融会贯通三个阶段。在增生阶段,学生要学习的新知识与原有的有关知识联系起来;在重建阶段,学生学到的新知识促使已有的知识经验重构,组成新的结构;在融会贯通阶段,学生能够灵活运用新知识,并能生成多种认知结构。

第二节 我国古代的学习心理的思想

科学心理学的建立不过一百多年,而有关学习心理的思想却可追溯到两千多年以前。我国古代许多伟大的思想家、教育家都很重视对学习心理的探讨。

一、孔子的学习心理思想

孔子提出了"学而知之"的观点,把学习当成掌握知识、形成品德的重要途径。孔子还认为

"性相近也，习相远也"，强调了后天学习对人的发展的重要作用。在学习方法上，孔子曾说过："学而不思则罔，思而不学则殆。"十分重视思维操作在学习中的重要作用，反对死记硬背。其"默而识（识记）之"的观点指出，学得的知识一定要牢牢记住。

二、孟子的学习心理思想

孟子通过自己的切身体会提出了如下学习心理观点：①深造自得。"君子深造之以道，欲其自得之也"，强调学习者要自我努力，充分发挥学习上的主动性和积极性。②博约结合。孟子说："守约而施博者，善道也。"博是博学，约是精华，就是全面学习与掌握精华要互相结合，不可偏废。③积极思考。孟子说："心之官（功能）则思，思则得之，不思则不得也。"④虚心学习。孟子说："人之患在好为人师。"反对骄傲自满，自以为是。

三、《学记》中的学习心理思想

《学记》是我国第一部全面系统论述学习与教育问题的重要文献。《学记》十分重视学习对人的发展的重要作用，认为"玉不琢，不成器；人不学，不知道"。《学记》还指出："学者有四失（缺点），教者必知之。人之学也，或失则多（贪多），或失则寡，或失则易（肤浅），或失则止（知难而退）。此四者心（个性）之莫同也，知其心，然后能救其失也。"提出学习者存在个别差异，应因材施教。在学习方法上，《学记》认为："古之学者，比物丑类。"比物，指比较事物之间的异同；丑类，就是归类法。学生在学习中要开动脑筋积极思考才能有所得。《学记》还提出"学不躐（跳跃）等（等级）"的循序渐进的学习观点。

四、荀子的学习心理思想

荀子在《劝学篇》里指出"学不可以已（停止）"，学习要有"锲而不舍"的精神，不能半途而废。在学习方法上，荀子十分重视"积"，即积累，经过日积月累就会掌握许多知识。已经掌握的知识，要通过记忆巩固下来。"人生而有知，知而有志（识记）。志也者臧（藏）也。"荀子强调学习要精专，指出："博学而无方（方向），好多而无定（变化）者，君子不与（赞许）。"

第三节　联结派学习理论

联结式的学习是把两个本来没有联系的事件联结起来所产生的学习。

一、巴甫洛夫经典条件反射学习

巴甫洛夫研究的条件反射就是学习反射。条件反射的神经机制就是在大脑皮层上形成暂时神经联系。

（一）条件反射

反射是有机体通过神经系统对客观环境的刺激所作的规律性反应。例如，给狗食物这个刺激，它就必然会产生流口水的反应。反射有无条件反射（本能）与条件反射之分。

无条件反射是先天遗传的不学就会的本能反射。例如,小羊羔一生下来不用学习就会吃奶,给狗喂食狗就流口水,这都是本能。

条件反射是在后天环境条件下,经暂时神经联系而形成的反射活动。巴甫洛夫在实验室发现:给狗食物(无条件刺激物)狗就有流口水的本能反应。以后灯光等无关的条件刺激物经常与食物同时出现时,尽管食物还未到口也会引起它流口水的反应,灯光代替食物,引起了流口水的反应,这就是条件反射。巴甫洛夫用大量实验证明:条件反射形成的神经机制,是在大脑皮层上两个代表点(食物与灯光)之间形成了暂时性的神经联系。二者本无联系,在后天环境条件下(经常同时出现),经过不断强化(喂食),两个兴奋点(代表点)经不断扩散集中,就打通了一条暂时性的神经通路。如果经常使用,则通路继续畅通;如果以后长期不用,则这个通路就会逐渐消退。学习就是在后天条件下,在大脑皮层上不断地建立暂时神经联系的过程。

(二)条件反射的泛化与分化

条件反射形成过程中,有一个逐步从泛化到分化(精确化)的过程。泛化,是对一些类似刺激物(如黄光、浅黄光、深黄光)可作出同样的反应。分化,就是通过分辨类似刺激物之间的区别,只对其中特定刺激(如深黄光)作出反应而对其余类似刺激(如黄光、浅黄光)不作反应。这样,学习就越来越精确。

(三)人类的第二信号系统学说

巴甫洛夫认为,在实际生活中,单一的条件反射是少见的,常常是由具有一定程序的好多条件反射组成的系统,也叫信号系统。反映具体事物的叫第一信号系统,这是人与动物共有的。人类已经有了抽象思维和概括化的语言,能够反映事物的内部本质和规律,语言就成为信号的信号,就叫第二信号系统。就人来说,在学习、工作、实践中,在大脑上的两个信号系统是密不可分、协同活动的。

二、桑代克的联结学习说

桑代克是美国心理学家,他通过猫学习开门取食的实验得出了学习是刺激与反应之间的联结的结论。

参考资料 12-1

桑代克的猫学习开门取食的实验

桑代克把饿猫关进木笼里。木笼里有可活动的开门开关,笼外放一块能使猫看见但吃不到的猫食。猫尝试逃出木笼去吃猫食。开始时,猫在笼里盲目地乱抓乱撞乱叫。在一系列错误动作中,猫偶然碰到了木笼开关,笼门被打开,它就吃到了食物。以后,连续做这个开门取食实验,共反复了 24 次。桑代克发现:随着尝试次数的增加,猫乱碰乱撞的错误逐步减少,成功的动作逐步增多,开门的速度越来越快。后来,一把猫关进笼里,猫立刻能准确地打开笼门取得食物。这时猫就学会了开门取食。桑代克认为,猫的学习就是木笼开关这一情境(刺激)与扭开开关这一反应建立了巩固的联结。他提出,学习也就是刺激与反应的联结,这就是联结说。

桑代克的联结学习说有两个重点:①由于这个联结全过程要经过多次尝试错误才能取得成功,所以联结说也叫尝试错误说。②某一刺激与某一反应之间之所以能够联结,是因为反应之后能够得到满意的效果,这就是效果律。桑氏认为联结的强弱取决于两个条件,并据此提出了两个附律:①练习律:刺激与反应的联结,随练习次数的增加而加强。②准备律:刺激与反应的联结,以有机体准备状态为转移。有机体处于有准备的反应状态,在反应中就感到满足。

三、斯金纳的操作性条件反射学习(强化说)

斯金纳根据桑代克的学习理论进行了操作性条件反射实验。斯金纳把饥饿的大鼠放在斯金纳箱里。箱里有杠杆和食物盘。大鼠踩着杠杆,就可以从盘中得到食物。开始时大鼠在箱中只是到处乱撞,偶然踩到杠杆,食物盘就送来食物,对踩杠杆的行为加以强化(奖励)。大鼠经多次踩杠杆之后,得到多次食物强化,就学会了主动踩杠杆取食。

操作性条件反射是由动物操作行为得到强化而形成的条件反射。斯金纳根据上述实验得出以下结论:学习过程是外界刺激与有机体反应之间建立联结或联系的过程。这个联系(学习)的形成与巩固,是对行为反应不断强化(奖、惩)的结果。

斯金纳强调强化在人的教育上的重要意义。他认为,教育就是用强化手段来塑造人的行为。教育成功的关键是建立特定的强化措施。为了把这个理论应用于教育,他提出了程序教学的思想,设计了教学机器。

斯金纳的程序教学是以合理的小步子学习程序和及时的学习反馈(强化)来控制学习过程的。他把合理的教学程序分成一个个小题目输入到教学机器之中,让学生在教学机器上学习,回答一个个小题目。回答之后,教学机器立即呈现正确答案,学生马上就知道了学习结果。然后再学习下一个小题目。程序教学的优点是能适应学生的个别差异,学生可以根据自己的学习条件掌握学习速度。这样确实可以弥补课堂集体教学不易因材施教的不足,但机器教学忽视了师生之间的感情交流和同学之间的互相启发、互相帮助的作用。

四、班杜拉的社会学习理论

社会学习理论也叫观察学习理论,是由美国心理学家班杜拉在 20 世纪 70 年代提出的。在这之前的学习理论多是从动物实验中得出的结论,进而推论人的行为,而忽视了社会因素。社会学习理论认为:①人的学习和行为与社会环境有密切关系,二者是互相交错、互相影响的。②人类学习不仅可以通过直接体验而产生,而且可以通过观察模仿别人的榜样(正面)行为而产生。人通过观察学习可获得间接经验。③从观察模仿而产生的学习,既有外显的行为反应,又有内部心理活动,如注意、保持、动作复现和动机等。④观察模仿在社会生活中是随时随地都可发生的十分普遍的现象。应该用良好的榜样来教育学生,对于学生因观察榜样而学到的行为应该给予鼓励,以强化学习动机,使之继续学习。观察模仿的榜样应该是值得学习的楷模,在学习者头脑中具有良好的形象;榜样的行为既可看得到,又能做得到,是力所能及的。教师的言传身教,要具有榜样的作用。

第四节 认知派学习理论

联结派学习理论将学习理解为外界刺激与行为反应之间的联结,而忽视了学习者内部心理结构的变化。认知派学习理论认为,学习是学习者内部认知结构的变化。

一、早期格式塔派的顿悟学习理论

苛勒是德国格式塔学派的代表人物。他根据对黑猩猩的学习实验认为,学习并不是渐进地尝试错误的过程,而是内心对学习对象的"突然理解"或"顿时领悟"。这就是顿悟说。

参考资料 12 - 2

苛勒的黑猩猩取食实验

苛勒把黑猩猩放在大笼内,给它设置一个问题情境:在笼外放一串香蕉,猩猩用四肢去抓、去拿,都够不着。后来猩猩发现笼内有两根棍子,第一次用短棍因太短未能取到香蕉。后来它"领悟"到两个接在一起的棍子与香蕉的关系,突然将棍子接起来成功地取到了香蕉,解决了问题。以后在类似情境中,这个猩猩仍能运用已经获得的经验去取得香蕉。

苛勒认为:①动物和人的学习不是渐进地尝试错误的学习,而是突然"理解"了情境中有关事物之间的关系,豁然贯通。这就是"顿悟"的过程,所以格式塔学习理论又叫"顿悟说"。②顿悟过程是知觉的重新组织过程。

格式塔学习理论强调学习的内部因素的组织作用或完形作用,是有一定道理的。但是,它全盘否定了联结说,又是片面的。实际上,学习既有试误因素,也有顿悟因素。试误往往是顿悟的前提,顿悟往往是试误的结果。顿悟说是建立在动物实验基础上的,对人的学习的解释还很不够。它把学习看成是头脑里突然出现的先天本能,带有明显的主观唯心论的色彩。

二、布鲁纳的认知发现学习

布鲁纳是美国非常有影响的心理学家。他否认学习是刺激与反应之间的直接联结,认为学习过程是学习者头脑内部认知结构的组织与重新组织的过程。认知结构就是学生头脑中已经获得的知识结构。他还强调学习知识的过程是一个发现过程。

布鲁纳的认知发现说是值得深入探讨的学习理论。他强调了学生原有的认知结构对当前学习新知识的重要作用。他提出了发现学习法,让学生自己动脑、动手去发现知识。他认为发现法有助于发展学生的智力,有助于发展探索性的科学态度,有助于对知识的理解、巩固和应用,有助于培养学生的科学探索和创造能力(详见参考资料 12 - 3)。

参考资料 12 - 3

教师让 8 岁的小学生学习 $(a+b)^2 = a^2 + 2ab + b^2$。教师发给学生几块正方形木板,许多块长条木板，几十个方形小块(见图 12-1 左上)，让儿童拼成更大的正方形(见图 12-1a)。

教给学生用 x^2 表示两边都是 x 的正方形，让儿童把思维操作的进程说出来、写出来。

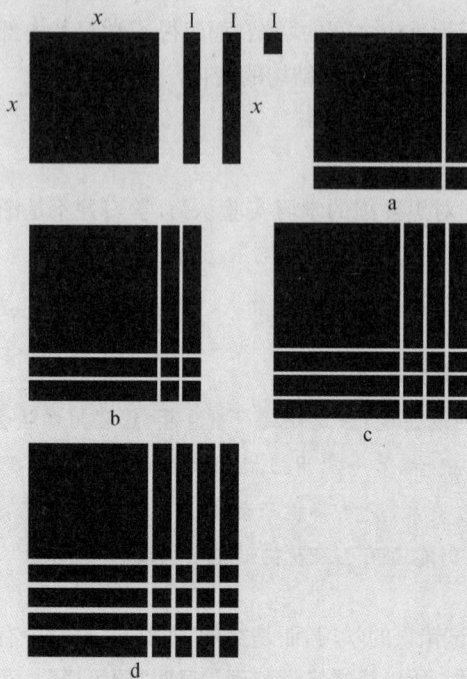

图 12-1 发现学习实验

学生说："大正方形是 x 正方形，加上两个 x 长条，再加一个小方块。"然后写出 $x^2 + 2x + 1$。又根据边长写出 $(x+1)(x+1)$。因为这两个式子表示同一个正方形，所以 $x^2 + 2x + 1 = (x+1)(x+1)$。

然后，再让学生写出以下各图(图 12-1b,c,d)：

$x^2 + 4x + 4 = (x+2)(x+2)$ (图 12-1b)

$x^2 + 6x + 9 = (x+3)(x+3)$ (图 12-1c)

$x^2 + 8x + 16 = (x+4)(x+4)$ (图 12-1d)

再让小学生发现几个公式中几项系数之间的关系，最后引导学生归纳出 $(a+b)^2$ 的公式。

这种发现学习法有利于培养学生科学发现的能力。教师要积极诱导才能达到预期效果。

布鲁纳的认知发现说曾为美国的教学改革提供了心理学依据。对于发现法，从理论上和逻辑上讲都是正确的。在实践中，发现法必须在教师指导下，有计划地让学生去发现。要在课程改革中，把科学探索的过程引入课堂。

三、奥苏伯尔的认知同化说

奥苏伯尔认为:学习是认知结构重新组织的过程，而认知结构的重新组织是新旧知识的同化过程。奥苏伯尔主张意义学习，反对机械学习。他认为有意义的学习过程就是新旧知识同化的过程。同化使新旧知识相互作用而重新组织了认知结构。

(一) 学生原有认知结构是学习和同化新知识的关键

无论语言符号学习、概念学习、原理或规则学习，都应以早期获得的实际经验为基础。教师上课之前，必须先了解学生已有的知识情况，让学生运用已有知识去学习新知识。

(二) 对新知识的理解是已有认知结构对新知识同化的结果

对新知识的同化有三种形式:

1. 下位学习

新知识隶属于原有认知结构之中。如"日语"这个新概念，隶属于原有的"语言"之下，成为"语言"的下位概念。

2. 上位学习

新知识概括性强,成为上位概念。例如,"哺乳动物"这个新概念是在原有的猫、狗、猴等具体概念基础上形成的,就成为猫、狗、猴的上位概念。

3. 并列学习

新知识与原有知识是并列关系,既不是上位概念也不是下位概念。例如,新概念"心理健康"与原有"身体健康"就是并列概念。

(三)意义学习中起同化作用的条件

在意义学习中,学生已有认知结构中的有关知识只有具备下列三个条件,才容易起同化作用(也容易记住)。

1. 已有知识的有用性

已有知识能够对新知识起固定点的作用。例如,"语言"这个已有知识就能对"日语"这个新知识起固定点的作用,否则就不能同化。

2. 已有知识的可辨认性

已有知识与新知识必须能清楚地区分和辨别开来。二者不容混淆,不能似是而非,否则也谈不上同化。

3. 已有知识的稳定性

已有知识有较多的例证支持,就有较稳定的固定作用。例如,"语言"这个已有知识有汉语、英语、法语、德语等许多例证的支持,就能对同化新知识"日语"起较稳定的固定作用。

学习的联结理论与认知理论曾争论了几十年,现在大有殊途同归的趋势。我们的态度是对两者既不全盘否定,也不全盘肯定,取二者的精华为我所用。

四、托尔曼的认知目的学习

早期的联结主义者认为,学习就是建立刺激(S)与反应(R)的直接联结。而托尔曼则认为在学习过程中,S与R之间还存在一个中介变量(O)(心理活动),应该是 S-O-R。托尔曼认为,学习是有目的的行为,在学习过程中,头脑中可以形成一个对目标的某种认识和期待(认知地图)。他通过"方位学习实验"来证实他的上述观点。

托尔曼设计了一个三路迷津(见图 12-2)让白鼠在其中学习。在迷津中,从起点箱到食物箱之间,分别有1、2、3 的三个通路,白鼠愿意走 1 路。在 A 点受阻后,它走 2 路。当 B 点受阻后,则走 3 路。

白鼠经多次学习后,在头脑里已经形成了一个迷津的地图。白鼠就是根据脑中的认知地图,对两次受阻作出正确反应。

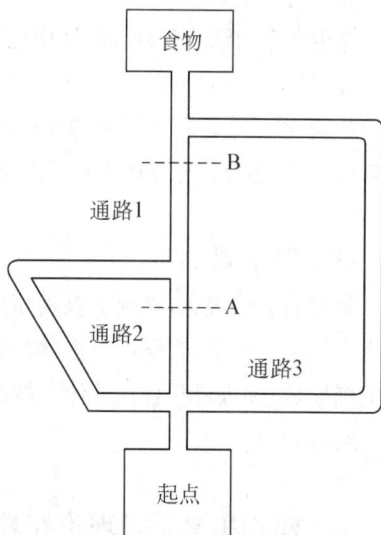

图 12-2 方位学习实验

托尔曼的 S-O-R 认知目的说,是对行为主义 S-R 直接联结的学习理论的重要补充和修正,也为以后认知心理学的形成产生了重大影响。

第五节　建构主义学习理论

一、知识观

建构主义者认为,知识并不是对客观现实规律的准确的反映,知识只是对客观世界的一种可能正确的解释、一种较为可靠的假设。它不是终极真理。它将随着社会进展、人类的进步而不断地被否定,并随之而出现新的假设。现有的知识并不是绝对正确的。在应用知识时,并不能拿来就用,而是要根据具体情况具体分析,必须进行创造性的再加工才能加以运用。对知识的理解只能以自己的文化背景为依据,不同人会有不同的理解。

二、学习观

建构主义者对学习持有以下观点:

(1) 学生是学习的主体。学生学习的过程不应是教师传递知识的过程,而应是学生主动建构自己知识的过程。学习过程中建构知识的过程,是别人无法代替的。

(2) 学生的学习是主动建构自己知识的过程。学生对外部信息都要做主动的选择和主动的加工。

(3) 外部信息本身是没有意义的。意义是由学生通过新的信息与已有经验之间反复的双向互动作用而建构的,每个学生都是以自己已有经验为基础对新的信息进行建构和新的理解。

(4) 个体已有经验的建构随着新的经验因素的进入而进行调整、改变和重组。

三、学生观

学生在学习活动和社会生活中已积累了一定的科学知识和社会经验。学生就是带着头脑中已有的较丰富的知识和经验来参加学习的。这些已有的知识和经验是学生理解和建构新知识的基础,也是增长新知识、建构新思想的生长点。教师不能抛开学生已有知识和经验的背景而自行其是,必须在充分尊重和了解学生已有知识和经验的基础上,帮助学生构建新知识。

四、教学观

教师的教学观念,必须从以教师为中心向以学生为中心的方向转移。教师必须为学生创造良好的学习环境,为学生自主学习创造良好的氛围。在教学中,教师要成为学生自主建构知识的辅导员、促进者和合作伙伴。教师还要帮助学生学会学习的策略和方法,自己控制学习进程,学会学习。

五、建构主义学习理论在教学改革中的应用

(一) 探索式学习

教师向学生讲清基本知识后,提出一些困难的问题,让学生形成假设,搜集资料验证假设、

验证因果关系,得出结论,最后由教师组织学生讨论。

在探索式学习中,学生不仅学会有关知识,而且学会了探索知识活动的过程和方法,提高了创新的技能。

(二)支架式学习

教师在教学中,应为学生建构知识、理解知识提供一个概念框架。支架式学习理论的来源是维果茨基的最近发展区。他认为,学生在智力活动中原有智力水平与现在要解决问题的能力之间存在差异,这个差异就是最近发展区。学生的智慧发展应在这个最近发展区内进行支架式学习。他借用了建筑行业中的脚手架,来比喻知识概念的框架,借助脚手架的支持作用建构意义,解决问题,提高建构知识的能力。

(三)合作学习

把学生分成一个个小组来组织教学活动。学生在小组互动中学习。要发挥小组作用,学生必须合作。但这个合作不会自发产生,必须在教师精心组织下才能实现。一般的做法如下:①学生面对面坐在一起,互相沟通,互相交流,彼此互动。②良性的相互依赖,让学生体验到自己必须得到同伴们的帮助、解释、指导。③明确成员职责:一开始共同合作,到后来必须能独立学习。每人都有自己的职责来完成小组学习的某一任务。④传授合作技巧:小组形成之时,教师要教给学生如何形成共识、如何互相反馈和互相监控的技巧,以利于小组活动的高效进行。

第六节 其他学习理论

一、人本主义学习理论

人本主义心理学是 20 世纪 60 年代在美国兴起的一种新的心理学派别。它反对以动物实验作为依据的行为主义,也反对以潜意识、病态心理为研究中心的精神分析主义,而主张心理学要研究人,研究正常的人的动机、需要、自我价值、自我实现等。人本主义心理学的代表人物罗杰斯认为:①学习应该是学习者主动参与的有意义的行为。学习者通过学习可以使自己在态度、行为、人格等方面发生积极的变化。②学习过程应该以人为本。学生是学习的主体。教师必须尊重学生的需要、情感、价值观,坚信学生可以通过自我努力发展自己的潜能,通过自我教育达到自我实现。

二、潜在学习

潜在学习是在某种情境中和在无意识中产生的内隐而不外显的学习。潜在学习直到必要时才会在行为中表现出来。例如,一个从来不会开汽车的妇女,在深夜丈夫突然病重且无人帮助的紧急情况下,竟能开着丈夫的汽车将丈夫送到医院抢救。当然,她平时坐车总是坐在丈夫驾驶座位旁的座位上。这是通过观察和潜移默化而产生的潜在学习。

托尔曼在认知目的说里也提出过潜在学习的观点。他认为在方位实验中,白鼠头脑中形成的认知地图也是一种没有外显行为的潜在学习。一旦遇到食物强化,白鼠就通过外在行为表现出来。

1. 什么是学习？学生的学习有哪些特点？
2. 孔子的学习思想的主要内容是什么？有什么现实意义？
3. 巴甫洛夫、桑代克、斯金纳的学习理论之间有什么区别？
4. 布鲁纳的学习理论与奥苏伯尔的学习理论有什么共同点？有什么不同点？
5. 建构主义学习理论的要点是什么？
6. 班杜拉的社会学习理论与人本主义学习理论有什么现实意义？

第十三章　知识的学习和迁移

本章主要内容

1. 知识学习　　　　　　　　2. 动作技能学习

3. 学习策略的学习　　　　　4. 学习的迁移

　　知识是对事物的意义和规律的认识结晶,是前人在社会实践中长期积累的文化硕果。学生学习的主要任务是快速、高效地汲取人类几千年来积累的大量知识。现代心理学把知识分为三大类:第一类是陈述性知识,指明事物"是什么",是事实性知识。第二类是程序性知识,指明的是"怎么办",也就是技能。程序性知识又可分为智力技能和动作技能。第三类知识是策略性知识,包括认知策略和学习策略等,主要是关于控制自己认知和学习的知识。

第一节　知　识　学　习

　　本节讲的知识学习是陈述性知识的学习。陈述知识学习主要指概念学习和规则学习。

一、概念学习

　　学生学习的知识范围很广,既有感性知识也有理性知识,但主要是理性知识。理性知识包括概念和理论。任何理论都是由许多概念构成的,所以知识学习主要是概念的学习。

(一)科学概念

　　概念有日常概念和科学概念之分。日常概念是在日常经验中积累的,只反映事物的某些共同属性,还没有达到揭露事物本质属性水平的概念。学生应掌握的是科学概念,而不是日常概念。学生在学习中必须把日常概念提高到科学概念的水平。

　　1. 科学概念的内涵与外延

　　概念是人脑对客观现实的本质属性的反映。概念内涵指的就是事物内在的本质属性。本质属性是一类事物所独有而其他类事物所没有的根本属性。例如,有羽毛,是鸟类独有而其他类动物所没有的属性。凡是有羽毛的动物,不管是天上飞的老鹰,还是地上走的鸵鸟,都是鸟类。蜻蜓、苍蝇虽然会飞,但没有羽毛,就不是鸟。概念的内涵常常以简明的语言,用下定义的方式表达出来。

　　概念的外延指的是这一概念所包括的一切具体事物。如鸟类的外延指的是包括天上飞的鸟、地面行走的鸟、水中游的鸟等一切有羽毛的动物。

2. 科学概念的四个功能

（1）科学概念是构成一门学科的基本要素。任何一门学科都是由该学科的概念体系构成的，不了解这一学科的基本概念，就无法理解这一门学科的知识。

（2）科学概念可使知识系统化。一个基本概念与上下左右的概念都有密切的联系，并能构成一个系统。系统化的知识最容易理解，最容易应用，也最容易巩固。

（3）科学概念能使人快速地确认新的具体事物。当一个从未见过的具体事物出现时，只要学过有关概念，学生就会很快地把它归类，加以确认。

（4）科学概念是思维操作的基本单位。只有掌握了概念，人们才会运用概念进行判断和推理。不掌握概念就无法抽象思维，就像不掌握词语就不能写文章一样。

（二）概念理解

概念学习要经历接受（注意、感知观察）、理解（思维）、应用（思维等）、巩固（记忆）等一系列的学习过程。

1. 理解

（1）理解指的是运用已有知识经验，经过独立思考，认识了新事物的意义、本质和联系的过程。理解就是"领会"的意思。理解的过程是学生积极主动地进行思维加工的过程。经过理解，新知识纳入已有的认知结构，或更新了原有的认知结构。

（2）理解的标志：①经过复杂的思维活动，理性知识与感性知识已经密切结合起来，抓住了事物不同层次的本质和联系；②书面上的语言文字与学生个人的言语已能一致起来，学生能用自己的言语来表述新知识；③新知识已与原有的有关知识融合起来，成为个人知识结构的有机组成部分。

（3）知识理解的范围十分广泛，包括对语言的理解，对事物结构、功能和意义的理解，对反映事物本质概念的理解，对反映事物之间规律性联系、原理和规则的理解等。其中，对概念的理解是知识理解的核心和关键。

2. 概念的理解

（1）理解概念应从理解概念的内涵和外延两个方面入手。概念的内涵，指的是反映那一类事物的本质属性，常用下定义等方式来表达；概念的外延，是指概念所指的那一类具体事物，常用举实例和分类等方式让人了解。

（2）影响学生理解新概念的因素很多。①一般地说，反映具体事物的概念最易理解，反映空间形式的概念次之，社会性概念最难理解。②概念所反映的重要属性越多，关系越复杂，越难理解，如"人"、"观念"、"意识"等较难理解。③学生已有知识结构越合理，内容越丰富，越容易理解新概念。④学生的思维能力越强，思维方法越灵活，越容易理解新概念。⑤教师概念教学的策略越合理，学生越容易理解新概念。

（三）帮助学生理解概念的教学策略

1. 用变式组织感性经验，突出事物的本质属性

感性经验是学习和理解新概念的心理基础。教师常常通过多种教学形式来组织学生的

感性经验,如通过直观教学,运用实物模型、图表、录像、电影等有效的手段,向学生展示直观材料。也可通过带领学生参观、调查、实验、实习等形式帮助学生积累感性经验。另外,教师在讲课中运用举例唤起学生头脑中已有的经验。这样组织感性经验,不仅有助于学生了解概念的外延,也有助于了解概念的内涵,即事物的本质属性。而概念学习的关键是要抓住事物的本质属性,排除非本质属性的干扰。为此,教师在教学中组织学生感性经验时,一定要多动脑筋,运用变式的方式。变式是变换感性材料呈现的方式,以突出概念的本质属性。如果教学中呈现的感性材料缺乏变式,就会给学生理解概念带来困难,甚至出现错误。例如,讲解"哺乳动物"这一概念,教师不仅要讲陆上的狮、虎、狗、猫,也要举水中的海豚和空中的蝙蝠。只有这样,才能突出本质属性——哺乳、胎生,排除陆上、空中、水下活动等非本质属性的干扰。有些事物的非本质属性,往往有鲜明的、强烈的外部感性特征,常常会掩盖一类事物内部的本质属性。为了避免出现这种情况,教师应选取在不同时间、地点、条件下的多种事例,剥离非本质属性,以突出内部的本质属性。这样做可以防止不适当地扩大或缩小概念的内涵。

2. 启发学生独立思考

概念学习的过程是一个对感性材料思维加工的过程。只有经过分析、综合、比较、抽象、概括的思维操作活动,才能抓住事物的本质属性,才能真正理解概念,把新概念内化成自己头脑里的东西。注入式教学法的错误,就在于不让学生独立思考。

3. 用简明的语言给概念下定义

下定义是用简明语言表达概念内涵,具有用语言整理概念,使概念精确化的作用。这是概念学习的重要步骤。

4. 在概念体系中理解概念

任何一个新概念都会与已知的概念存在某种关系。概念之间有种属关系,如学生与中学生;有并列关系,如铅笔与钢笔;有对立关系,如白天与黑夜;有交叉关系,如学生与男人等。这些关系反映了概念体系的层次与结构。概念体系被学生掌握之后,就成为学生认知结构的重要组成部分。因此,学生学习一个概念必须与自己已有的认知结构和概念体系挂上钩,与上下左右的概念相比较,找出它们之间的异同,才能正确领会,也容易提取。一定要避免孤立地学习一个新概念。

5. 在概念应用中理解概念

要真正掌握一个概念,一定要把它应用于实际,去解释现象,解决问题,使概念具体化,才能认识概念的深层涵义。通过概念的应用使理论与实际、一般与个别、抽象与具体有机结合起来,只有这样才能真正地掌握概念。

二、规则学习

(一) 规则

规则是人脑对事物之间的关系的规律性的反映。数学运算的规则,语音和语法的规则,物理、化学的定理与定律,中小学生的道德行为规范,社会上的法律法规,各种技能技术的操作规程等都是规则。

规则反映几类事物之间、几个概念之间的某些关系和联系,常用命题和句子的形式给以表达。因此,规则学习与语言的掌握水平有密切关系。必须用准确的语言,来理解规则的内部的规律性的关系,也必须用精确的语言来表达规则的真正涵义。

规则的结构有上位与下位的层次,高层次的规则叫上位规则,低层次的规则叫下位规则。因此,在规则学习时,必须考虑规则的这种层次结构。

由于规则是由某些概念组成的,在规则学习时,学生必须先把有关的概念掌握好,才能把规则掌握好。

(二)规则学习的策略

规则学习的策略与概念学习的策略存在密切的联系。概念学习要用例证去说明概念的本质属性,规则学习也要用有关例证来说明几类事物和几个概念之间的某些规律性联系。因此,概念学习的策略也适用于规则学习。

1. 规例学习

规例学习是指先学新规则,然后用合适的例证来加以说明。这是一个演绎的过程。

2. 例规学习

例规学习是指先学例证(正、反),然后用来证明新规则。这是一个归纳的过程。

第二节　动作技能学习

一、动作技能概述

动作技能是运用知识经验,经过活动练习而形成的完成某种任务的动作方式。写字、打球、绘画、开汽车都是动作技能,都是运用一定知识,经过训练而形成的。

(一)动作技能与智力技能的关系

技能有动作技能和智力技能之分。学校教育对学生发展的要求是全面的,既要求学生具有最基本的动作技能,也要求学生具有最基本的智力技能。动作技能与智力技能关系密切,二者既有区别又有联系。动作技能,如写字、体操、劳动,主要是靠骨骼、肌肉系统来进行的,而且它的动作是外显的。智力技能,如观察、记忆、思维的操作,主要是借助于内部语言在大脑皮层上进行的认知操作。二者之间有密切的联系。动作技能要靠感知、记忆、思维等智力活动来调节。例如,动作技能形成的初期,要靠视觉来调节动作,靠比较来认识自己动作与示范动作之间的异同,校正自己的不正确动作等。而智力技能如心算、写作构思等,一定要通过写字、打字等动作技能表达出来。具体的学习活动是手脑并用的,既有智力技能的参与,又有动作技能的参加,二者是密不可分的。

(二)动作技能的分类

1. 初级动作技能与熟练动作技能

根据技能的熟练程度,动作技能可分为初级的动作技能与熟练的动作技能(技巧)。初级动作技能,如骑自行车刚会骑但还不熟练的初级阶段。熟练的动作技能,如骑自行车已经到了能够随机应变的自动化的技巧阶段。

2. 连贯性动作技能与非连贯性动作技能

连贯性动作技能，如熟练地骑自行车、开汽车的动作，从开始到结束，一个接一个地连贯进行，中间不能间断。如果动作系统中断，动作技能就不能进行下去。非连贯性动作技能，如举重、投标枪，从开始到结束时间很短，举一次，投一次就结束了。

3. 精细的动作技能与粗大的动作技能

根据参与动作技能的肌肉群大小的不同，动作技能分为精细的动作技能与粗大的动作技能。精细的动作技能，如写字、绣花，是由小肌肉群来完成的。粗大的动作技能，如踢足球、长跑，是由大肌肉群的参与来完成的。

（三）学生掌握动作技能的意义

学生掌握基本的动作技能对学习具有现实意义。学生掌握写字、写作、朗读、讲读、做实验、记笔记、做习题、绘画、操纵电脑、唱歌、器乐演奏、做操、劳动等动作技能，是学好各门功课的必要条件。例如，一个中学生如果没有写字和记笔记的熟练技能，而把精力注重到一笔一画地写字上面，就听不好教师讲课。所以学校十分重视学生的基本技能训练。

学生掌握基本的动作技能对将来从事各项工作具有重要意义。学生只有掌握基本的动作技能，才能为以后学习各种专业技能打下良好基础。学习基本的动作技能，对于发展学生智力也是有好处的。学生在学习中动作技能与智力技能是和谐发展的。学生掌握了动作与智力相结合的技能，就为以后在工作中创造性地学习和工作奠定良好的基础。

二、动作技能学习的过程

动作技能学习的过程，是掌握动作要领，进行反复练习，逐步达到熟练的过程。这种学习是建立在练习中知觉与动作不断协调的基础上的，因而又叫知动学习。这个过程有以下几个阶段。

（一）认知定向阶段

学习者根据教师的讲解和示范动作（或操作说明书）了解与某一技能有关的知识、动作、要领和程序。

（二）局部动作阶段

在实际练习中，教师把整套动作分解为许多单个的局部动作，使学生容易学习。但在两个或几个动作连接和过渡时，学生学习就比较困难。初入学的学生注意范围较小，不易分配与转移，常会出现情绪紧张、顾此失彼，也常有多余动作。初学骑自行车者，顾了手顾不了脚，或顾了脚顾不了看路，手忙脚乱。

（三）整套动作阶段

这个阶段是在局部动作基础上，把整套动作的程序固定下来，并与知觉协调起来，形成了连锁的反应系统。刚学会骑自行车的人，在这个阶段手脚能够协调，动作开始连贯，能勉强骑着走，但还不熟练。

（四）熟练技巧阶段

这个阶段也叫自动化阶段，此时全套动作连贯、协调、得心应手，靠动觉就能控制动作。此时的自动化动作具有广泛的适应能力和概括能力,能在各种不同条件下作出灵活应变的反应。仍以骑自行车为例,达到熟练程度时,骑车的人不仅能在宽阔平坦的公路上骑,也可以在崎岖不平的小路上骑;既可以在晴天骑,也可以在雨天骑;既可以在十分安全的情况下骑,也可以泰然对付随时出现的各种险情。

三、熟练形成过程中的心理特点

经过反复练习,逐步形成熟练技巧。在这一过程中,动作技能学习有以下几个特点。

(一)意识控制逐渐减弱

开始学习动作技能时,意识控制作用较强,以后逐步减弱,直到自动化。对动作的控制,开始时以视觉控制为主,逐步转化成以动觉控制为主。如骑自行车,开始时由于动作生疏,情绪紧张,需要视觉控制手与脚的动作。待达到自动化阶段,便可只靠动觉(手劲、脚劲)来控制骑车动作了。

(二)通过反馈逐步达到知觉与动作的协调一致

开始练习时,学生根据知觉作出的第一次动作,与教师的示范动作相比还存在一定差距。这些信息经过知觉反馈到大脑中枢,由大脑校正再下令做第二次动作。通过多次反馈和练习,学生就能建立起比较准确的知觉与动作的协调系统,掌握熟练的技巧。

(三)运动图式的形成

当动作技能达到熟练时,在头脑里已经形成了协调一致的运动图式,只要有很少线索,就能引起自动反应。

(四)应变能力的增强

动作技能熟练时,随着注意范围的扩大,学生能环视整个情境,灵活适应环境中发生的各种变化,随机应变。在球类、拳击等运动的学习过程中,这种变化非常明显。

四、练习

练习是形成动作技能的基本途径。练习个是机械反复,练习的效果不单纯取决于次数的多少,关键在于如何组织有效的练习。教师在组织学生练习时,要注意以下几点。

(一)了解练习的进程

大多数动作技能的学习经过练习成绩会逐步提高。其发展趋势是先快后慢,经过停滞不前的高原期,逐步达到熟练。开始时,由于局部动作简单易学,所以进步很快;后来,由于动作联结的难度较大,学习进程就放慢了,出现一个停滞不前的高原期。经反复练习,突破了高原期,技能就逐步达到熟练。不过,简单的动作技能的练习不一定会出现高原期。

需要注意的是,动作技能的练习由于性质的不同而有各自的学习规律。有的动作技能如游泳、投掷等的学习是先慢后快,有的是时慢时快,有波动现象。当然,这也与学生练习时的心理状态等主、客观因素有关。

(二)要有目的、有计划地指导学生进行练习

每次练习都要有明确的目的要求,以防止盲目练习或走弯路。每次练习要有计划地分几步走。开始时教师应作讲解和示范。练习中,要坚持先简后繁、先易后难、循序渐进的原则。教师要加强个别指导,对学生严格要求,及时校正错误。练习之后,要根据目的和计划作出评价。

(三)练习方式要多样化

要设计多样的练习方式,注意讲练结合,启发学生动脑动手。练习既可以在课堂教学中进行,也可以在实验操作中进行,还可以在课外和家庭中进行。练习方式单一,不容易调动学生练习的积极性。

(四)使学生及时了解练习结果

让学生及时了解练习结果,有利于学生发扬优点,克服缺点,及时纠正错误,迅速前进。

(五)合理的练习次数与时间

练习要保证一定次数,每项练习时间不能太短,也不能太长。一般地说,分散练习比集中练习效果要好。

(六)激发学生的学习动机

学生的学习动机越强,练习效果越好。教师要想方设法激发学生的学习动机,调动学生的积极性。

(七)评定动作技能学习效果的标准

评定动作技能学习的效果有如下标准:

(1)熟练性,手眼协调,动作连贯、灵活、轻巧,达到动作自动化。

(2)准确性,动作方向准,动作幅度准。

(3)敏捷性,反应迅速。

(4)应变性,根据环境条件的变化,能随机应变。

第三节 学习策略的学习

一、学习策略概述

(一)学习策略的涵义

学习策略是根据学习目的和计划,选择、运用适当的学习方法,对学习进程自我监控,以取得最佳效果的学习方式。学习策略是高效率的、科学的学习方式,它包含以下几个因素。

1. 选择、运用恰当的学习方法

选择、运用恰当的学习方法是学习策略的基础。传统的学习重视学习内容,忽视学习方法,死记硬背,效率不高,效果也不好。随着现代文明的发展,学习者开始重视学习活动的过程,重视思维的操作、动作的熟练、记忆的灵活,逐步找到了不少好的学习方法。在 20 世纪 70 年代,教育学家和心理学家提出了许多把学习方法与学习情境诸要素紧密结合在一起的学习策略。学习方法是学习策略的基础,从某种意义上说,学习策略就是对学习方法的选择、运用与调控。学习策略就是高效率的学习方法。没有学习方法的学习策略是不存在的。

2. 明确的学习目标和主动积极的学习态度

明确的学习目标、主动积极的学习态度是学习策略的动力因素。学习目标是学习的方向和学习的预期结果。离开学习目标的学习是盲目的学习，是无法监控的学习。学生是学习的主体，积极主动的学习态度是学习的动力，没有动力的学习就无法正常进行下去。

3. 有效的自我监控

有效的自我监控是学习策略的核心。高效率的学习必须根据学习目标对学习进程进行有效的自我监控。学习者通过自我反馈、自我评价、自我调控可以发现学习进程中的问题。若发现偏差和错误应立即予以纠正。只有这样，学习才能顺利地进行，才有可能取得较好的学习效果。

4. 有效利用校内外的学习资源

为了提高学习质量，必须有效利用学校之内的学习资源，如现代化电化技术、视听装备、计算机网络、实验室、图书馆等。与此同时，也可以利用社会、社区的资源，如博物馆、科技馆、文化宫、少年宫、广播、电视等。用这些学习资源，可以收集到大量的有用信息和知识。学生还可以参加校内外的活动，开拓更广阔的学习渠道。

5. 重视情感因素，培养合作精神

要重视学习过程中的情感因素，培养学生的合作精神。因为在学习和科学探索过程中，学生要与同学合作，对遇到的难题和疑问共同讨论、共同研究，在互助合作中共同进步。

（二）学习策略与认知策略以及元认知的关系

认知策略是对认知活动的认知和调控，包括注意策略、感知观察策略、记忆策略、思维策略等。

学习策略既包括上述认知策略，还包括情感学习、品德学习和人际交往方面的策略。学习策略的外延比认知策略宽泛。此外，学习策略与学习目的、学习计划、学习内容、学习方法和学习监控有密切关系，认知策略则不一定与上述非认知的学习有关。不过，学习策略的重点是在认知方面，学习策略在认知范围内与认知策略又常常是同一个涵义。

元认知是学习策略的核心成分。元认知是费拉维尔于 1970 年提出的，又叫反审认知、反省认知。元认知包括元认知知识、元认知体验和元认知调控三个方面。元认知知识指的是与认知过程、认知方法和认知结果等有关的知识。元认知体验指的是伴随认知进程、学习进程而产生的自我觉知和自我体验。元认知调控指的是对自己认知进程、学习进程的监控，包括确定学习目的和计划、激励学习动机、跟踪学习进程、评定学习效果、改正学习错误，直到取得最佳效果。

（三）学习策略在学习中的重要作用

1. 要学会学习必须掌握学习策略

21 世纪是知识经济时代，面对知识的不断更新换代，人们必须终身学习才能赶上时代的发展。每一个人必须"学会学习"，否则将成为新时代的落伍者而被时代抛弃。要学会学习，必须掌握高速的、高效的、最佳的学习方法或学习策略。掌握学习策略是学会学习的重要标志。

2. 掌握学习策略是提高自学能力的前提

掌握学习策略是提高自学能力的必要条件。学习策略的反复应用，使学习技能逐渐发展成熟,进而促进学习能力的提高。学生掌握大量高水平的学习策略,也就意味着自学能力的提高。

3. 掌握学习策略可提高学生学习的主动性、独立性和创造性

学习策略中学习目的的确定和学习方法的选择、运用,都是由学生主动地、独立自主地完成的,学习监控过程也是通过自我反馈、自我评价、自我校正等步骤主动完成的。在监控过程中,学生往往要根据具体情况随机应变,创造性地解决事先未料到的问题。这样就提高了学生学习的主动性、独立性和创造性。

4. 掌握学习策略可取得最佳的学习效果

学习策略包含智力因素,如观察方法、思维方法等;也包含有非智力因素,如学习目的、学习计划、学习的积极性、学习的自我监控等。智力与非智力因素紧密结合,才能产生最佳学习效果。单一的学习方法、单一的智力活动并不能产生最佳的学习效果,只有掌握和灵活运用学习策略,才能发挥综合作用,取得最佳学习效果。

学生的学习策略要个性化,要符合学生的优势和特点。

(四) 学习策略的分类

国外心理学家根据不同标准对学习策略作了不同分类。丹塞路(1985)根据学习策略所起的作用,把学习策略分为基础策略(认知操作方面)和支持策略(目标制定、自我调控等)。奈斯比特(1986)根据学习策略适用的范围,将学习策略分为通用策略(动机、态度、动力)、宏观策略(一般的领域,如思维策略、解决问题的策略等)和微观策略(比较具体的领域)。迈克尔(1990)根据学习策略包括的成分,把学习策略分为认知策略、元认知策略和资源管理策略,如图 13 - 1 所示。

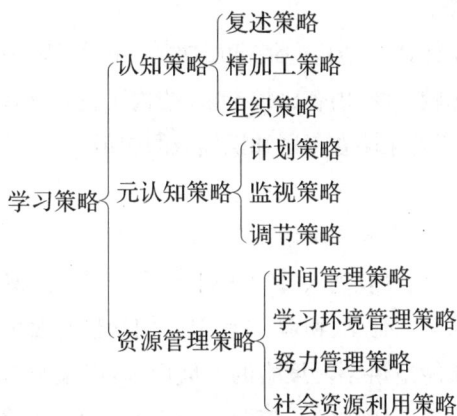

```
                    ┌ 复述策略
          认知策略 ┤ 精加工策略
                    └ 组织策略
                    ┌ 计划策略
学习策略  元认知策略┤ 监视策略
                    └ 调节策略
                    ┌ 时间管理策略
                    │ 学习环境管理策略
          资源管理策略┤
                    │ 努力管理策略
                    └ 社会资源利用策略
```

图 13 - 1 迈克尔的学习策略分类

我们认为,学习策略可作如下分类:①根据学习中的认知操作成分,可分为注意策略、观察策略、记忆策略、思维策略等。②根据学生的学习进程,可以分为预习策略、上课策略、复习策略、作业策略、考试策略。③根据学科内容,可分为语文学习策略、外语学习策略、数学学习策略、物理学习策略、化学学习策略、生物学习策略、政治学习策略、历史学习策略、地理学习策略、体育课学习策略等。④根据一个学科内部不同部分,可分为若干比较具体的学习策略,如

语文可以分为作文的学习策略和阅读的学习策略等。

二、学习策略的教学

学习策略是提高学习能力,让学生学会学习的重要因素。因此,提高学生学习策略水平,已经引起了教育界的高度重视。可是学习策略并不是自发形成的,既需要教师有目的、有计划地指导、训练和教育,也需要学生积极参加有关的各种学习活动。

(一)学生掌握学习策略应该具备的几个条件

学生掌握学习策略并不是无条件的,不是任何一个学生都能掌握的。学生掌握学习策略应该具备以下三个条件。

1. 具有较强的学习动机和积极主动的学习态度

学习策略作为高水平、高效率的学习方式,学习起来是有相当难度的。学生不仅要对外界事物进行认识和学习,而且还要跟踪、监控自己的学习进程。这就要求学生必须具有较强的学习动机和积极主动的学习态度,还要在行动中作出克服困难的意志努力。对学习策略的重要作用没有正确认识的学生,对学习策略不感兴趣、不愿学习的学生,是不会有好的学习效果的。

2. 具有一定的元认知能力

元认知能力是学习策略的核心成分。幼儿园的孩子不具备自我认识、自我调控的元认知能力,根本不具备形成学习策略的条件。小学高年级虽有少数智力水平高的学生,能自发地"悟"出少数学习策略,但不易在具体、特定的时间、地点和条件下加以应用。只有到了中学阶段,随着自我意识能力、思维能力和意志能力的发展,学生元认知能力才逐步形成。具有一定元认知能力的学生,在教师有目的的教育下,有可能较快地掌握一定数量的学习策略。

3. 具有必要的知识经验

学习策略的知识处于个体认知结构的最高层次,是在大量陈述性、程序性知识基础上形成的。学生原有知识网络比较广泛、内容比较丰富、结构比较合理,就能比较容易地形成学习策略,也能比较容易地促进学习策略在不同知识领域的应用。

(二)学习策略的教学

1. 结合学科教学进行学习策略的教育

在我国,学习策略的教学还没有列入教学计划,没有开设专门课程。要想让学生掌握学习策略,教师应有目的地结合语文、数学、物理、化学等各门学科的教学来进行指导。

进行学习策略的教学不能空讲学习策略的一般原理,必须坚持理论联系实际的原则,联系各科教学的具体内容来开展。如结合语文教学内容讲授阅读策略和作文策略,结合数学教学内容讲授逻辑推理的策略,结合历史、地理教学内容讲授记忆策略,等等。

2. 结合教学示范,培养学生的元认知能力

教师要用自己教学策略的示范作用培养学生的元认知能力。教师用什么方法讲课,学生就用什么方法学习。教师用什么方法监控教学,学生就用什么方法监控自己的学习。这就是教学的示范作用。例如,教师在教学中时时刻刻都在控制学生的学习进展情况:上课一开始,通过提问来检查上次课学生所学知识的巩固情况;通过课堂作业检查课堂学习的情况;通过

批改、讲评课外作业,让学生了解自己作业的情况;通过阶段性总结、期中考试、期末考试,进行阶段和学期检查,评定学生的学习效果。教师在各个教学环节监控学生的学习,给学生监控自己的学习进程作出了示范,让学生逐步了解自我监控在提高学习效果中的重要作用,主动地学习和掌握自我监控的方法,从而切实提高元认知能力。

3. 培养学生的目标意识,树立明确的学习目标

没有目标的学习是盲目的学习,是无法控制的学习。任何学习策略都有明确的学习目标,都是与学习目的和计划紧密联系在一起的。没有明确的学习目标,学习监控就没有根据,没有标准,就不能对学习成果(包括阶段性成果)作出正确评价,就无法纠正偏差,学习就无法进行下去。

4. 结合教学教给学生学习方法

学习策略的基础是学习方法。教师要结合教学实际有计划地向学生传授认识方法和学习方法,如注意的方法、记忆的方法、思维的操作方法、各学科的具体学习方法等,并且根据一定的学习情境把许多方法优化组合起来。单个的学习方法并不是学习策略,只有与学习目标和学习监控相联系的学习方法的优化组合才是学习策略。

5. 精讲多练

学习策略是实践性很强的学习技能,不经反复实践是不能形成的。必须安排固定的时间进行有计划的训练。精讲多练是形成学习策略的最佳途径。

6. 每次只教少量的学习策略

学习策略结构复杂,数量很多,而且学习难度较大,每次上课不能介绍太多。从教学效果上考虑,教师每次只教少量学习策略,做到一步一个脚印、循序渐进,效果会好一点。不要贪多,以免造成"消化"不良。

第四节　学习的迁移

一、学习迁移概述

(一) 学习迁移

学习迁移是指一种学习对另一种学习的影响。如先前已经形成的旧知识、旧技能对后继学习的新知识、新技能具有迁移作用。大家常说的"举一反三"、"触类旁通"指的就是学习迁移。

学习迁移的范围随着学习心理学研究的进展而不断扩大,有知识、技能的迁移,有学习方法、学习策略的迁移,有学习动机和学习态度的迁移,有思想、观念的迁移,等等。

(二) 学习迁移的分类

1. 正迁移和负迁移

学习迁移根据迁移的性质分为正迁移和负迁移。

(1) 正迁移,先前学习促进新近学习叫正迁移。例如,会写铅笔字,就容易学会写钢笔字;先学加法,就容易学会乘法;会骑自行车,就容易学会骑摩托车。

(2) 负迁移,也叫干扰,指先前学习的知识、技能对刚学的新知识、技能有消极的干扰作用。负迁移可以通过反复练习而排除掉。学习的迁移与干扰并不是绝对的,有时先后学习的

两种技能既有迁移也有干扰。中国人学习日语,一开始汉语对学习日语(含有大量汉字)有正迁移作用。而随着学习的深入,汉语句子里的词序与日语句子里的词序有些是相反的,这就产生了干扰作用。

2. 纵向迁移和横向迁移

根据迁移的方向,可把迁移分为纵向迁移和横向迁移。

(1) 纵向迁移,是指不同层次之间的知识、技能、观念等的相互迁移,也叫垂直迁移、上下迁移。认知结构中,概念根据概括的不同水平有上位结构与下位结构。上位结构包括抽象概括水平较高的上位概念、上位规则等;下位结构包括抽象概念水平较低的下位概念、下位规则等。上位结构与下位结构之间可以互相迁移。有的是从上而下的迁移,即从上位结构向下位结构的迁移。例如,已掌握的心理学原理有助于向教育心理学知识迁移。有的是从下而上的迁移,即下位结构向上位结构的迁移。例如,已经掌握了有关猴子、猩猩、猫、狗、牛、马等知识,有助于向哺乳动物概念的迁移。

(2) 横向迁移,是指同一层次上并列的知识、技能之间的迁移。例如,有关写钢笔字的经验可以向写毛笔字迁移,有关加法的知识可以向乘法迁移等。

3. 同化性迁移、顺应性迁移与重组性迁移

(1) 同化性迁移,是指不改变原来的认识结构,而将知识转移到同一类事物中去。如举一反三就是同性化迁移。

(2) 顺应性迁移,是指原有知识应用于新知识,需要已有经验对新经验加以概括,形成新旧包容的更高一层的认知结构。如日常概念向科学概念迁移的情况就是顺应性迁移。

(3) 重组性迁移,就是重组已有经验中的构成要素并调整要素之间的关系或建立新的联系的迁移。如已经掌握了骑自行车的技能,在学骑三轮车时,需要对骑自行车的动作之间的关系做某些调整才能学会。

(三) 学习迁移在学习中的作用

学习迁移指的是一种学习对另一种学习的影响,在学习中是无处不在、无时不在的。学习迁移对学生现在的学习和将来参加工作都具有十分重要的作用。

学生在学校里要掌握大量的知识、技能、思想、观念,在学习过程的每一环节都存在迁移现象。例如,知识的理解、巩固、应用都是在已有经验的影响下实现的,也可以说是在迁移中实现的。学校的教学措施、教师的教学努力都是在为学生学习的迁移创造条件。只有这样,才能产生较好的学习效果,才能保证教育质量,促进学生全面发展。

二、学习迁移的几种学说

(一) 概括水平说

概括水平说是美国心理学家贾德提出的,也叫经验泛化说。他认为:只要学习者能把经验进行概括,则从一个情境到另一情境的迁移就是可能的。学习者的知识,概括水平越高越容易迁移。这是因为概括水平越高越能反映事物的规律,越能与具体事物产生十分广泛的联系,迁移的可能性就越大。

心理学家贾德 1908 年做了一个实验,任务是让学生射击水面下的靶子。第一组学生,事先学习过光的折射原理,然后打靶。第二组学生,事先没有学习光的折射原理,只让他们打靶。当靶子在水下 1.2 英寸时,两组成绩大致相等。当靶子在水下 4 英寸时,第一组学生能根据光的折射原理和打靶目标的不同深度对瞄准作适当调整,取得了好成绩。第二组学生受到错觉的影响,打靶远离目标,成绩不好。可见,学习迁移的一个重要条件就是学生应该掌握概括性水平较高的理论和概念。

(二)共同因素说

桑代克等提出,在两种学习情境中存在的共同之处越多,越容易发生迁移。也就是说,学习之所以能迁移,是因为新旧知识、技能之间存在共同因素,共同因素越多越容易产生正迁移。

(三)认知结构迁移说

奥苏伯尔认为,学生原有的认知结构是学习迁移的关键因素。在他看来,任何有意义的学习,都是建立在已有认知结构基础上的。所以,有意义的学习很容易迁移。已有的认知结构的质量越高,越容易发生迁移。如已有的认知结构逻辑严谨、层次清楚、连贯、概括、包容性强,就越容易在学习新知识、技能时产生更广泛的迁移。

原有认知结构有三个因素影响新的学习迁移:①可利用性,在原有认知结构中概括水平较高的有关部分可以为新的学习提供最佳的固定点;②可辨别性,这是指新的学习任务与原有的认知结构可以辨别的程度;③稳定性,这是原有起固定作用的认知结构的稳定程度。

奥苏伯尔认为"先行组织者"可以促进学习迁移,可提高学生原有认知结构的可利用性、可辨别性和稳定性。

(四)教材合理程序说

有的心理学家认为:学生的认知结构是从教材的知识结构转化而来的。如按学生学习的心理程序去组织教材结构,就有利于知识的迁移。按学生接受知识的顺序,教材内容的呈现顺序应是从已知到未知、由浅入深、由简到繁、由易到难、从一般到个别。

参考资料 13-1

有关学习迁移理论的参考资料

一、关系转换原理

格式塔心理学认为迁移产生的本质在于个体对事物之间各个要素关系的理解,在于事物之间的整体关系的理解。在新的关系下就会有新的理解。人们越能发现事物的多方面的关系,就越能产生更加广泛的迁移。

二、迁移的产生式理论

这个理论是由辛格莱和安德森提出的。他们认为学习和问题解决之所以产生,主要是由先前的学习和先前的解决问题中个人学会的产生式规则与目标问题解决所需要的产生式规则有一定的重叠。

这个理论是把桑代克的共同要素说现代化。该理论既能容纳概括水平说又能兼容认知结构迁移理论。

三、如何促进学习的迁移

(一) 学习迁移的条件

学习迁移并不是无条件的,它受以下几个条件的制约:①已有知识经验越概括,越容易向具体情境迁移。贾德的打靶实验充分证明了这个道理。②新旧知识经验之间存在的共同因素越多,越容易发生学习迁移。③认知结构越合理(层次分明、条理清楚),越容易实现学习迁移。④已有知识经验越巩固,越容易实现准确的学习迁移。一个记忆不准、不牢的人,不容易实现准确的学习迁移。⑤智力水平越高,越容易迅速实现学习迁移。学习迁移的过程是一个智力活动的过程。智力水平高,记忆力和思维能力就强,就容易举一反三、触类旁通、快速迁移。

(二) 促进学习迁移的教学

根据学习迁移的规律性和条件,在教学中要采取必要措施,促进学习的迁移。

1. 要让学生掌握基本知识、基本技能

基本知识、基本技能概括水平较高,与具体事物具有千丝万缕的广泛联系,适应性很强,很容易促进学习迁移。学生已有知识、技能越多越广,与新知识、技能联系的可能性就越大。因此,基本知识、基本技能应该是学生知识结构的核心。一定要重视"双基"教学,让学生切实掌握基本知识、基本技能,为学习迁移创造良好条件。

2. 坚持理论联系实际,重视知识应用

教学中教师要有意识地唤起学生已有的知识经验,使理论与典型事例、实际应用联系起来。实践证明:知识的应用可以促进学习实现有效而广泛的迁移。教师要注意创造条件多给学生应用的机会,使学生能得到更多更快的迁移。

3. 培养学生的概括能力

学生已有知识的概括性水平越高,越容易迁移,反之则不易迁移。教师在"双基"教学中,要通过课堂教学与课外活动培养学生的概括能力。广义的概括既包括具体知识的理论化,也包括理论的具体化。

4. 培养学生的比较能力

在运用已有经验去理解新知识、学习新技能时,要指导学生注意比较,找出新旧知识、技能之间的共同点与不同点。比较是促进迁移、防止干扰的重要条件。例如,中国人学日语时,通过比较,既看到汉语与日语在使用汉字上的共同点,也看到二者在词序上的不同点,这样有助于汉语向日语的迅速迁移。

四、知识的应用与学习迁移

(一) 知识的应用

知识的应用就是把学到的知识应用于作业和解决有关问题。这个过程就是把理性知识具体化的过程。例如,运用物理、化学的概念、定理、定律去解答有关具体问题,运用逻辑知识去写说明文和议论文,运用数学知识去做某些作业等。

（二）知识的应用与学习迁移

知识的应用与学习迁移既有联系也有区别。

知识的应用与学习迁移有密切联系。知识的应用是学习迁移的重要条件。知识的应用是把概括性的理论具体化，如完成作业与解决实际问题等。经过具体化过程中复杂的智力活动，实现了理论向有关具体事物的迁移。例如在作业过程中，审题时存在思维技能的迁移，重现有关知识时存在记忆技能的迁移，在课题类化中存在归类技能的迁移，在验算时存在元认知技能的迁移。总之，在知识的应用过程中都有迁移现象。理论性知识如果不能迁移到具体情境中去，就不能实现应用。

不过，知识应用与学习迁移之间还是有区别的。知识应用是指用已有知识和理论去解决具体问题，而学习迁移则是指已有知识、技能对新知识、技能的学习所产生的影响，涉及的面要宽一些。负迁移就不是知识的应用。由此可见二者是不同的。

思考题

1. 什么是概念？概念的内涵是什么？概念的外延是什么？

2. 教师应该如何帮助学生掌握科学概念？

3. 什么是动作技能？动作技能的学习要经过哪几个阶段？

4. 练习在动作技能形成中有什么作用？教师应该如何组织学生练习？

5. 什么是学习策略？学习策略与学会学习之间有什么联系？

6. 学习策略与元认知有什么关系？

7. 什么叫学习迁移？如何促进学习迁移？

第十四章 态度与品德学习

本章主要内容

1. 态度与品德概述
2. 品德发展的理论
3. 态度与品德学习的一般过程和条件
4. 良好的态度与品德的培养
5. 学生不良的态度与品德行为的转化

第一节 态度与品德概述

一、态度的实质与结构

(一) 态度的实质

态度是人类社会中最为常见的一种心理现象,但真正给态度下个很理想的定义,心理学研究者还没能做到。通常我们认为态度是通过学习而形成的,是影响个人行为选择的内部状态或反应的倾向性。换句话说,态度是对任何人、观念或事物的一种心理倾向。奥尔波特认为:"态度是根据经验而组织起来的心理和神经的准备状态,它对个人的反应具有指导性或动力性的影响。"

有关态度的概念的研究很多,但最常提到的有以下几个方面:①态度是学习得来的,尤其是通过社会性的学习得来的。态度是在家庭、学校、社会中与别人互动,通过别人的社会示范、指示、忠告等途径获得的。②态度是有对象的。态度总是与人、物以及观念等具体对象相关的。③态度是有情感的。态度表现为喜爱或厌恶时,行为的选择有趋向和回避的不同。④态度的强度各不相同。强烈的态度可以导致人的行动,不强烈的态度不能导致人的行动,所以我们说态度是行为的准备状态。⑤态度是有时间维度的。态度可以适合当时的情境,而在其他时间则没有什么用处,并可能出现改变。⑥态度是持续的。态度可以在个人生活中持续较长时间。⑦态度是可以评价并推断出来的。

(二) 态度的结构

我们说任何一种心理倾向,如果在某种程度上包括了认知、情感和行为的特点,那么它就是一种态度。国外一些社会心理学家将态度的这三种心理成分的基本组成称之为态度的结构。

1. 态度的认知成分

态度的认知成分是个体对被觉察的态度对象所具有的带有评价意义的思想、观点、知识和信念。

2. 态度的情感成分

前面我们讲过,态度是一种心理倾向。态度的形成过程并未经过周密的心理推理,它是一种简单化的概括。态度扎根在情感中,所以态度常常会保持很久,难以改变。

3. 态度的行为成分

态度的行为成分就是指个体对态度的对象作出某种反应的意向或意图。简单地说就是个体对态度对象所做出的行为。态度的行为成分也受态度的认知成分和情感成分的影响。

态度的三种成分之间有时是协调的,有时也可能不协调。比如认知成分与行为成分不一致时,外在行为就不一定是内在态度的真实表现。

二、品德的实质与结构

(一) 品德的实质

道德是依靠社会舆论和个人良心所支持的行为规范。道德是一种社会现象,是指社会为了协调和控制社会生活而向其成员提出的一系列行为准则。行为准则又可分为法律准则和道德准则。法律准则是由国家根据统治阶级的利益制定并强制施行的,个体若违反了法律准则必然要受到司法机关的制裁;道德准则是约定俗成的,并由舆论给予监督。道德准则是辨别善恶的标准。当社会成员的行为符合道德准则时,就会获得人们的称赞,就会有愉悦感,心安理得。违反道德准则的人会被人谴责或自己感到内疚、不安。所以说,道德对社会生活起约束作用。它具有明显的阶级性、历史性和继承性。

品德又称为道德品质,是道德的个体化。它是指道德在个体身上表现出来的稳定的心理特点。它是现实社会的关系与道德规范在人脑中的反映。品德具有三个基本的特点:一是品德行为的社会性。品德是道德的个体化,那么,它就一定具有其社会性。二是品德行为的相对稳定性。品德行为是判断品德的客观依据。偶尔表现出来的某种品德行为不能视其为品德,只有在不同时期、不同场合、一贯性地表现出来的某种道德行为才能称之为具有了某种品德。三是品德认知和品德行为的统一性。品德是以道德认知为基础的,使品德观念和品德行为有机统一的一种人格心理特征。

道德性是指由道德观念支配但未形成品德前的道德表现。道德性是品德形成的早期表现,品德是道德性发展的高级阶段的表现。可以说,道德性是更为广泛的概念,它既包括品德又包括品德形成前的个人的一切道德表现。

品德和道德既有密切的联系又有严格的区别。说它有联系,是因为品德是道德在个体身上的表现,离开道德就谈不上个人的品德;社会道德也只有通过个体品德才能真正地发挥作用,个人品德在某种意义上也构成并影响着社会道德的面貌或风气。说它有区别,一是两者研究的范畴不同。道德是社会现象,是人们行为的规范和准则,是伦理学的研究对象。品德则是社会道德规范在一个人身上的具体体现,是个体现象,是教育学、心理学研究的对象。二是两者形成和发展的条件不同。道德的形成和发展受社会发展规律的制约,不以个人品德有无为转移,具有明显的社会历史性和阶级性。品德的形成和发展不仅受社会的制约,还受个体生理、心理活动的制约。所以，尽管有相同的社会、社会阶层、教育环境，但每个学生的品德行为表现也可能不一致。三是道德与品德的内容也不尽相同。道德是一定的社会伦理行为规范的完整体系，品德只是道德在个人身上的部分表现。

品德心理研究既要研究品德的发展，又要研究品德的教育。品德的发展是指个体道德认识、道德情感、道德行为随着时间的变迁和教育的发展而发生的变化。品德教育是指有目的、有计划、有组织地施以影响，以期提高学生的品德水平。具体地说，品德心理研究有以下几方面的任务：一是揭示品德发生、发展的过程及其规律；二是探索影响品德发展的诸因素，揭示品德发展的内部机制；三是研究每个年龄阶段品德培养的内容和方法；四是评定每个年龄阶段品德发展的水平。

(二) 品德的结构及其形成与发展

品德的结构非常复杂，我们可以从静态和动态两个方面给予分析。静态是对品德结构的成分进行分析，动态是对品德的各组织形式的功能进行分析。

1. 品德结构的成分及其形成与发展

品德结构的成分归纳起来可分为道德认识、道德情感、道德意志、道德行为四个方面。有心理学家认为，凡是知行合一的道德行为，一定包括道德认识、道德情感、道德意志、道德行为，不能孤立地强调某一因素，而忽略其他因素。学生品德形成也是内外积极因素与消极因素不断斗争的过程，是一个用积极因素克服消极因素的过程，是一个长期反复的过程。学生接受一个道德信念，要比在课堂上掌握一个科学概念、一条科学定律多花几十倍甚至几百倍的时间。

(1) 道德认识，即道德观念，是指人对社会道德现象与道德行为规范的理解，是一个人的道德思想，它包括道德知识的掌握、道德评价的发展和道德信念的形成，是品德形成的思想基础。

第一，道德知识的掌握。道德知识的掌握主要是道德概念的掌握。道德概念是道德本质属性的反映。正确理解道德概念是形成道德评价、道德信念的前提。有些学生做出不符合道德的事情，就是因为没有掌握道德准则和道德信念。道德概念的理解与获得和科学概念的理解与获得的过程是一致的。青少年对道德知识的理解受道德经验和思维能力的制约，有着明显的年龄特点；道德概念的理解水平随着年级的升高而上升。具体地说，中学生的道德概念发展表现为四个阶段：①不理解。知道某件事不对，但对为什么不对、为什么要那样做，不清楚。②停留在表面的、具体形象的认识上。③开始能揭示道德概念的实质。④能较深刻地领会道德概念的本质意义。一般来说，初中一、二年级学生多处于①②级水平，初三上学期开始处于③级水平，高中不少学生就可以达到④级水平。在学校教育中，学生有时虽然已经领会了某些道德知识，但并不立刻接受，甚至完全拒绝接受它们，表现为"不理睬"或"对立"的现象。这就是心理学上常说的"意义障碍"。

第二，道德评价的发展。道德评价是个体运用已掌握的道德标准，对别人和自己的行为进行道德判断的过程。它是随着道德观念的发展逐渐培养起来的。道德评价的发展过程贯穿在道德认识发展的始终。学生的道德评价能力主要表现为明辨是非，鉴别美丑、善恶的能力。它是衡量学生道德品质水平的重要标志。道德评价是一种智力活动，是在社会舆论、别人的评价、学校教育影响下逐步形成和发展起来的。道德评价的发展趋势是:①从他律到自律。②从效果到动机。③从片面到全面。④从他人到自己。⑤从"自我"利益出发,过渡到以社会利益为主进行道德评价。总之,年幼学生的道德判断是受自身以外的价值标准支配的,是一种他律水平的道德。随着年龄的增长,他们已逐步摆脱成人的影响,在评价某行为的是非时,能依据自己掌握的道德标准对行为作出判断。我国儿童与国外儿童相比,道德发展的年龄均有提前。有研究表明,初中二年级是学生道德评价发展的关键年龄期,而班级讨论是提高学生尤其是初中生道德评价能力的一种有效方式。皮亚杰认为,儿童的道德判断只有达到自律水平时,才能称得上真正的道德发展。德育心理学家还认为,儿童道德上的成熟标志,就在于他能否作出正确的道德判断和推理,从而形成自己的道德原则的能力,而不只是具备服从周围成人的道德判断和推理的能力。正是从这点出发,道德教育的首要任务是培养一个人学会在面临矛盾冲突的道德情境中作出自觉的道德决策。

第三,道德信念的形成。道德信念是坚信道德准则的正确性,伴有情绪色彩,成为个人行为指南的道德观念。它是高级的道德动机,是产生道德行为的强大动力,是个体认为一定要遵循的在个体意识中根深蒂固的道德观念。

学生道德信念的形成和发展,大致可分为三个阶段:①10岁前是无道德信念期,道德行为常带有盲目性。这是道德信念产生的准备时期。②10—15岁是道德信念的萌芽期,个体已表现出道德信念的内在愿望和要求,但这种道德信念还不稳定、不成熟,支配行为的力量不强。③15—18岁是道德信念由萌芽期向确立期的过渡期,学生有了一定的道德概念和道德行为准则,但道德概念的抽象性水平还不高,坚定性、稳定性还较差,还不能有效地支配自己的道德行为。④18岁以后是道德信念的确立期,道德概念已非常概括化和抽象化,并且与自己的人生观、理想联系起来。道德信念具有稳定性、坚持性和一贯性特点。学生正确的道德信念的确立,不仅要取决于道德认识的发展,更要依赖于学生个人的道德实践。学生获得与道德认识相符合的实际道德经验,对其道德信念的形成是十分重要的。此外,道德信念是一种与道德行为有密切联系的道德观念,它既需要教师的言传,讲清道德知识,也需要教师和其他人的身教。

(2) 道德情感,是人在社会生活中,对别人或自己的行为是否符合道德标准和道德需要而产生的内心体验。道德情感是情感的一种高级形式,是人们根据社会的道德规范评价自己和别人的举止、行为、思想、意图时所产生的一种情感。道德情感是道德品质的一个重要方面。道德情感可以分为道德情感内容与道德情感形式两个方面。道德情感的内容有:公正感、责任感、义务感、自尊感、羞耻感、友谊感、荣誉感、集体主义情感和爱国主义情感等。道德情感形式有:直觉的道德感、形象性的道德感和伦理性的道德感。直觉的道德感是由具体情境而引起的,以迅速产生为其特点,对道德行为具有迅速定向的作用。形象性的道德感与具体的道德形象相联系,是通过形象思维发生作用的一种道德情感,易产生强烈的道德情感体验。伦理性的道德感是一种在认识道德理论基础上产生的、自觉的、概括的情感,具有稳定性、持久性和深刻性等特点。

值得重视的是,道德情感中还有一种称为"移情"的心理现象。所谓移情是指在人际交往中,人们彼此在情感上的相互作用。如我们看到他人痛苦时,我们自己也会体验到一种不安感。这种情感上的分享,是个体对对方产生的一种情绪性反应。一般说来,移情有助于产生助人行为。心理学认为,移情是自我与道德行为之间重要的中介变量。

我们要十分重视道德情感的培养。教师要重视情感的感化作用。美国心理学家包德温在他的研究中发现:一个情绪极度紧张的教师很可能会扰动其学生的情绪,而一个情绪稳定的教师也会使他的学生情绪趋于稳定。所以,要培养学生高尚的道德情感,教师必须自己具有这种情感。

(3)道德意志,是指人在道德行为过程中所表现的意志水平。道德意志是在道德认识指导下,通过履行道德义务而形成和表现出来的。在学生道德形成的过程中,道德意志是道德意识外化为道德行为的关键的内在条件,是学生道德意识能动性的表现。道德意志主要表现为能进行道德动机的斗争,能控制自己用道德的动机战胜非道德的动机,能克服道德行为中的困难,坚持进行到底。它包括决心、信心和恒心三个阶段。

(4)道德行为,是道德意识的外部表现,是客观的道德情境与人相互作用的产物。道德行为是人在一定的道德认识指引下,在一定的道德情感激励下,表现出来的对他人或社会所履行的具有道德意义的一系列具体行动。道德行为是人的自觉行为,它是由已经形成的个体的道德意识、道德情感和社会的道德规范等因素决定的。道德行为习惯是通过反复的道德实践而形成的自动化的行为方式。中学生的道德行为表现出以下特点:①从道德行为习惯的形式发展看;是随着年龄的增长而逐渐获得发展的。初中三年级前后有60%的学生的道德行为习惯已形成,高中80%的学生形成了道德行为习惯。②从道德行为习惯的内容看,随着年龄的增长,良好的道德行为习惯与不良的道德行为习惯的两极分化逐渐扩大。③从道德行为习惯发展的稳定性看,初中三年级之前带有更大的不稳定性和可塑性,初中三年级以后有了更大的自动性,可塑性越来越小。④中学生尤其是初中生的道德行为习惯具有不一致性,往往在学校表现得要比家里好。

训练良好道德行为习惯的方法主要有:①在实践中教给学生合理的道德行为方式,使学生懂得在什么场合应该怎样去说、怎样去做。简单地说,就是要提高学生的道德智力水平。②坚持长期的练习与实践,不怕行为出现反复。③为学生创设良好行为的情境。④让学生随时了解自己的行为是否符合道德标准。⑤可采用一些具体的方法,如活动代替法、铭记警句等办法来巩固好的习惯。

品德结构是四种心理成分的有机组合,缺一不可。它是思想教育原则"晓之以理、动之以情、导之以行、持之以恒"的心理依据。品德结构的形成和发展是四种心理成分共同发生作用、相互结合、协调发展的过程。如果四种心理成分差距太大,比例失调,就会造成品德结构上的缺陷,阻碍品德发展。品德结构的四种心理成分是互相联系、互相渗透、互相影响的。道德认识是品德结构的基础。道德认识和道德情感相互结合构成道德信念,是高级的行为动机,调节道德行为。道德意志是道德认识和道德情感外化为道德行为的内在条件。道德行为可以巩固、发展道德认识、道德情感和道德意志。既然品德结构是四种心理成分的有机组合,品德教育便可以有多种开端。一般来说,品德教育多从道德认识开始,但对年龄小的学生,道德教育从训练道德行为习惯做起为好。

2. 品德结构中的功能系统

（1）品德的定向系统，主要指道德认识、道德需要、道德动机和道德意志等成分。它具有对道德行为的激发、维持和调节的功能，有利于提高人的道德行为的自觉性、正确性和积极性。品德的定向系统有利于我们明确道德问题、作出道德决策、确定道德行为。品德的定向系统影响着品德的发展水平和道德行为的产生。

（2）品德的操作系统，主要包括对道德情境的知觉过程、解决道德问题的决策过程和道德行为的实施过程。它是由个体在一定的道德情境中产生道德行为的一系列操作过程组成的。其中，解决道德问题的决策过程又包括明确道德问题、开展道德动机斗争和作出道德决策。明确道德问题就是在对道德情境知觉的基础上，对事件的是非善恶以及与自身关系的判断；道德动机斗争就是意志中所说的"趋避斗争"；道德决策是主体道德水平的具体体现。品德的操作过程实际上就是内部的道德意识向外部的道德行为转化的过程。这个过程有时是瞬间就能完成的，但在复杂的情境下会出现延缓的道德行为。

（3）品德的反馈系统，就是指个体通过来自他人和社会以及自身的各种反馈信息，对自己的道德行为作出判断，并不断地调节自己的道德行为使之更符合道德规范的过程。

品德动态结构的三个子系统是相互联系、相互制约的，它们共同构成了品德的复杂系统（图14-1）。

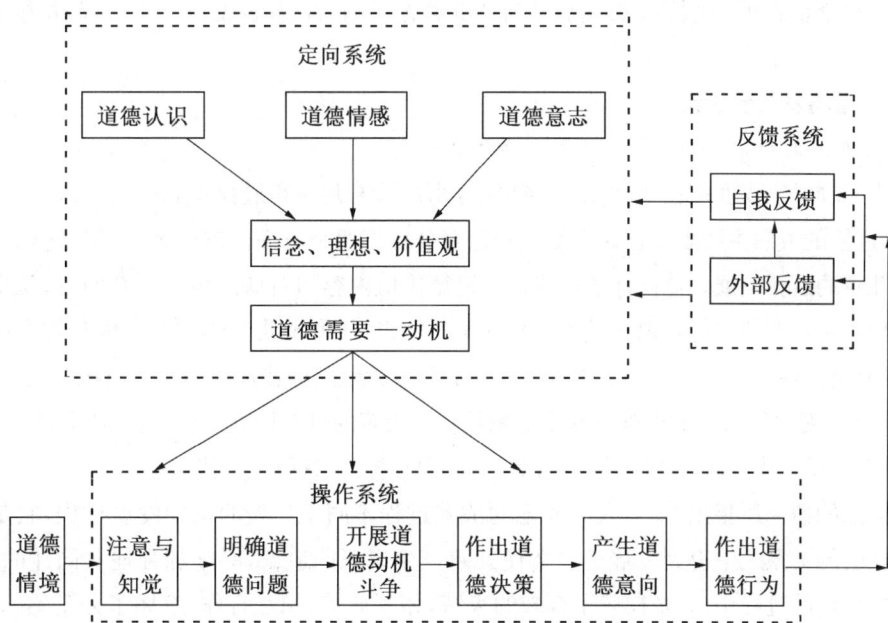

图14-1 品德的动态结构

三、态度与品德的关系

态度与品德在实质与结构的分析中可以发现，它们之间有着很多相同点：首先，它们都是一种内部的心理倾向或心理特征，都会影响个体的行为；其次，态度与品德两者在心理结构上也有很多相同点，它们都具有知、情、行的成分。但态度与品德也有许多不同点：首先，态度与品德涉及的范围不同，态度涉及的范围较广，它包括对社会、集体、劳动、生活、学习、他人以及自己的态度，其中有的涉及社会道德规范，有的并不涉及。而品德涉及的范围就很小，它只涉及道德规范中的那些稳定的态度。例如，我们常讲某学生学习态度不端正，但并不能说他的品德就不好。其次，态度与品德价值的内化程度不同。我们说态度可以从低水平的"接受"（即愿意听取或注意某人或事），到"反应"（即愿意并实际参加某项活动），再到"评价"（即按价值准则行动后获得一定程度的满足感或愉快感），再到"组织"（即判断各个不同价值标准间的联系，克服它们之间的矛盾和冲突），最后到"性格化"（即将各种价值观念组织成一个内在的和谐的系统，使之成为个人性格的一部分）。而品德是在价值观念经过组织并以个体性格的一个组成部分出现时的稳定的态度。

第二节　品德发展的理论

一、品德发展的主要理论

关于品德形成、发展以及影响品德形成的因素，不同的理论学派有不同的看法。其中，影响较大的有道德发展阶段论和道德发展的社会学习论。我国这方面的研究起步较迟，具有代表意义的有李伯黍的"道德认知发展研究"和章志光的"品德形成内外条件及动力系统的研究"。

（一）道德发展阶段论

1. 皮亚杰的研究

瑞士心理学家皮亚杰在20世纪30年代对儿童道德判断和道德观念的发展进行了研究。他认为，道德的成熟主要表现在尊重准则和社会公正感两个方面。皮亚杰正是从这两个方面研究了儿童的道德发展。他设计了一些包含道德价值内容的对偶故事让儿童回答，从中投射并推测出儿童现有的道德认识和道德判断水平。结果，他发现儿童的道德发展与智力成正相关，并且有阶段性。他认为儿童道德认识发展的总规律是从他律道德向自律道德转化的过程。10岁前，儿童对道德行为的思维判断主要依据他人设定的外在标准，这就是他律道德；10岁以后，儿童对道德行为的思维判断多半依据自己的内在标准，这就是自律道德。

皮亚杰的研究还指出，一个人的道德的成熟过程不同于一般的认知发展过程，它是在与他人和社会的关系之中得到发展的。要使儿童产生真正的道德，必须加强他与同伴的交往。在与同伴交往的过程中，儿童摆脱了权威的束缚，相互尊重，相互合作，发展了公正感。但是，他也不否认儿童与父母交往的作用，只是强调父母必须改变传统的所谓"权威"的地位，要与儿童平等相处。只有这样，父母才能成为促进儿童道德认识发展的积极力量。

2. 科尔伯格的道德发展理论

科尔伯格继皮亚杰之后对儿童品德发展问题进行了大量的、卓有成效的研究，提出了系统的道德发展阶段理论。科尔伯格对皮亚杰的研究方法进行了改进，应用道德两难论的方法研究道德的发展问题。这种方法也称两难故事法。故事包含一个在道德价值上具有矛盾冲突的情境,让被试听完故事后对故事中的人物行为进行评论,从而了解被试进行道德判断所依据的原则及其道德发展水平。

代表性的道德两难故事是"海因茨偷药的故事"。这个故事的大意是:欧洲有一位妇女患了癌症,生命危在旦夕。医生告诉她的丈夫海因茨,只有本城一个药剂师最近发明的一种药可以救他的妻子。但该药价钱十分昂贵,要卖到成本价的十倍。海因茨四处求人,尽全力也只借到了购药所需钱数的一半。万般无奈之下,海因茨只得请求药剂师便宜一点儿卖给他,或允许他赊账。但药剂师坚决不答应他的请求,并说他发明这种药就是为了赚钱。海因茨在走投无路的情况下,为了挽救妻子的生命,在夜间闯入药店偷了药,治好了妻子的病。但海因茨因此被警察抓了起来。

科尔伯格围绕这个故事提出了一系列问题,让被试参加讨论,如:海因茨该不该偷药? 为什么该? 为什么不该? 海因茨犯了法,从道义上看,这种行为好不好? 为什么?

通过大量的研究,科尔伯格提出了三水平六阶段理论。三水平是指前习俗水平、习俗水平、后习俗水平。六阶段是指每个水平中又可划分为两个不同的阶段。

(1) 前习俗水平(0~9岁):处在这一水平的儿童,其道德观念的特点是纯外在的。他们为了免受惩罚或获得奖励而顺从权威人物规定的行为准则。根据行为的直接后果和自身的利害关系判断好坏是非。这一水平包括两个阶段。

第一阶段:惩罚与服从定向阶段。在这一阶段儿童根据行为的后果来判断行为是好是坏及严重程度,他们服从权威或规则只是为了避免惩罚,认为受赞扬的行为就是好的,受惩罚的行为就是坏的。他们还没有真正的道德概念。处在这一阶段的儿童对海因茨偷药的故事可能会作出这样两种不同的反应:赞成者认为,他可以偷药,因为他先提出请求,又不偷大的东西,不该受罚;反对者则会说,偷药会受到惩罚。

第二阶段:相对功利取向阶段。这一阶段的儿童道德价值来自对自己需要的满足,他们不再把规则看成是绝对的、固定不变的,评定行为的好坏主要看是否符合自己的利益。如他们对海因茨偷药的故事可能会有这样的说法:赞成者会说,他的妻子需要这种药,他需要同他的妻子共同生活;反对者则会说,他的妻子在他出狱前可能会死,因而对他没有好处。

科尔伯格认为,大多数9岁以下的儿童和许多犯罪的青少年在道德认识上都处于前习俗水平。

(2) 习俗水平(9~15岁):处在这一水平的儿童,能够着眼于社会的希望与要求,并以社会成员的角度思考道德问题,已经开始意识到个体的行为必须符合社会的准则,能够了解社会规范,并遵守和执行社会规范。规则已被内化,按规则行动被认为是正确的。习俗水平包括两个阶段。

第三阶段:寻求认可定向阶段,也称"好孩子"定向阶段。处在该阶段的儿童,个体的道德价值以人际关系的和谐为导向,顺从传统的要求,符合大家的意见,谋求大家的赞赏和认可。总是考虑到他人和社会对"好孩子"的要求,并总是尽量按这种要求去思考。他们认为好的行为是使人喜欢或被人赞赏的行为。这一阶段的儿童听了海因茨偷药的故事,赞成者会说,他做的是好丈夫应做的事;反对者则说,他这样做会给家庭带来苦恼和丧失名誉。

第四阶段:遵守法规和秩序定向阶段。处于该阶段的儿童其道德价值以服从权威为导向,他们服从社会规范,遵守公共秩序,尊重法律的权威,以法制观念判断是非,知法懂法。认为准则和法律是维护社会秩序的。因此,应当遵循权威和有关规范去行动。该阶段的儿童听了海因茨偷药的故事,赞成者会说,不这么做,他要为妻子的死负责;反对者会说,他要救妻子的命是应该的,但偷东西犯法。

科尔伯格认为大多数青少年和成人的道德认识处于习俗水平。

(3) 后习俗水平(15 岁以后):又称原则水平,达到这一道德水平的人,其道德判断已超出世俗的法律与权威的标准,而是有了更普遍的认识,想到的是人类的正义和个人的尊严,并已将此内化为自己内部的道德命令。后习俗水平包括两个阶段。

第五阶段:社会契约定向阶段。处于这一水平阶段的人认为法律和规范是大家商定的,是一种社会契约。他们看重法律的效力,认为法律可以帮助人维持公正。但同时认为契约和法律的规定并不是绝对的,可以应大多数人的要求而改变。在强调按契约和法律的规定享受权利的同时,认识到个人应尽义务和责任的重要性。对于海因茨偷药的故事。赞成者认为,法律没有考虑到这种情况;反对者认为,不论情况多么危险,总不能采用偷的手段。

第六阶段:原则或良心定向阶段。这是进行道德判断的最高阶段,表现为能以公正、平等、尊严这些最一般的原则为标准进行思考。在根据自己选择的原则进行某些活动时,认为只要动机是好的,行为就是正确的。在这个阶段上,他们认为人类普遍的道义高于一切。对于海因茨偷药的故事,赞成者认为,尊重生命、保存生命的原则高于一切;反对者认为,别人说不定也像他妻子一样急需这药,要考虑所有人生命的价值。

(二) 道德发展的社会学习论

道德发展的社会学习论是由班杜拉于 20 世纪 60 年代提出的。后来他又把这个理论称之为认知—行为主义理论。班杜拉认为,人的行为是与个人、环境联系在一起的一个相互作用的系统,在分析这三个因素时不能把某个因素放在其他两个因素之上。尽管在某些特定的情境中,某个因素可能起着支配性的作用,但一般而言都是"你中有我,我中有你"。班杜拉把他的这种观点称为交互决定论。班杜拉同时也指出,交互性并不意味着这种影响具有同等的强度,它们会因不同的活动、不同的人和不同的环境条件而不同。班杜拉在回答个体是怎样在社会情境中习得一种新的社会行为时,提出观察学习、榜样和示范、强化作用等理论。

1. 观察学习

班杜拉认为,更有效的学习是观察学习。他在两个典型的观察学习的实验中发现,现实、电影和卡通片中的成人榜样都同样地会对儿童行为产生影响,都会成为儿童的榜样。榜样对人的行为有着重要的影响。在观察学习中有三个最基本的、相互联系的机制:替代过程,认知过程,自我调节过程。

替代过程,即通过观察他人行为及其结果而发生的行为过程。班杜拉认为,建立在替代基础上的学习,是人类学习的一个重要形式。

认知过程是使用符号和预见结果的过程。使用符号的能力为人类提供了创造和调整各种事件的有力工具。通过符号,人们可以将自己亲身经历的经验赋予意义。人们还可以预见到各种行动的后果,并制定行动方针、计划,预见性地引导自己的行动。班杜拉认为人类的行动在很大的程度上是以认知为媒介的。

自我调节过程,就是指个体根据自己的内部准则和对自己行为所做的自我评价来调节自身行为的过程。自我调节过程一般包括自我观察、自我判断、自我反省三个阶段。这三个阶段受到榜样的影响。

2. 榜样和示范

榜样和示范要想对学习者的学习结果产生积极的影响必须具备以下条件:①要具有吸引人的特征;②要符合学习者的年龄特点,研究发现成人榜样不如同龄人的榜样影响大;③要具有可行性,如果要求太高或行为出现的几率太少都会影响学习的效果;④要具有感染力,使学习者产生心理上的共鸣。

3. 强化作用

强化是指在学习过程中当个体的行为表现正确时给予奖励,或当他的行为表现出现错误时给予处罚的过程。强化对人的行为具有控制和调节的作用。强化可分为直接强化、替代强化和自我强化。直接强化就是对学习者的奖惩;替代强化是指对榜样进行奖罚;自我强化是学习者根据自己设立的标准对自我的行为进行评价。社会学习论者在一项"抗拒诱惑"的实验中证明,替代强化对儿童行为有明显的影响。

参考资料 14 - 1

抗拒诱惑的实验

实验分三个阶段进行。先带被试参观摆有有趣玩具和大字典的房间,并告诉他们:"这里的玩具禁止玩,但可以翻字典。"然后,将被试分成三个组:第一组为榜样——奖励组,让被试者看一部短片,片中一个男孩正在玩禁止动手的玩具,妈妈进来后,亲热地夸奖男孩,并与他一起玩。第二组为榜样——指责组,也让被试看类似的短片,不同的是,妈妈进入房间看到男孩违反禁令时,严厉地训斥他。男孩立即放下玩具,躲到椅子背后,用手遮住脸,显出害怕的样子。第三组为控制组,被试不看任何短片。最后,对被试作抗拒诱惑测验,即让每个被试在放有玩具、大字典的房间里逗留 15 分钟,实验者通过单面镜观察和记录他们的活动。结果发现,第一组被试很快屈从于诱惑,不顾禁令而泰然地动用玩具,克制行动的平均潜伏时间为 80 秒钟。第二组被试能较长时间克制行动而不碰玩具,克制行动的平均潜伏时间为 7 分钟,最长的时间可达 15 分钟。控制组被试克制行动的平均潜伏时间 5 分钟。

二、我国品德心理的研究

(一) 李伯黍的道德认知发展研究

我国心理学家李伯黍等于 1978 年开始采用类似皮亚杰的对偶故事法进行研究发现,儿童的道德判断确实存在"经历着从客观性判断(依据行为的外在结果)过渡到主观性判断(依据行为的动机意向)的发展过程"。他还发现,我国儿童 9 岁时主观性判断就已占绝对优势(比皮亚杰的研究所揭示的早一年)。我国儿童 11 岁时就已开始能依据较稳定的"公私观"去评价道德。

李伯黍在品德心理研究方面的另一个贡献是品德结构理论的研究。他认为,品德结构实质上是一个统整的道德价值结构。个体在发展过程中,不断接受新的道德规范,并把它们内化为自己特有的道德信念、道德价值概念系统和稳定的道德价值取向。

要使青少年具有清晰的价值观并能发挥作用,不是靠自上而下的灌输或强制接受,而是要借助环境的影响和成人的启发,促使他们对事件展开理性思维与情绪体验,逐步进行澄清,依据自己所选择的价值行事。

(二) 章志光的品德形成内外条件及动力系统的研究

章志光运用教育—社会心理实验法,对学生道德形成及其与社会条件、教育方式的关系进行了 26 项动态研究。在这些研究的基础上,章志光于 1990 年提出了品德形成的三维结构理论模式。他认为,所谓品德心理结构是指个体在外界影响下产生道德行为的中介过程所涉及的心理成分相互关联和制约的模式或动力机制。

品德形成是个动态过程,可从生成结构、执行结构和定型结构三个层面或维度给予认识。生成结构是指个体从非道德状态过渡到道德行为或初步形成道德性时的心理结构。执行结构是指个人在道德性生成结构的基础上发展起来的更有意识地对待道德情境,经历内部冲突、主动定向、考虑决策和调节行为等环节的一种复杂的心理过程及其结构。定型结构是指个体具有的道德品质的心理结构。它是在执行结构的基础上形成的,具有高激活性、阶段简缩性和自动化的功能结构。这三种心理结构在品德形成的过程中相继出现,是彼此包容、相互渗透、互为一体的个体内部动力系统。这个系统又置于社会大动力系统中。

章志光的这个理论设想有利于我们了解品德形成的动态状况,也有利于研究品德形成和发展的内外部条件,为我国青少年的品德教育提供了有力的理论依据。

第三节　态度与品德学习的一般过程和条件

一、态度与品德形成的一般过程和条件

前面我们已经讲过,态度与品德都是学习得来的,尤其是通过社会性的学习得来。它是在家庭、学校、社会中与别人相互作用,通过别人的社会示范、指示、忠告等途径获得并认同和内化而形成的。具体地说,态度与品德的形成过程要经历依从、认同和内化三个阶段。

1. 依从

依从是指个体为了获得奖励或避免惩罚而按照社会的要求、群体的规范或别人的意志所采取的表面服从的行为。它包括从众与服从两方面。所谓从众就是指人们为适应集体或群体的某种要求,但对其依据或必要性还处于缺乏认识与体验的状态时,就改变自己的行为和信念的过程。服从是指在权威的命令、社会舆论或群体气氛的压力下,个体只能放弃自己的意见或愿望而采取与大多数人相一致的行为。在服从的过程中有时是自愿的,有时也是被迫的。被迫的服从又称之为顺从。

依从阶段的态度和行为往往具有盲目性、被动性和不稳定性。因此,个体在集体中与在独

处时,其行为举止会有所不同;他们在这一集体中与在另一集体中,其行为举止也会有所区别。集体具有改变个人行为的心理影响能力。但在依从阶段,个体对道德规范行为的重要性和必要性还缺乏认识,也没有情感体验。依从行为之所以能够实现,主要是因为个体希望被别人或集体赞许和接纳,并非是他们自己的内在需要。

处于依从阶段的态度与品德,其水平较低,但这个阶段是不可缺少的,尤其对小学生而言更是重要。根据心理学的研究发现,依从尤其是从众行为是有年龄发展趋势的。从众的高峰期在9岁时出现,最迟可能在15岁时出现;学前期从众行为较低,学龄早期的学生从众行为达到高峰,而到了中学时期,尤其是高中阶段他们的从众行为逐渐被个性化和评判性所代替,不过他们在很多方面还有从众行为。由此可见,小学阶段是学生态度与品德形成的重要阶段,也是利用集体规范与舆论让学生依从并由此逐渐形成良好态度与品德的初始阶段。

依从阶段是态度与品德学习和形成不可忽视的阶段。因为个体在依从的过程中可以学习并得以反复训练各种具体的行为,从中认识并体验到它的必要性和价值,逐渐形成他们正确的道德认识、道德情感、道德意志和道德行为。

2. 认同

当个体的态度与品德学习和形成进入到认同阶段,就意味着个体不再是对社会压力的被迫服从,也不是被动地模仿,而是自觉地接受他人的观点、信念、态度和行为影响,使自己的态度和行为接近他人或集体的要求、规范。简单地说,所谓认同就是个体与群体或社会的一些重要的事情和原则问题保持一致的看法和评价。个体能否接受他人或群体的观点、信念、态度和行为并与之保持一致,很重要的是要看他人或群体是否有吸引力,这是认同的重要条件。认同是形成和转变个体信念、态度的重要环节,也是内化的前提。

3. 内化

内化是主体的环境特性或主体与环境的相互关系特性转化为主体意识特性的过程。这是真正地在思想观点上或者说是在内心深处相信并接受他人或集体的观点、信念、态度和行为,并将自己的观点、信念、态度和行为与之融为一体,构成一个更为新的思想体系。用皮亚杰的观点看,同化就是环境因素纳入机体已有的图式(或结构)之中,以加强和丰富机体的动作,引起图式量的变化,使机体适应环境。内化阶段是人的态度与品德真正形成或彻底转变的阶段。外界的观点、信念、态度和行为一旦内化成自己的态度和品德体系,那么这些被内化的观点、信念、态度和行为就将变得更为稳定、持久和系统化。

二、影响态度与品德形成的一般条件

(一) 影响态度与品德形成和改变的外部条件

1. 社会风气

人们生活在一定的社会中,必然按一定的关系结合成某个群体。在这群体中,必须按照一定的规范发生交互行为,分工合作地进行必要的生产及其他的活动,以满足自己及成员不断增长的物质和精神的需要。因此,每个人必然在一定的社会关系中接受社会的影响,完成自身的社会化过程。

社会风气是由社会舆论、大众传媒、成人尤其是公众人物的示范行为等方面构成的，它积淀的民族心理意识在很大程度上转化为人们的社会生活准则，深刻地影响着年轻一代的态度与品德发展的方向和速度。当然，社会的政治、经济制度制约着社会道德观念，可以说它从根本上影响着学生的态度与品德发展。

青少年由于道德和自我的发展都还处在不成熟时期，他们既容易接受良好的社会风气的影响，也容易接受不良社会风气的影响，所以，教育者更要重视社会风气对他们的作用。

2. 家庭因素

家庭是孩子的第一所学校，父母是孩子的第一任老师。家庭不仅是孩子重要的活动场所，而且是影响孩子态度与品德发展最早、最连续、最持久的环境因素。首先，家庭结构是否完整对孩子的身心发展起着重要的作用。单亲家庭里的孩子由于得不到完整的爱，不仅心灵易受创伤，态度与品德发展也会受影响。其次，父母的文化程度、品德修养也对子女的态度与品德发展有着重要影响。因为家长的文化程度是影响家长教育观念、教养方式和教育能力的重要因素。有研究指出，过分严厉型的家庭教养方式和过分放任型的教养方式都会对孩子态度与品德的形成产生不良的影响；而信任型与民主性的家庭教养方式对儿童态度与品德的发展将起着良好的教育作用。再次，家庭气氛也是影响子女态度与品德发展的一个因素。

3. 学校教育的因素

学校教育在学生的态度与品德形成中起着重要的作用。首先，学校的各种教育途径，如学科教育、班队或团队活动、课外活动、军训、公益劳动等都具有良性影响。其次，学校集体的作用包括班风、校风、集体舆论以及教师的态度和工作作风等也影响着学生态度与品德的发展。"隐性课程"，即学校教学计划所未规定的又确实对学生产生影响的一些内容，如学校里的人际关系、校园文化等也会对学生态度与品德的发展产生作用。再次，非正式群体，无论是健康的还是不健康的思想都对青少年态度与品德的发展起着重要的作用。

（二）影响态度与品德形成和改变的内部条件

1. 认知失调

勒温、皮亚杰、费斯廷格和海德等人的研究指出，人们在自己的生活和工作中都力求保持自己的思想、观点和信念的一致性，以此来求得自己心理的平衡。当一个新事物或新观念与自己原有的经验或思想、观点不一致时，人的内心就会不愉快或产生紧张的感觉，这时人的心理就会处于不平衡状态。为了取得平衡，个体一定要调整自己原有的观点或经验以求心理的再次平衡。而这个从平衡到不平衡再到平衡的过程，就是个体态度与品德形成和改变的先决条件。

2. 态度定势

所谓定势就是指一定的心理活动所形成的心理准备状态。它影响或决定同类后续心理活动的趋势或形成的现象，也就是人们按照一种固定的倾向去反映现实。态度定势就是个体受已有的经验的影响，对当前所面临的人或事采取某种肯定或否定、趋向或逃避、喜爱或厌恶的心理倾向。这种态度定势常常会影响我们对信息的接受和接受的量。

3. 道德认知

心理学研究发现，态度与品德的形成和改变常常取决于个体对道德准则与道德规范的掌握、理解的水平,也取决于道德判断水平的高低。前面我们讲过科尔伯格的道德发展的三水平六个阶段理论,这就是告诉我们,如果我们对一个还处在第二水平第三阶段,也就是习俗水平"做好孩子"阶段的学生,要求他们的行为符合第三水平第五阶段,即一切按照社会法规行事,并要求他认识到个人评价的相对性以及需要与舆论保持一致,是不可能的,也是他们所不能同化到自己认知结构中的。教师和家长只能要求他们的行为标准服从社会规范,遵守社会秩序,尊重法律权威,告诉他们判断行为的好坏、善恶就是看是否符合法规。这是接近他们的道德发展水平又略高于他们已有水平的要求。

第四节　良好的态度与品德的培养

一、中学生品德发展的特点

(一)逐步形成一种"自律"形式

自律具体地表现在以下六个方面:①独立而自觉地按照道德准则来调节自己的行为;②道德信念在道德动机中占重要地位;③品德心理中自我意识明显化,自我评价、自我体验、自我调节能力在不断增强,反省性、监控性的品德特点越来越明显;④道德行为习惯逐渐巩固;⑤青少年时期是世界观萌芽和形成的时期,他们在教育影响下,世界观既受个体的道德价值观念的制约,又受道德哲学影响,两者相辅相成,具有协调一致性;⑥品德结构日趋完善,品德的定向系统、操作系统和反馈系统协调一致。

(二)品德发展由动荡性向成熟性过渡

中学生品德发展表现出明显的"动荡性",他们的品德处于一种内在矛盾状态。他们的道德动机日渐信念化、理想化,但又存在着易变性和敏感性;他们的道德观念有了一定的原则性和概括性,但又带有具体经验的特点;他们的道德情感具有了丰富性和强烈性,但又带有冲动性和不拘小节;他们的道德意识和自制力有了发展,但又相当脆弱,抗诱惑力不强;他们的道德行为有了一定的目的性和决策性,自尊心、自信心强,但愿望与实际之间有一定的距离;他们喜欢从社会意义和人生价值方面来衡量和评价自己,但又缺乏耐心和恒心,常常时冷时热,半途而废。这一时期是品德两极分化严重的阶段,品德不良、犯罪正是从这个时期开始的。这与初中生心理上的半幼稚与半成熟、独立性与依赖性等心理矛盾有关。高中生品德趋向成熟,他们的动荡性日益减少,品德发展进入了"自律"形式。

中学生品德发展存在着关键期。有研究表明,初中二年级是品德发展的关键期。这时学生品德两极分化严重。初三以后,学生品德发展逐渐趋于成熟。

二、良好态度与品德的培养

(一)教学工作在学生态度与品德形成中的作用

任何教学都具有教育的功用。教师在传授知识的同时,应根据各门学科的特点和具体内容对学生进行品德教育,把教学过程视为培养学生道德品质的具体过程。

(二)学生集体在学生态度与品德形成中的作用

良好的学生集体对学生的心理发展,特别是态度与品德的形成,起着积极的促进作用。个人在班集体中的角色地位对其态度与品德形成的影响作用尤为突出。教师应充分利用集体的心理因素,培养学生良好的态度与品德。

(三) 榜样在学生态度与品德形成中的作用

运用榜样激励法,恰如其分地树立先进人物和宣传他们的先进思想、先进事迹,对学生态度与品德的形成起着良好的激励作用。但我们在选择榜样时一定要考虑榜样的可接受性、感染性以及可信性。同时,教师要特别注意自身的榜样作用。

(四) 自我教育在学生态度与品德形成中的作用

自我教育是一个人向自己提出任务,并主动采取实际行动来培养自己的正确态度与良好道德品质的过程。它是一个人在道德修养上的自觉能动性的表现。真正的教育是自我教育,缺乏自我教育的教育就很难发挥教育的长远效能。我们常感到一些青少年对不良影响的"免疫力"差,自立、自理能力差,其中一个主要的原因是对培养学生的自我教育能力重视不够。

(五) 家庭教育在学生态度与品德形成中的作用

前面我们已经讲过家庭教育在学生态度与品德形成中的作用。学校有责任帮助家庭端正教育思想,改进教育方法,创设良好的家庭氛围,促进学生的健康成长。

第五节 学生不良的态度与品德行为的转化

一、品德不良学生的心理特点

品德不良是指经常发生违反道德准则的行为,或犯较严重的道德过错。了解品德不良学生的心理特点有助于我们预防和矫治其品德不良和犯罪行为。

(一) 认识特征

品德不良和违法犯罪学生的认识特征首先表现为他们比一般学生的智力低,学习上有挫折感。这些人对道德规范认识不清,甚至有错误、模糊、颠倒的是非观。到高中阶段,部分品德不良的学生已形成了不正确的人生观。值得注意的是,一些品德不良的学生在一定的场合和时间里,对某些正确的道德观念也能接受,这实际上为教育提供了契机。

(二) 情感特征

品德不良和违法犯罪的学生情感上的主要特征是缺乏正义感,爱憎不分,好恶颠倒。在人与人的关系上,他们重感情、讲义气,有"结伙"的欲望,极易感情用事,经常表现出强烈的情绪冲动,做出粗暴的举动。大多数品德不良的学生是可以改造的,尤其是社会感化和教育感化可起改造作用,这也为我们的教育提供了可能性。

(三) 意志特征

品德不良和违法犯罪学生的意志特征主要表现为明显的两极性:一方面是自卑、意志薄弱;一方面是自负、意志力畸形发展,这种畸形发展的意志力是为个人利益服务的,与社会的需要、道德、法律背道而驰。

(四) 动机特征

品德不良和违法犯罪学生的行为动机多为低级动机。有研究表明,青少年犯罪多为占有欲和性欲等低级动机所驱使。但值得注意的是,这些学生常常在违法犯罪的前后会有动机斗争,这也为教育提供了契机。

(五)行为特征

品德不良的学生行为特征多表现为不讲文明、调皮捣蛋、恶作剧、无理取闹、欺负同学、不尊敬家长和老师;不守纪律和社会道德规范;爱吵架、骂人、打架闹事;有厌恶家庭和学校的非社会性行为,如出走、逃学等;有偷窃、流氓行为。

二、学生不良态度与品德行为的转化过程

(一)醒悟阶段

醒悟阶段就是品德不良和违法犯罪的学生对自己的某些违背了社会道德和法律规范的行为有了初步的认识。为了让这些学生能对自己的不良行为有所认识,我们常用的方法有:一是真诚关心法。这些学生其实他们的内心也是需要理解、关心与尊重的。当学生犯了错误或做了错事,教育者如果能真诚地对待他们,给予他们更多的关心和爱护,了解他们犯错误的原因,切实地帮他们解决一些问题和困难,是有利于他们醒悟的。二是消除恐惧法。做了错事或犯了错误的学生往往担心自己的不良行为一旦被人发现会受到处罚,出于防卫心理,他们常常会文过饰非加以掩盖。对此教育者应该通过谈心或行为感化来消除他们的顾虑,让他们懂得在人生的道路上不可能不犯错误,但只要勇于承认错误并努力改正错误就是好样的。三是优点揭示法。品德不良和违法犯罪的学生在醒悟阶段常常有两种矛盾的心理困扰他们:一种心理就是要改正,希望重新获得别人的尊敬;另一种心理是自卑,怀疑自己能不能被别人接受并重新获得尊重。对此教育者应帮助他们看到自己身上的闪光点,看到同伴和集体对他的期待,帮助他们重新找回自信,找到改变自我的信心与决心。四是自我反省法。帮助品德不良的学生认识到由于自己不良行为给自己的亲人和周边人带来了多少困苦和辛酸,激起他们的良知,这对他们的醒悟是很有帮助的。

(二)转变阶段

当品德不良和违法犯罪的学生进入转变阶段时,在他们的行为上就会产生改过自新的心向与意愿,并在行为上会有所变化。但这时教育者要清楚地看到这仅仅是开始,在整个转变过程中还会有反复。要允许反复,在反复中看到他们的进步,要不断地引导、鼓励他们转变。

(三)自新阶段

若品德不良和违法犯罪的学生在转变后,长时期地不再反复,或很少反复,那就是进入了自新阶段。进入这个阶段后,他们就会完全以一个崭新的面目出现在社会生活中。对待这些学生,教育工作者要注意:一是避免歧视和翻旧账,要给予他们充分的信任和尊重,加倍地关心和爱护他们。二是要更积极地帮助他们建立完整的自我观念,也就是承认自己的过去,珍惜自己的今天,规划自己的明天。

三、学生不良态度与品德的矫正策略

(一)充分信任,关心爱护,消除疑虑与对立

品德不良和违法犯罪的学生在心理上往往受过较多的创伤,他们对人常常会有疑虑和戒

备,他们不容易信任人,他们常常认为教师或父母对自己是歧视或放弃的,所以他们对教师或父母常存有戒心和敌意。他们对学校或家庭的正确教育也常常以沉默相对,采取回避或粗暴无礼的错误态度。在这种情绪状态下,任何教育都是难以生效的。为排除这种疑虑心态,教师和家长就更要注意运用移情的作用,对他们进行道德情感上的矫正。要转化他们,先要感化他们。要多方面地关心他们,真诚地帮助他们,满腔热情地爱护他们,耐心地开导他们,感人肺腑地启迪他们,让他们感到教师和家长与他们一样为他们的进步而高兴,为他们的痛苦而悲痛。移情在品德矫正上的作用是巨大的,许多品德不良和违法犯罪的学生就是在教师和家长充满热情的爱与耐心的帮助中转变过来的。

(二) 加强班集体的作用

应该相信每个学生都是有向上心的,青少年有着较强的结伴心理,他们希望在集体中有自己应有的地位和荣誉。教育工作者应该利用这些特点对他们施以教育。建立强有力的班集体,利用班级的荣誉、舆论和关爱帮助他们改变自身的不良习性,割断原先的不良关系,使他们成为班集体中不可缺少的重要成员。

(三) 提高他们的道德认知能力,形成正确的道德观念

教师和家长要善于利用一切有利的教育机遇让学生明确什么行为是符合社会道德规范的行为,什么是好,什么是坏;什么是友谊,什么是哥们义气;什么是自由,什么是纪律;什么是勇敢,什么是莽撞。帮助他们做到言行一致、爱憎分明。

(四) 允许反复,冷静处理

在矫正学生不良品德和行为的过程中,应该允许他们有反复。其实在形成新的道德行为的过程中反复是必然的,问题是我们应该如何处理这些反复。正确的策略与方法应该是允许他们有反复,同时要帮助他们提高抗诱惑的能力,对一些不良诱因要帮助他们学会如何与之进行斗争。要加强他们对道德行为的认识。许多心理学的研究发现,当人们的道德认识与道德情感相结合时,这种道德行为就会更为巩固。所以教师与家长在帮助他们提高道德认识的同时,还应该给他们体验到良好的道德情感。

(五) 根据学生的年龄特点与个别差异加强个性化的教育

不同年龄阶段学生的道德水平是不一样的。更何况每个学生由于他们成长环境的不同,他们在道德发展水平上也必然存在着各自的差异。如有的学生坏习惯严重,他们常常会有恃无恐,但就是这样的学生之间也会有差别,有的怕在同伴集体中受谴责,有的就是想引起别人的注意。对于前者,我们可以用集体讨论的方法对他的行为进行"裁决";而对于后者,我们则应该先用冷处理的方法先冷他一下,等事后再与他讲明道理,帮他矫正。

思考题

1. 什么是品德? 道德与品德之间存在什么关系?

2. 请说明品德心理的研究任务。

3. 请从动态的品德心理结构分析品德包括哪些主要内容。

4. 科尔伯格的道德发展理论对教育工作有什么启示?

5. 班杜拉的社会学习理论在德育工作中有什么意义？

6. 章志光的品德形成三维结构理论模式对学校德育工作有什么贡献和作用？

实践题

请你利用教育实践活动的机会，了解一名品德不良学生，并说明其不良行为形成的原因，提出帮助他矫正的策略与方法。

第十五章　中学生心理健康教育

本章主要内容

1. 心理健康
2. 中学生常见的心理问题
3. 学校的心理健康教育
4. 心理健康辅导
5. 对心理辅导员的素质要求

第一节　心　理　健　康

一、心理健康概述

（一）心理健康的涵义

心理健康是一个十分复杂的概念,不同的国家、不同的民族对之有着不同的认识。它会受到社会制度、民族风俗、传统习惯、道德观念、宗教信仰等因素的影响。

我国的心理学者认为,心理健康是指一种持续发展的积极的心理状态,在这种状态下主体能对社会作出良好的适应,能充分发挥身心潜能。也就是说,一个心理健康的人能够保持平静的情绪、敏锐的智能,具有适合社会环境的行为和适度的举止。心理健康的人能经得起各种诱惑和烦恼的考验。

1930 年白宫会议的报告曾给心理健康界定为:"个体以有效的、快乐的、社会所能接纳的行为,面对应接受的现实生活,以谋求对自己、对周围世界最好的适应。因此,心理健康的理想境界,可描述为个体对自己有自知之明,体会自己能力之所及,并且以极大的满足,接受自己,接受社会。同时,在任何情况下,均能以其所有智慧与平静的情绪,面临各种考验,而不轻易紧张、退却或激怒。"

事实上,每个人都处在极健康和极不健康的两端连接线上的某一点上,而且人的心理健康状态又是动态变化的,它只是反映某人在某一个特定时间内的特定状态。我们所说的心理健康只是指在较长一段时间内持续存在的状态,而不是一时看到的偶发现象。

（二）心理健康的标准

1. 心理健康的一般标准

西方心理学家雅荷达(1970)提出六大要素以帮助我们衡量心理是否健康:①心理健康是个体对自我肯定的态度,不自炫长处,更能接受自己的不足。②心理健康是个体对自己的潜力

心理学（第五版）

有明确的认识,并努力创造条件,发展潜能,以促进个体获得最佳发展。③人格的完整,即本我、自我与超我的平衡发展。④心理健康者不轻易受外界刺激的左右,纵使历经挫折困扰,也能处变不惊,慎谋能断。⑤心理健康者,脚踏实地而不沉湎于幻想之中。不但能够积极主动、自力更生,更能处处为人着想。⑥心理健康者,能够透过爱、健全的人际关系及个人的良好适应能力,解决问题,开拓创新。

2. 中学生的心理健康标准

根据社会对未来人才的需要,结合中学的教育实践,我们认为,一个心理健康的中学生应该具有良好而持久的心理适应能力和发展状态。具体地说,一个心理健康的中学生应该具有正常的智力、完善的人格、和谐的人际关系,积极适应学习、生活、交往和环境,主动寻求并探索自我发展的途径,有效地发挥个人的身心潜能和积极的社会作用。具体地说,中学生的心理健康应有以下六项标准:

(1)智力正常,乐于并善于学习。热爱学习并能在学习中发现并发展自己的才智和能力,能合理地运用自己的才智和能力并在实践中取得理想的成就;能根据自己的特点,合理并巧妙地安排学习生活;具有好奇心,喜爱探索问题,善于运用已有知识解决新问题,以不断提高学习的效能,从中获得成就感和满足感。

(2)悦纳、尊重自己并不断地塑造自己。能对自己有较正确的评价,既不妄自尊大,也不过分自卑;了解自己的潜能,愿意尽其所能展现并发展自己;能在认识自己的前提下,制定切实可行的奋斗目标并为之努力;对于自己无法补救的缺失,能够正视和接受,并努力以其潜能替代之,绝不回避,更不自卑自弃;对于自己的缺点不加掩盖,勇于承认,努力改正。

(3)情绪欢乐、适宜。能经常保持欢乐的情绪,坦然地接受不如意的事情,不为恐惧、愤怒、妒忌、忧愁等情绪困扰;善于从挫折中寻找出路,不偏激、不对抗、不消沉,并善于适度地开放自我,表达自己的情感。乐观是一个人的心理健康的重要标志,就如同体温是一个人身体健康的重要标志一样。

(4)乐于交往,善于交往。能在交往中保持积极、正面的态度(如热情、尊敬、诚实、宽厚、谦虚、责任感、同情心、爱心),减少或消除反面的态度(如仇恨、嫉妒、怀疑、畏惧、刻薄、挑剔等);在交往中,能由衷地赞美别人,也能接受别人的赞美;能说"不"、"对不起",更能自己拿定主意,不受他人左右,也不强迫他人接受自己的意见。

(5)性格健全,行为正常。在任何情况下,能保持心理活动的协调、完整,言行举止的前后一致;诚实处事,实事求是;凡是自己能做到的事情就督促自己去完成,有自信心,抉择能力强,果断,富于正义感、责任心;具有较好的理性控制力,不迷恋于过去的回忆,更不沉湎于今日的享受,积极努力,勤于实践;能使自己的行为与其所扮演的种种社会角色——儿子或女儿、学生、共青团员等相一致;能在符合社会要求或不违背社会规范的前提下提出合理的需要,建立广泛的兴趣,树立切合实际的理想。

(6)适应社会。能对环境做出正确、客观的观察,并能尽可能地做出与千变万化的环境相协调的适当的反应,使环境有利于人的发展;能珍惜已有的一切,不断地追求真、善、美的事物,并能根据客观现实积极地改变环境。

二、影响心理健康的外部因素

我国卫生部 1984 年曾做过一个调查：解放初期严重心理障碍的患病率只占总人口的 2%，20 世纪 80 年代上升到 12.69%。近年来，我国某研究单位在几个大城市对在校学生进行调查发现，有 20%—30% 的大中小学生存在着不同程度的心理问题，且抑郁症已排在各种疾病的首位。15—35 岁的人群死亡的第一原因是自杀，近两年青少年自杀呈明显的低龄化趋势。我们认为主要有以下几方面的因素影响了学生的心理健康水平。

(一) 社会因素

经济发展导致社会转型，必然使其社会体制、思想观念、生活方式、价值观等随之产生变化。例如，随着经济高度增长，一些社会代价如环境污染和精神污染都在加重，固有的社会伦理渐趋瓦解，尤其是道德脱节现象更是严重。在一些媒体的推波助澜下，知名度成为社会声望和身价的表征，社会上一些人费尽心机地自我推销，唯恐不为人知，故在举止上力求怪异，言论上哗众取宠、标新立异。这一切都会影响青少年，使他们不自觉地以迎合时尚为能事，于是将财富、学校、排行榜上的名人等作为追求对象，并且错误地认为好人不见得有好报，做好事不见得会受到赞扬，一切以自我为中心。整个社会价值系统开始动摇，社会伦理体系也在加速瓦解。由此导致青少年自私心理、利己行为加重。他们在追求个人利益的过程中，忽视社会集体利益，并且个别人极易形成反社会的偏差行为，如离家出走、逃学、吸毒、性开放、聚众滋事、轻生等。

(二) 家庭因素

传统的大家庭逐渐离析为核心家庭，家庭生活因客观环境的变化逐渐丢失了很重要的成分——亲子伦理。现在的父母要负起家庭教育的全责，然而父母早出晚归，跟孩子在一起的时间极少。家庭不稳定，这一方面是指离婚率大幅度上升，另一方面也是指一些家庭父母因工作的关系经常在外，造成亲情不足。而亲情不足一向被视为青少年问题或人格偏离的重要因素。心理学研究认为，幼时没有被爱的经验，个体的爱心就无法滋养。如果一个人没有得到过被尊重的经验，那么他也不会尊重别人，当然也不会尊重自己。爱与尊重的能力是在社会化的过程中学习的。

电视占据了学生家庭生活的重要位置。电视改变了青少年的社会学习环境，形成了认知上的"温室效应"。学生通过电视了解了很多他们这个年龄本不应该知道的事情，心智发展不平衡、早熟，稚真的心灵受到了严重的污染。另外，电视还破坏了天伦欢叙的气氛，减少了亲子沟通的机会。

升学竞争的压力对学生身心的发展也有很大影响。父母"望子成龙"、"盼女成凤"，以升学且还要升名校为对子女的最大期望，子女也将升学定为自己的第一要务甚至是唯一要务。久而久之，学生就错误地认为只要学习好一切就好了。部分学生因学习负担过重而情绪暴戾，父母也不忍心责怪。姑息日久，他们就将发脾气、摔东西等对抗性行为作为遭受挫折后的最佳宣泄方式。

"忙"导致"盲"。现代家庭中的每个人都忙，而忙的结果是导致家庭中的每个成员都"食而无味，视而不见，听而不闻"，情感的触角变得迟钝。其结果是到了孩子的问题成了堆才着急，但往往为时晚矣。

以物质满足代替亲情和亲子沟通。现在的每个家庭大多都享受到现代社会创造的社会财富,但由于精神文明还不能立即跟上,新的道德伦理还没真正形成,所以社会正义感和公正性有所丧失。父母在这种社会环境下很容易错误地认为尽一切可能给予孩子物质上的最佳享受就是家庭最重要的功能,并认为物质上的满足可以代替亲情和亲子沟通。其结果是家庭对孩子社会化过程的教育功能完全丧失。

(三)学校因素

目前学校教育在一定程度上可以说功利化的教育体系已逐渐占上风,德、智、体、美、劳的教育体系已变成了唯一的"升学、就业"体系。这种失衡的教育体系和升学至上的影响,使得学校对青少年社会化的功能逐渐丧失。由于学校过于重视记忆性的知识以及缺少变化的教学方式,再加上来自青少年本身、家庭、学校和社会对他们的压力,学校也无法对不同特质的学生因材施教,更不能让每个学生都能在学校生活中获得成就感和成功的喜悦。标准化的、死板的教学方式使心智正在发展、富有冲动和活力并具有反抗心理的青少年,对现有的学校体系无法产生浓厚的兴趣和适应能力。其结果必然造成青少年厌学、逃学的心理和反学校的行为。

三、影响学生心理健康的内在因素

影响学生心理健康更重要的是学生自身发展的内在因素。

(一)心理因素

学生的心理发展是影响其心理健康的重要因素。中学生正处在由不成熟向成熟发展的过程中,而发展中的尚未成熟正是导致心理障碍的一个内在因素。例如,中学生由于辩证思维相对薄弱,看问题容易片面化、绝对化,情绪易起伏,自我评价不稳定,自我调节能力不强,这一切使青少年都易于在某些因素(如紧张、焦虑、挫折等)的诱发下导致心理障碍。

(二)生理因素

生理因素包括身体的素质差、内分泌失调、躯体病变,以及母体怀孕期的情绪、用药、营养和分娩过程中存在的早产、难产等异常情况。其中对学生心理健康影响最大的是个体的神经系统特点。神经活动弱、不平衡的抑郁质的人,容易发生孤独、自卑等心理障碍。内分泌腺体活动对青少年的心理健康也有较大的影响。青春期是内分泌腺体活动加剧、激素分泌旺盛的时期,某一种腺体活动失调就会影响他们的心理活动。如甲状腺体功能亢进者,神经系统兴奋性高,易激动、紧张、烦躁、多语、失眠。青春期性发育也是影响中学生心理健康不可忽视的一个因素。性发育给中学生带来最初的性生理和性心理的冲突。如女子的月经和男子的遗精,往往使一些缺乏性知识的中学生产生羞耻感、罪恶感、焦虑、烦恼以至恐慌。中学生的体格发育,如过高、过矮、过胖、过瘦,发育得过早、过迟都会给他们带来心理上的种种反应,对心理健康产生影响。

四、心理健康在素质教育中的作用

(一)心理健康影响身体健康

俗话说"笑一笑,十年少;愁一愁,白了头",生动地说明了心理健康与身体健康的关系。

现代医学越来越重视心理因素对身体疾病的影响,认为心理、社会因素与遗传、生化、免疫等因素一样,在疾病的发生、发展、治疗和预防中起着一定的作用。可以这样说,不仅有害的物质因素能造成各种各样的身体疾病和精神疾病,有害的心理因素也可以起到这种作用。临床证明:月经不调、糖尿病、高血压、冠心病、心肌梗塞、胃十二指肠溃疡、慢性溃疡性结肠炎、脑血管意外、皮肤病以及癌症等都与心理因素有关。

(二)心理健康有利于知识技能教育的提高和智力的开发

我国心理学者指出:心理健康的学生,学习成绩必优于心理不健康者。心理健康可使个体经常保持愉快、乐观的心情,这种心理状态必然能促进大脑机能水平的提高,对于调动个体智力活动的积极性,激发大脑皮层优势兴奋中心的形成,以及新的暂时神经联系的建立和旧的神经联系的复活都十分有利。

(三)心理健康有助于良好道德品质的形成和发展

心理健康既是优良思想品德的基础,也是优良思想品德的直接组成部分。所以说,心理健康有利于青少年良好道德品质的发展。

(四)心理健康有利于健全人格的形成与发展

心理健康的人,必然具有健全的性格,必然会正确地对待自己和他人,必然是严于律己、宽以待人、乐于助人、与人为善的人。心理健康的人,一定是热爱生活、热爱人民、热爱劳动、热爱科学、热爱周围环境,并充分利用环境促进自身发展的人。心理健康的人,一定是善于处理人际关系的人,一定是人缘型的人。心理健康的人,一定是积极、坚强的人,是思想开阔、乐观进取的人。这些正是时代要求我们所具有的优良品质。

第二节 中学生常见的心理问题

中学生的心理健康问题多种多样,在这里我们仅就学校中常见的学生心理问题做一些初步的探讨。

一、自我问题

中学生的自我意识水平较低,自我评价能力不够稳定,常常会过高或过低地评价自己。当这些问题出现时如果不能给予及时的帮助和辅导,他们就可能发生心理问题,如自卑、自责甚至厌恶自己等。

二、学习问题

中学生的学习问题主要表现在:学习不良、学习疲劳、考试焦虑、厌学和弃学等。这些问题,一般的学生主要是缘于学习动机的问题、学习志向的问题、学习策略和方法的问题、学习活动计划与自我控制的问题、学习行为习惯的问题、学会学习的问题、对考试的认识问题。

三、行为问题

行为问题是指在心理正常的情况下,所表现出来的那些不符合社会行为规范和社会期望并且影响正常社会生活的不良行为,如敌对、攻击、破坏、不服从以及犯罪和心理病态。中学生行为问题主要有:抽烟、说谎、欺骗、偷窃、横行霸道、破坏行为、对抗行为、离家出走以及网络成瘾和轻生等问题。

四、情绪问题

情绪问题是指因情绪稳定性差、过度情绪反应以及持续性的消极情绪导致的心理问题。消极情绪对人具有消极的阻碍作用,会使人的注意力下降、记忆力减退、思维缓慢、人际淡薄、效率降低、容易出错。消极情绪会使学生产生错误的认识和想法。有人研究发现,有情绪障碍的学生阅读能力、计算能力往往低于正常学生。

中学生的情绪问题主要是:焦虑、忧郁、恐惧、过度紧张等。中学生的情绪问题同样影响着中学生的正常发展。我们的教育要点是帮助学生建立自信,训练他们的自控能力,培养他们丰富多彩的兴趣,扩大他们的人际交往范围,督促他们参加各式各样的活动。除此之外,还可适当地采用一些心理疗法,如系统脱敏法等。

五、人际交往问题

中学生在人际交往中的主要问题是:不能合理地认识到交往对象的需要,过分地以自我为中心;在交往的过程中常会有顽固的、非理性的认识和不合理的信念,不能正确地处理人际关系;与人交往常表现出认识偏激,不轻易赞同他人的意见,很难与人沟通交流;缺乏与人交往的能力。具体表现为不合群、冷漠、孤僻、退缩或过于沉默,以及本不应该在中学生中表现的行为,如勾心斗角、相互挖苦、拆台等。

六、性心理问题

青少年期也是一个性生理、性心理迅速发育的时期。由于物质生活水平的迅速提高,个体的青春发育期提前了。上海社科院青少年研究所曾对上海、北京、广州和武汉四城市3000名在校中学生进行过专项调查。依据1989年青春期调查表明,我国男青少年初次遗精和女青少年初潮的平均年龄分别为14.43岁和13.38岁。2008年再次调查发现,这四城市男女青春期提前为13.85岁和12.54岁。青春发育的提前,性成熟的来临,必然产生一些特殊的心理体验,这个体验就是性意识。性意识的产生使中学生对性知识的兴趣和渴求加强,但由于性知识的贫乏,获得性知识缺乏正规的教育途径,这就造成了青少年性认识的混乱。

七、社会适应问题

心理学认为:"适应性是人对自然和社会环境的顺应能力,是根据环境条件的变化而改变自身的能力,是调节自身与环境关系,使之协调的特性。"简单地说,社会适应就是指个体对生活环境能积极主动地、有效地通过调整自己的身心状态或改变生活环境,使自身和生活环境协调一致,达到动态平衡的行为反应。

现在的青少年由于多为独生子女,他们在全家的呵护下过着"饭来张口、衣来伸手"的生活,动手能力得不到应有的锻炼,生活自理能力差。在生活习惯方面,现在的青少年中较常见的问题是吸烟、饮酒以及网络成瘾等问题。

第三节　学校的心理健康教育

一、学校心理健康教育的目的

学校心理健康教育就是要面向全体学生,借助心理学、教育学、社会学、伦理学和精神医学等学科知识,协助学生充分发挥自己的能力,愉快地适应他所生活的环境,培养学生独立自主、合作乐群的健全人格,让学生聪明地、幸福地、成功地过着愉快和谐的生活,并注意防治学生的种种心理健康问题,促进其身心健康发展。

二、学校心理健康教育的任务

学校心理健康教育的主要任务就是围绕学校总的培养目标,全面推进素质教育,增强学校德育工作的针对性、实效性和主动性,帮助学生树立在出现心理行为问题时的求助意识,维护学生的心理健康,减少和避免对他们心理健康的各种不利影响,培养有理想、有道德、有文化、有纪律和有创新能力的一代新人。

三、学校心理健康教育的原则

学校心理健康教育要遵循以下原则:

（一）科学性与针对性相结合的原则

要遵循青少年的心理发展特点及其规律,有针对性地实施心理健康教育。在教育的过程中,要善于利用心理学,尤其是心理测量学和心理咨询学的理论和工具,及时、准确地抓住学生中带有共性或个性的问题,在与学生互动的过程中给予解决。

（二）面向全体与关心个别差异相结合的原则

要认识到全体学生都是心理健康教育的对象和参与者。在进行心理健康教育的过程中,不论是活动设施、计划还是活动组织都要考虑全体学生的发展,考虑绝大多数学生的需要和问题,以全体学生的心理健康水平和心理素质的提高为心理健康教育的基本出发点和最终目标。但同时也要承认差别,要对不同学生采取不同的教育方法。只有这样,我们才能将每个学生的独特性、差异性以最合适、最完美的方式展现出来。

（三）预防、矫治和发展相结合的原则

学校心理健康教育首先要关注学生在成长过程中可能出现的困扰和危机。教育者应及早对年轻一代进行心理健康教育,并根据学生的心理年龄特点和当前的环境,及时提供一些对他们成长有利的知识和经验,以预防并干预年轻学生可能出现的问题或困扰。对于个别学生已经出现的问题或困扰,教师应采取积极有效的方式帮助他们矫正和治疗。但最终我们还是要相信学生是会发展变化的,学生是具有自我成长的意识和潜能的。学校心理健康教育的最终目标仍然是以人的心理发展为着眼点,是以提高他们的适应能力、开发他们的内在潜能、形成内外协调一致的心理品质为终极目标。

(四)尊重与理解的原则

学校心理健康教育首先要尊重每个学生包括有问题或困惑的学生,对个别有问题或困惑的学生,教育者应该从他们的实际出发,根据他们的心理年龄特点去理解他们,并在换位思考的前提下,能以同情的心理与他们进行心理上的互动,从而帮助他们克服当前的问题或困惑,促进他们的成长。

(五)学生主体性与教师辅导性相结合的原则

教师应该加强心理健康教育的基础知识与技能的学习,并运用这些知识与技能到心理健康教育工作中去。在心理健康教育工作中,教师要善于倾听学生的诉说,要让学生在心理健康教育中处于"唱主角"的位置。要改变教师习惯了的"我说你听"为"学生说,教师听"。要启发学生自我教育、自我矫治、自我提高,切忌强制、训斥。要牢牢记住:教师的辅助是手段,学生的自助才是根本。

(六)活动性与保密性原则

心理健康教育不完全等同于学校课堂教学,心理健康教育更强调通过活动来促进学生的发展,学生在活动中可以表现自我、认识自我、提高自我。在活动中,学生更可能变被动为主动,更可能成为教育的主体。当然在心理健康教育中,我们还要十分重视保密性原则,教师在任何情况或任何场合下都不能将学生的问题或困惑拿出来当笑柄谈论。

四、学校心理健康教育的主要渠道

(一)课堂渗透

教师在课堂教学中应牢牢树立以人为本的教育思想,要"心中有学生",在教学过程中要明确学生永远是教学的中心,教师的责任在于引路和辅导,为学生的人格发展、长远发展奠定基础。在设计课堂教学时,应将"教师如何教"转变为"学生如何学",并且在课堂教学中努力创设一种平等的、朋友式的师生交往关系。在这样的交往关系中,师生间的交往就不仅仅是传授知识,更重要的是传递和交流着人格态度、价值观念和道德情感,满足学生多方面的心理需要。

教育实践证明,只有在这样的教学思想的指导下,我们的学生才能真正学会学习并乐于学习,在学习中才能获得成就感并提高自信心,才能有利于合作精神和创造能力的培养。

(二)心理辅导

心理健康教育主要的特点是:使教育内容尽可能直接地与学生的困惑和问题相联系,它的教学活动形式必然是互动式的。应该通过讨论、表演、游戏、咨询等多种多样的具体方法,将生活中富于典型意义的情境引进辅导活动中。通过讨论、交流自主学习有关知识,使学生学会正确地认识事物并掌握解决问题的方法;通过辩论、讨论、模拟,提高学生学习的积极性和学习兴趣,从学习中不断地提高自我意识水平,养成正确的人生态度,等等。

心理辅导与传统的课堂教学的不同之处在于,传统的课堂教学是要学生理解和接受有关的概念、原理等,是一个被动的、由外向内的过程。心理辅导是要改变人的心理状况,它是一个由内向外的过程。

心理辅导主要是指以一定的学生群体为单位,教师与学生共同就某一个问题展开讨论和研究。心理辅导一定要注意学生的年龄特点。在初中阶段,心理辅导应强调:教师与学生一起,开展一个活动,在活动中表现,在活动中体验,在活动中学习,在活动中矫正,在活动中提高。在高中阶段,心理辅导应强调:教师与学生一起,探讨一个问题,明确一个道理,找出一个差距,体验一种感情,矫正一个行为(思想),提高一个水平。

心理辅导要分为以下几个阶段进行:一是调查分析准备阶段。在这个阶段,教师要注意收集学生的发展资料,并通过日常观察、家庭访问和心理测验等手段来分析全体学生的基本心理发展状态,并找出个别学生的特殊问题,确立集体辅导与个别辅导的内容。二是根据集体辅导内容设计辅导方案。三是开展辅导后的调查,继续进行个别辅导或咨询。

为了做好心理辅导工作,建立健全学生心理档案是十分重要的。学生的心理档案包括以下内容:①学生本人概况:姓名、性别、民族、出生年月日、籍贯、曾读学校、获得奖励情况等。②家庭状况:家庭成员、父母年龄、文化程度、职业、宗教信仰、经济状况、居住条件、管教方式以及周围环境等。③身体状况:一般健康状况、有无生理缺陷、个人病史。④在校状况:承担的工作、学科兴趣、专长、各科成绩、奖惩情况。⑤心理测验记录:智力测验、气质测验、性格测验以及一些有针对性的测验,如学习适应性测验、卡特尔十六种人格因素测验、心理健康水平测验等。⑥个别辅导记录。

建立学生心理档案一定要注意遵守保密性原则,不可随意给无关人员翻阅。尤其是心理测验资料,在通常情况下,学生本人都不可随意翻阅。

(三) 心理咨询

心理咨询是学校心理健康教育的重要形式。心理咨询就是运用心理学的原理和方法,对学生在学习和生活过程中所碰到的一般的心理问题给予直接或间接的辅导和帮助。这个辅导和帮助的过程是个会谈的过程。在这个过程中,师生双方要建立特殊的关系,即学生要十分信任教师,教师要十分尊重学生并能认真地倾听学生的倾诉。

学校心理咨询与学校教育有联系又有区别。学校教育是从社会和群体出发,希望学生学习成人社会的模式和规范,是"自上而下"的过程,偏重外在标准,重在整齐划一;心理咨询是从学生个人出发,重视学生个人的价值和独特性,目的是协助学生解决问题,满足学生的个人需要,发挥学生的个人潜质。心理咨询是个"自下而上"的过程,常常是学生说老师听。

辅导教师在学校心理咨询的开始阶段要注意收集信息。对个别学生的问题,教师可以发出热情洋溢的信函邀请学生"促膝长谈"。在这样的过程中,可以拉近师生间的距离,建立一个崭新的师生关系。

学校心理咨询的内容可以是学习问题,也可以是生活和适应问题,还可以是升学和择业问题等。只要是学生愿意谈的,我们都应该热情接待,共同探讨。

学校常用的心理测验

学校常用的心理测验有：

(1) 心理健康诊断测验(MHT)；

(2) 学习动机诊断测验(MAAT)；

(3) 学习适应性测验(AAT)；

(4) 提高学习能力因素诊断测验(FAT)；

(5) 注意力测验；

(6) 卡特尔联合型测验(CCT)；

(7) 自我状态测验；

(8) 问题行为早期发现(PPCT)；

(9) 亲子关系诊断(PCRT)。

所有上述九个测验现在都集成在一个计算机软件包里，为我们开展工作提供了极大的方便。近几年，我国的心理学工作者为将心理测验更全面地覆盖全体教育对象，他们又编制了《中国幼儿综合心理能力测验》。

(四) 心理治疗

心理治疗就是用心理学的原则和方法，通过治疗者与被治疗者之间的相互关系和反应，矫正被治疗者的心理和行为问题。目前学校常用的心理治疗方法有：

1. 认知疗法

治疗者认为，学生的心理问题都是由学生的错误观念和认识方式造成的，所以，治疗必须以改变或矫正那些使学生情绪和行为失调的信念或思维方式，重建新的认知模式，以达到恢复心理健康的目的。

2. 行为契约治疗法

针对学生的不良习惯或行为，教师帮助学生制定一份改变行为的契约，并协助执行。在这个过程中，教师起着鼓励和督促的作用。

3. 系统脱敏法

采用这个方法常常是治疗人员认为学生的不良行为是因学习获得的，因此可以通过学习来改变这些行为。

4. 角色扮演法

这是指让学生扮演一定的角色，练习某种行为，再将其运用到实际生活中。这种方法对于矫正人际方面的问题效果较为明显。

第四节　心理健康辅导

学校心理健康教育与辅导内容的确定，应该以学生当前存在的心理困惑以及他们的年龄特点为依据。学校心理健康教育的内容除了其共性外还应充分注意其个性。通常地说学校心理健康教育的内容应该有健康的辅导,自我意识的辅导,学习的辅导,生活和休闲的辅导,交往的辅导,情绪控制的辅导,升学和择业的辅导,认识社会、适应社会的辅导,以及创造性活动的辅导,等等。

一、自我意识的辅导

帮助学生学会正确认识和评价自我,获得积极的自我体验,提高自我调控和自我教育能力。让每个学生充分认识到:人都是会发展变化的,都是有价值的,都是互有特长和差异的。青少年正处在生长发育的旺盛时期,一切都可以通过自己的努力去积极塑造,争取发展。教会他们寻找自己的位置和差异,认识自己的特长和优势,努力表现和发展自己,从而树立信心,确立合理的目标,积极上进。

在自我辅导中要特别注意对具有自卑心理的学生的辅导,一般地说,自卑的学生对自己常常有着不正确的看法,总是过低地评价自己。在行为上他们难以提出断然的要求或大胆地表达自己的意见,常常采取逃避的方式来对待当前出现的问题,他们的情绪也经常表现出悲伤、焦虑、内疚等消极情绪状态。

自卑心理产生的原因有身体的原因,如肢体的残缺、盲聋,或过高、过矮,过胖、过瘦,或身体过分虚弱,或相貌较差等;也有心智的原因,如智力不如别人,学习成绩较差等;还有一些习惯方面的原因,如方言过重或在衣着习惯方面与周围同学不一样;再有就是家庭方面的原因,如家庭贫困、单亲家庭或家庭中有犯错误或犯罪的成员;教育方式不当也会引起学生的自卑,如家长对子女的期望过高,学生总是不能实现则会引起他们的自卑或自责;再就是不恰当的横向比较,使孩子总是看不到自己的进步,也会造成他们的自卑。

对这些学生的辅导首先要了解他们产生自卑的原因,在这个基础上要特别注意帮助他们正确地认识并评价自己,帮助他们看到自己的优势与进步,帮助他们善于战胜自我,并创造机会给他们获得成功的体验和对待失败和挫折的正确的态度。

二、学习的辅导

这是学校心理健康教育的重要内容之一,学习辅导是教师运用心理学等相关知识和技能对学生在学习活动中发生的有关问题进行辅导,从而改变他们的学习状况,调动他们的学习积极性,提高他们的学习成绩。学习辅导的主要内容有:

1. 动机的辅导

这主要是帮助学生解决"为什么学"和"为谁而学"的问题。要让学生认识到"学习是个终身性的问题",学习首先是为了自己能更好地生活在这个世界上,只有学习才能掌握生存的本领,才能为祖国、人类作贡献。只有解决了这个问题,才能将"要我学"变成"我要学"。

2. 学习志向水平的辅导

这主要是利用期望理论帮助学生确立适合自己的志向水平,从而增加成功的几率,增强学习的自信心。

3. 学习方法和策略的辅导

这主要是帮助学生认识"学习有法但无定法",充分利用元认知的理论,帮助学生正确认识自己的认知特点,找到适合自己的最佳学习方法和学习策略。

4. 学习计划和自我监控的辅导

第一,应该让学生认识到制定学习计划的重要性。第二,让学生学会根据自己的个性特点来制定学习计划。如果是外向型的学生,那么在制定计划时,必须要注意合理、详尽,不要模仿别人,也不要贪大求全;计划应既有长远计划,又有眼前计划,每天、每周都要分配好各科的学习计划;如果是内向的学生,定计划则应抓住主要矛盾,切不可过分计较解题数量的多少。第三,要根据学习任务的轻重缓急、难易程度制定学习计划、选择学习内容。第四,要善于利用最佳学习时间并使其具有监控计划执行的方法和能力。从神经活动规律看,人在一天的不同时间里神经活动的高低起伏是不一样的,学习时间的安排应该符合个人的神经活动规律。

5. 学习行为与习惯的辅导

这主要是帮助学生在学习时,能保持专注并善于独立思考、克服困难,这就需要帮助他们在学习时注意力集中、思维活跃。对于个别注意力不集中的学生,教育者在确认他不是多动症患者的前提下,应与家长密切配合,给予他耐心的帮助并逐渐对他提高稳定注意的要求,及时给予奖励,使之渐渐形成良好的学习行为和习惯。如果是多动症患者就应及时给予治疗和辅导,也是可以矫正并形成良好的学习行为和习惯的。

6. 学习能力的辅导

教师应该利用心理学的知识帮助学生提高学习过程中所必须的认知能力并帮助学生清楚地认识自己的元认知能力,发挥自己的认知优势,提高自己认知方面的不足,从而达到提高学习能力之目的。

7. 考试辅导

第一,要帮助学生正确认识考试。第二,要帮助学生正确对待来自家庭、学校甚至社会的各种压力;第三,教育学生不要盲目地攀比,既不要在复习迎考期间盲目地与别人比进度,更不要不切实际地比名次,比目标;第四,不要未进考场就先想"考不好怎么办?"自己给自己泄气;第五,不要为复习进程中一时的停滞不前而焦虑。要认识到这是学习过程中必然的现象,心理学称之为"学习高原期";第六,考试时不要接受暗示,要相信自己;第七,树立信心,相信"我行";第八,学会放松,减轻考试时的不必要的紧张情绪。

8. 学习情绪的辅导

这主要是帮助学生认识到学习能够促进个人对环境的积极适应;学习能使个人获得满足,增强自信;学习能使人的潜能获得充分发挥;学习能帮助我们排除消极情绪的干扰;学习能避免和减少个人对自己的不必要的注意。学习是实现长寿和身心健康的必由之路。只有学习才能为我们今后的人生之路奠定坚实的基础。

三、生活适应的辅导

"生活辅导"其实质就是生活适应。对青少年而言就是树立正确的生活观,养成良好的生活习惯和生活技能,建立健康科学的生活方式,使自身发展和社会生活相一致。简单地讲,就是运用心理学等多种学科的理论与技术,帮助并促进学生人格的发展和成长。其中我们要特别注意对学生生活目标和生活态度的辅导。帮助学生初步形成一套自己认可的生活目标,认识人生的意义,珍惜生活的每一天。树立积极进取、乐观豁达、负责任的生活态度和生活行为。

四、网络成瘾的辅导

要重视对个别网络成瘾的学生的指导与帮助,我们首先应该区别"爱好者"与"成瘾者",我们认为,网络本身就是一把双刃剑,它既有积极的作用,也有消极的作用,对于网络爱好从某种意义上来说,可以扩展我们的知识,有助于我们的发展,但如果使用不当就有可能危害我们的健康,影响我们的发展。"网络成瘾者"就属于后者。其次要区分"网络成瘾"是"色情成瘾"还是"游戏成瘾"。网络"色情成瘾"的特点是沉溺于浏览黄色网站,下载色情图片和电影,进行在线色情交易或进入聊天室进行色情聊天。大凡"色情成瘾"的学生他们其实都能意识到成瘾的危害性,但却无法控制自己。为此,他们的心理和精神都会变得非常压抑、自卑、脆弱,甚至难以与人交往。而"游戏成瘾"的学生他们沉溺于网络游戏中,虽花费很多时间和金钱,荒废学业、损伤身体,但他们并未产生羞耻感,反而因游戏的竞争性和挑战性体验到自身价值,从中获得愉悦感。这就是学生"网络游戏成瘾"难以戒断的原因。最后,分别给予网络"色情成瘾"和网络"游戏成瘾"的学生以不同的帮助和指导。对于网络色情成瘾的学生,我们首先应该加强沟通,尽力帮助他们端正对"性"的认识和态度,要给予他们信任,让他们自己讲出内心的困扰,以便确定成瘾的原因、程度和具体的成瘾行为,以便和他们一起探讨矫正的计划;第二步就是和他们一起制定矫正计划。这主要是合理地安排时间并加强对时间的管理,以求逐渐减少在网络上的时间;第三步使用注意转移法、系统脱敏法以及厌恶疗法等,让脱敏者尽快地回到正常的学习生活中。对于网络"游戏成瘾"的学生,我们首先要帮助他们认识网络游戏的危害,不仅损害身体的健康,而且阻碍智力的发展,荒废学业,也影响正常的人际交往。其次要改变他们对游戏的不正确的认知,帮助他们把"游戏"和"现实"区分开来,认识到游戏中的暴力、色情等内容对身心发展存在着潜在的危害,在此基础上再帮助他们掌握时间管理的方法和一些恰当的行为疗法。

参考资料 15-2

心理问题测验——网络色情成瘾

1. 你是否以寻求网络色情信息为唯一目的而例行公事地花费大量时间在色情聊天室私人通讯中   （   ）

2. 你是否沉迷于网络色情而使用互联网   （   ）

3. 你是否常常使用匿名交流来满足不会典型性地发生在现实生活中的性幻想（   ）

4. 你是否带着将会找到性唤起或性满足的预期而期望下一次上网   （   ）

5. 你是否将网络色情发展到电话性爱,或者甚至现实的会面   （   ）

6. 你是否瞒着你的重要他人进行在线交往　　　　　　　　　　　（　　）

7. 你是否对你的在线行为感到内疚或羞愧　　　　　　　　　　　（　　）

8. 你是否最初被网络色情吸引,而后每当登录网络时便积极主动地搜索网络色情信息　　　　　　　　　　　　　　　　　　　　　　　　　　　（　　）

9. 你是否在进行网络虚拟性爱或浏览在线的色情文学时手淫　　　（　　）

10. 你是否感到对现实的性伴侣兴趣减弱,而倾向于将网络色情作为获得性满足的主要形式　　　　　　　　　　　　　　　　　　　　　　　　　　　（　　）

如果对以上任意一个问题回答"是",就可能网络色情成瘾了。

参考资料 15-3

心理问题测验——网络游戏成瘾

1. 沉溺于电子游戏活动(例如,沉溺于重温以往的游戏经验,计划下一次玩游戏,并想办法弄钱或找时间去玩游戏)　　　　　　　　　　　　　　　　　（　　）

2. 需要不断打破记录(或过关)来取得向往的兴奋(或想成为高手或游戏中的强者)　　　　　　　　　　　　　　　　　　　　　　　　　　　　　（　　）

3. 多次努力去控制、减少或停止玩游戏,但都失败了　　　　　　　（　　）

4. 企图减少或停止游戏时烦躁不安或易激怒　　　　　　　　　　　（　　）

5. 当心境烦闷(例如无望感、内疚、焦虑、抑郁)的时候,总想通过玩电子游戏恢复好心情　　　　　　　　　　　　　　　　　　　　　　　　　　　　

6. 当没有打破记录(或没有过关)时,总希望再来一次,以实现突破　（　　）

7. 对家人、老师或其他人不说实话,掩盖参与游戏的程度　　　　　（　　）

8. 为了玩游戏而进行违法活动,如伪造、欺骗、偷窃来获得玩游戏的钱（　　）

9. 因为游戏而使重要的人际关系、工作、受教育的机会受到危害或丧失（　　）

10. 依靠他人提供帮助来解决由于游戏引起的学习成绩下降　　　　（　　）

如果对题目中的 7 个及其以上都回答了"是",可能你已经对游戏成瘾了;即使肯定回答的题目少于 7 个,但出现了 2、3、6 题中的游戏成瘾主成分行为,也应该引起一定的重视。

五、人际交往的辅导

明确交往的意义,激发学生交往的意识,帮助他们正确地认识自我、认识他人,学会推己及人,能为他人着想并能接纳他人。帮助他们学会正确地对待依恋和独立,让他们认识到依恋是每个健康的个体都有的一种情绪状态,是个体人际行为的开端,它引导我们走向人生,丰富人生。依恋是走向独立的益友,依恋和独立的暂时冲突和对立正是亲子关系在新的条件下的又一次整合。帮助他们学会与同伴、同学、老师、父母以及异性交往的良好技能。

六、情绪的辅导

要教育学生学会调节和控制自己的情绪;要让他们了解一个健康的人应该是能经常保持愉悦情绪的人;要帮助他们正确认识并对待挫折,学会缓解不良情绪并减少不良情绪对身心健康的危害;教会他们正确表达情绪的方法并培养他们良好的社会性情感。

七、升学和择业的辅导

帮助学生找到主体与客观现实的最佳匹配,调整好心态,以平静的态度面对升学和就业的现实。

八、适应社会的辅导

教会学生正确地观察社会,学会科学分析和判断社会问题,以主人翁的姿态参与一些社会活动,从中体验并为步入社会做好准备。

九、行为问题的辅导

行为问题的辅导就是针对那些行为不足和行为过度问题的辅导。所谓行为不足就是指人们希望的行为表现频率或持续时间或强度不够的行为。如学习热情等。而行为过度是指那些令人不快或不合社会需要的行为所出现的频率、强度或持续时间过度,如抽烟、网恋等。行为问题的辅导一方面要矫正个体的不良行为,另一方面要帮助个体习得良性行为。

十、性问题的辅导

帮助学生认识性别差异,了解性成熟过程中所出现的一系列的生理和心理变化,建立正确的性别意识,学会同异性进行正常的交往。结合学生性问题实际,对学生进行性生理、性心理、性道德方面的教育。

第五节　对心理辅导员的素质要求

心理健康教育既是教育科学中的一个分支,也是一门教育技术,更是一门教育艺术。它是通过渗透到学生心灵深处的教育震撼力来影响年轻一代的心理与行为的,因此对心理健康教育辅导员的要求就要更高于一般教师。

我们都知道教师的工作特点:工作是为了育人,他的工作具有示范性的作用;他的工作方式具有个体性和长期性;他的工作过程具有复杂性和创造性。教师在工作中常常同时扮演多种角色,他是人类文化的传播者,又是学生灵魂的塑造者,也是学生的表率和楷模,更是学生身心健康的保护者。简单地说我们可以将教师的素质归结为:永葆一颗"童心",以求知为趣,以进取为乐;不怕艰辛,不计得失;热爱学生,热爱学习,热爱真理;严谨治学,发扬民主;相互支持,通力协作等。那么,对于一个心理健康教育的辅导员而言,他应该具有下面的素质要求。

一、高尚的职业道德

心理健康教育，这是一个需要付出更多时间和精力的工作，它需要辅导员对辅导对象持有更多的理解、同情、关怀和耐心。我们的辅导对象常常是带着许多心理问题或心理困惑来到你身边的，他们可能会喋喋不休，也可能会超越常理，还可能会反复无常，所有这些正是他们的困惑与痛苦的表现。所以，我们身为心理健康教育辅导员的教师更应该给他们更多的理解、同情、关怀与耐心。

心理健康教育的辅导员还应该对被辅导者的利益与人格给予更多的保护和尊重。我们应该切实地保护他们的切身利益，不要强迫他们去做他们暂时还不愿做的事，更不要泄漏他们的隐私，不要歧视和嫌弃他们，要以诚相待，要注意倾听他们的叙述，并不时地表示出理解与同情。

心理健康教育的辅导员在进行心理辅导时绝不能将自己个人的情绪带进辅导过程中。不能向辅导对象宣泄自己的苦恼和不满，更不能对辅导对象在情感上寄托自己的爱憎和依恋。必须要做到对辅导对象的关怀和帮助是无私的，是不求回报的。

心理辅导教师对辅导对象进行辅导时应以高尚的伦理道德来帮助学生解决心理问题和心理困惑。

二、较高的心理健康水平

我们在实际工作中发现，没有教师的心理健康，就不会有学生的心理健康。教师的问题心理，即教师在工作中的那些不符合教育教学规律或违背教师职业道德以及不利于学生全面发展和教师本人对自然和社会的不正确的认识、情绪和相应的行为，如不热爱学生、疏远学生、体罚学生；不热爱自己的职业或所任学科；不乐意探索新的教育教学方法；与同事格格不入等都会导致教育工作的失败，也会影响学生的心理健康成长。而那些有心理问题的教师，即心理异常或有心理疾病的教师对学生的心理发展更是有着不可忽视的负面影响。

所以，我们认为一个心理健康的教师，他更应该是对教师角色具有认同感，有良好和谐的人际关系，正确地了解自我、体验自我和控制自我，对现实环境有正确的感知，能平衡自我与现实、理想与现实的关系，具有教育独创性，能真实地感受情绪并恰如其分地控制情绪。具体地说，他应该是：

1. 积极、乐观、充满活力

心理辅导教师他不会把辅导工作看成是一个负担，因而，他在辅导工作中就会有极大的热情和活力来面对学生，就能把自己对生活的热爱和乐观进取的心态带给学生并感染学生。

2. 能换位思考，善解人意，具有和谐良好的人际关系

心理健康辅导教师应该善于与人沟通，善于从别人的谈话中捕获真实思想并给予理解，从中找出切入点，有效地给予被辅导者以真诚的帮助。能以尊重、信任、赞美、喜悦的心态与同事、学生相处。

3. 情绪稳定且乐观

在任何情况下都能保持积极乐观的心态，绝不将不良情绪带入工作中。有良好的情绪调

节和控制能力并善于适度地表达自己情感。

4. 人格健全

在任何情况下都能保持心理活动的协调、完整，言行举止前后一致，诚实处事，实事求是；有自信心，抉择能力强，果断，富于正义感、责任心；具有较好的理性控制力。能在不同的场合扮演好不同的角色。

三、精湛的业务能力

心理健康教育既具有很强的理论性，同时也具有很强的应用性。所以心理健康教师必须潜心钻研有关的理论和方法技术，同时要积极参与心理健康辅导的实践活动，在实践中不断地应用理论知识，同时也要善于总结提高以丰富有关理论。为提高自己的业务能力，心理辅导教师必须：

1. 掌握心理辅导的专业理论，扩展自己的知识结构

在心理辅导的过程中不仅需要普通心理学的知识，还需要发展心理学、心理咨询学、心理治疗学、心理测量学、神经医学等学科的知识。

2. 在实践中学，不断提高自己的心理辅导技能

要善于在工作中积累，认真做好每个个案，吸取成功之经验，分析失败之原因，不断总结，不断进取。应该承认心理健康教育在我国还是一个新的问题，只要我们认真总结，就能不断提高。

思考题

1. 什么是心理健康？
2. 判别心理健康的标准是什么？
3. 中学生常见的心理问题有哪些？
4. 学校心理健康教育的策略与方法有哪些？
5. 学校心理健康教育的主要工作有哪些？
6. 学校心理健康教育的教师应具备哪些要求？

实践题

1. 如果你遇到一位患有考试焦虑的学生，你将如何进行教育？
2. 如果你遇到一位患有性心理问题的学生，你将如何处理？

第十六章 学校中的群体心理

本章主要内容

1. 群体心理概述
2. 班集体心理
3. 学校中的人际关系

第一节 群体心理概述

群体心理研究是社会心理学的组成部分。群体心理有其不同于个体心理的独有规律,研究群体心理才能对人的心理、行为做出更好的解释、预测和控制。教师和学生是群体的成员,在学校这个群体中相互交往,从事教学和学习活动。因此,研究学校群体心理对于教育工作具有重要的意义。

一、群体心理的概念

(一) 个体与群体

1. 个体

个体是指有自然属性和社会属性并能单独活动的有个性的实体。简言之,即指具体个人,如张三、李四。

2. 群体

群体是指人们按某些相同心理和社会原则,以特定的方式组合,在同一规范指引下协同活动的人群,或称人们的共同体,有时也叫团体。学校、班级、家庭、社团、工厂等都是群体。群体虽然是由个体组成的,但并不是任何个体结合的人群都可叫群体,公共汽车上的乘客群、围观的人群都不能称之为群体。群体应有以下的特点:①其成员有共同的社会需要或目标,并由此产生共同的兴趣和愿望,从而联系在一起;②由两个以上的人组成,存在着一定的结构,每一成员扮演不同的角色,执行一定的任务并由此构成一定的关系网络和信息沟通网络;③具有自己的规范与心理倾向,并对每个成员发生影响或起制约作用;④成员有明确的归属意识,同时,群体成员要能在心理上产生一定的情感和相互依赖的关系。

群体可以从不同的角度进行分类,从规模大小可分为大型群体、中型群体和小型群体;从联系的方式可分为直接接触的群体和间接接触的群体;从构成原则和方式可分为正式群体和非正式的群体;从群体发展水平和其成员之间关系的密切程度可分为松散群体、联合群体和集体。

群体的形成和存在是因为它具有特殊的功能。一般来说,群体具有目标任务功能和心理维系功能。一个有效的群体应能承担职责,完成组织任务,保证组织目标的实现;能满足其成员的心理需要,如安全、归属和友谊、自我确认、增强自信、个人取得物质和精神奖励的需要等,增强群体内聚力,从而保证组织的有效运转。

(二)群体心理

群体心理是群体成员对某群体存在的物质生活条件、社会关系、共同利益和群体活动等方面的共同反映,是每个成员个人心理特征的综合与概括,是成员间不断相互作用与相互影响的结果。

1. 群体心理的内容

群体心理的内容纷繁复杂,大致可分为两个层次:一是不稳定的心理成分,如群体成员共有的需要、情绪、气氛、舆论、牢骚、流言等,它们易发生变化;二是表现为相对稳定而不易改变的心理成分,如风气、习惯、传统、偏见等。

2. 群体心理对个体的作用

群体心理对个体的行为和心理发生着影响和制约作用,主要表现在以下三个方面:

(1)群体归属感。群体的成员会自觉地归属于所参加的群体。例如,一个学生表明自己的身份时,常常说自己是某一所学校的;在学校中就说自己是某年级某某班的。个体的归属意识越是明确,他在群体中就越能接受该群体的规范,并在活动中遵循群体的行为准则。一个人在一生中可以同时或先后参加数个不同的群体,他对这些群体都可以产生归属感,而最强烈的归属感来自对他的生活、工作和其他方面影响最大的那个群体。

(2)群体认同感。这是一种群体中的成员在群体心理的影响下,与群体内的其他成员在情感上产生共鸣,从而在认知和评价上基本保持一致的情感。形成认同感的主要原因在于群体成员有着共同的目标、兴趣和愿望,彼此之间产生一定的相互作用,在对待群体外部的一些重大事件或原则性问题时都自觉保持与群体一致的看法和情感,体现出群体的整体性与统一性。

(3)群体的支持力量。群体无形中会给个体以一种支持力量,个体在群体中常常会表现出他一个人独处时所表现不出来的举动。这是因为群体归属感和认同感使个体将群体作为自己的参照系,如果自己的行为符合群体期待并与群体规范相一致时,就可能会感受到群体的支持力量,信心和勇气就会倍增。

(三)群体心理与个体心理的关系

群体心理有其独特的研究领域,诸如群体规范、群体内聚力、群体对个体的积极影响或消极作用等。

群体心理与个体心理相互联系、相互制约。群体心理不是其成员个体心理的简单相加,群体心理是其成员所共有的心理成分,却又从个体心理与行为中表现出来。没有个体心理就不会有群体心理;离开群体心理,个体心理也会失去重要来源。大量研究表明,学生个体的学习自信心受到集体对他的评价与态度的影响,而一个学生的学习自信心又影响到他对班集体及他人的反应。研究群体心理与个体心理相互影响的现象及其规律的学说,称为"群体动力学"。这个学说是由德国心理学家勒温(K. Lewin)提出的。他认为,人的行为是个人与环境相互作用的结果。

二、群体心理效应

个体在群体中的心理行为会受到群体的影响而发生变化,这就是群体心理效应。这种影响有长期的也有短期的,并会使人格发展受到影响。这里只介绍其中几种主要现象。

(一) 社会助长作用和社会阻抑作用

有别人在场,或许多人在一起从事同样活动时,可以提高个人活动(学习或工作)的效率,出现增量或增质,这叫做社会助长作用;出现减量或减质,就叫做社会干扰作用。例如,几个人骑自行车比赛时的车速要比一个人独自骑时快。心理实验结果表明,如果任务简单,几个人在一起做,会增量、增质;如果任务复杂,几个人在一起做尽管也会增量,但有一部分人会减质。据此,教师布置学生学习较复杂的课题时,应避免过多的人在一起做;如学习简单的课题,则应鼓励学生相互竞争,并及时给予评价。这样就能发挥社会助长作用。

(二) 从众和服从

1. 从众

从众是指个体受到群体的压力,放弃自己的意见和主张,在心理和行为上表现出与群体中多数人相一致的现象。如学生做作业的答案与许多同学不同时,明知自己是对的,也会感到不安而放弃自己的意见去"随大流"。

参考资料 16-1

阿希的从众行为实验

社会心理学家阿希(S. E. Asch)曾做过实验。他以大学生为对象,每组7—9人,其中只有一个人是真正被试,其他都是事先与实验者约好了的假被试。被试沿桌而坐,假被试坐在后面,然后看两张卡片。在右边的卡片上画三条直线,其中一条与左边卡片上的直线等长(如图16-1)。实验者要求被试按座位的顺序依次回答自己的判断:左边的直线与右边的哪一条直线等长。

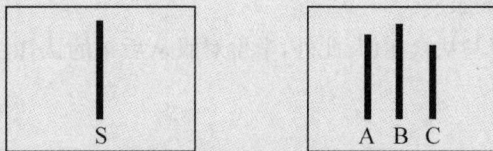

图 16-1 从众实验用的图片

结果发现在假被试先做出一致的错误判断情况下,真被试中竟有30%的人也做出错误判断,即表现出从众行为,但在单人一组的控制实验中,则没有一人出错。

在社会生活中从众行为非常普遍。从众有三种形式：①表面从众，内心接纳；②表面从众，内心拒绝；③表面不从众，内心却接纳。

个人从众的程度受许多因素的影响：主体因素，如年龄特征（小学生易从众）；个人特征（智力较低者、缺乏自信者、情绪不稳定者、过于重视并依赖他人者、重视道德与权威、墨守成规者都容易表现出从众行为）；情境因素（较有威望、能满足个体愿望、奖赏从众行为的群体或权威人物的意见，易被服从；问题本身复杂模糊，缺乏标准，个体易从众）。

从众现象产生主要是由于群体的压力：①可能因为别人的行为使他觉得自己最初的判断是错误的；②可能希望在群体中免受惩罚（如不受别人嘲笑或排挤），或得到奖赏（如得到别人的喜欢或被别人接受）。

对从众行为应作具体分析，不能一概肯定或否定，这要看个体遵从的行为所具有的社会意义。从众行为对学校教育具有积极和消极双重作用。它既可以通过先进的群体行为影响与改变个体的不良行为，促进后进生朝着好的方面转化，但也容易窒息班集体成员的创造性，忽略或压制正确的反面意见，影响群体决策的正确性。

2. 服从

服从是指个体受到他人或者规范的压力，而发生的符合他人或规范要求的行为。在从众的情况下，个体并非按自己本意去做，却是自愿按他人的做法去做的。服从则是个体不愿意去做，而是应别人的要求，甚至被迫去做的。

在学校里可以区分出两种服从：一种是学生个体对学校组织规范的服从，如上课不迟到、早退，考试不作弊等；另一种是学生个体对权威的服从。这种服从可能是出于对权威的钦佩，也可能是出于对权威的害怕。一般说来，学生的服从行为尽管与其本人内心的想法有一定的距离，但不会引起内心很大的矛盾和冲突。但当权威的要求与个人的意愿相违背，个人服从权威命令时就可能造成心理冲突，影响人格健全。

服从的反面是不服从。虽然教师采用奖赏、惩罚等方式使人服从，但外部的压力一旦不适度也会引起反抗现象。学生不服从的表现形式有：①抗拒，表现在行动上是拒不执行，情绪上偏激、对立。②消极抵抗，不敢明目张胆反对群体规定或权威，只好表面顺着干，实际上消极怠慢，不执行。

服从在社会生活中和在学校教育中的重要性是不言而喻的。强调服从可以维持社会和学校等各类组织的秩序，协调人际关系。现代文明的发展与法制的健全更强调对社会规范的服从，而不是对权威人物的服从。

影响服从程度的因素与从众相似，此外，学生对服从后果的认知、感受与归因也是影响服从程度的重要因素。

（三）去个性化现象

所谓去个性化，就是个人在群体中与大家一道活动时，对群体的认同使个体丧失了对自我的控制，失去了通常的个体感。这种去个性化现象在群体破坏性行为中表现得最为典型。例如，在足球赛中，有的球迷在自己所支持的球队失利之后向球员、裁判乱扔杂物，破坏公共设施，阻碍交通，任意起哄，等等。

一般而言,群体成员数量越多,群体成员同一的东西越多,自我特征的感觉就越小,其去个性化的程度也就相应增高,其成员的行为就越自由,也就更加不受约束。

去个性化的产生应归因于个体受群体气氛的渲染而产生激情作用,或者是群体压力对个体行为的制约作用。具体说来有两个原因:匿名性与责任分散。首先,群体中的成员会觉得自己是一个匿名者,外人不识自己的庐山真面目,因而做出违反社会准则的行为不会被人发现,或不会因查到自己而受谴责,这样就助长了个人的冒险精神,做出平常不敢表现的行为来。其次,一个人单独行动时,往往会考虑这种行为是否符合社会道义,是否会受到舆论的谴责或法律的制裁;而和其他群体成员共同活动时,责任会分散到每一个人的头上,会觉得法不责众,即使惩罚也只能惩罚群体,而不会惩罚个人。于是个人在群体中就不会像独自一人时那样具有强烈的责任感了,而任凭自己的行为由一时的强烈情绪所支配。

学校中也存在种种去个性化现象。例如,在气氛非常热烈的活动中,一个平时性格内向、比较腼腆的学生有可能变得活跃异常;在某些情境中,一个平时比较守纪律怕惩罚的学生也可能加入起哄的人群,做出不符合社会准则的行为。

(四) 群体极化效应

群体极化效应是指群体成员中已存在的倾向性得到加强,使一种观点或态度从原来的群体平均水平加强到具有支配性地位的现象。按照群体极化假设,群体的讨论可以使群体中多数人同意的意见得到加强,使原来同意这一意见的人更相信意见的正确性。这样,原先群体支持的意见,讨论后会变得更为支持;原先群体反对的意见,讨论后反对的程度也更强,从而最终使群体的意见出现"极端化"。许多研究表明,群体比个体更容易走极端,也就是说,群体往往会铤而走险,或者是极端保守。

在学校中,让学生参与决策,可使学生看到问题的各个方面,从心理上削弱对新信息的抵制;另一方面,学生们自己作出的决定,是群体讨论的结果,它会得到所有参加者的支持,并变成一种规范力量,使所有学生自觉地去执行。但群体极化效应也会危害群体的正确决策,并带来不利的后果,所以教师在对班集体活动进行决策时既要让学生参与,又要保持冷静,正确引导。

第二节　班集体心理

一、班集体概述

(一) 集体

集体是指为了实现有价值的社会目标而严密组织起来的有纪律、有心理凝聚力的群体。它是群体的一种特殊类型,是群体发展到高级阶段的特殊形态。

(二) 班集体

班集体是根据年龄或相近文化程度组建起来的学生集体。班集体首先是一个社会集体,它是正式组织,具有集体的目的、任务、角色、规范、活动模式等社会特征,执行着自己的社会职能。班集体是一个"拟态社会",体现着错综复杂的社会关系;班集体同时又是一个心理集体,学生之间存在着动态的相互作用,彼此产生紧密而稳定的心理关系,可以满足学生个体的多种多样的心理需要。班集体有如下的社会心理特点:目标定向统一、集体主义的价值取向、令行禁止、集体成员彼此相悦相容。

不是任何班级都能形成良好的班集体,班集体的形成往往要经历松散群体、联合群体、集体几个阶段。①松散群体阶段。新建的班级,各个成员有自己的目标,干部由班主任临时指定,要求由班主任提出,并督促学生执行;同学之间的交往是以熟悉程度以及情绪、爱好等为亲疏,缺乏凝聚力。②联合群体阶段。经过一段时间学习、共同生活以及班级各项活动后,学生之间趋向凝聚,教育要求由班主任和班委会讨论决定,关键工作由班主任出面主持,具体工作由班干部分头去做,正确的舆论开始形成。③班集体,是群体发展的高级阶段,此时群体已发生质的飞跃:个体目标已经同化到集体目标之中,社会要求已逐步内化并转化成为学生的自觉行动,正确舆论已发挥重要作用,集体的责任感、义务感和荣誉感基本形成,整个集体中充满民主、平等、向上、团结、友爱的和谐心理气氛,优良的班风和传统逐步形成。

二、班集体心理

将松散的群体培养成为真正意义上的班集体,是一项复杂的工作。为了有效地进行这项工作,教师要考虑班集体中的社会心理,利用其规律促进良好班集体的形成。

(一) 舆论与规范

任何群体都存在着一定的舆论与规范。群体舆论是指在群体范围内发生的多数人对某事件公开表达的意见和评价。群体规范是群体为了保障其目标的实现和群体活动的一致性而用以约束群体成员的行为准则。学校中有两种类型的规范:一种是由国家方针政策和学校明文规定的各种规章制度、守则;另一种是在群体交往中形成的为大家所认同的潜在规范。舆论与规范对群体成员的心理、行为有很大的影响作用。前面讲到的从众与服从现象往往是个体迫于群体舆论的压力而产生的。舆论与规范都有对与错、好与坏、要与不要之分。合理的舆论与规范能使人向上,反之则会阻碍人进步或诱迫人产生有害的行为。

群体中存在的不符合社会要求的舆论与规范,通过教育是可以改变的,但重要的不仅是矫正,而是要预先进行正面教育,把学校的规章制度通过说理、结合实例讨论等方式转化为班级的规范。

(二) 内聚力与班集体心理气氛

1. 内聚力与班集体心理气氛的概念

群体内聚力是指群体对其成员的吸引力和群体成员之间的吸引力,以及群体成员的满意程度。一般来讲,班集体内聚力高,学生就会自觉保持一致;内聚力低,班集体就像一盘散沙,也就不成其为集体。

内聚力不仅对班集体的整合性产生作用,而且还会对班集体的工作效率发生重大影响。一般来讲,班集体内聚力强,就会产生较高的工作效率,内聚力弱就会降低工作效率。但内聚力并不是工作效率高低的决定因素。

班集体心理气氛或称班风,是班集体里占优势的态度与情感的综合状态,常被比作"组织人格"。每个班集体都有自己独特的气氛:有的拘谨而呆板,有的积极而活跃,有的冷淡而紧张,有的温暖而融洽。即使同一班级也会形成不同的气氛区。班集体气氛有其相对稳定性。

2. 影响班集体内聚力与心理气氛的因素

(1) 成员间的相似性。在某个方面相似容易使人感到彼此接近,从而产生好感,发生认同。学生间彼此相似性高会在很大程度上增加彼此的吸引力,自然能增强班集体的内聚力,产生相容的心理气氛。

(2) 人际关系。教师的领导方式对师生关系,进而对班集体心理气氛和凝聚力起着重要作用。教师的领导方式是指教师用来行使与发扬其领导作用的行为方式。教师的领导方式有集权型、民主型和放任型等三种类型。不同的领导方式会使学生产生不同的反应。教师理解、关心学生,并能够满足学生的各种合理需求,对学生有积极的期待;同时领导有方,能作出正确的决策,使集体目标顺利完成。这样的教师就会赢得学生们的拥护和爱戴,从而形成一个核心,造成很和谐的班集体心理气氛,这样的集体也会表现出很高的内聚力。学生间的关系也是学校人际关系的重要形式。如果学生间彼此认同感高,能较好地互相满足心理上的需要,从而产生亲密感和相互依赖感,同学间的相互吸引力和班集体对学生的吸引力就会增大。

(3) 班集体间的竞争。当班集体之间存在竞争时,各自的班集体内部就会产生压力和威胁,这会迫使所有的学生自觉地一致起来,减少分歧,一致对外,以避免自己的班级遭受损失。这样就造成了班集体内的团结和很高的内聚力。

(4) 班级的物理环境。这里主要指教室的自然环境。教室是学生生活的自然空间,是教师从事教育教学、学生进行学习的场所。教室环境直接影响着学生的情绪。具有文化色彩和教育意识的班级环境,能使学生不知不觉地受到熏陶、暗示和感染。

3. 课堂上班集体心理气氛对学习的影响

我国学者将课堂上班集体心理气氛分为积极的、消极的和对抗的三种类型。积极的课堂气氛是恬静与活跃、热烈与深沉、宽松与严谨的有机统一。消极的课堂气氛通常以紧张拘谨、心不在焉、反应迟钝为基本特征。而对抗的课堂气氛则是失控的气氛,学生过度兴奋、各行其是、随便插嘴、故意捣乱。积极的班集体气氛不但有助于知识的学习,而且也会促进学生的社会化进程;而在消极的课堂气氛中,学生的思维容易处于拘谨的状态,难于作出流畅和发散性的思考,心境也较为压抑,同学之间和师生之间的信息交流受到阻碍,并且容易养成学生主动性缺乏、参与意识薄弱、责任心不强等性格特征;对抗的课堂气氛则会影响课堂教学的效率,状况严重时可导致教学工作无法进行,而且这种课堂气氛对学生良好个性的形成也会起到消极影响,在这种气氛的熏陶下,学生容易产生攻击、违反学校规则等越轨行为。因为班集体气氛会通过教师和学生的语言、表情或动作而暗示他人,从而对学生起到潜移默化的作用。同时,班集体气氛也会使许多学生追求某种行为方式,从而导致学生间发生连锁性的感染,即流行。流行发挥了统一学生行动的功能;流行又能引导学生摆脱现状,具有创新功能。所以,创设良好的班集体气氛是实现有效教学的重要条件。

三、非正式群体心理

(一) 非正式群体的存在

非正式群体是指人们在交往中自发地组织起来的群体。学生在交往过程中,由于有共同的兴趣、观点、感情和目标等而自愿结合在一起,就自然形成了非正式群体。这样的群体通常叫做"小圈子",其群体成员彼此非常了解,在完成某种活动时积极地相互合作。这种友伴群体不仅能满足青少年学生的交往需要,还能增强安全感和自尊心。

非正式群体可以是在班集体之内,也可以是在班集体之外,或是跨几个群体。有时一个班集体内有许多非正式群体。非正式群体处于不断地适应、不断地重新组合当中,因此被认为是一种不安定的力量。非正式群体对于学生有着特殊的影响力,正确利用这种力量,对于达成班集体目标有着明显的效果。

非正式群体一般可分为以下几种类型:①利益型。是以某种一致利益为基础而建立起来的。②爱好型。是以兴趣和嗜好的相同为基础而建立起来的。③信仰型。是以理想、信仰、志愿的相同为基础而建立起来的。④感情型。是以日积月累形成的深厚感情为基础而建立起来的。

非正式群体与班集体之间可能是融洽的,也可能是有矛盾的。当发生矛盾时,往往导致班主任、班干部与非正式群体头头的对立,使班集体的工作难以开展。

(二) 非正式群体的管理

从某种意义上说,班集体中有非正式群体是不可避免的,关键不在于回避它,而是设法影响它,使其与班集体的目标相互协调起来。对非正式群体的管理,可从以下四个方面入手:①调动积极因素,挖掘潜在功能。非正式群体一般都存在一些积极因素,班主任如果处理得当,它就可以与班集体相配合,发挥正向作用。比如可以利用非正式群体的健康活动来满足学生的心理需要,利用非正式群体的沟通网络传递组织信息,等等。②注意目标导向,作好"头头"工作。如果班集体的目标与学生的利益和需要相联系,学生们就会把实现目标看作是满足个人需求的主要途径。而要想做到这一点,做好非正式群体"头头"的工作是至关重要的。为此学校各级组织尤其是班主任要深入细致地做好他们的思想政治工作,信任他们,听取意见,帮助他们改变不合作态度,调动积极性,发挥他们的优势和特长。③感情投入和批评教育并举。教师在与非正式群体联络感情时,切记不能采用粗暴、生硬和简单化的办法,而要主动地多接触、多联系、多做换位思考,消除隔阂,赢得信任后再施以影响力,加以诱导,使班集体和非正式群体逐渐由心理相容达到行为一致,目标一致。④对不同类型的非正式群体采取不同对策。支持和保护积极型非正式群体;教育和改造消极型非正式群体;惩处和消除破坏型非正式群体。

第三节　学校中的人际关系

一、人际关系概述

(一) 人际关系

人际关系是个体在社会生活实践过程中所形成的对其他个体的一种心理倾向及其相应

的行为,它体现的是心理上的距离。人际关系的变化与发展取决于关系中的双方彼此社会需要满足的程度。如果双方在相互交往中都获得了社会需要的满足,相互之间就能发生并保持接近的心理关系,表现为友好的情感,反之就产生厌恶,彼此疏远。

人际关系受许多心理因素的制约,它既有认知成分,也有情绪和行为的成分。彼此间的吸引程度是人际关系的主要特征。影响人际吸引的因素主要有外貌、邻近与熟识、相似与互补、个体的人格品质等。

(二) 人际沟通

人际沟通就是社会中人与人之间的联系过程,即在社会生活中,人们凭借语言符号系统或非语言符号系统两大类媒介相互间进行传递信息、沟通思想和交流情感的过程。从信息论的角度来看,人际沟通的过程,就是信息交流的过程。在这个过程中,人们交流彼此的思想、观点、情感、态度和动机,从而建立一定的人际关系。人际沟通是动态的过程,是人际关系形成的前提与条件;人际关系则是在人际沟通基础上形成的相对静态的关系状况,同时这种关系状况又成为人际沟通的进一步基础,两者的关系是相辅相成的。

任何个人或群体进行的沟通,总是为达到某种目标、满足某种需要而展开的。沟通者越熟悉,沟通就越容易走向个人化,沿着这样的方向互动,则沟通双方的关系就越加深入。昆斯特(Kunst,1988)指出,人们在沟通时会根据对方的反应来选择某种沟通策略,以达到影响对方的目的。至于采取什么样的策略,则既受沟通当时的环境因素如时间、空间及自然条件等影响,也受个体当时的心理状态和过去经验、期望的影响,也与沟通对象有很大的关联。人际沟通是系统性的活动过程,它有开始和结束,同时是不断地运动着的,即沟通是动态的而非静态的。人际沟通具有协调人际关系、心理保健、自我表露、心理发展动力等功能。一般可以将人际沟通的工具或媒介归为语言符号系统和非语言符号系统两类。

二、学校中的人际关系

学校中存在着各种各样的人际关系,有的是通过自然交往形成的非正式关系,有的是根据教育任务、行政命令规定的正式关系。正式关系或是平等互助,或是民主集中,或是专制服从,或是谄上欺下,但不管哪种关系都会直接影响学校教育任务的完成。教师之间形成团结、和谐的关系,不仅有助于教师个人保持饱满而愉快的情绪进行工作,并且也会起到榜样作用,使学生懂得与人相处应当是怎样的关系;学生之间的关系决定着班集体的凝聚力和心理气氛,直接影响学生学习活动的成败、人格的形成和发展以及身心健康。在学校中最重要的关系是正式的同学间关系和教师与学生之间的关系。

人们的相互联系既体现在个体对于其他个体的心理关系,即静态的人际关系中,也体现在动态的、具体的人际互动过程中。人际互动是指两个人或多个人之间通过非语言、语言等符号媒介而发生的交互作用。

(一) 课堂上的师生互动

课堂教学包含教师和学生两个基本元素,它是学生与教师及学生之间的人际互动过程。课堂教学通过多重的人际互动网络进行信息、思想、情感等方面的传递、沟通和交流,实现教育职能。在互动网络中,师生互动是主要成分。

言语互动是课堂中师生互动的最基本形式,既用在教师与学生交流课程内容、教师向学生提出学习要求和程序,又用来沟通师生情感,进行共同活动。课堂中运用的语言比其他场合更为规范,非语言的表情、手势、身姿等也影响课堂中的互动,但往往是辅助性手段。课堂中师生互动是一种相当正式的互动,不可像日常生活中的人际交往那样随便,具有模式化的倾向。这首先是由于制度化的规定、纪律的约束以及长期沿袭的惯例;其次应归因于教师的人格特征和教学习惯。

课堂中师生互动有不同的类型(见图16-2),每种网络类型都各有其优缺点。链式——传递信息速度快,解决简单问题效率高,但对提高学生的士气作用不大。轮式——传达信息准确、迅速,解决简单问题效率高,但地位障碍较大,提高学生士气的作用不大。圆周式——能提高学生士气,解决复杂问题有效,但解决问题速度慢。"Y"式——解决问题速度快,但学生满意程度低。课堂中的师生互动通常如图16-2所示的轮式互动。轮式互动传递信息最快,并有一个占中心位置的核心人物——教师。但有教师这个中心人物并不意味着对学生的忽视,教师的主导作用正是通过学生主体地位的确立而得到体现。因此,课堂中的师生互动如何达到最好的效果,更在于灵活、变通地采用不同的互动方式。

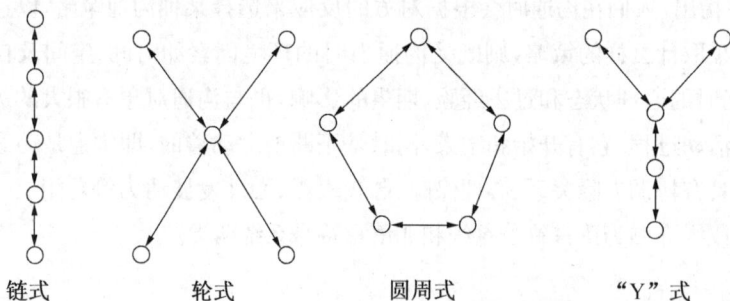

| 链式 | 轮式 | 圆周式 | "Y"式 |

图16-2 课堂中师生互动的网络类型

(二)期望与皮格马利翁效应

教师对班集体全体成员都应持有普遍的期望,一视同仁,能否做到这一点取决于教师的教育思想和事业心。研究表明,教师对班集体成员的普遍期望特别重要,往往会出现意想不到的教育效果。

参考资料 16-2

皮格马利翁效应

罗森塔尔(R. Rosenthal)和雅各布森(L. F. Jacobson)曾做过实验。他们先对小学1—6年级学生进行一项"预测未来发展的测验"(智力测验)。然后不是根据测验成绩而是随机在各班抽取20%的学生(称实验组),并故意告诉每个教师说:他们是"未来的花朵",有很大的"学业冲刺"潜力。八个月之后,再对全部学生进行一次同样的测验,结果发现这些所谓的"未来的花朵"真的在智力上比其他学生(控制组)有更大的提高。一年级实验组提高 27％,控制组仅提高 12％。二年级实验组提高 16.5％,控制组仅提高 7％。特别有趣的是,教师在期末评定"实验组"时也说:他们"求知欲更强"、"更有适应力和魅力",等等。为什么会出现这种情况呢？研究者认为,教师受到实验者的暗示,不仅对"未来的花朵"抱有希望,而且也会有意无意地通过各种态度、表情与行动方式,把这种暗含的期望,微妙地传递给他们,其中包括更多的提问、辅导等。当这些学生获得期望的信息后,会产生受鼓励的效应,于是更加信任老师,积极主动给老师以反馈。教师越是见到这种反应,越会把自己的情感及期望投射(移情)到学生身上,感到他们更加可爱,于是激起更大的热情。这种现象称作皮格马利翁效应。

教师对学生的积极期待能够产生良好的教育效果。教师通过语言、姿势、表情等符号作用于学生,对学生表现出更多的关注和积极期待,这能导致他们巩固、加快正确的反应,改变自我意识、对自己的期望、抱负水平和认知方式。

(三) 学生之间的竞争与合作

竞争是互动的各方为了获得一个物质的或精神的目标而争夺的过程,争夺的结果是区分出优劣胜败的名次。合作是互动的各方联合起来,为相互利益而协调一致的活动,活动的结果不仅有利于本人,也有利于对方。

竞争合作是以能否满足各自的利益,即满足各自的物质、精神需要密切相关。如果利益相斥,一方需要的满足会阻碍他方需要的满足,就往往出现竞争,竞争导致人际关系不融洽;如果利益一致,相互作用有助于各方需要的满足,就往往出现合作,合作导致亲密人际关系的形成。然而,现实生活中的情况往往比上述一般的结论复杂得多,人们彼此之间的利益有的是相互排斥的,有的是相容的,大多数情况则是排斥相容共存的。社会心理学家将这三种利益关系,分别称为分歧利益,一致利益和交叉利益。所以竞争与合作并不是截然分开的,而是我中有你,你中有我,彼此共存的。竞争与合作是人际互动的两大基本类型,生活中处处存在着竞争与合作。

1. 学生间的竞争

以班为单位进行教学,在班内小组之间、学生之间的相互竞争属于群体内的竞争,这种竞争的积极作用在于:其一,竞争可以激发个人的成就动机,提高个人的标准和抱负水平,从而激发学生不断努力的兴趣和决心,缩小个人的能力与成绩之间的差距,提高学习效率;其二可以帮助学生较好地发现自己的潜能和局限性,从而更客观地评价自己,形成正确的自我意识和良好的人格特征;其三,竞争还可以增加学生学习与工作的积极性,使集体生活更富有活力和生气。它可以使课堂气氛显得活跃,避免或减轻学生对例行作业的单调感,增加了他们学习与工作的乐趣。

但是竞争也会带来消极作用,它可能会使学习迟缓的学生丧失信心,比较敏感的学生感受到过分的压力,感到过度紧张和焦虑,这样既不利于他们的身心健康,也不利于提高他们学习的积极性,导致他们在集体生活中更加退缩。而对于知道自己不需要任何努力就能成功的学生则缺乏激励。同时竞争易使学生过于注重学习的结果,而忽视学习的过程和创造性;竞争可能会阻碍同学间友好关系的发展，导致利他精神的削弱和群体内部的涣散。

2. 学生间的合作

在学校中提倡合作的积极作用在于：第一，合作有利于新的复杂问题的解决，当学生为了解决新问题需要提出多种可供选择的方案时，学生间的合作往往胜过个人的努力；第二，合作能增强集体凝聚力，形成积极的课堂气氛与和谐的班集体气氛，既能促使学生智力和创造性的发展，也有利于学生养成与人协作的意识、能力以及亲和的性格特征。第三，合作能促使学生积极思考彼此之间的互补性，学会取长补短，启发学生学会学习，自觉改进学习的态度、策略与方法。第四，在决定任务和评价作业时，学生间合作讨论所形成的一致意见往往更有效。

在未来社会中，学习、工作、创造活动，既需要发挥个人的聪明才智，也需要互助合作的精神。在启发式、互助式的教学中，教师既要诱导每个学生都能自主地动脑动口，发表个人的看法；也要鼓励学生互动合作、互相研究、共同讨论、互相补充、互相修正，在和谐的气氛中掌握知识。在科学探索的过程中，无论是发现问题、提出问题、提出假设、验证假设，都需要开发集体智慧，让学生自由探索、互相启迪，通过集思广益可以产生许多新的见解、新的解决方案。

但合作也可能会带来以下消极影响：其一，合作容易忽略个别差异，学得快的学生可能需要在一定程度上放慢学习进度，会感到"吃不饱"，从而影响其潜能的发挥，而对合作感到不自然、焦虑或不善于进行合作学习的学生在合作学习中未必能取得理想的效果；其二，能力强的学生或活泼好动的学生有可能支配能力差或沉默寡言的学生，从而影响双方的学习进步和良好个性的发展。

学生之间的合作与竞争是对立统一的，在课堂的集体活动中，有时可能同时发生合作与竞争，有时可能交替出现。不能片面强调合作，也不能片面强调竞争。有效的课堂管理应该协调合作与竞争的关系，使两者相辅相成，成为促进课堂管理功能和调动学生积极性的有益手段。

学校之间、班级之间的竞争属于群体间竞争。一般来说，群体间的竞争有利于群体内的合作，有利于集体主义的培养，在学校教育中可以多开展群体间的竞争。因此，有的心理学家主张群体之内开展合作学习，在群体之间展开竞争。也有心理学家提倡自我竞争，促使学生不断自我超越。

三、学校中人际关系的测量

只要我们细心观察就很容易发现，在任何较大的群体里总有许多小群体的活动网，学校也不例外。社会心理学研究表明，任何群体里的人与人之间的关系都可以用社会测量法进行测量，并可以通过不同的方式把人际关系揭示出来。我们可以用社会测量法来了解学校中的人际关系。莫里诺(J. L. Moreno)是第一个采用社会测量法以了解群体内部心理结构与心理距离的社会心理学家。莫里诺社会测量法的根本目的，在于了解群体内人与人之间在心理上的关系。

社会测量法的具体做法主要是向群体成员提出问题，让其回答。例如，"在这个组织里请你提出三个喜欢的人,按喜欢的程度、顺序依次排列。""你愿意和谁排在一起,首先是谁,其次是谁? 第三是谁?"还可以按照这种方式提出愿意和谁在一起学习、春游、搞清洁卫生工作等问题,提出的人数可以一个人、两个人或三个人,但最好限制在三个人以内。也可以是提出最不喜欢的人,方法同上,但这样做有副作用,在群体内可能由此引起隔阂和矛盾,故很少为研究者使用。

通过社会测量法获得的具体材料要加以整理,并进行统计分析。材料整理有以下两种方式。

(一) 人际关系矩阵表

这是根据群体总人数(n)而制成的 $n \times n$ 的行列表。表内记入各成员的选择关系,也可以记入排斥关系。最喜欢的给3分,其次的给2分,第三的给1分;不喜欢的依次给负3分,负2分,负1分。一一填入表内之后,就可以从表上的数字一目了然地知道该群体内的人际结构与人际关系:谁选谁? 谁被他人选上的最多? 选择是单向的还是双向的? 从中可以看出这一群体的心理气氛如何。也就是说,根据各人的统计得分,如某人正的分数最多,就反映出他在群体内最受人欢迎;如某人负的分数最多,则说明他最不受欢迎。参看表16-1。

表 16-1 人际关系矩阵表

选者 \ 被选者	A	B	C	D	E	F	……
A		3	2	1	-1	-2	
B	3			2	1	-2	
C	2	1		-2	3	-1	
D	2	-1	1		3	-2	
E	3	2	-1	1		-3	
F	1	-1	2	-2	-3		
分类合计	+11	+6 -2	+7 -1	+3 -4	+6 -4	-10	
总 计	11	4	6	-1	2	-10	

表 16-1 内的数字表明,A 最受人欢迎,F 最不受人喜欢。用矩阵法可以根据不同的项目一一列表,最后可以把各表加以综合,就可反映出每个人的总的好恶关系。

(二) 人际关系图

群体成员彼此之间喜欢和不喜欢的关系也可以用图来表示,称为人际关系图。图中小圆圈内的字母是群体内每一成员的代号;实线与虚线表示相互关系,实线表示友好关系,虚线则表示不友好;箭头表示方向(参看图16-3)。

人际关系图能将群体内的人际关系反映得一清二楚,每个成员在群体内占有何等地位也十分明显。被实线的箭头指向最多的人,就是处于群体中心位置的人。从图16-3中可以看出,A 是最受欢迎的人,F 则是最不被人喜欢。

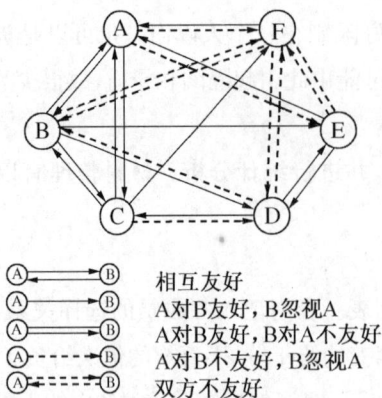

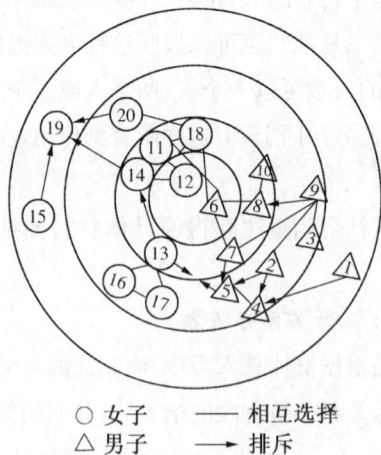

图 16-3 人际关系图   图 16-4 人际关系靶形图

如果群体的人数很多,还可以画靶形图。绘制靶形图的方法是:把群体内的各个成员编上号码,男女性别作好标记;绘制靶形图要根据矩阵表,把被其他成员选中的人数最多的人置于靶的中心,并依次把其他成员置于靶中心的外围部分,最少被人选中的人置于靶的最外层(参看图 16-4)。

靶形图清楚地反映出:女子 12 号与男子 6 号都是群体的中心人物,而女子 19 号是被排斥的人物。

运用社会测量法可以了解群体中三个方面的问题:①群体中最受欢迎的人;②群体中有没有小圈子,借以找出小群体中有影响的人物;③了解群体内的人际关系,谁的人缘最好?谁最孤立?谁受排斥?

社会测量法的优点是:①可以把群体成员心理上的结合加以数量化。②了解人际关系的问题在时间上十分经济。根据平时的观察,虽然也可以弄清楚人们之间的关系,但要花费许多时间。③对于了解松散的群体最为有效,因为松散群体除了情绪联系以外,没有任何其他内部结构,或者它的内部结构缺乏共同的思想基础。这种方法对组织严密的群体,也有一定的参考价值。

值得指出的是,社会测量法所揭示的人际关系只是人们的情绪倾向方面,尚不能揭示其选择动机,而社会心理学最主要的任务恰恰要了解人与人之间关系选择的动机,即选择张三不选择李四是出于何种目的。选择的动机是个人对他人好恶的基础,但社会测量法对测量动机却是无能为力的。

参考资料 16-1

暗 示

一、暗示的定义

暗示在不同层面有着不同的含义。广义地说,人类时刻都生活在心理暗示的作用之中,所有的词汇和情境也都具有暗示作用。从狭义上说,暗示是在无对抗条件下,用含蓄、间接的方式,对别人的心理和行为产生影响,使别人不自觉地按照一定的方式去行动或者不加批判地接受一定的意见或信念,从而使其思想、行为与暗示者的意志相符合。

二、暗示的分类

（一）根据暗示的媒介物分类

1. 语言暗示

2. 非语言暗示

3. 信誉暗示

4. 环境、气氛暗示

在一个气氛热烈的环境中,人们容易变得开放和兴奋;而在一个压抑的环境中人们心情也容易沉郁。

（二）根据暗示的主体分类

1. 他人暗示

2. 自我暗示

暗示信息来自自己,称为自我暗示。自我暗示对人的心理和生理可以产生重要的影响。

（三）根据暗示的方式分类

1. 直接暗示

成语故事"望梅止渴",就是一个直接暗示的绝妙例子。

2. 间接暗示

暗示这一社会心理现象可以应用于医疗、商业、体育、教育等各个领域,它对社会生活既可能产生积极影响,也可能产生消极影响。暗示效果既与客观因素有关,比如暗示者本人的条件,包括暗示者的信心、体力、身材、性别、年龄、知识、权力和地位等,也与受暗示者的主观因素,比如受暗示者的年龄、知识、经验等有关,同时也受到暗示本身的程度、强度、质量,暗示与受暗示者个人愿望的契合程度以及暗示者与受暗示者之间的关系安全信任程度的影响等。

思考题

1. 什么是个体、群体?

2. 群体对个人活动的影响如何?

3. 舆论与规范对班集体的作用。

4. 在班集体中,如何正确对待非正式群体?

5. 什么是皮格马利翁效应,它对教育的作用如何?

6. 通过社会测量法能了解群体中的什么问题,它的优缺点何在?

实践题

1. 随意选择某中学某个班级，同班主任合作，试用社会测量法研究一下该班的人际关系。

2. 观察你班集体中有哪些社会心理现象。

附录 基础心理实验

⊚ **本章主要内容**

1. 心理实验的意义和要领

3. 心理学实验新技术

2. 十七个心理实验

第一节 心理实验的意义和要领

一、学心理学为什么要做实验

心理学是一门实验科学。实验方法的使用使心理学发展成为一门科学。

心理学成为一门独立科学并不是一蹴而就的。它和物理学、生物学等科学一样,也有一个漫长而艰苦的发展历程。采用实验方法研究心理现象开始于 18 世纪中叶。后来,冯特继承了前人的工作,于 1879 年建立了世界上第一个心理学实验室,成为现代心理学的创始人。

参考资料 1

人 差 方 程 式

1795 年,英国格林威治天文台台长马斯克林(Maskelyne)与助手金纳布路克(Kinnrebrook)共同观察一颗星经过子午线的时间。助手记录的时间比台长的落后约半秒钟。时差虽然不大,但错误已经不止一次,这对天文学家来说是难以容忍的。台长当然认为自己的观察与记录是正确的,是助手玩忽职守,所以就开除了他。后来,台长把助手过去的观察记录全部检查了一遍,发现他的记录总是落后一些;他的误差总是偏向一方。这位天文学家因此发现了反应时间这个心理现象,可是没有进行更深入的研究。直至 1822 年,德国寇尼格史堡格(Konigsberg)天文台的贝塞尔(Bessel)见到格林威治天文台事件的报道,看出了这个现象的意义,才加以认真的研究。他比较了一对观察者之间的反应时间的差别(B 的记录时间减去 A 的记录时间 $= X$ 秒),即:$B - A = X$(秒)。这个算式称为人差方程式。反应时间这一心理现象,引起了心理学家经久不衰的兴趣,至今依旧是研究的热门课题。

实验法的采用使人们找到了对心理现象进行客观研究的手段。于是,心理研究从对心理现象的一般哲学推论,进入到具体心理过程及其物质基础的分析研究,从而越来越深入地揭示了各种心理活动的规律。从某种意义上说，正是随着实验心理学和心理物理法的诞生和发展，心理学才完全从哲学中分离出来，形成一门独立的科学。

20世纪50年代以来，心理学研究已广泛应用于现代科学和工作技术之中，取得了一系列新的成果。近年来，一些新技术、新概念和新方法被引进心理学研究领域中来，如控制论、信息论、微电极技术、分子生物学、数理分析等，使心理学的实验研究水平有了明显的提高。心理学家从信息加工角度去看待知觉、记忆和思维等心理过程，同许多邻近学科有了愈来愈多的共同语言，从而进一步促进了自身的发展。心理学实验的发生和发展有力地说明，实验方法是揭露心理和行为的规律性的重要途径和手段。每一位心理学工作者，可以对心理学的任何一个领域的任何一个分支特别感兴趣，可以专门从事儿童心理、教育心理、医学心理、或知觉心理、思维心理以至社会心理的研究，但是，一个真正的科学心理学工作者，必须很好地掌握实验心理学的研究内容和方法，了解应当如何科学地考察心理和行为的规律。

二、心理实验的基本变量

为了进行科学的实验研究，我们必须首先掌握实验和变量这两个基本概念。

实验，是一种有控制的观察。它与自然的或偶然的观察不同。实验是实验者人为地使现象发生，对产生现象的情境或影响现象的条件加以操纵、变化与控制的观察。而自然的或偶然的观察，乃是研究者在现场（自然的情境中）任凭现象自然地发生，对现象及其发生的情境不加人为干预而进行的。与其他研究方法相比，实验的主要特点是较好地控制额外变量。

变量，是指在性质、数量上可以变化、操纵与测量的条件、现象或特性。在心理学的实验情境中，实验者必须考虑三类基本变量：①已知的对有机体的反应发生影响的变量叫自变量，它是由实验者操纵、掌握的变量；②由实验者观察的或记录的变量叫因变量；③在实验中应保持恒定的变量叫控制变量。

实验具有三个明显的特征：①实验者掌握主动权，选择方便的地点与时间使现象发生，事先可以为准确的观察做好充分的准备。②由于实验者掌握主动权，不必浪费时间等待现象自发地发生，能够任意使现象在同样的条件下重复发生，反复进行观察，验证自己的观察结果，而且别人也能照样重复这个实验程序核对实验的结果，因此实验具有可核对性或验证性。③实验者可以系统地变化条件，观察由此而引起的变化，从而推测条件与现象之间的因果关系。在简单的实验设计里，可只让一个条件变化，而使其余的一切条件不变或保持恒定；在复杂设计里，可以让两个或两个以上的条件同时变化，分析每个条件的单独影响以及它们之间可能的相互作用。如何正确地处理变量是实验成败的关键。

(一) 自变量

自变量是由实验者操纵、掌握的变量。它通常是某一维度上的变化。灯的亮度、音调的强度、喂老鼠的食物丸的数目等都是自变量，因为实验者可以自行决定它们的数量变化。实验者会选择自变量来造成行为的变化，如增加声音的强度，应该提高被试对声音的反应速度；增加食物丸的数目，应该增加老鼠按压杠杆的次数。当自变量有了变化而导致行为的变化，我们就说该行为处在自变量的控制之下。

然而,在复杂的实验情境(如阅读、思维等)中,实验者通常不能、也不必对被试感官所受到的刺激作物理维度上的定量分析,而只对情境作明白而具体的定性描述。如迷津的类型、大小,迷路的数目,印刷品的字体、字号,问题的性质,实验时的照明,动机与社会条件等等,在这些情境中,实验者关心的不是刺激维度上的变化,而是刺激组合对阅读或解决问题的影响。

实验者选择的自变量,有时不能引起被试行为上的变化,实验获得的是无效结果。这可能是由以下几种情况造成的:

第一,实验者错误地认为自变量很重要,但实际上并不重要,结果自变量不能造成行为上的变化。这方面的例子是不少的。例如,某种教学方法的改革没有引起学生学习成绩的提高。

第二,实验者没有真正操纵自变量。比如,在信号检测论(SDT)的实验中,暗示强度(量)不够,常常看不到被试行为上的明显变化。一旦把暗示量加大,加重奖惩的分量,就会发现行为上的差别了。这是因为原来对自变量的操纵尚未达到揭示自变量的效果。这也就是在动物实验中,为提高动物的行为强度,一般要让它们空腹,甚至饿上 24 小时的原因。因此,实验者一定要仔细选择好自变量及其操纵手段。

第三,自变量在实验过程中被"偷换"了。这种"偷换",有时是有意的,有时是无意的。霍桑效应就是一个典型的例子。1924 年美国芝加哥西方电力公司在霍桑工厂做了一个关于工厂照明条件与劳动效率的关系的研究。当初,实验分两个组(实验组与控制组)进行。研究者发现不管实验组增加或减少照明,工人的生产效率都在提高,而即使是没有改变照明的控制组也出现了生产效率提高的情况。这个结果令人困惑不解。经过几年实验研究才发现,由于控制组和实验组都知道他们在做实验,就认为厂主在关心工人,因而提高了生产率。这时,引起生产率这一因变量变化的自变量,不是当初规定的照明条件,而是"厂主关心工人"。这说明,在实验过程中,自变量并不总是实验者所规定或认为的那个自变量。这个问题需要在实验中随时予以注意。

自变量选好后,就可确定几种水平的变化,以引起被试行为上的差别。尽管自变量和被测的行为间的关系多种多样,但概括起来,有六种典型的情况。图附1显示了这六种情况。其中 A、B、C 方格表示二者之间属于线性关系,而 D、E、F 方格则表示了二者之间是非线性的关系。

从图附-1 上 A 方格可以看到,当自变量增加时,被测定的行为变化(即因变量)直线上升。线的斜率是可以变化的,可以是低度倾斜,也可以是陡峭的。C 方格和 A 方格一样也是线性关系,但是当自变量增加时,因变量却减小,C 是一种与 A 相反的关系。B 方格表明行为不受自变量的影响。这条平稳的水平线可以说明,自变量与所研究的行为没有关系。

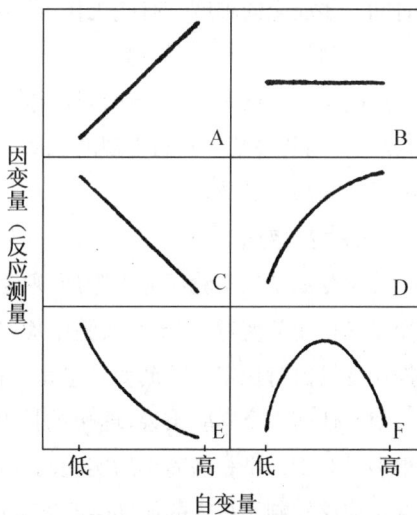

图附-1 自变量与因变量间
几种可能的相关

图附-1 上的 D、E、F 方格,都显示了非线性关系。D 方格和 E 方格是单向的,但自变量单位的每一次增加都不伴随反应数量的恒量变化。F 方格显示出来的关系可说是非单向的或复合的,因变量开始时随自变量非线性地增加,后来,当自变量增加时因变量却非线性地减小。要注意的是,在做 F 方格这类实验时,如果只用低的和高的两种水平的自变量,就会出现反应的数量相同的情况,从而得出和自变量无相关的结论。为了防止产生这种不适当的结论,必须将自变量定为三个水平,以揭示隐藏着的 U 形关系。

(二) 因变量

因自变量的变化而产生的现象变化或结果称为因变量。它是由实验者观察的或记录的变量。因变量依赖于被试的行为,被试按压开关的时间、回忆单词的数目、对信号反应的速度都是因变量。

确定因变量好坏的主要标准是可靠性。当实验者在同样水平的自变量条件下,精确地重复实验,因变量也出现以前实验相同的结果,那么这个实验可靠性高。由于各种测量上的误差和操作误差,不可靠性会经常出现。例如,我们希望测量一支蜡烛在点燃以前和点燃 15 分钟后的重量,我们会用一个弹簧秤来称它。弹簧是热胀冷缩的,所以称重时只有保持温度恒定,测量结果才可靠。我们不难发现,点燃的蜡烛对弹簧秤的温度的影响是很大的,故实验可能会因测量上的误差而不可靠。

但是,还应注意的是,即使因变量本身是可靠的,也会因为数值大小不恰当而使实验结果无效。如果实验条件过于容易,被试多半获得 100% 的正确反应;或实验条件过于困难,被试多半获得低于 20% 的正确反应。前者我们称为高限效应,后者我们称为低限效应。这两种效应在选择因变量时都应当避免,因为它们妨碍自变量去精确地影响因变量。

在心理实验里,因变量一般可从五个方面来度量:①反应的正确性。如正误次数,射击中靶次数或距离中心的尺寸。②反应的速度。如简单反应的时间或潜伏期,完成一项作业所需的时间。③反应的难度。有些工作可以列出难度表(难易的等级或水平),看被试能达到什么水平。编制难度表常需费时颇多的预备实验过程,缩短时间和增加干扰常可加大难度水平。④反应的次数和概率,即一定时限内被试者作出反应的次数。如斯金纳箱中动物的操作反应率,或几种判断中某一判断出现的概率。⑤反应的强度或大小幅度,如膝跳反射的幅度,流涎反射唾液分泌的滴数,等等。

(三) 控制变量

控制变量是指实验研究中除所规定的自变量以外的一切能够影响实验结果的变量。这些变量又称无关变量,需要在实验中加以严格控制。控制变量是潜在的自变量,在实验中应该使控制变量保持恒定。控制变量也是一种不变的变量,因为实验者对它作了控制。

对于任何一个实验来说,理想的控制变量的清单是相当大的,比实际上能够控制的数量大得多。对于一个相当简单的实验而言,如要求被试记忆三个辅音字母的一串音节,也有许多的变量应该控制。昼夜的循环会改变你的学习效率,因而最好能够控制;温度也是重要的,如果实验房间里太热,你就会打瞌睡;从你最近一顿饭到参加实验的时间,也会影响记忆成绩;测验结果与人的智力状态也有关系。实验者总是想尽可能地控制那些有显著影响的变量,而希望未控制的因素对自变量的影响尽可能地小。下面介绍一些影响实验结果的因素，以说明实验中必须对这些因素加以控制。

1. 实验者效应

实验者效应是指实验者为搜集能够证明所提出的假设的实验结果，而在实验中有意无意通过各种动作、表情、语言将预期的要求暗示给被试，引起实验结果有利于证明实验者假设的效应。最初，心理学家在研究一匹马的表演中发现了这种效应。20世纪初，由一个数学教员训练的一匹名叫"汉斯"的马，能用敲击前蹄的方法解答算术问题。聪明的"汉斯"的故事广为流传。后来，经心理学家研究发现，这匹马能够解算术题，不是具备思维能力，而是它在表演时对主人及观察者所做的每一个不易觉察的动作十分敏感，如当汉斯正要完成正确回答所要求的敲击数时，主人无意中会轻微地点一下头，或放松面部紧张的肌肉。因此，马的行为是由它的训练者（观察者未意识到）的一种微妙的交流方式控制的。但是在当时，这个有关实验者效应的发现并没有引起心理学界的足够重视，直到罗森塔尔在用人类被试及动物被试完成一系列实验者效应的实验研究之后，人们才知道这个效应在心理实验中存在的普遍性。

2. 安慰剂效应

安慰剂效应最初是在医学研究中发现的。当一个病人在接受一种药物处理后，尽管这种药并不能医治该患者的病，但患者报告病情有所好转。心理学家专门的研究还发现，用静脉注射安慰针剂（一般为葡萄糖稀溶液）的疗效明显大于肌肉注射安慰针剂，而肌肉注射安慰针剂的疗效明显大于口服安慰针剂。在这样的情形下，为什么患者会报告病情有好转呢？这是由于医生的治疗行为会使病人产生一种心理效应。在医疗实践中，要绝对排除心理因素的作用是不可能的，但安慰剂效应还是可以控制的，如建立一个控制组就是一个比较好的方法。

3. 顺序效应

将第二次行为与第一次行为进行比较时，第二次行为可能受第一次行为的影响，使实验产生误差。这就是顺序效应。实际上，顺序效应是由有机体受经验的影响而出现的反应。顺序效应可以出现在许多种类的实验中。例如，比较两种牌号的香烟的涩味，若每次先吸甲牌香烟，后吸乙牌香烟，那么先吸的甲牌香烟经常被评为涩味少，后吸的乙牌香烟经常评为涩味重。实际上，第二次的经验是先吸完甲牌香烟后的经验造成的。类似这种情况的例子是很多的。由此可见，两次判断之间并不是没有关系的。顺序效应是可以控制的，如可以分配一半被试做相反的顺序。

在心理实验中，还有系列效应、练习效应、疲劳效应、期望效应和习惯效应等，这些不同的、甚至有的是互相对立的效应，都使实验结果产生不同的系统误差。细细分析起来，这些效应都是无关变量在不同实验情境下的表现形式。如果对有些无关变量不加控制，就会产生许多影响实验准确性的效应。

控制无关变量的方法很多，在下一节中将有专门的论述。这里要指出的是，使变量保持恒定，是排除无关因素的最主要的方法。实验失败常常是对无关因素没有足够的控制，结果这些无关因素在实验中就发生了不规则的变化。实验室外的研究更容易出现这种情形，因为那时控制变量恒定的能力大大降低了。

三、心理实验报告写作要求

实验报告是总结科研成果的一种形式。和其他学科一样,心理学的实验报告是对过去工作的总结,更重要的是能为进一步研究提供线索。学习写好实验报告,也是实验课的教学任务之一。

在心理实验课中所写的实验报告,与科学研究的实验报告的基本项目是相同的,但也有其不同之处。科学研究的目的是要解决新问题,故实验报告必须提供新的研究成果,而实验课中做的实验是为了学习知识,掌握技能,常常是重复一个经典实验或验证某个已有定论的问题。因此,在实验课的实验报告中往往只能为前人研究成果提供补充材料。但是,因为实验是在新情况下的重复,结果中往往包含有新的因素,因此也需要同学们自己动手整理,在实验报告里反映出来。

一个完整的实验报告必须包括以下几项内容:题目、引言、方法、结果、讨论、结论、参考文献及附录。

(一)题目

实验报告的题目应说明该实验研究是属于哪方面的问题。一般要求在题目中既要指出自变量,也要指出因变量。例如,在"照度对视觉敏度的影响"这个题目中,照度是自变量,视觉敏度是因变量。这样,只要一看题目就能知道该实验的总的轮廓了。

(二)引言

实验报告的引言一般要说明该实验的意义以及题目产生的过程,提出问题的背景材料或假设,最好能概要说明这类实验的来龙去脉。

一般说来,引言大致有如下几种表述形式:①若实验是为了扩展以前的工作,或探讨过去尚未解决的问题,那么引言要简要地介绍以前的工作,以便与本实验进行衔接。②题目若是以某一理论为根据提出的假设,那么引言应对这一理论的内容和理论背景以及假设的由来作简要解释。③若题目来自实际工作中提出的问题,那么引言就要对这个实际工作问题进行介绍。

(三)方法

实验报告主要要说明取得实验结果的实验设计,其中包括:

1. 被试

要说明被试选择的方式,被试的年龄、性别以及其他有关情况,被试的数目以及怎样分组等。

2. 仪器、材料

实验报告应将实验所用仪器及材料的名称一一写上,必要时需注明仪器的型号。

3. 实验程序

实验报告应说明实验具体的施行步骤、进行实验的原则、指示语、要控制什么条件等。这部分要写得清楚、确切,以便别人随时可以照此重复验证这个实验。

(四)结果

实验报告应公布实验的结果,主要是统计结果。统计结果是对原始材料进行统计处理后,以图、表形式表示出来的实验结果。另外,观察记录以及被试的口头报告也是这部分的重要内容。必须指出,结果的全部内容必须都是来自本实验的,既不能任意修改或增减,也不能加入自己的主观见解,应使读者清楚地了解这个实验的客观结果。

(五) 讨论

根据实验结果对所要解决的问题给予回答,并指出假设是否可靠,是实验报告讨论部分的主要内容。如果结果不能充分说明问题或自相矛盾时,就要进行分析,找出原因。如果结果与别人的结果不一致时,可以通过讨论提出自己的见解。对实验得到的意外结果,也要进行分析,不能弃之不管,因为意外的结果,有时会导致意外的发现。讨论部分还可以对本实验的程序、所用仪器以及进一步研究提出修改意见和建议。

(六) 结论

实验报告的结论部分说明本实验的结果证实或否定了什么问题,一般用条文形式,以简短的文句表达出来。值得重视的是,结论必须恰如其分,不可夸大,也不可缩小,一定要以本实验所得的结果为依据,确切地反映整个实验的价值。

(七) 参考文献

实验者要把实验设计中参考的重要文献的题目、出处、作者、出版日期都列出来,以便读者查找。

(八) 附录

实验报告通常把全部的原始记录都列为附录,因为对同一结果,不同的人或同一个人在不同的时候都可能进行不同的分析和处理。

第二节　十七个心理实验

随着心理科学的不断发展,实验方法已应用到心理学研究的所有分支和领域。限于篇幅和时间,这里我们精选了 17 个较典型的实验,其目的是通过大家亲自动手,掌握心理学中最基本、最可靠的科学方法,为将来进一步的科学研究打下良好的基础。

一、自变量和因变量的确定

(一) 目的
通过动作学习的过程了解心理实验中确定自变量和因变量的方法,学习使用触棒迷津。

(二) 材料
触棒迷津、小棒、遮眼罩、秒表、记录纸。

(三) 程序
1. 以三人为一组,被试戴上遮眼罩用小棒走迷津(实验前被试不看也不用手抚摸迷津):主试把小棒放在迷津的入口处,然后让被试用优势手拿住小棒,手臂悬空。被试手执小棒静候,等主试说"开始",才使小棒走动。
2. 每次开始前约 2 秒主试先说:"预备"口令,在发生"开始"口令的同时,开动秒表。当被试的小棒进入迷津的终点，主试立刻说"到了"，同时停秒表，记下走一遍所用的时间（秒），做下一次的准备。

3. 被试在走迷津的过程中，凡进入盲巷一次就算错误一次，主试记下错误次数。

4. 每一被试走十五遍迷津。

5. 对被试的指示语必须说明：在排除视觉的条件下，尽快地学会用小棒走迷津，中间不要停顿，要求积极运用动觉、记忆和思维，争取早些学会。

6. 被试在学习中途如感到疲劳，可以在某次走到终点后休息几分钟。

（四）结果

将各人每次学习中所用时间和错误数列成表格。

（五）讨论

1. 本实验中自变量是什么？为什么在实验前要对所用的自变量提出一个操作上的定义？

2. 本实验用什么做因变量的指标？它的作用是什么？

3. 本实验控制了哪些变量？

二、颜色混合

（一）目的

颜色混合可归结成三条规律：

1. 每一种颜色都可由另一种颜色与它按适当比例相混合而产生白色和灰色（非彩色）或第三种颜色。凡混合能成非彩色的成对的颜色叫做互补色。例如，红与浅绿为互补色。黄与蓝为互补色。在混合时如比例不对，则成不饱和的彩色，色调偏于过多的一色。

2. 混合两种非补色，便会产生一种新的介于它们之间的中间色。如蓝与红混合产生紫色、红与黄混合产生橙色。中间色的色调偏于较多的一色，饱和度决定于二色在光谱色序中的远近。二色的色序越近，中间色越饱和。

3. 混合色的颜色不以被混合颜色的成分为转移。即每一种被混合的颜色，也可以由其他颜色混合而获得。如黄与蓝混合，红与浅绿混合，同样都产生灰色。

本实验的目的在于验证颜色混合及其规则，并对简单的配色公式作初步的理解。

（二）仪器和方法

色轮、色纸、黑白纸大小两套、量角规。

（三）程序

1. 规律一：在色轮上混合红与浅绿，最初不会一下就找到适当比例，如太偏红则减红，偏绿则减绿。这时彩色很不饱和，至增减适当，得出灰色为止。然后以黑白纸安在色轮外圈，调其度数，使色轮转动时内外两圈看来相等为止。度量两色和黑白的度数，代入下面的公式。

$$a\,红 + b\,蓝绿 = e\,黑 + f\,白$$

这里，a、b、e、f 代表度数。有时，只用红与浅绿混合不出灰色，则须加其他色彩。如混合色有一点黄，可加一点蓝（黄的补色）；如太亮，则可加一点黑。将加入颜色的度数也代入公式。

依次求出其余补色,橙与绿蓝、黄与蓝、黄绿与绛、紫与绿的配色公式,以及红、绿混合为黄的公式。

2. 规律二:将红与黄、绿与蓝、红与蓝色相混,观察其饱和度的异同。

3. 规律三:①用红绿相混得出的黄色,代替黄蓝相混中的黄色,看再相混合结果是否仍为灰色;②用红绿相混得出的黄色代替红与黄相混时的黄色,看结果是否仍为橙色。对比①②的混合色的亮度。这里,第三条规律可以被引申为:如两色混合得出某色的亮度与另两色混合得出某色的亮度相当,若这四色保持原来比例相混合,其混合色的亮度仍与原来混合色的亮度相当。以符号表示如下:

$$A + B = M \quad C + D = M$$

则 $\frac{1}{2}(A + B) + \frac{1}{2}(C + D) = M$ 据此,从得出的橙与绿蓝、黄与蓝、黄绿与绛、紫与绿、红与浅绿的各配色公式中,任取两对补色合并,每对补色各取其半,但需保持其原来比例,将公式右端黑白的数量各自加以平均,看色轮内外两圈是否仍能互相匹配。

(四) 结果

写出各种情况下的配色公式。

(五) 讨论

1. 实验结果是否能验证颜色混合的三项规律?
2. 画家配色与本实验的颜色混合相同否?
3. 对本实验所用的仪器、材料以及实验方法等有何改进意见?

三、大小知觉常性

(一) 目的

我们在不同条件下观察同一事物时,感官活动随着条件的变化而不断地变化着,但我们仍然将它视为同一事物。知觉的这个特点叫做知觉的常性。如当距离改变时,我们知觉到的物体的大小仍然不变,这叫做大小常性,也叫大小恒常性。

透视定律告诉我们,物体离开我们越远,它在网膜上形成的像就越小。但对熟悉的事物,如一枚镍币,由于经验的作用,即使它离我们很远时,我们也不会产生与将它放在手心时不同的知觉。不过,网膜成像和距离变化的关系并不呈现完全的反比关系。这些关系有哪些规律?就得通过实验取得。

常性的研究方法有描记法、比配法等多种。本实验用比配法验证视知觉大小常性现象,比较单眼、双眼观察时大小常性的程度,学习测定常性的方法。

(二) 仪器和方法

1. 仪器。知觉大小常性测量器,白布幕(或黑布幕),等边三角形状硬纸 17 片(高从 4 cm 到 20 cm 不等,每个依次相差 1 cm)。

2. 方法。选择长度为 7 m 以上的场地,以每 0.5 m 为一个度量级,测定距离位置。在 6 m 处悬挂白布幕(放幻灯用)或黑布幕一块,根据程序在幕上逐个钉上三角形状纸片作为标准刺激(被观视图形)。被试每人在不同距离处调节常性测量器,每名被试配备一名记录员。

(三)程序

1. 实验时被试注视 6 m 处的标准刺激,然后调节放置在明视距离 20—25 cm 处的常性测量器,直到认为所调图形面积同幕上图形面积相同为止。记录员记录下测量器背面的刻度(注意扣除零位误差,该误差应在实验开始前就予以测定)。

2. 先用双眼比较不同距离、不同面积的三角形,即在 1.5 m、2 m、2.5 m、3 m、3.5 m、4 m、4.5 m、5 m、5.5 m、6 m、6.5 m、7 m 处,分别比较 17 个图形。每个距离、每个图形呈现 2 次。每做完一种距离,休息 5 分钟。然后,用单眼比较不同距离的不同面积的三角形,分别用左右眼按上述比较,要求同上。

3. 绘制记录表,严格登记实验数据。记住:在实验中,记录员不得将测量数据告知被试。

4. 指导语:"请你注意正前方屏幕上三角形的大小,并照此调节你手边的测量器,直到你主观感知到一样大小为止。报告记录者记下你调节后图形的数值。注意用测量器的观视距离应保持在 20—25 cm 内。"

(四)结果

1. 计算各种情况下的大小常性系数;

2. 求出各个图形在各种情况下的透视值;

3. 制作在不同观察条件下[双眼、单眼(左、右)]的大小知觉曲线图。

公式: 　　　　常性系数 $K_B = \dfrac{R-S}{A-S}$

这是布伦施维克(E. Brunswik)提出的计算公式。其中,R 为见到的形状,A 为实际的形状值,S 为透视的形状值,即完全没有常性时应有的结果。

$$透视值(S) = \frac{A \times B}{D}$$

D 为对标准刺激的观视距离,B 为受视对测量器的观视距离(本实验定为 25 cm)。

(五)分析与讨论

1. 试分析单、双眼大小常性的差别及其原因。

2. 分析在这个实验中,透视值固定,常性系数随标准刺激大小和距离远近变化的趋势。

大小常性实验记录表单位:mm

	1 m				3 m				6 m			
	↓	↑	↑	↓	↑	↓	↑	↓	↑	↓	↑	↓
双眼												
左眼												
右眼												

心理学(第五版)

298

四、似动现象

(一) 目的

探索似动现象的研究方法,掌握似动现象的基本规律,分析影响似动现象产生的时间与空间条件。

(二) 材料

EP502C 似动现象仪、稳压电源、时间控制器、信号发生器、记录用纸。

(三) 程序

1. 按要求接好实验仪器电路。

稳压电源 → 信号发生器 → 信号呈现箱 → 时间测量仪。

2. 被试在暗室内熟悉实验条件。被试坐在似动现象呈现器前约 2 米的地方,眼睛注视着似动现象呈现器上的小灯。实验要求被试报告,观察到的两个光点是同时出现还是相继出现的,或者由一个方向向另一个方向移动。重复多次,这个步骤主要是要求被试掌握似动现象的标准,以便开始正式实验。

3. 实验者事先安排好两个亮点呈现的时间间隔和空间距离,列出实验顺序表。如规定几种两点间的空间距离(厘米),以下几种时间间隔(毫秒):50、100、150、200、250、300、350、400。每种时空条件要做 24 次,一共做 192 次。为了消除系列影响,各刺激要随机呈现。

4. 正式实验开始后,按照已排好的顺序用上述方法进行实验,每 48 次作为一个单元系列,每完成一个单元系列休息 3 分钟。

5. 每一单元系列开始前,实验者调整好两光亮点的空间距离,再按不同的时间间隔呈现刺激。每种时间间隔做 3 次,顺序做完 8 种时间间隔,做完一个系列 24 次后,再将时间间隔的次序倒过来做 24 次。

6. 用同样的方法进行固定两光亮点的时间间隔而改变两亮点空间隔离的一系列实验。

7. 做完上述系列实验后,要求被试回答是否已掌握了辨别似动现象的标准。

(四) 结果

1. 将所得结果分别统计为"同时"、"先后"、"动"三种情况下出现次数的百分比,并填入记录用纸上。

2. 求出不同空间距离条件下的似动阈值(毫秒)的范围,其中明确从观察到"同时"到"动"为下限,而从"动"到"先后"为上限。

3. 求出不同时间间隔条件的似动阈值(毫秒)的范围。

4. 分别作出同一被试在不同情况下所得的结果,以及不同被试结果的比较表。要求画出在各种时空条件下似动现象出现的次数的曲线图。

(五) 讨论

1. 根据实验结果说明似动现象产生的时间与空间条件。

2. 分析似动现象产生的个体差异。

3. 实验结果与经典实验结果有何差异? 这种差异如何从实验上加以分析?

4. 试述似动现象在实践中的意义。

似动现象记录表

时距 ms 反应 空距 G	50	100	150	200	250	300	350	400
同时 动 先后								
同时 动 先后								
同时 动 先后								

五、时间知觉

(一) 目的

虽然内脏感觉在人的时间知觉中起着一定的作用,但人的时间知觉具有意识性。本实验的目的是检验各种因素对时间知觉的影响,检查自我估计在估计时间中的作用,检查刺激不同方式对估计时间的影响,学习用复制法研究估计时间的准确性。

(二) 材料和仪器

EP504 时间知觉测试仪,401 电动秒钟。

(三) 程序

1. 比较估计快闪光和慢闪光呈现时间的准确性

(1) 开启 EP504 时间知觉测试仪,按下"光"信号按钮,接着按下"连续"档按钮,再分别选定两个闪光频率(5HE 与 1.25HE),呈现时间取 8—16 秒之间。仪器板面不让被试看见。

(2) 接好电路,要使呈现刺激和电钟走动一致,被试复制时刺激出现和电钟走动的时间也要一致。实验者的操作和电钟表面都不要让被试看见。

(3) 实验者发出"预备"口令,被试注视光信号。实验者呈现一种预订好呈现时间的闪光信号,然后,被试按电键复制这个光信号。当他感到光亮的时间和第一次相同就松开电键。实验者记下这时的电钟读数。每种刺激共做 40 次,做 20 次后中间休息 2 分钟。

2. 检查刺激不同方法对估计时间的影响

呈现刺激的方式有两种,一种是持续的光,另一种是空时距(第一次光灭到第二次光亮之间的时间)。在程序 1 里,我们已经了解了持续光这种刺激呈现方式。这里着重探讨空时距这个呈现方式。

(1) 空时距的呈现方式是,实验者呈现光刺激,经过一定时间后再呈现同样的光刺激,要求被试复制出两次光亮的间隔时间。练习几次。

(2) 实验者在 5—10 秒之间选定一个时距(不要让被试知道),实验次数和顺序参照程序 1 进行。

3. 检查自我估计时间的能力

（1）实验者选定刺激时间（2秒左右，不要让被试知道），连接好用声音刺激，被试（甲组）复制后，立刻把结果报告给他，共做20次。

（2）实验者呈现声音刺激（时间同上），要求被试乙复制后，自己先根据体验猜测结果，口头报告"长了"、"短了"或"正好"，然后再将实际结果告诉他。这样也做20次。

（四）结果

1. 作出闪光快慢与估计时间的准确性的关系表和图。

2. 作出刺激呈现方式与估计时间的准确性的关系表和图。

3. 作出自我估计在练习估计时间中的作用的表和图。

（五）讨论

1. 分析本实验中影响估计时间准确性的各因素。

2. 实验中有无高估、低估现象发生？其规律如何？

时间知觉实验记录用纸

	（一）		（二）		（三）	
	快闪	慢闪	实时距	空时距	无反馈	有反馈
1						
2						
3						
4						
5						
6						
7						
8						
9						
10						
11						
12						
13						
14						
15						
16						
17						
18						
19						
20						
X						

六、空间知觉

(一) 目的

刺激空间结构特点的研究,有助于理解人的图形或刺激空间结构知觉过程,加深对感知心理学的理论的认识。人所接触的外界刺激总表现为一定的空间结构。怎样更有效地对它们进行反应乃是首先需要考虑的问题。

本实验的目的在于了解心理学研究图形或刺激空间结构的方法,验证刺激的空间结构特点不同对信息传递效率的影响。

(二) 仪器和方法

使用空间结构呈现装置,在 4×4 格的空间结构上,呈现 A、B、C 三种实验条件,每种实验条件又包括三个刺激图案(如图附-2 所示,为防止预先学习,图案在实验时才公布)。实验者控制仪器,被试根据不同图案按不同的反应键。

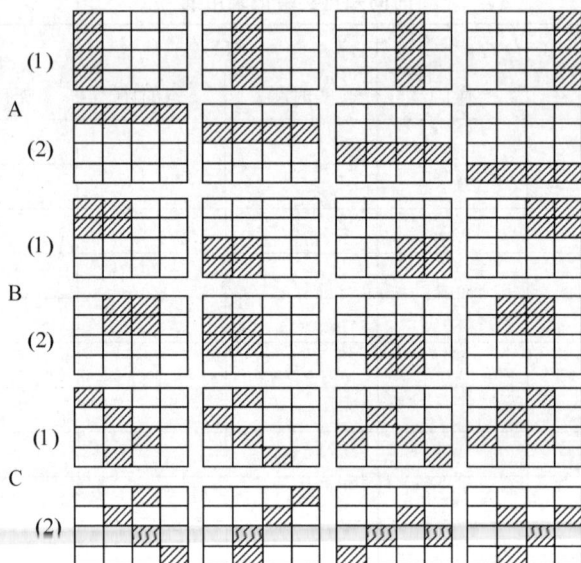

图附-2　空间知觉的三种实验条件

(三) 程序

甲、乙、丙三组被试与 A、B、C 三种实验条件的排列如下:

被试组	实验条件的顺序
甲	A B C
乙	A B C
丙	A B C

实验前的训练阶段:使被试对每个图案反应 2 次,每两个刺激之间间隔 15 秒。然后,进行正式实验:随机地呈现刺激图案,对每个图案被试作 10 次反应。一个实验条件做完,再进行下一实验条件的实验。各组中每一个被试都进行三种条件的实验。每次被试反应后主试须在事先备好的记录表格上记上反应的对错和反应时间。

(四)结果

依据记录中的错误次数和反应时间,计算出每组被试在每种条件下的信息传递率。

(五)讨论

刺激的不同空间结构特点与信息传递率的关系。

空间知觉实验记录用纸

S \ R	1	2	3	4	累计
1					
2					
3					
4					
累计					40

七、短时记忆

(一)目的

1. 学习再认法的计算方法;

2. 比较三种材料(具体图片、抽象图片、词)的短时记忆效果。

(二)材料和仪器

大屏幕速示仪;三种实验材料各一套(每套 20 张)。

(三)程序

1. 实验者把第一种实验材料(具体图片 10 张),按每 2 秒放一张的速度呈现给被试看一遍。

2. 实验者把已经放过的这 10 张图片和第一种实验材料的另 10 张图片混合洗匀。然后,把混合在一起的 20 张图片,仍按每 2 秒放一张的速度,依次呈现给被试看。这时,每呈现一张图片,要被试立即在记录纸上回答这张图片刚才是否看过。若是看过的,则写下"旧"字,若是没有看过,则写下"新"字。

3. 实验者使用第二种实验材料(抽象图片)和第三种实验材料(词),按上述方法相继进行实验。

(四)结果

用下列公式分别计算对三种实验材料的保持量:

对材料再认的结果记录

材料名称 回答"旧"或"新" 材料呈现顺序	具体图片	抽象图片	词
1			
2			
3			
4			
5			
6			
7			
8			
9			
10			
11			
12			
13			
14			
15			
16			
17			
18			
19			
20			

$$保持量 = \frac{认对的项目 - 认错的项目}{新项目 + 旧项目} \times 100\%$$

上式中,"认对"包括对旧图片(或词)反应"旧";对新图片(或词)反应"新"。"认错"包括对旧图片(或词)反应"新";对新图形(或词)反应"旧"。

(五)讨论

1. 比较三种实验材料的不同结果,分析说明原因。

2. 试分析被试的短时记忆能力。

八、简单反应时间

(一)目的

学习对视觉与听觉简单反应时间的测定方法;比较两种简单反应时间的差别。

心理学(第五版)

（二）材料

EP202 简单反应时测定仪。

（三）程序

1. 预备实验

（1）接通仪器电源,拨动信号发生开关。在光或声刺激呈现的同时,计时器应立即进行计时。

（2）练习操作。刺激呈现器放在被试 1 米处,被试以右手食指轻触电键。实验者在发出"预备"口令后约 2 秒呈现刺激。当被试感觉到刺激出现时,立刻按压电键。这时,计时器停止计时,主试记下成绩。练习可作 2—3 次。

（3）为防止无关刺激的干扰,实验者与被试可分隔在两个操作室中进行实验。

2. 正式实验

（1）刺激呈现按视—听—听—视方式安排,每单元各作 20 次,总数为 80 次。

（2）同预备实验。

（3）为了检查被试有无超前反应,在每单元（20 次）中插入一次"检查实验"。如被试对"空白刺激"作出反应,则根据反馈信号灯提供的信息宣布该单元实验结果无效,重做 20 次。

（4）做完 20 次,休息 1 分钟。一被试测完 80 次后,换一被试进行实验。

（四）结果

1. 计算个人视觉与听觉反应时的平均数及标准差（如不了解统计知识,可不计算标准差）。

2. 检验全体被试的两种简单反应时是否有显著差别。

（五）讨论

1. 根据实验结果说明视与听感觉简单反应时的差别及其可能原因。

2. 根据实验结果说明简单反应时是否受练习的影响。

视觉与听觉简单反应时实验记录纸

j	光	声	声	光
1				
2				
3				
4				
5				
6				
7				
8				
9				

j	光	声	声	光
10				
11				
12				
13				
14				
15				
16				
17				
18				
19				
20				
X				
S				

九、选择反应时间

（一）目的

学习测定视觉选择反应时的方法，了解选择反应时不同于简单反应时的特点。

（二）材料

EP203 选择反应时测定仪。

（三）程序

1. 预备实验

（1）接通仪器，实验者按预先列出的程序操作信号呈现开关发出"红"、"黄"、"绿"、"白"四种不同光刺激。

（2）被试以右手食指作按键状，当感觉到某种色光时，立即用右手食指按压相应的反应键，即被试对四种不同的刺激相应作四种不同的反应。计时器记下时间，练习可作 4—5 次。

2. 正式实验

（1）四种色光刺激各呈现 20 次，随机排列。

（2）实验者呈现刺激与被试反应方式同预备实验。如果反应错了，计时器不计时间，实验者根据反馈信号灯提供的信息，安排被试重作一次。

（3）每做完 20 次休息 1 分钟。一被试测完 80 次后，换一被试进行实验。

（四）结果

1. 计算个人对不同色光的选择反应时的平均数、标准差。

2. 比较全体被试对白光的简单与选择反应时的均数差异。

（五）讨论

1. 本实验结果是否与前人实验的数据一致？原因何在？

对四种色光的选择反应时实验记录纸

（RT 单位:ms）

	红	黄	绿	白
1				
2				
3				
4				
5				
6				
7				
8				
9				
10				
11				
12				
13				
14				
15				
16				
17				
18				
19				
20				
X				
S				

2. 举例说明反应时实验的实际应用意义。

十、动作技能的迁移

（一）目的

检验右手镜画练习对左手练习的迁移作用;学习用镜画作实验的方法。

（二）材料

EP715 镜画仪(或平面镜一面,遮板一块,支架),星形图案纸(见图附-3)12 张、秒表、

附录　基础心理实验

307

铅笔。

（三）程序

1. 被试（选右手优势者）面对镜子正坐，实验者把星形图案纸放在镜前，调节遮眼板，使被试只能在镜中看见图案板。

图附-3　星形图案

2. 被试用左手执笔，笔尖放在星形图的起点处，做好准备。实验者发令"开始"，被试立即动作，按图中箭头所示方向，在星形双线中间尽快地往前画，直至回到原起点为止。中途笔尖不得离开图纸。画的线如越出星形双线以外一次就算一次错误，倒退一次也算一次错误。

3. 实验者在发令"开始"的同时，开动秒表，直至被试画完一遍。当被试的笔尖到达原起点时，停止秒表，记下该遍的时间。

4. 被试用右手做镜画练习10遍，做法同程序2。实验者照程序3做好记录。

5. 被试再用左手按程序2做一遍。实验者照程序3做记录。

（四）结果

1. 根据本实验结果，列表记下左右手镜画练习的每遍错误次数和时间。

2. 比较左手前后两次镜画练习的结果，计算其进步的百分数和时间。

（五）讨论

1. 根据实验结果分析右手镜画练习对左手练习的迁移作用。

2. 分析镜画星形图的最难画的部分和最易画的部分，解释其原因。

3. 本实验的镜画练习中视觉在动作技能练习中的作用。

描画星形图的实验记录纸

方　式	平常方式		镜画方式										
手　别	右手	左手	右手	左手				右手					左手
实验序次	1	2	1	2	3	4	5	6	7	8	9	10	11	12	13
时　间													
错误次数													
口头报告													

实验整理用纸

被试 A					被试 B				
学习次数	X	错误	错误%	Y	学习次数	X	错误	错误%	Y

十一、情绪对动作稳定的影响

（一）目的

学习使用测定动作稳定的仪器，测量简单动作的稳定性，检验情绪对动作稳定的影响。

（二）材料

九洞动作稳定器，讯响器，计数器，电源，秒表。

（三）程序

1. 测定动作稳定的程度

（1）先将动作稳定器、计数器、讯响器、电源等串连成一电路。被试面向动作稳定器坐定。使稳定器的边缘与桌边齐平，并与被试的右肩相对。然后，被试手拿电笔，手臂悬空，电笔与动作稳定器表面垂直。

（2）当实验者发出"预备"口令时，被试用电笔尖端插入最大的洞孔内，深度为1—2毫米。然后实验者发出"开始"口令，同时记录时间，被试用电笔插入最大洞中到15毫米处，随即取出。要尽量做到不碰洞边。完成这一动作后，再依洞的大小顺序用同法插入其余八个洞。如果电笔碰到某洞边，讯响器响了，须再做插入这个洞，没碰边就继续做下一个洞；如果第二次又碰边还得再做这个洞，如果第三次仍碰边，就不再往下做了。本实验的指标是，被试在15秒钟内能通过所有的洞孔。

（3）左手与右手各试验10次。每次左右手轮换要相隔15秒钟。

2. 测定比赛时紧张情绪对动作稳定的影响

将被试分成四组进行比赛，每对两组比三次，三战二胜。比赛进行时实验者要在旁边分别报告进行的情况，造成竞赛时的紧张气氛。

（四）结果

1. 将测量动作稳定性的成绩列表，并计算其平均数（X）和标准差（S）（如不了解统计知识，可不计算标准差）。

2. 比较右手与左手的动作稳定性。

3. 比较各被试在安静时和在比赛时动作稳定情况的变化。

（五）讨论

本实验在研究体育教学和训练问题中的意义。

右手与左手的动作稳定性实验记录纸

次数 成绩 手别	1	2	3	4	5	6	7	8	9	10	$\overline{X}$	S
右手												
左手												

十二、广告悦目测定

（一）目的

学习对偶比较法和等级排列法，判断哪种广告较美，分析其原因，并为实际部门提供资料。

（二）材料

十张典型的广告幻灯片。

(三)方法和程序

用对偶比较法和等级排列法来测定哪张广告较美。

1. 对偶比较法

这种方法常常被看作是得到价值判断的最适宜的方法。它是把所有要比较的刺激配成对,然后一对一对地呈现,直到所有的广告都被比较过为止。如果每一个广告和另外的广告逐一配对,则配出的对数是 $n(n-1)/2$,10 个广告则为 45 对。为尽量排除空间误差,在同一个广告组成的九对配对中,该广告在左和右面的位置各半。被试的任务就是在两个广告中进行选择,确定哪个广告最美。

2. 等级排列法

这个方法是 10 个广告同时呈现,让被试按他的判断标准,把 10 个广告排列成一个顺序。被试可以反复比较,只要最后排出一个美丑的等级顺序就可以了。实验者把许多人对同一广告评判的等级加以统计处理,就可分析广告的悦目性。

在记录上述结果的同时,务必详细记录被试评定广告好、坏的理由,以供分析时参考。

(四)结果

整理结果填入记录纸。

(五)讨论

1. 对本实验所得量表进行分析和讨论,并提出心理学依据。

2. 在本实验中,为什么要随机改变左、右的位置? 为什么对每对广告要有间隔?

3. 对偶比较法和等级排列法用于实验中还存在什么问题?

对偶比较法记录用纸

		A	B	C	D	E	F	G	H	I	J
	A										
	B										
	C										
	D										
	E										
	F										
	G										
	H										
	I										
	J										
选择 分数 (C)	第一轮 第二轮 总 计										
$P=C/2(n-1)$											

	A	B	C	D	E	F	G	H	I	J
$C' = C + 1$										
$P' = C'/2n$										
Z'										
顺序										

等级排列法

广告幻灯片	A	B	C	D	E	F	G	H	I	J
评判名次										

小统计

	A	B	C	D	E	F	G	H	I	J

实验记录纸

姓名_____年龄_____性别_____工作单位_____职业_____实验日期_____

实验要求：

1. 项目（一）为对偶比较，请你圈出比较美者，以供我们制定量表；

2. 项目（二）为评定为较美的理由，条数不论，还可任意补充，以供我们进行权数统计。

对偶比较法记录图纸

顺序	项目（一）		项目（二）				
			1. 样品突出	2. 立体感强	3. 颜色和谐	4. 画面合理	5. 人物较美
1	E	C	1	2	3	4	5
2	A	H	2	3	4	5	1
3	J	B	3	4	5	1	2
4	C	J	4	5	1	2	3
5	G	C	5	1	2	3	4
6	B	D	4	5	1	2	3
7	F	A	2	3	4	5	1
8	F	I	3	4	5	1	2
9	I	D	4	5	1	2	3
10	G	J	5	1	2	3	4
11	C	A	1	2	3	4	5
12	A	J	2	3	4	5	1

顺序	项目（一）		项目（二）				
13	H	A	3	4	5	1	2
14	C	E	4.画面合理	5.人物较美	1.样品突出	2.立体感强	3.颜色和谐
15	J	F	5	1	2	3	4
16	H	G	1	2	3	4	5
17	D	C	2	3	4	5	1
18	H	D	3	4	5	1	2
19	A	C	4	5	1	2	3
20	D	B	5	1	2	3	4
21	B	G	1	2	3	4	5
22	J	I	2	3	4	5	1
23	C	I	3	4	5	1	2
24	F	B	4	5	1	2	3
25	A	B	5	1	2	3	4
26	I	G	1	2	3	4	5
27	E	H	2	3	4	5	1
28	G	D	3	4	5	1	2
29	D	F	4	5	1	2	3
30	I	B	5	1	2	3	4
31	A	F	1	2	3	4	5
32	F	D	2	3	4	5	1
33	C	G	3	4	5	1	2
34	H	D	4	5	1	2	3
35	E	I	5	1	2	3	4
36	B	C	1	2	3	4	5
37	H	E	2	3	4	5	1
38	F	I	3	4	5	1	2
39	I	C	4	5	1	2	3
40	D	J	5	1	2	3	4
41	I	F	1	2	3	4	5
42	A	I	2	3	4	5	1
43	G	F	3	4	5	1	2
44	D	H	4	5	1	2	3

顺序	项目（一）		项目（二）				
45	J	E	5	1	2	3	4
46	F	J	1	2	3	4	5
47	F	C	2. 立体感强	3. 颜色和谐	4. 画面合理	5. 人物较美	1. 样品突出
48	B	E	3	4	5	1	2
49	J	H	4	5	1	2	3
50	G	I	5	1	2	3	4
51	J	A	1	2	3	4	5
52	A	E	2	3	4	5	1
53	E	B	3	4	5	1	2
54	B	H	4	5	1	2	3
55	I	H	5	1	2	3	4
56	A	G	1	2	3	4	5
57	C	F	2	3	4	5	1
58	B	A	3	4	5	1	2
59	D	A	4	5	1	2	3
60	D	I	5	1	2	3	4
61	H	C	1	2	3	4	5
62	B	J	2	3	4	5	1
63	J	D	3	4	5	1	2
64	I	E	4	5	1	2	3
65	J	G	5	1	2	3	4
66	C	H	1	2	3	4	5
67	G	B	2	3	4	5	1
68	G	D	3	4	5	1	2
69	B	I	4	5	1	2	3
70	C	A	5	1	2	3	4
71	C	B	1	2	3	4	5
72	F	H	2	3	4	5	1
73	C	A	3	4	5	1	2
74	E	G	4	5	1	2	3
75	I	A	5	1	2	3	4
76	A	D	1	2	3	4	5

顺序	项目（一）		项目（二）				
77	D	C	2	3	4	5	1
78	B	F	3	4	5	1	2
79	H	J	4	5	1	2	3
80	E	F	5. 人物较美	1. 样品突出	2. 立体感强	3. 颜色和谐	4. 画面合理
81	H	I	1	2	3	4	5
82	J	C	2	3	4	5	1
83	D	E	3	4	5	1	2
84	E	A	4	5	1	2	3
85	F	G	5	1	2	3	4
86	I	J	1	2	3	4	5
87	G	H	2	3	4	5	1
88	E	D	3	4	5	1	2
89	F	E	4	5	1	2	3
90	H	F	5	1	2	3	4

十三、警戒绩效

（一）目的

警戒又称持续性注意，是指个体在一定环境中为觉察特定的、难以预测而又较少出现的信号所保持的准备状态。在当今信息社会中，警戒常以监视、检测、搜索等任务形式出现在空中交通管理、工业质量控制、自动化作业、核电站中央控制室、机动车辆驾驶等人—机界面中。警戒问题是一个非常复杂的问题，它包括感觉、认知和生理心理因素等不同水平的心理过程，因此，影响警戒绩效的因素也是多方面的，其中除作业时间外，还包括信号的物理性质（比如占空比）、刺激密度（比如信噪比）、任务类型等。本实验的目的是探索警戒绩效的研究方法，掌握警戒绩效的基本规律，分析影响警戒绩效的因素。

（二）材料和仪器

EP710 警戒仪（华东师范大学科教仪器厂）。

该仪器面板上均匀沿圆周排列有 60 盏小灯（发光二极管），测试时会以某一占空比（0.5—5 s）和某一信噪比（10%—90%）从起始位沿顺时针方向点亮小灯，当在某一时刻（随机发生）突然跳空一位而直接点亮隔位小灯时，被试者应在 2.5 秒内按回答键响应，以示被试者已正确观察到这一现象。仪器自动记对一次，否则记错一次。

仪器的主控操作面板供主试者进行有关参数设置和查看测试结果用。测试以每 10 分钟为一组，可连续测试几组单元（可设定），每组单元的错误回答和正确回答的次数自动保存在仪器中以供结束后查看。

（三）程序

将被试随机分组，分别在不同的实验参数下进行实验。

信噪比分别为10、15、20次三种，占空比为0.5与1两个水平。占空比是信号显著性的指标之一，指小灯每次明暗闪烁的时间比；信噪比是信号密度的指标之一，指信号和非信号联合产生的频率。

实验时被试端坐于仪器前，注视面板。主试向其陈述指导语："接下来的60分钟里，你要注视面前的亮点。启动后，亮点一次跳动一格为正常跳动，一旦亮点一次跳动两格，请你2.5秒内按反应键反应。抢步或2.5秒后再反应均被判错误反应。尽量保持注意力集中。"适当练习1—2分钟后，即开始正式实验。

实验分为6个单元，每单元10分钟。每位被试连续做实验60分钟。

主试抄录下被试每组单元的错误回答和正确回答的反应次数。

（四）结果

1. 根据被试的反应，计算他们的辨别力指数 d' 和判断标准 β。

2. 使用 SPSS 软件包进行3（信噪比）×2（占空比）×6（作业时间）的方差分析。

（1）求出信噪比对警戒绩效的影响。

（2）求出占空比对警戒绩效的影响。

（3）求出作业时间对警戒绩效的影响。

（4）求出信噪比、占空比和作业时间对警戒绩效的交互作用。

3. 根据方差分析的结果，分别作出上述各种情况下警戒绩效的曲线图或者柱形图。

（五）讨论

1. 根据实验结果说明警戒绩效的影响因素及其变化规律。

2. 实验结果与经典实验结果有何差异？这种差异如何从实验上加以分析？

3. 试述警戒绩效研究的意义。

十四、速度知觉

（一）目的

速度知觉反映了每个人对速度感觉的差异。在高度现代化的今天，速度知觉也是各项劳动实践中和各项体育运动中不可缺少的技能指标。司机开车时常遇到一个问题——避免碰到路上的行人、车辆及其他障碍物。为了防止这样的问题出现，司机要尽可能调整好或协调好开车和刹车两种动作。要做好这些依赖于他们的速度知觉。速度知觉对于司机控制好其刹车或驾驶行为至关重要。

速度知觉越好，人们对即将发生碰撞的时间（Tc）就估计得越精确。因此，本实验以被试对碰撞时间的估计误差（AE）为指标，探讨速度知觉的影响因素及其变化规律，检查物体的运动速度和运动距离对速度知觉的影响。

（二）材料和仪器

EP509 速度知觉测试仪（华东师范大学科教仪器厂）。

仪器的正面是由知觉箱、被试反应键和活动挡板组成。活动挡板可以挡住移动中的红灯，被试判断红灯在该挡板后移动所需的时间。挡板可以调节宽窄。仪器的背面由控制操作面板、反应键插座和电源插座组成。控制操作面板上有许多开关和按钮：计时器、位置（远和近）选择开关、速度（快和慢）选择开关、启动按钮、复位按钮、电源开关和实验/演示切换开关。

（三）程序

1. 演示

（1）被试坐在仪器正前方，眼睛平视右面的光点，注意前面光点的变化。

（2）主试按下仪器操作面板左下方按键，使仪器工作在演示状态。

（3）主试按下启动键，灯光自右向左移动，同时告诉被试："要仔细观察光点移动速度，当光点进入挡板，则灯光立刻被挡住，其移动速度仍按原速度移动到外面标志的终点位置，灯亮停止。"

（4）主试可以通过快、慢、近、远几种不同组成一一演示，让被试加深理解。

2. 实验

（1）主试按演示开关使其弹出呈实验状态。

（2）被试端坐在速度知觉仪前，距离 1.2 米，被试双眼和光点保持在同一水平上，右手拿反应键。

（3）主试按下启动按钮，灯光自右向左移动，当灯光进入挡板，则灯光立刻被挡住了，被试应假设灯光以原速度仍在挡板后面移动，进而设想，当灯光正好到终点位置（此灯又会亮），用右手按下反应键。

（4）本实验共有四种条件：2（快速／慢速）×2（宽／窄）＝4（宽快、窄快、宽慢、窄慢）。用 ABBA 的方法，挡板宽时，先测快速运动条件下的速度估计 10 次，再测慢速运动条件下的速度估计 20 次，最后再测快速运动条件下速度估计 10 次。挡板窄时，同上。共计 80 次。

（5）记录每次实验结果，实验过程中主试不将结果告诉被试。

（6）换被试，重复以上实验。

（四）结果

1. 计算绝对误差 AE（指被试的反应与实际 Tc 间绝对偏差的平均值）。$AE = \sum |X-S|/N$，式中：$|X-S|$ 为每次测得的绝对值，N 为测定的总次数。

2. 使用 SPSS 软件包进行 2（速度）×2（距离）双因素方差分析。

（1）求出速度对速度知觉的影响。

（2）求出距离（挡板宽度）对速度知觉的影响。

（3）速度与挡板宽度对速度知觉的影响，即两者是否存在交互作用。

3. 作出上述三个关系的表和图。

（五）讨论

1. 分析本实验中影响速度知觉的各因素。

2. 根据本实验的结果，试着探讨速度知觉的本质。

3. 速度知觉的实践意义。

速度知觉实验记录用纸

挡板宽时

	快速	慢速	慢速	快速
1				
2				
3				
4				
5				
6				
7				
8				
9				
10				

挡板窄时

	快速	慢速	慢速	快速
1				
2				
3				
4				
5				
6				
7				
8				
9				
10				

十五、先定概率对回忆的影响

(一) 目的

信号检测论(SDT)是信息论的一个分支,研究对象是信号传输系统中的信号接收部分。在心理学领域中,由于人的感官以及中枢分析综合过程可以看作一个信息处理系统,这样我们就可以用 SDT 中的一些概念和方法来进行研究。SDT 有两个重要的指标:一个表示辨别的水平,不受情绪、期望、动机等因素的影响,通常用辨别力 d' 表示,$d' = Z$ 虚惊 $- Z$ 击中;另一个是表示反应偏向的指标,有两种计算方法,一种是似然比值 β,$\beta = 0$ 击中 $- 0$ 虚惊,一种是报告标准 $C = \left[(I_2 - I_1)/d'\right] \times Z$ 正确拒斥 $+ 1$。

信号检测论可以用于再认的记忆研究。在应用信号检测论的再认实验中,将新(未见过的)、旧(已见过的)刺激分别视为噪音和信号,则 d' 的值低表示被试对新、旧不易鉴别;β 或 C 值高表示被试对新、旧刺激判断标准松,反之,表示判断标准严。

本实验的目的在于掌握信号检测论的基本理论,学会计算信号检测论指标 d'、C、β,学习绘制接受者操作特性曲线(ROC),并了解信号检测论的用途和信号的限定概率对再认回忆的影响。

(二) 材料和仪器

从《三国演义》(或《水浒传》)连环画中选出画页 500 张,分成五组,每组 100 张。实物投影仪。

(三) 程序

(1) 将 5 组画页的先定概率分别定为 0.1、0.3、0.5、0.7 和 0.9。例如,先定概率为 0.1 时,当作信号的画页是 100×0.1,即 10 张,当作噪音的画页为 90 张。对于每一组画页,主试使用一种信号的先定概率,然后按此先定概率在实物投影仪上呈现给被试一定数量的画页,要求被试把他们当信号记住。

(2) 作为信号的话也呈现完毕后,在于此组作为噪音的画页混合,然后随机地逐张呈现给被试。每呈现一张画页,就要求被试判断此画页是信号还是噪音,并要求被试把答案记录在实验记录纸上。

(3) 一组画页实验完成后,休息一会儿,然后改变信号的先定概率,用另一组画页按上述方法继续实验。

(四) 结果

1. 整理 5 组连环画页的实验结果,将结果列出在各种先定概率下的矩阵图,计算击中概率和虚惊概率。

2. 根据击中概率和虚惊概率,计算其 d'、C、β。

3. 根据上述计算结果,绘制 ROC 曲线图。

(五) 讨论

1. 分析本实验中信号检测论的两个独立指标的意义。

2. 分析实验所得的 ROC 曲线。

3. 试评论信号检测论用于再认实验的优缺点。

十六、概念的形成

(一) 目的

个体掌握一类事物本质属性的过程就是概念的形成过程。在实验条件下,常常模拟自然概念创造出人工概念,通过个体掌握人工概念的过程来研究概念形成的规律。创造人工概念要先确定一个或几个属性作为对材料进行分类的标准,但并不把这个标准告诉被试,而只将材料给他,让他把材料分类。在被试分类的过程中,主试每次都告诉他分类是否正确。通过这种方式让被试发现概念的标准。被试一旦发现了这个标准,掌握了对材料进行分类的有关属性,也就掌握了该人工概念。通过人工概念的研究,不仅有助于理解概念形成的过程,而且有助于了解被试对事物进行抽象化的水平。

通过本实验了解概念的形成过程,学习研究概念形成的实验方法,比较简单和复杂空间位置关系概念形成过程的速度,以及认识并理解人工概念。

（二）材料和仪器

叶克斯选择器。

（三）程序

1. 简单位置关系概念形成的实验:主试先确定好要被试形成的较简单的空间概念,即声音和哪一个符合一定空间位置关系的电键相连,并按这一原则设计几种具体方案,排好程序顺序。

2. 让被试甲坐在屏风前,主试在屏风后面操作:推出几个活动电键,并使其中一个与声音相通,然后对被试说"这些电键中有一个按下时就会听到声音,请你找出和声音连接的是哪一个电键。如果先按的一个键没有声音,就接着按另外的键,直到你按响了就算做完一遍。猜测声音和电键位置的关系。第二遍我换几个电键,做法和第一遍一样。实验就这样做下去,直到你连续三遍第一下就按对并且能说出声音键的空间位置关系为止。你的任务就是要尽快找出每次实验中声音键和其他电键所处的空间位置关系。虽然每次给你的电键位置和数目都不同,但要你找的空间位置关系是相同的,在每次按键的前后请说出你自己的想法。"

主试要记下被试每次找到声音键所用的遍数,并随时记下被试的口头报告和表情。

表1　实验记录表

次　数	主试心里所想的空间位置关系	错误次数	被试的口头报告和反应

3. 复杂的空间位置关系概念形成的实验:主试先确定被试形成的声音键的较复杂的空间位置关系(如同时存在两个空间位置关系)。指导语、操作、记录等同上。

（四）结果

1. 统计每个被试每遍按错的次数、达到标准所需的次数。

2. 整理每个被试在各次反应中的口头报告和表现。

3. 比较被试的个体差异。

（五）讨论

1. 比较简单空间关系和复杂空间位置关系形成过程的差异。

2. 如何解释本实验所体现出来的个体差异？

3. 在复杂空间位置关系的形成过程中，有时会出现已经被用过且被证明是错误的假设被再次运用的现象，如何解释这一现象？

十七、错误记忆——DRM 范式

（一）目的

错误记忆是人类的记忆中存在着的较为普遍的扭曲现象，如人们有时会回忆出从未发生过的事件，或者他们所回忆出的事件与真实情况完全不同。当一个人错误地声明一个未发生过的事件是他以前见过的时，错误记忆现象就发生了。

DRM 范式为在实验室中创造和研究错误记忆提供了有效的方法，这一研究范式现在已经成为错误记忆研究的经典范式。经典 DRM 范式中共包括 36 个词表，每个词表由一个未呈现的目标词，也被称作关键诱饵（如寒冷），和与它相联系的 15 个学习项目（如冬天、冰雪、霜冻、感冒、发抖等）组成。由于词表中每个项目均与一个未呈现过的关键诱饵产生联想，因此，DRM 范式也被称为集中联想研究范式（converging as sociate paradigm）。在 DRM 范式中存在的一个基本观点是：人类的记忆是有关联的，也就是说，如果两个事件有语义相关，那么加工一个事件的同时就会激活另一个事件。

本实验的目的是学习采用 DRM 范式研究关联性记忆错觉的实验方法，了解短时间延迟对错误记忆的影响。

（二）材料和仪器

学习材料参照 Roediger 和 McDermott 经典 DRM 范式中的词表编制 24 个词表。每个词表由 15 个词构成，它们都与一个关键项目产生联想。测试材料为 12 个序列，每个序列由 12 个词组成。这 12 个词中，学习过的与未学习过的词各半，其中未学习过的 6 个词中有 1 个为关键诱饵，其余 5 个词均为无关词。本实验由计算机呈现词表。

（三）程序

1. 将全体被试分为两组：一组做立即回忆，另一组做延迟回忆（延迟半小时回忆）

2. 学习阶段：计算机屏幕依次呈现学习项目，每个词呈现 2 s，每个词表中的 15 词都呈现完毕后，被试开始 2 分钟的数学加减法运算，然后自动进入下一个词表。要求被试努力记住呈现的每个词。

3. 立即回忆组的被试在学习阶段结束后直接进入再认测验阶段，延迟回忆组的被试学习阶段结束后，做半个小时的数学加减运算，然后进入再认测验阶段。测验阶段，被试需对呈现的词作"新"、"旧"再认判断。计算机记录并反馈结果。

（四）结果

1. 计算不同时间延迟条件下，被试将学习过的项目再认为"旧词"的百分比，并分别计算被试将关键诱饵和无关词再认为"旧词"的百分比。

2. 以时间间隔为横轴，被试将测验阶段呈现的词再认为"旧词"的百分比为纵轴，描绘出被试将三种词（学习过的词、关键诱饵和无关词）判断为"旧词"的情况。

（五）讨论

1. 根据实验结果分析说明错误记忆发生与否。

2. 比较不同时间延迟条件下的错误记忆，看错误记忆是否随着时间的延迟而发生遗忘。如果将延迟时间进一步延长，可能会预期得到什么结果？

3. DRM 范式中关键诱饵的作用是什么？结合实践，分析在什么情况下容易产生错误记忆？如何避免？

第三节　心理学实验新技术

一、眼动仪与眼动技术

眼动仪（eye tracker）是测试人眼活动情况和研究有关心理过程的专用仪器。早在 19 世纪就有人通过考察人的眼球运动来研究人的心理活动，通过分析记录到的眼动数据来探讨眼动与人的心理活动的关系。眼动仪的问世为心理学家利用眼动技术（eye movement technique）探索人在各种不同条件下的视觉信息加工机制，观察其与心理活动直接或间接奇妙而有趣的关系，提供了新的有效工具。

现代眼动仪的结构一般包括四个系统，即光学系统、瞳孔中心坐标提取系统、视景与瞳孔坐标叠加系统和图像与数据的记录分析系统。眼动有三种基本方式：注视（fixation）、眼跳（saccades）和追随运动（pursuit movement）。从近年来发表的研究报告看，利用眼动仪进行心理学研究常用的资料或参数主要包括：注视点轨迹图、眼动时间、眼跳方向（direction）的平均速度（average velocity）时间和距离（或称幅度 amplitude）、瞳孔（pupil）大小（面积或直径，单位象素 pixel）和眨眼（blink）。

眼动技术就是通过对眼动轨迹的记录从中提取诸如注视点、注视时间和次数、眼跳距离、瞳孔大小等数据，从而研究个体的内在认知过程。它先后经历了观察法、后像法、机械记录法、光学记录法、影像记录法等多种方法的演变。20 世纪 60 年代以来，随着摄像技术、红外技术（infrared technique）和微电子技术的飞速发展，特别是计算机技术的运用，推动了高精度眼动仪的研发，极大地促进了眼动研究在国际心理学及相关学科中的应用。眼动心理学的研究已经成为当代心理学研究的一种有用范型。

眼动研究在阅读心理学、工程心理学和实验心理学的研究中均具有极为重要的作用。例如，通过记录分析被试在观看图形或阅读文字过程中眼睛观看的位置和眼球运动的形式，可帮助我们了解文字阅读的历程、物体搜索辨识的历程、面部表情及情绪的解读以及网页的浏览方式等。

二、事件相关电位

事件相关电位（event related potentials，简称 ERP）是指外加一定的刺激作用于感觉系统，在给予刺激或撤销刺激时在脑区所引起的电位变化。ERP 技术的基本原理为通过计算机叠加使得 ERP 从 EEG(electroencephalogram,脑的自发电位)背景中浮现出来。事件相关电位有两个重要特性:潜伏期恒定、波形恒定;与此相对,自发脑电 EEG 则是随机变化的,因此多次叠加后正负抵消,ERP 信号就从 EEG 中显现出来。

事件相关电位(ERP)是一种特殊的脑诱发电位,诱发电位具备如下特征:必须在特定的部位才能检测出来;都有其特定的波形和电位分布;诱发电位的潜伏期与刺激之间有较严格的锁时关系,在给予刺激时几乎立即或在一定时间内瞬时出现。

通常来说,主要的 ERP 成分,即可观察的几种典型的 ERP 有 CNV、P300、MMN 和 N400等,其中,最为常见的是 P300。经典的 P300 单个波一般可以在 Odd ball 实验模式下出现。该实验模式的要点为:同一感觉通路的一系列刺激由两种刺激组成,一种刺激出现的概率很大(如 85%),称为标准刺激;而另一种刺激出现的概率很小(如 15%),成为偏差刺激。两种刺激出现的顺序是随机的,要求被试发现偏差刺激后,尽快按键,此时,偏差刺激为靶刺激。结果可在偏差刺激后约 300 ms 处观察到一个正波,即 P300。

极高的时间分辨率是 ERP 的主要优势,它的时间精度可达到微秒级。ERP 也可以和行为数据,特别是反应时间(RT)很好地配合,以研究认知加工过程的规律。目前,ERP 已被广泛应用于认知神经方面的研究,在知觉、记忆、意识等众多认知领域发挥着巨大的作用。Rugg等(1998)使用 ERP 首次进行了内隐与外显记忆神经过程的比较。被试完成"浅"(判断词的第一个和最后一个字母是否符合字母表的顺序)和"深"(需要把呈现的词适当地安排到一个句子中)的学习任务之后进行再认测验,然后比较由再认出旧词、未再认出旧词和新词三者引起的ERPs。他们发现,未再认出旧词与新词在 300~500 ms 的顶区电极上表现出 ERP 差异,可能反映了与内隐记忆有关的神经活动。且它在潜伏期和地形图上都与再认出旧词和新词的ERP 差异不同,后者出现在 300~500 ms 的额区电极以及 500~800 ms 的顶区电极上,但极为左侧化。Rugg 认为后者的两个效应分别反映了熟悉性和回忆的神经关联。这一研究的结果表明,由最近所见到的词(没有被有意识地再认)引发的神经活动与由真正的新词引发的神经活动是不同的,而且不能把它认为是纯样儿表弱的外显记忆。该实验第一个让买了内隐记忆和外显记忆的神经过程可以在单个任务中分离。他们为如下的观点提出了强有力的支持,即内隐记忆和外显记忆是由两个神经系统操作的,它们有着质的区别。

三、功能性核磁共振成像

功能性核磁共振成像(Functional Magnetic Resonance Imaging,FMRI)技术是 20 世纪 90年代初以来,随着核磁共振成像技术的发展而出现的新技术。它的工作原理是:将被试放入一个强大的磁场,测量被试在强磁场中活动时血液中含氧量的变化,以来确定神经活动的情况。因为有研究表明,这种血氧量的变化是与神经活动紧密相关的(Fox,1988)。

FMRI 是一种非介入的技术,具有无损伤性的优势,但它却能对特定的大脑活动的皮层区域进行准确、可靠的定位,而且具有较高的空间分辨率,并能以各种方式对物体反复进行扫描。因此,其在脑科学研究领域中的应用非常广泛。借助 FMRI 技术,人们可以在无创条件下很好地观察认知活动中脑功能的时空动态变化规律,将认知行为表现、相关脑机制和内在心理过程统一在一个领域中。

随着研究的不断深入,以视觉刺激诱发脑功能成像,把复杂的、高级的精神意识纳入研究范围,不仅丰富了 FMRI 脑功能成像研究领域,而且为人类研究记忆、学习等高级认知过程提供了新的探索途径。例如,Henson,Rugg 等人(2005)在 Rugg(1998)用 ERP 研究证明了内隐与外显记忆属于两个不同的神经操作系统后,又采用 FMRI 技术进一步表明再认过程中包含的外显记忆、熟悉性和内隐记忆活动激活的大脑区域有所不同,为"内隐记忆与外显记忆的神经过程分离"提供了更具说服力、更确凿的证据。在他们的 FMRI 实验中,采用了事件相关实验设计,同样采用的是"深"、"浅"加工的单词作为记忆阶段的材料,测试阶段让被试进行再认。研究者将"深加工击中"与"浅加工击中"单词、"浅加工击中"与"浅加工漏报"单词、"击中"和"正确拒斥"单词,以及"浅加工漏报"与"正确拒斥"单词激活的脑区分别进行了对比,结果表明左下侧顶叶回与外显回忆过程相关,熟悉性导致左前内侧颞叶神经活动衰减,而顶叶内侧与前额叶则负责目标探测任务。但遗憾的是,本研究中未能找到用于内隐记忆的脑区。

主要参考文献

1. 黄希庭主编:《心理学》,上海教育出版社1997年版。

2. 杨治良等编著:《记忆心理学》,华东师范大学出版社1999年版。

3. 王甦、汪安圣著:《认知心理学》,北京大学出版社1992年版。

4. 陈仲庚、张雨新编著:《人格心理学》,辽宁人民出版社1986年版。

5. [美]安德森著,杨清等译:《认知心理学》,吉林教育出版社1989年版。

6. 杨治良主编:《实验心理学》,华东师范大学出版社1990年版。

7. 俞文钊编著:《管理心理学》(第二版),甘肃人民出版社1989年版。

8. 皮连生主编:《学与教的心理学》(第五版),华东师范大学出版社2009年版。

9. 张春兴著:《现代心理学:现代人研究自身问题的科学》,东华书局1991年版。

10. 邵郊编著:《生理心理学》,人民教育出版社1987年版。

11. 匡培梓主编:《生理心理学》,科学出版社1987年版。

12. 孟昭兰著:《人类情绪》,上海人民出版社1989年版。

13. [美]希尔加德等著,周先庚等译:《心理学导论》,北京大学出版社1987年版。

14. [美]克雷奇等著,周先庚等译:《心理学纲要》,文化教育出版社1981年版。

15. [俄]维果茨基著:《思维与语言》,浙江教育出版社1998年版。

16. 汪安圣主编:《思维心理学》,华东师范大学出版社1992年版。

17. 朱智贤著:《思维发展心理学》,北京师范大学出版社1986年版。

18. 王极盛著:《科学创造心理学》,科学出版社1986年版。

19. 陶伯华、朱亚燕著:《灵感学引论》,辽宁人民出版社1987年版。

20. 周昌忠编译:《创造心理学》,中国青年出版社1983年版。

21. [美]加涅著,傅统先等译:《学习的条件》,人民教育出版社1985年版。

22. [美]桑代克著,李月甫译:《人类的学习》,浙江教育出版社1998年版。

23. [俄]巴甫洛夫著,吴生林等译,中国科学院心理研究室编辑:《巴甫洛夫选集》,科学出版社,1955年版。

24. [德]考夫卡著,黎炜译:《格式塔心理学原理》:昭明出版社2000年版。

25. 孟昭兰主编:《普通心理学》,北京大学出版社1994年版。

26. 卢家楣主编:《心理学:基础理论及其教育应用》,上海人民出版社1998年版。

27. 高玉祥著:《个性心理学》,北京师范大学出版社,1989年版。

28. 高玉祥著:《健全人格及其塑造》,北京师范大学出版社1997年版。

29. 周晓虹著：《现代社会心理学：多维视野中的社会行为研究》，上海人民出版社 1997 年版。

30. 高觉敷主编：《中国心理学史》，人民教育出版社 1985 年版。

31. 叶奕乾等主编：《普通心理学》，华东师范大学出版社 2004 年版。

32. 荆其诚、林仲贤编：《心理学概论》，科学出版社 1986 年版。

33. 董奇著：《儿童创造力发展心理》，浙江教育出版社 1993 年版。

34. 蒯超英著：《学习策略》，湖北教育出版社 1999 年版。

35. 章永生著：《教育心理学》，河北教育出版社 1996 年版。

36. ［美］霍斯顿著，孟继群等译：《动机心理学》，辽宁人民出版社 1990 年版。

37. ［美］布恩、埃克斯特兰德编，韩进之等译：《心理学原理和应用》，知识出版社 1985 年版。

38. ［日］宫城音弥编：《心理学辞典》（第三版），岩波书店 1973 年版。

39. 朱智贤主编：《中国儿童青少年心理发展与教育》，中国卓越出版公司 1990 年版。

40. 李建周主编：《心理训练》，教育科学出版社 1992 年版。

41. 中华人民共和国教育部编：《中小学心理健康教育指导纲要》，人民教育出版社 2002 年版。

42. 张春兴主编：《教育心理学：三化取向的理论与实践》，浙江教育出版社 1998 年版。

43. ［美］Dale Scott Ridley、Bill Walther 著，沈湘秦译《自主课堂》，中国轻工业出版社 2001 年版。

44. ［美］霍华德·加德纳著，沈致隆译：《多元智能》，新华出版社出版发行 1999 年版。

45. ［美］Linda Campbell 等著，王成全译：《多元智能教与学的策略：发现每一个孩子的天赋》，中国轻工业出版社 2001 年版。

46. 韩永昌主编：《心理学》，华东师范大学出版社（修订版）1993 年版。

47. 韩永昌等主编：《心理学》，山东教育出版社 1987 年版。

48. 沈政等编著：《生理心理学》，北京大学出版社 1993 年版。

49. 俞国良著：《创造力心理学》，浙江人民出版社 1996 年版。

50. 郭秀艳著：《实验心理学》，人民教育出版社 2004 年版。

51. 郭秀艳、杨治良著：《基础实验心理学》，高等教育出版社 2005 年版。

52. 郭秀艳著：《内隐学习》，华东师范大学出版社 2003 年版。

53. 杨治良等编著：《记忆心理学》，华东师范大学出版社 1999 年版。

54. 姚本先主编：《心理学》，高等教育出版社 2005 年版。

55. 汪凤炎、燕良轼主编：《教育心理学新编》（修订版），暨南大学出版社 2007 年版。

56. 刘益民、张旭东、程甫主编：《心理学概论》，科学出版社，2006 年版。

57. 张大均、郭成主编：《青少年心理健康教育》，重庆出版社 2006 年版。

58. ［美］班尼、约翰逊著，邵瑞珍等译：《教育社会心理学》，云南教育出版社 1986 年版。

59. 明宏主编，刘颖等编著：《心理健康辅导》，世界图书出版公司北京公司 2005 年版。

60. 李伯黍、燕国材主编:《教育心理学》(第二版),华东师大出版社 2001 年版。

61. 邓铸、王新建:《元记忆研究的基本理论及教育心理学意义》,《心理科学》1992 年第 4 期。

62. 杨治良,周楚,万璐璐,谢锐:《短时间延迟条件下错误记忆的遗忘》,《心理学报》2006 第 38 期。

63. Robert S. Feldman. 1993. *Understanding Psychology*. America: Von Hoffmann Press.

64. Antoinette R. Miller, Christopher Baratta, Christine Wynveen, and J. Peter Rosenfeld (2001). P300 Latency, but Not Amplitude or Topography, Distinguishes Between True and False Recognition. Journal of Experimental Psychology: Learning, Memory, and Cognition, 2001, Vol. 27, No. 2, 354-361.

65. Nessler, Mecklinger (2003). ERP correlates of true and false recognition after different retention delays: Stimulus-and response-related processes. Psychophysiology, 40 (2003), 146-159.

66. Henson, Richard N. A.; Hornberger, Michael; Rugg, Michael D (2005). Further Dissociating the Processes Involved in Recognition Memory: An fMRI Study. Journal of Cognitive Neuroscience, 17(7), 1058-1073.

67. Rugg, Michael D.; Mark, Ruth E.; Walla, Peter; Schloerscheidt, Astrid M.; Birch, Claire S.; Allan, Kevin (1998). Dissociation of the neural correlates of implicit and explicit memory. Nature, 4/9/98, Vol. 392, Issue 6676, p595.

后　记

本书原是受国家教委委托，由我主编的高师公共课《心理学》。出版之后，受到了广大高师师生的欢迎。先后出了四个版本，现在这个版本是第五个版本。

我国的基础教育课程改革已在全国大面积推广，而且取得了喜人的成果。这是与现代心理学的启发和广大师生的努力实践密切相关的。本书深入贯彻党的二十大报告精神，"落实立德树人根本任务"，旨在进一步加强心理学科建设，推动心理学科创新发展，提高教育教学质量和专业建设水平，以满足社会对心理学人才的需求。

一、本书在理论上增补了以下主要内容：(1)意识和无意识；(2)心理与免疫系统；(3)感知观察的几个理论；(4)记忆分类的实验研究；(5)内隐记忆与内隐学习；(6)学生探索性学习与发明创造的一些方法；(7)情绪的调节与情感教育；(8)奥尔波特的特质理论；(9)大五理论；(10)人格测验、能力测验和学校心理辅导中常用的九个测验；(11)建构主义学习理论；(12)心智技能的形成；(13)态度和品德学习；(14)学校心理辅导中的几个重要问题；(15)百年来心理学的七大流派等。

心理学是一门实验科学，我们特别邀请了我国知名实验心理学专家博士生导师杨治良教授为本书编写了一章"基础心理实验"，既有心理实验理论，又有十七个典型实验案例。

二、本书上述增补内容的安排：一部分在课堂上讲授；一部分作为学生学习的参考资料，为对心理学感兴趣的学生提供进一步探讨的线索。这对于培养学生自学能力和探索性学习能力是有益的。

三、本书这次出版，受到了华东师范大学出版社有关领导的大力支持，在此表示谢意。对一直担任本书主审的中国心理学会副会长、国务院学位委员会学科评议组成员、华东师大博士生导师杨治良教授的大力支持也表示谢意！

四、为提高本书质量，本书还特别邀请年轻有为的华东师范大学教授郭秀艳为本书编写了"记忆"一章。她是内隐记忆和内隐学习领域的知名专家，著述颇丰，已经出版的有《内隐学习》(华东师范大学出版社 2003 年版)、《实验心理学》(人民教育出版社 2004 年版)、《基础实验心理学》(高等教育出版社 2006 年版)。已经发表的论文，多在内隐学习领域。她先后获得教育部、上海市和霍英东教育基金会的奖励。

五、韩永昌担任了第一章、第二章、第三章、第四章、第六章、第十二章、第十三章、第十四章的修订工作。郭秀艳担任了第五章的修订工作。马嘉美担任了第八章、第十章、第十一章和第十五章的修订工作。李建军担任了第九章、第十六章的修订工作。田玉荣和杨永宁担任了第七章的修订工作。

本书编写费时九个月，韩群同志全程参加了修订的辅助工作。从前期准备、搜集资料到后期部分有关文章的电子版的形成，做了大量的工作，是应该提及的。

六、本书在编写中，参阅了大量中外有关资料，特对相关作者表示谢意！

韩永昌于鲁东大学

2023 年 8 月 2 日